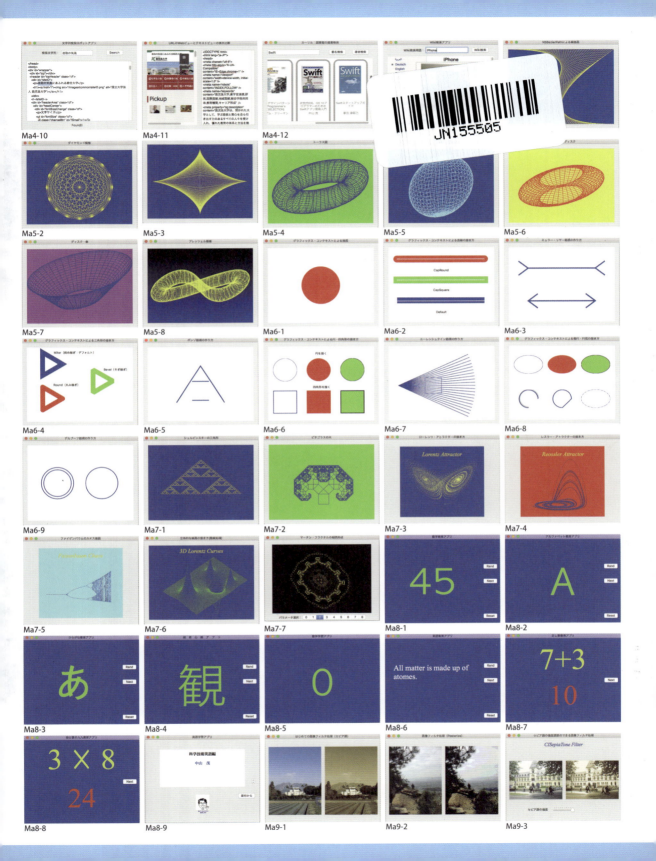

次世代iOS、macOSプログラマーのための

Swift
Macアプリ開発入門

中山 茂●著

■サンプルファイルのダウンロードについて

　本書掲載のサンプルファイルは、一部を除いてインターネット上のダウンロードサービスからダウンロードすることができます。詳しい手順については、本書の巻末にある袋とじの内容をご覧ください。

　なお、ダウンロードサービスのご利用にはユーザー登録と袋とじ内に記されている番号が必要です。そのため、本書を中古書店から購入されたり、他者から貸与、譲渡された場合にはサービスをご利用いただけないことがあります。あらかじめご承知おきください。

■免責事項

本書はAppleが公開しているSwift 3.0の仕様を主に参考にして、独自に調査して、プログラム例をXcode 8.1で作成し、執筆しました。本書は、Swift 3言語によるMacアプリの練習用のプログラムを紹介したもので、macOS 10.2.1のみで動作確認を行っています。今後のXcodeのバージョンアップにより、いろいろな変更点があると予想されます。そのために、本書では反映されない点が出てくる可能性はあり得ますが、ご了承ください。変更点は逐次、カットシステムのホームページにて掲載していく予定です。
また、本書に記載されているプログラムを使用したことやiMac、Macmini、MacBookなどのMacデバイスへのインストールにより引き起こされるコンピュータやデバイス上のトラブル、損害、不利益に対して一切の責任を負いかねます。
また、テキストやダウンロードできるサンプルプログラムに何の問題もなく、読者が自ら入力されたプログラムでの動作不良に関するご質問はプログラム相談となり、当方の労働対価として有料になりますので、ご了承ください。

Apple, macOS, iOS, Mac, iPhone, iPad, Xcode, Objective-C, Swiftは米国及びその他の国々におけるAppleの登録商標や商標です。AndoroidはGoogleの、C#はMicrosoftの、JavaはOracleの各登録商標や商標です。その他、本書に掲載されている製品名や会社名は、一般に各開発メーカーの商標や登録商標であり、特に本文中には記載していない場合がありますが、ご了承ください。

はじめに

　Swift 言語は、アップルから 2014 年 6 月 2 日に発表されて以来、約 2 年半経ち、OS は macOS Sierra10.12 となり、アプリ開発環境は Xcode 8、Swift 3 にバージョンアップされてきている。そして、主に iPhone や iPad などの Mac アプリや watchOS での AppleWatch アプリの開発に向けたテキストが多数出版されている。しかし、Swift 言語による macOS のための Mac アプリ開発に関するテキストは、ほとんど出版されていない。

　そこで、本書では、大学や企業、個人などでの Swift 言語の活用を想定して、iMac、Mac mini、MacBook などの Mac デバイスでの高度なデータ処理や複雑な画像処理、人工知能、データ保存や論文・プレゼンに使えるように、macOS ベースでの Mac アプリ開発について解説する。そのために、Mac アプリの基本的な作り方から、データ処理やコンピュータグラフィックス、マルチスレッド処理、画像処理、Web ブラウザ、マップ、3D グラフィックスについて説明している。

　本書は、前著の『Swift 言語入門』とその姉妹編『Swift アプリ開発入門』、『Swift Apple Watch アプリ開発入門』に続く、4 部作目となる『Swift Mac アプリ開発入門』で、Swift 言語を用いて Mac アプリがどのようにして開発できるかを説明した入門書である。Swift 言語の基本文法については本書では説明していないので、前著を参照されたい。また、『Swift アプリ開発入門』ではインタフェースビルダーやストーリーボードを使用しないでコードのみで iPhone アプリを作成したが、本書の Mac アプリ開発では、アプリ画面の表示部分はインタフェースビルダーやストーリーボードを使用し、必要なアルゴリズムだけを考えて、そのコード作成に専念した。

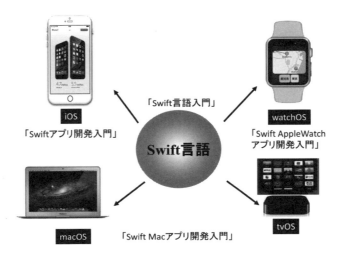

本書で心がけたことは、テキストのプログラムコードをそのままキーボードから打てば Mac アプリを簡単に楽しく作れますよだけでなく、どのように改良すれば、もっとより良い Mac アプリを開発できるか、発展できるようなコード説明に努めた。そのために、練習問題（ほとんどはテキストや API リファレンス、ネットから類推できるので解答は記載していない）を付けたので、ぜひテキストのコードを 1 行でもよいので、自分なりに変えて、独自の Mac アプリを開発してもらいたい。

「Write the code. Change the world.」（コードを書いて世界を変えよう）

私が、分かりやすく
説明します

2016 年 12 月　鹿児島にて
中　山　　茂

本書での記載

　本テキストでは、クラスやプロトコル、構造体の機能説明に、一目瞭然で理解できるように以下の記号を使用した。これ以外のものは個別に明記した。**プロトコル**はイタリック体で示す。
　本書で使用したクラスや**プロトコル**での記号の説明は以下のとおりである。

クラス（←スーパークラス＋プロトコル）

プロトコル（←スーパープロトコル）

- ▲　イニシャライザー **init**（Javaの構築子に相当し、インスタンスの初期化に使われる）
- ○　プロパティ **var, let**（Javaのフィールドに相当し、クラスなどの中で定義される変数や定数）
- ●　型プロパティ **class var**（型に属しインスタンスからではなく型から呼び出されるプロパティで、クラスプロパティである）
- ◎　プロパティで、戻り値がオプショナル指定されているとき
- ▽　メソッド **func**（インスタンスから呼び出せるインスタンスメソッド）
- △　オーバーライドメソッド **override func**（スーパークラスのメソッドを同名同引数で上書きしたメソッド）
- □　オプショナルメソッド **optional func**（随意型メソッドで、必ずしも実装する必要がない）
- ■　型メソッド **class func**（型に属しインスタンスからではなく型から呼び出されるクラスメソッド）

はじめに iii

第1章 Swift 言語と統合開発環境 Xcode 1

1.1 Swift 言語 1
1.1.1 Swift 言語の特徴 1
1.1.2 Cocoa フレームワーク 3

1.2 統合開発環境 Xcode のダウンロードとインストール 4
1.2.1 Xcode のダウンロード 4
1.2.2 Xcode のインストール 5
1.2.3 Xcode プロジェクトの作成 5
1.2.4 Mac アプリとして Cocoa アプリケーションの作成 6

1.3 統合開発環境 Xcode 8
1.3.1 Welcome to Xcode の起動画面 8
1.3.2 Xcode のテンプレート 8
1.3.3 Command Line Tool アプリケーションの作成 10
1.3.4 Game アプリケーションの作成 10
1.3.5 Xcode のワークスペース 13
1.3.6 プロジェクトの初期設定 18

1.4 はじめての Mac アプリ作成 19
1.4.1 Mac アプリの MVC 構造とイベント処理 19
1.4.2 プロジェクトファイル構成 21
1.4.3 Mac アプリ動作の流れ 22
1.4.4 はじめての Mac アプリのコード入力 24
1.4.5 macOS でのウィンドウ座標系 27

1.5 Xcode でプログラム作成上の留意点と参考文献 28

第2章 インタフェースビルダーによる Mac アプリ開発の基礎 31

2.1 Mac アプリの AppKit クラス 31
2.2 コード入力不要な Mac アプリの作成 34
2.2.1 Label によるはじめての文字列表示の Mac アプリ 34
2.2.2 Image View によるはじめての画像表示の Mac アプリ 36
2.2.3 アイコン画像のあるボタン表示の Mac アプリ 38
2.2.4 テキストを読み上げる Mac アプリ 41

2.3 アシスタントエディタによる Outlet 接続と Action 接続 43

2.3.1　はじめてのSwiftコードによるイベント処理のMacアプリの作り方.......... 43
　　　2.3.2　Outlet接続とAction接続 44
　　　2.3.3　ConnectionsインスペクタによるOutlet接続とAction接続の確認方法 49
　　　2.3.4　SwiftコードからNS部品へOutlet逆接続とAction逆接続 51
　2.4　**NSButtonクラスによるボタンのイベント処理** **52**
　　　2.4.1　ボタンクリックで背景色を変えるイベント処理 52
　　　2.4.2　複数ボタンに対するアクション設定 54
　　　2.4.3　ボタンで背景色をアニメーションで変えるイベント処理 58
　2.5　**写真表示のあるアプリ** **61**
　　　2.5.1　コード指定された写真を表示するMacアプリ 61
　　　2.5.2　複数画像表示のアプリ 63
　　　2.5.3　ボタンによる画像の表示・非表示処理 65
　　　2.5.4　ボタンによる図形の表示・非表示処理 68
　2.6　**テキスト行やアラート、メニュー、ポップボタンのあるMacアプリ作成** **71**
　　　2.6.1　テキスト行入力による足し算アプリ 71
　　　2.6.2　ボタンのアラート表示 74
　　　2.6.3　ボタンのアラートによる設問アプリ 76
　　　2.6.4　メニューのアクション設定 80
　　　2.6.5　ポップアップボタンのイベント処理 83

第3章　NS部品を用いたMacアプリ開発 87

　3.1　**画像表示のためのボタンによるイベント処理** **87**
　　　3.1.1　ボタンクリックによる画像表示とボタンタイトルの変更 87
　　　3.1.2　ComboBoxによる写真の選択表示 90
　　　3.1.3　画像上に図形を表示する 93
　　　3.1.4　グラディエーション背景に文字列表示のあるアプリ 95
　3.2　**スライダー表示** **100**
　　　3.2.1　いろいろなスライダー表示 100
　　　3.2.2　スライダーで円の半径を変える 103
　　　3.2.3　スライダーとボタンのイベント処理を1つのメソッドで行う 106
　　　3.2.4　スライダーでリサージュ周期を変える 110
　　　3.2.5　スライダーで棒グラフ表示 115
　　　3.2.6　垂直スライダーでRGBカラー合成 118

第4章　オーディオ、マップ、WebブラウザのMacアプリ作成 123

　4.1　**オーディオプレーヤー** **123**
　　　4.1.1　AVAudioPlayerクラスによるオーディオ再生 123
　　　4.1.2　サウンド付き英語プレゼン学習アプリ 127
　4.2　**マップのあるMacアプリ** **132**
　　　4.2.1　はじめてのマップの表示 132
　　　4.2.2　マップの標準・衛星の表示切り替えアプリ 135

4.3	Web ブラウザのある Mac アプリ	138
	4.3.1　はじめての Web ブラウザ	138
	4.3.2　ボタンによる Web ビューのクイックアクセス	140
	4.3.3　URL テキスト入力による Web アクセス	143
	4.3.4　HTML ビューアアプリ	146
	4.3.5　Web ビューと Map ビューの表示アプリ	148
4.4	ネットワーク検索アプリ	155
	4.4.1　文字列検索ロボットアプリ	155
	4.4.2　URL の Web ビューとテキストビューの表示比較	160
	4.4.3　カーリルによる図書館の蔵書検索アプリ	162
	4.4.4　Wiki による用語検索アプリ	166

第 5 章　グラフィックスの基礎　169

5.1	NSBezierPath によるグラフィックス描画	169
	5.1.1　NSBezierPath による線描画	169
	5.1.2　NSBezierPath によるダイヤモンド模様	174
	5.1.3　NSBezierPath によるアステロイド模様	176
5.2	NSBezierPath による立体的なメッシュ描画	178
	5.2.1　トーラス模様	178
	5.2.2　球体模様	180
	5.2.3　フライング・ディスク模様	183
	5.2.4　ディスク・傘模様	185
	5.2.5　プレッツェル模様	188

第 6 章　グラフィックスコンテキストと錯視への応用　193

6.1	Core Graphics フレームワークによるグラフィックス描画	193
	6.1.1　NSGraphicsContext クラスによるグラフィックスコンテキスト	193
	6.1.2　はじめてのグラフィックスコンテキスト	195
	6.1.3　グラフィックスコンテキストによる直線の描き方	198
	6.1.4　ミュラー・リヤー錯視の作り方	202
6.2	グラフィックスコンテキストにおける線結合	204
	6.2.1　三角形における線結合	204
	6.2.2　ポンゾ錯視の作り方	209
6.3	グラフィックスコンテキストによる四角形と円	211
	6.3.1　四角形と円の描画方法	211
	6.3.2　エーレンシュタイン錯視の作り方	215
6.4	グラフィックスコンテキストによる楕円と円弧の描画	217
	6.4.1　楕円、円弧、弦の描画方法	217
	6.4.2　デルブーフ錯視の作り方	222

第7章 フラクタルとカオス 225
7.1 フラクタル描画 225
- 7.1.1 シュルピンスキーの三角形 225
- 7.1.2 ピタゴラスの木 229

7.2 アトラクター描画 233
- 7.2.1 ローレンツ・アトラクターの描画 233
- 7.2.2 レスラー・アトラクターの描画 236

7.3 ファイゲンバウムのカオス描画 239
7.4 立体的なピクセル画の描き方 241
7.5 マーチン・フラクタルによる細胞形成 244

第8章 教育用のアプリ教材の作り方 249
8.1 ボタンクリック操作によるアプリ教材 249
- 8.1.1 ボタンクリック操作による未就学数字教育アプリ 249
- 8.1.2 ボタンクリック操作による未就学アルファベット教育アプリ 253
- 8.1.3 ボタンクリック操作によるひらがな教育アプリ 256
- 8.1.4 声に出して読む般若心経アプリ 257

8.2 ジェスチャー認識による数字教育アプリ 259
8.3 初等・中等教育用のアプリ教材 261
- 8.3.1 ボタンクリック操作による英語教育アプリ 261
- 8.3.2 ボタンクリック操作による足し算教育アプリ 263
- 8.3.3 ボタンクリック操作による九九教育アプリ 266
- 8.3.4 Webビューを用いたHTMLによる英語学習アプリ 267

第9章 画像フィルタと画像処理 273
9.1 画像フィルタ処理 273
- 9.1.1 CoreImageフレームワークによる画像フィルタ処理 273
- 9.1.2 画像フィルタの種類とキー文字列 276
- 9.1.3 はじめての画像フィルタ処理（CISepiaToneによるセピア調フィルタ）.279
- 9.1.4 ポスタリゼーション（画像の粗階調化）の画像フィルタ処理 282

9.2 強度調節のできる画像フィルタ処理 284
- 9.2.1 セピア調強度調節のできる画像フィルタ処理 284
- 9.2.2 CIColorMonochromeによる単色化フィルタ 287
- 9.2.3 画像のぼかし強度設定 289

9.3 画像の幾何学調整処理 292
- 9.3.1 CIPerspectiveTransformフィルタによる傾斜画像生成 292
- 9.3.2 フィルタ処理による画像サイズの拡大・縮小 294

9.4 いろいろな画像フィルタ処理 296
- 9.4.1 アクションシートによる画像フィルタ選択 296

9.5 画像におけるピクセル操作 301
9.5.1 画像ピクセルから取得した RGB 色のヒストグラム表示 301
9.5.2 ピクセル値から画像を生成するコンピュータグラフィックス 307
9.5.3 画像のサイズ変更 312

第10章 マルチスレッド処理 315

10.1 マルチスレッド処理のための統括的キュー派遣環境（GCD） 315
10.2 GCD によるマルチスレッド処理 317
10.2.1 OperationQueue クラスによる簡単なマルチスレッド処理 317
10.2.2 Thread クラスによるマルチスレッド処理 320
10.2.3 DispatchQueue クラスによる同期・非同期のキュー処理 323
10.3 マルチスレッド処理のいろいろな実装例 327
10.3.1 Thread クラスのイニシャライザーを用いたマルチスレッド処理 327
10.3.2 オペレーションキューのテキストビュー表示 329

第11章 グラフィックスと数学関数 331

11.1 2D グラフィックス 331
11.1.1 カスタムビューサイズを変えて任意位置に点表示する 331
11.1.2 はじめての数学関数によるグラフィックス 333
11.1.3 リサージュ図形を描く 336
11.1.4 スライダーで正弦波の波長変更 340
11.1.5 減衰振動関数のグラフィックス 343
11.1.6 モンテカルロ法により円周率を求める 345
11.1.7 立体的な球の描画 349
11.2 SceneKit による 3D グラフィックス 352
11.2.1 3D グラフィックスの経緯 352
11.2.2 SceneKit フレームワーク 353
11.2.3 SCNGeometry クラスのサブクラスの組み込み幾何図形 356
11.2.4 SceneKit によるはじめての 3D グラフィックス 357
11.2.5 SceneKit によるはじめての 3D トーラス 360
11.2.6 SceneKit におけるカメラ位置設定 362
11.2.7 SceneKit における 3D ノードの組み合わせ 364
11.2.8 3D ノードの位置合わせと回転 366
11.2.9 3D ノードの数学関数により位置合わせ（3D Worm） 368
11.2.10 3D 万年筆 370
11.2.11 3D シャーペン 372
11.2.12 3D ノードの数学関数によるボールのバウンド 375

第12章 NSView クラスでのマウス・キーボードのイベント処理 379

12.1 NSView クラスでのマウスイベント処理 379
- 12.1.1 NSView クラスと NSResponder 抽象クラス 379
- 12.1.2 NSView クラスでのはじめてのマウスのイベント処理 381
- 12.1.3 マウスのドラッグ操作による簡単なコードで線描画 383
- 12.1.4 マウスのボタンダウン・ドラッグ操作でお絵かき 384
- 12.1.5 マウスのクリック・ドラッグ操作で点が付きまとう 386

12.2 NSView クラスでのキーボードのイベント処理 388

12.3 マウスのドラッグ・ダウン操作による画像移動 391

第13章 ファイル入出力処理 395

13.1 ファイル入出力処理の基本 395
- 13.1.1 はじめてのファイルへの読み書き 395
- 13.1.2 Swift でエディタを作成する 400
- 13.1.3 三角関数表の作成とデータのセーブ・ロード 404

13.2 データ・グラフ表示とファイルの読み書き 406
- 13.2.1 三角関数計算表とグラフ表示、データファイルの読み書き 406
- 13.2.2 Griewank 関数計算表とグラフ表示、データファイルの読み書き 409

13.3 パネル表示によるファイル処理 411
- 13.3.1 パネル表示によるテキストファイルの読込と保存 411
- 13.3.2 NSOpenPanel 表示よる画像ファイルオープン 414

第14章 ジェスチャー認識処理 417

14.1 ジェスチャー認識でのターゲット・アクション方式によるイベント処理 418
- 14.1.1 Mac アプリでのタッチ操作 418
- 14.1.2 はじめてのジェスチャー認識 419

14.2 いろいろなジェスチャー認識アプリ 421
- 14.2.1 長押しのジェスチャー認識で色が変わる 421
- 14.2.2 お絵かき Mac アプリの作成（クリックとドラッグ対応）..................... 424

14.3 ジェスチャー認識による画像・文字操作 427
- 14.3.1 タップ操作のクリックによる画像移動 427
- 14.3.2 ドラッグで画像回転、クリックで逆転指定 429
- 14.3.3 指の回転操作で画像が回転する 432
- 14.3.4 タッチ操作のピンチで画像の拡大・縮小 434
- 14.3.5 3つのタッチ操作によるアルファベット教育アプリ 436

14.4 NSGestureRecognizer クラスによるジェスチャー認識の実装 439

第15章 ストーリーボードによる Mac アプリ作成 ... 443

15.1 ストーリーボードによる Mac アプリ作成 ... 443
- 15.1.1 はじめてのストーリーボードによる Mac アプリ作成 ... 443
- 15.1.2 ビュー制御でコード追加による Web ブラウザ表示 ... 447
- 15.1.3 ビュー制御でコード追加によるマップ表示 ... 450

15.2 ストーリーボードにおけるセグウェイ接続 ... 453
- 15.2.1 画面遷移のアクションセグウェイ接続 ... 453
- 15.2.2 はじめてのボタンクリックによるアクションセグウェイ接続 ... 454
- 15.2.3 ボタンによる Show 接続の画像ダイアログボックス表示 ... 456

15.3 ビュー制御画面間のデータ転送 ... 458
- 15.3.1 ルートビュー制御から Popover 接続ビュー制御へのデータ転送 ... 458
- 15.3.2 ルートビュー制御から Modal 接続されたマップビュー表示 ... 463
- 15.3.3 ルートビュー制御から Show 接続された教育用 Mac アプリ ... 465
- 15.3.4 ルートビュー制御から Show 接続されたデイトピッカー表示 ... 467
- 15.3.5 ルートビュー制御から Sheet 接続された画像ビュー表示 ... 470

15.4 ストーリーボードを使わないでウィンドウ制御表示 ... 472
- 15.4.1 ストーリーボードを使わないで別ウィンドウ制御表示 ... 472
- 15.4.2 ストーリーボードを使わないで2つのウィンドウ制御表示 ... 478

索 引 ... 485

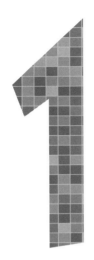

第1章 Swift 言語と統合開発環境 Xcode

Swift 言語はインスタンス指向プログラミング言語である。Swift 言語の特徴を説明し、macOS 用の Mac アプリの開発に使われている Cocoa フレームワークについて述べる。Swift コードは Xcode と呼ばれる Mac の統合開発環境で作成でき、ここでは、統合開発環境 Xcode のダウンロードとインストールから始まり、Xcode プロジェクトの作成について説明した。そして、どのような開発手順で Mac アプリとして Cocoa アプリケーションが作成できるかを説明した。さらに、Mac アプリの MVC 構造とイベント処理、ウィンドウ座標系についても述べた。

1.1 Swift 言語

1.1.1 Swift 言語の特徴

Swift 言語の特徴は、図のように高速かつ安全で現代風なコードであり、インタラクティブ環境で実行でき、Objective-C アプリから Swift アプリへの移行を容易にしている点が挙げられる。Swift 言語は、iPhone や iPad のような iOS 用のアプリを開発するためだけでなく、macOS 用の Mac アプリも開発できる。

Swift言語の特徴

```
                    Swift言語の特徴

  高速性                              安全性
  Objective-CやPython                 暴走しやすいコードを
  よりも実行速度の高                   無くすような言語仕様
  速化が図られた                       にした

  現代風                              移行性
  タプルやクロージャ、                 Objective-Cアプリから
  ジェネリックス、拡張                 Swiftアプリへの容易
  の現代的な機能追加                   な移行を可能した

              対話的な即実行環境
          Playgroundsによるコードの対話的な即実行開発環境を提供した
```

Swift 言語の特徴
- **高速性**　Objective-C や Python よりも実行速度の高速化が図られた
- **安全性**　暴走しやすいコードをなくすような言語仕様にした
- **現代風**　タプルやクロージャ、ジェネリックス、拡張の現代的な機能追加
- **対話的**　Playground によるコードの対話的な即実行開発環境を提供した
- **移行性**　Objective-C アプリから Swift アプリへの容易な移行を可能した

そもそも swift の意味は「迅速な」という意味なので、Swift 言語の大きな特徴として**高速性**を強調したかったと思われる。Swift コードでのアプリ開発では、高性能な LLVM コンパイラ（http://llvm.org/）によってネイティブコードにコンパイルされるために、Objective-C よりも実行速度を向上させた高パフォーマンスのアプリ開発が可能となっている。

また、初期化されない変数の使用は、ゴミが入っている可能性があり計算誤りの原因にもなり、整数や実数、配列がオーバーフローするとプログラムが暴走したり停止したりする原因でもある。メモリ操作で不用意にメモリを消すと、これも暴走の原因となっていた。Swift 言語の**安全性**では、このようなコードを書かないような言語仕様に改良したり、変数は初期化しないとエラーが出たり、整数や実数、配列でオーバーフローが出ないようになっている。

さらに、コードが**現代風**とは、今まで安定的に使われていたプログラミング技術要素を多く取り込み、かつ、新しい要素も追加してモダンな言語仕様にしたということである。たとえば、Python 言語に似たタプルを採用したり、関数の戻り値に複数の値を返すことができたり、関数名のない関数のようなクロージャが定義できる。さらに、いろいろな型で使えるように汎用型を定義できるジェネリックスや構造体やクラスの拡張、map や filter などの関数プログラミングパターンなどの現代的な機能を追加している。

対話的とは、統合開発環境 Xcode には Interactive Playground があり、Swift 言語によるコードの対話的な即実行開発環境を提供している。この Playground では、Swift コードで書くことにより、計算中の変数の変化のモニタリングや履歴をグラフ化して見ることができる。これは、Playground に組み込まれた対話的評価環境 REPL があるために可能となった。そのために、プログラミングの初心者でも、この Playground を使って Swift 言語の基本的な文法はほとんど学習できる。最近では、iPad で学習できる Swift Playground のアプリも公開されている。

■1.1.2　Cocoa フレームワーク

また、Objective-C アプリから Swift アプリへの**移行性**については、容易な移行を可能した。コード的には、Objective-C コードと Swift コードとの共存が可能である。iPhone や iPad のような iOS 用アプリ開発のための Cocoa Touch フレームワークや macOS 用アプリ開発に使われていた Cocoa フレームワークの完成度の高いライブラリが提供されている。

Swift 言語による Mac アプリ開発には、この Cocoa フレームワークに含まれる Foundation フレームワーク（タイプ、OS サービス、オブジェクト、メモリ、I/O）や AppKit フレームワーク（ウィンドウ、メニュー、UI、AV、ドラッグ＆ドロップ、印刷）、Cocoa Date フレームワーク（オブジェクトのファイル保存やメモリへの読み込みなどの永続的なフレームワーク）を使うことになる。これらの Cocoa フレームワークには約 300 のクラスが定義されているが、Xcode のヘルプメニューからオンラインでのリファレンスで説明があり、本書で不明なクラスがあれば、1.4.4 項のように参照されたい。

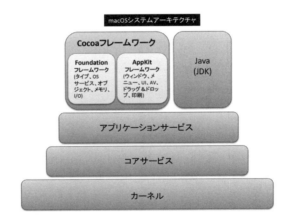

一般的に Java 言語のような**オブジェクト指向言語**では、クラスが最も重要な基本要素であり、クラスで定義された変数は、オブジェクトと呼ばれ、このオブジェクトを中心としてプログラムを行っていた。しかし、Swift 言語では、クラスと構造体とが機能的に共通点が多くなり、クラスのオブジェクトだけではなく、クラスのオブジェクトと構造体の変数とを含めたそれらの変数として、インスタンスを使った方がより一般的な表現としている。そのために、Swift 言語は、オブジェクト指向言語というよ

りも、新しいオブジェクト指向としての**インスタンス指向言語**ということになる。Swift言語は、クラスや関数はもちろんのこと、メソッドのある列挙型や構造体、プロトコル、クロージャ、拡張などで構成されている。

1.2 統合開発環境Xcodeのダウンロードとインストール

■ 1.2.1 Xcodeのダウンロード

　本テキストでは、MacのOSとして2016年9月20日に公開されたmacOS Sierraは、2016年10月27日にバージョンアップされた10.12.1を使用した。Swift言語による統合開発環境としてのXcodeは、2016年10月28日にバージョンアップされた8.1で行い、Swift言語はSwift 3を使用して、macOS 10.12.1アプリを開発した。

　図のように、Xcodeのインストールはつぎの手順で行う。

Xcodeのインストール
① デスクトップ左上のAppleアイコンかDockよりApp Storeを起動する。
② App Storeのウィンドウで右上の検索ボックスで「Xcode」を入れると、検索結果にXcodeが表示される。
③ 開発ツールのXcodeの中にある「無料」ボタンをクリックする。
④ 「APPをインストール」に変わり、もう一度クリックする。
⑤ 無料であるが、Apple IDとパスワードを入力し、「サインイン」をクリックすれば、Xcodeのダウンロードが開始する。

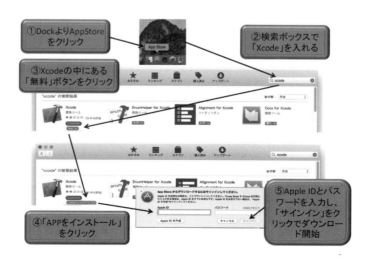

■ 1.2.2　Xcode のインストール

図のように、ダウンロードした Xcode をインストールするにはつぎの手順で行う。

Xcode のインストール
①Dock より Launchpad アイコンをクリックする。
②Launchpad 画面で Xcode アイコンをクリックして Xcode のインストールを開始する。
③Xcode のライセンス同意画面が表示されるので、同意できれば「Agree」ボタンをクリックする。
④Xcode からの変更許可を求められ、Mac パスワードを入力し、「OK」ボタンをクリックする。
⑤インストールが開始される。
⑥Welcome to Xcode 画面が表示されるとインストールが完了する。
⑦Dock にある Xcode アイコンを右クリックで「オプション」→「Dock に追加」しておく。

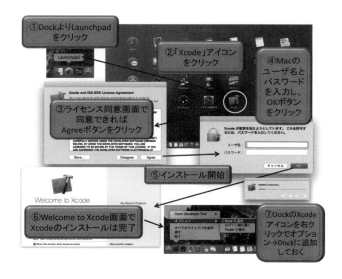

■ 1.2.3　Xcode プロジェクトの作成

　Mac アプリを作成するには、Xcode を起動すると表示される Welcome to Xcode 画面で、図を参考にして、つぎの手順でプロジェクトを作成する。ここでは、Cocoa Application というテンプレートがあり、Mac のデスクトップ用のウィンドウのフレームを持った Mac アプリが開発できる。すべての Mac アプリは、Cocoa のフレームワークを使用しているために Cocoa アプリケーションとなっている。このテンプレートを使うだけで、何もコード入力しなくてもとりあえずは動作する Mac アプリが作れる。このように、便利なテンプレート骨格を使って、後で筋肉となる新しいコードを追加して Mac アプリを作成する。

Xcode プロジェクトの作成

① Welcome to Xcode 画面で、「Create a new Xcode project」(新規 Xcode プロジェクト作成)をクリックする。

② プロジェクトテンプレート画面で「macOS」→「Cocoa Application」を選択して、「Next」ボタンをクリックする。

③ プロジェクト・オプション画面でプロジェクト名（たとえば、Ma0-0）を入力し、機関 ID は、適当に名前（ここでは、shignaka）を入れ、使用する開発言語は「Swift」を選択する。ドキュメント拡張は、今のところ単純な Mac アプリを作るので、**ここではすべてチェックしないで**、「Next」ボタンをクリックすると、プロジェクトファイルの保存場所の設定に移る。

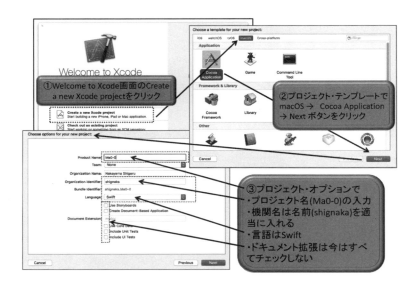

1.2.4　Mac アプリとして Cocoa アプリケーションの作成

　テンプレートを使っているために、最初は何もコードは入力しなくても Mac アプリは作成可能である。まず、設定したプロジェクトファイルを保存する。Mac アプリの統合開発環境として、図のようにワークスペースウィンドウ画面が現れる。これから、ほとんどの作業はこの画面で行う。

Mac アプリの作成

① Finder 画面でプロジェクトの保存場所で、たとえばデスクトップや New Folder で作成したディレクトリを指定する。ソースコード管理ツールである Git も作成できるが、ここでは使用しなくてもよいので、「Create git repository on」をチェックしないで、「Create」ボタンをクリックする。

② ワークスペースウィンドウ画面が現れる。ここでは何もコードは入力しないで、デフォルトのコードだけのテンプレートを使い、画面左上にある三角形マーク▶の「Run」ボタンをクリックする（はじめて Xcode を使うときには、Xcode がパスワードを要求しないでいろいろな操作をすることを可能にするかを認める開発者モード確認画面が出てくることもあるが、その場合は「Enable」をクリックし、Xcode に権限を与えるために、Mac パスワードを入力し、「OK」ボタンをクリックする）。

③ Build Succeeded 画面が現れて、Mac アプリが起動する。

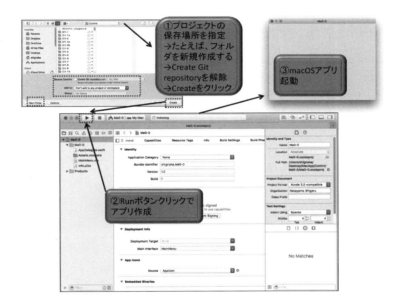

このように何もコードを入れなくても、デフォルトの状態で Mac アプリが作成できるので、とにかく動く Mac アプリが開発できる。無地の Mac アプリ画面であるが、このアプリ画面にユーザが表示したい内容をコードで追加していけばよいことになる。次節で Xcode の使い方を説明するので、Xcode のいろいろな表示画面の意味に慣れてみよう。

```
//   Ma0-0 AppDelegate.swift   デフォルトで生成されるCocoaアプリケーション
import Cocoa
@NSApplicationMain
class AppDelegate: NSObject, NSApplicationDelegate {
    @IBOutlet weak var window: NSWindow!
    func applicationDidFinishLaunching(_ aNotification: Notification) {
        // Insert code here to initialize your application
    }
    func applicationWillTerminate(_ aNotification: Notification) {
```

```
        // Insert code here to tear down your application
    }
}
```

1.3 統合開発環境 Xcode

■ 1.3.1　Welcome to Xcode の起動画面

　Dock より Xcode アイコンをクリックすれば、最初は、Welcome to Xcode の起動画面が現れる。ここでは、つぎのような 3 つの選択肢がある。Playground で Swift 言語の練習や Mac アプリの NS 部品の動作確認をするか、Mac アプリのプロジェクトをいきなり作り始めるか、もう既に Mac アプリの作成したプロジェクトがあれば、それを呼び出すかである。

Welcome to Xcode の起動画面メニュー
- **Playground の起動**　　　→　Playground 名と iOS や macOS のプラットホーム選択
- **新規プロジェクトの作成**　→　プラットホームとテンプレートの選択
- **既存プロジェクトを調べる**→　既存プロジェクトがあれば、呼び出せる

　Playground 起動を選ぶと、Playground 名の入力と iOS か OS X のプラットホームを選択する必要がある。新規プロジェクトを選ぶと、どのテンプレートを使うか指定する必要がある。また、既存プロジェクトを選ぶと、どの既存プロジェクトを呼び出すか指定する必要がある。

■ 1.3.2　Xcode のテンプレート

　プロジェクトの新規作成では、プロジェクトテンプレート画面で基本的に 4 種類のアプリ開発ができる。iPhone や iPad などのアプリ開発用の **iOS** と Apple Watch 用の **watchOS**、Apple TV 用の **tvOS**、Mac アプリ開発用の **macOS** である。

プロジェクトテンプレート
- ① **iOS**　　　　　iPhone や iPad 用アプリ開発のためのプロジェクトテンプレート
- ② **watchOS**　　Apple Watch 用アプリ開発のためのプロジェクトテンプレート
- ③ **tvOS**　　　　Apple TV 用アプリ開発のためのプロジェクトテンプレート
- ④ **macOS**　　　iMac や Mac Book 用アプリ開発のためのプロジェクトテンプレート

1.3 統合開発環境 Xcode

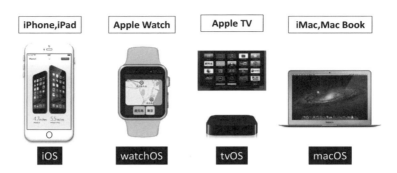

ここで、macOS では、アプリケーション用は Application、フレームワークやライブラリ用は Framework & Library、その他として Other がある。先の例では、Mac アプリ開発なので Application の中の Cocoa Application を選んだが、つぎの3つのテンプレートがある。

macOS Application での3つのテンプレート

① **Cocoa Application** Mac のデスクトップ用のウィンドウのフレームを持った Mac アプリで、すべての Mac アプリは Cocoa のフレームワークを使用しているために Cocoa アプリケーションとなっている（本テキストでは主にこれを使用）。

② **Game Application** Mac 用のゲームアプリ開発のためのアプリケーションで、SpriteKit や SceneKit のフレームワークを使用している。

③ **Command Line Tool** シェルで動くユーティリティで、文字ベースのユーザインタフェースで動作させたいときに使用する。

本テキストでは、Mac アプリの開発を目指し、図のように Cocoa アプリケーションを主に作成するので、そのアイコンをクリックして、「Next」ボタンを押す。そうすれば、どの場所に作成するか聞いてくるので、ユーザが保存したいフォルダを指定して「Create」ボタンをクリックすると、プロジェクトが作成される。

1.3.3　Command Line Tool アプリケーションの作成

　また、Mac アプリで **Command Line Tool** を選び、プロジェクトファイル名を Ma0-1 として、図のようにプロジェクトをデフォルトで実行すれば、Windows のコマンドプロンプト画面のように、文字ベースのユーザインタフェースでコンソール出力に実行結果（Hello, World!）が表示される。また、Products フォルダにある Mac アプリをデスクトップにドラッグ＆ドロップし、そのアイコンをダブルクリックすれば、シェルで動くユーティリティが作成でき、Hello, World! が表示される。

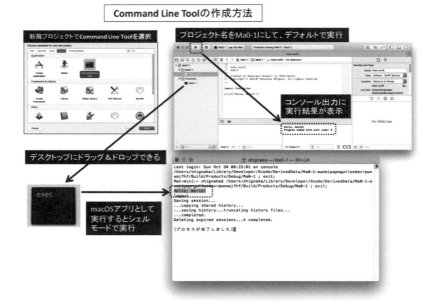

```
// Ma0-1 main.swift   デフォルトで生成されるCommand Line Toolアプリケーション
import Foundation
print("Hello, World!")
```

1.3.4　Game アプリケーションの作成

　さらに、macOS Application のテンプレートで Game Application を選び、プロジェクトファイル名を Ma0-2 とすると、SceneKit アプリサービスや QuartzCore アプリサービスを使用して Mac 用のゲームアプリが開発できる。図のようにプロジェクトをデフォルトで実行すれば、既にゲーム用のコードが入っており、戦闘機のような 3D グラフィックスが表示される。フレームの左下のマークをクリックすれば、設定画面やデータ画面が表示される。

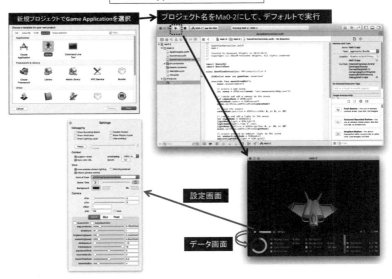

このゲームアプリケーションで、デフォルトで自動的に生成されるコードは、つぎのような3つのコードに分かれている。SceneKitについては第11章で説明している。

```
// Ma0-2 AppDelegate.swift   デフォルトで生成されるGameアプリケーション
import Cocoa
@NSApplicationMain
class AppDelegate: NSObject, NSApplicationDelegate {
    @IBOutlet weak var window: NSWindow!
    func applicationDidFinishLaunching(_ aNotification: Notification) { }
}

// Ma0-2 GameView.swift   デフォルトで生成されるGameアプリケーション
import SceneKit
class GameView: SCNView {
    override func mouseDown(with theEvent: NSEvent) {
        let p = self.convert(theEvent.locationInWindow, from: nil)
        let hitResults = self.hitTest(p, options: [:])
        if hitResults.count > 0 {
            let result: AnyObject = hitResults[0]
            let material = result.node!.geometry!.firstMaterial!
            SCNTransaction.begin()
            SCNTransaction.animationDuration = 0.5
            SCNTransaction.completionBlock = {
                SCNTransaction.begin()
```

```
                SCNTransaction.animationDuration = 0.5
                material.emission.contents = NSColor.black
                SCNTransaction.commit()
            }
            material.emission.contents = NSColor.red
            SCNTransaction.commit()
        }
        super.mouseDown(with: theEvent)
    }
}


// Ma0-2 GameViewController.swift  デフォルトで生成されるGameアプリケーション
import SceneKit
import QuartzCore
class GameViewController: NSViewController {
    @IBOutlet weak var gameView: GameView!            ←Outlet接続されたゲームビューのオブジェクト設定
    override func awakeFromNib(){
        super.awakeFromNib()
        let scene = SCNScene(named: "art.scnassets/ship.scn")!    ←シーンオブジェクト生成
        let cameraNode = SCNNode()                ←シーン撮影用のカメラノード生成
        cameraNode.camera = SCNCamera()           ←カメラノードにカメラを設定する
        scene.rootNode.addChildNode(cameraNode)   ←シーンのルートノードにカメラノードを追加する
        cameraNode.position = SCNVector3(x: 0, y: 0, z: 15)    ←カメラ位置を3Dベクトルで設定する
        let lightNode = SCNNode()                 ←シーンに光をあてる照明ノード作成
        lightNode.light = SCNLight()              ←照明ノードの光に照明を追加する
        lightNode.light!.type = .omni             ←照明タイプを放射状に光を出す点光源に設定する
        lightNode.position = SCNVector3(x: 0, y: 10, z: 10)    ←照明位置を3Dベクトルで設定する
        scene.rootNode.addChildNode(lightNode)    ←シーンのルートノードに照明ノードを追加する
        let ambientLightNode = SCNNode()          ←シーンに環境光をあてる環境光ノード作成
        ambientLightNode.light = SCNLight()       ←環境光ノードの光に照明を追加する
        ambientLightNode.light!.type = .ambient
                                ←環境光ノードの照明タイプを全方向からぼやっと照らす設定
        ambientLightNode.light!.color = NSColor.darkGray      ←環境光ノードの色を暗灰色に設定
        scene.rootNode.addChildNode(ambientLightNode)  ←シーンのルートノードに環境光ノードを追加する
        let ship = scene.rootNode.childNode(withName: "ship", recursively: true)!
                                ←シーンオブジェクトにshipノードを子ノードとしてに設定する
        let animation = CABasicAnimation(keyPath: "rotation")  ←回転のアニメーション設定
        animation.toValue = NSValue(scnVector4: SCNVector4(x: CGFloat(0), y: CGFloat(1),
            z: CGFloat(0), w: CGFloat(M_PI)*2))   ←アニメーションの回転軸(y軸)と回転角度(2π)の設定
        animation.duration = 3        ←アニメーション周期を3秒に設定（大きくすると回転が遅くなる）
        animation.repeatCount = MAXFLOAT //repeat forever  ←アニメーションの繰り返し回数（ほぼ永久）
        ship.addAnimation(animation, forKey: nil)  ←shipノードに上記のアニメーションを追加する
        self.gameView!.scene = scene                   ←ゲームビューに上記のシーンを設定
        self.gameView!.allowsCameraControl = true      ←ゲームビューでカメラ制御を可能にする設定
        self.gameView!.showsStatistics = true          ←ゲームビューに統計情報を表示する設定
```

```
            self.gameView!.backgroundColor = NSColor.black  ←ゲームビューの背景色を黒色に設定
    }
}
```

1.3.5 Xcode のワークスペース

　macOS Application のテンプレートで Cocoa Application を選んで新規プロジェクトを作成したとして、作成されたプロジェクトの Xcode のワークスペース画面について、もう少し詳しく見ていこう。最初は慣れないと、多くのボタンがあり戸惑うが、慣れると非常に便利な機能が満載されていることが分かる。

　Xcode のワークスペースには、つぎのように、ツールバー領域、プロジェクトナビゲータ領域、編集領域、デバッグ領域、ユーティリティ領域の 5 つの領域が、東西南北中央と麻雀配置のように並べられている。各領域での機能を具体的に見ていこう。

Xcode のワークスペース領域
- **ツールバー領域**　アプリ実行やデバイス選択、進行状況、領域の表示・非表示切り替えを行う。
- **プロジェクトナビゲータ領域**　プロジェクトの編集ファイルの選択や検索、デバッグ中のエラー表示、ブレークポイント表示、ログ表示等を選択バーで選び、ナビゲータ領域に表示する。
- **編集領域**　ボタンやジャンプバーで編集ファイルを選択し、ソースコード入力やインタフェースビルダー Interface Builder やストーリーボード Storyboard の編集を行う。
- **デバッグ領域**　プログラム中に使用している変数一覧ビューとプログラム実行のエラー結果などが表示されるコンソール出力領域がある。
- **ユーティリティ領域**　2 つの枠（ペイン、pane）でできており、上がインスペクタ枠で、下はライブラリ枠である。

Xcode のそれぞれのワークスペース領域を、詳しく見ていこう。

ツールバー領域は、つぎのようなボタンを選択すれば、アプリ実行やデバイス選択、進行状況、領域の表示・非表示切り替えを行うことが可能となる。

ツールバー領域
- □ **Run ボタン**　プロジェクトコードをビルドし、アプリを iOS シミュレータで実行する。
- □ **Stop ボタン**　ビルド中のプロジェクトを停止する。
- □ **実行先のデバイス選択**　Mac mini や Mac Book のデバイスが表示される。
- □ **ステータス表示**　ビルドの進行状況や実行結果、エラー内容などを表示する。
- □ **編集領域ボタン**　編集領域での画面表示の形式を変える。
  - ・**標準編集ボタン**　標準の 1 画面で設定やコードを編集する。
  - ・**補助編集ボタン**　2 画面でコードやユーザインタフェースを別々に表示編集する。
  - ・**バージョン編集ボタン**　2 画面で古いコード比較や Blame、Log を表示する。
- □ **領域選別ボタン**　Xcode ワークスペースの領域を選別し、各領域の表示・非表示を行う。
  - ・**ナビゲータ領域ボタン**　ナビゲータ領域の表示・非表示をトグルで切り替る。
  - ・**デバッグ領域ボタン**　デバッグ領域の表示・非表示をトグルで切り替る。
  - ・**ユーティリティ領域ボタン**　ユーティリティ領域の表示・非表示をトグルで切り替る。

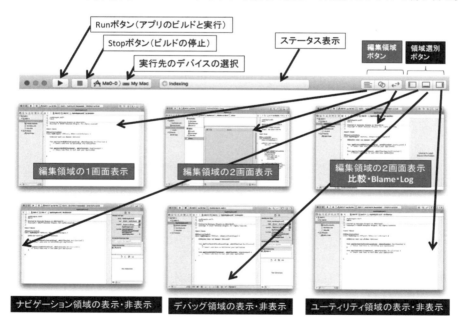

ナビケータ領域は、つぎのようなアイコンを選択することにより、プロジェクトの編集ファイルの選択や検索、デバッグ中のエラー表示、ブレークポイント表示、ログ表示等を最上段の選択バーで選び、

ナビゲータ領域に表示する。また、最下段のフィルタバーでは、プロジェクトへのファイル追加やファイルの選択や検索を行う。以下は、選択バーにあるボタン説明である。

ナビゲータ領域（最上段の選択バー）

☐ **プロジェクト表示**　プロジェクト中の全ファイルの一覧を表示する。

☐ **シンボル表示**　クラス（C）やメソッド（M）、プロパティ（P）の一覧を表示する。

☐ **文字列検索**　いろいろな検索方法で文字列検索を行い、一覧を表示する。

☐ **問題点確認**　ビルド失敗のときに、エラーや警告を調べるときに利用するとよい。

☐ **テストファイル表示**　テストファイルの一覧を表示する。

☐ **デバッグ情報表示**　CPUやメモリ、ディスク、ネットワーク使用量などを表示する。

☐ **ブレークポイント表示**　実行を中断するブレークポイントの一覧を表示する。

☐ **ログ表示**　ビルド実行・デバッグ記録を一覧表示する。

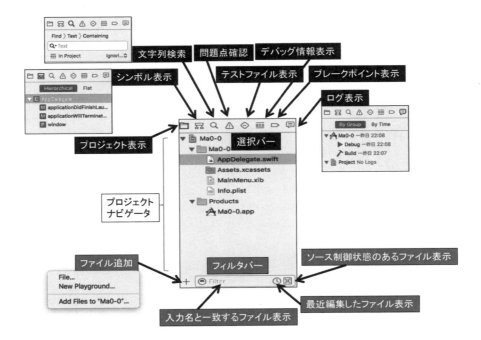

編集領域では、最上段にあるボタンやジャンプバーで編集ファイルを選択し、中段の大きなスペースが編集するところでソースコード入力やStoryboardのInterface Builderの編集を行う。編集領域の左隅をクリックすると、ブレークポイントが設定でき、マウスの右クリックでメニューが表示され、Delete Breakpointでブレークポイントを削除できる。

編集領域
- **編集ファイル一覧**　最近編集したファイル一覧を調べるなどする。
- **＜（戻る）**　直前に開いたファイルへ戻る。
- **＞（進む）**　戻る前に開いたファイルに進む。
- **ジャンプバー**　ファイルパス表示で名前クリックにより同階層ファイルやメソッドを表示。
- **ブレークポイント**　編集領域の左隅をクリックすると、ブレークポイントが設定でき、マウスの右クリックでメニューが表示され、Delete Breakpoint で削除できる。

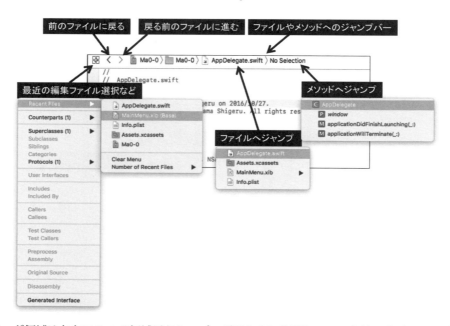

　デバッグ領域は左右に 2 つの領域があり、プログラム中に使用している変数一覧ビューとプログラム実行のエラー結果などが表示されるコンソール出力領域がある。デバッグ領域の最上段のアイコンを使って、プログラムの実行手順を設定できる。

デバッグ領域（最上段）
- **クローズ**　デバッグ領域を隠す。
- **ブレークポイント**　指定された全ブレークポイントの有効・解除を指定する。

　コンソール出力領域は、Swift コード中でいろいろなデータ出力を確認したり取り出したりするときに、Mac アプリ画面とは別に、つぎのような関数やメソッドで取り出すことができる。これらを Swift コード中で利用すると、このコンソールに情報を文字列で出せる。また、数値の文字列挿入を使えば、数値やイベント状態などを確認するのに便利である。

Swift コードでコンソール出力の仕方
- **print** (" 出力したい値など ") 関数
- **NSLog** (" 出力したい情報など ") メソッド

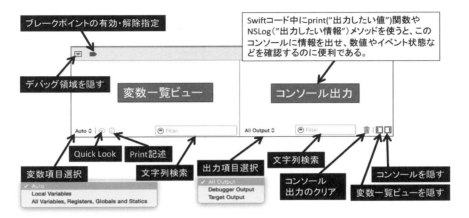

ユーティリティ領域には、2 つの枠（ペイン、pane）でできており、上段がインスペクタ枠で、下段はライブラリ枠である。それぞれつぎのような機能がある。

ユーティリティ領域
- **インスペクタ枠** 編集領域に表示されたファイル種類でアイコンやボタン表示は異なるが、ファイル種類により各情報表示や設定変更ができる。
  - **ファイル検査** コードのタイプ・エンコードに関する情報を示し、設定を変更できる。
  - **クイックヘルプ** 選択項目の簡単なヘルプが表示される。
- **ライブラリ枠** 編集領域に追加可能なファイルや Swift コード、NS 部品やメディアが表示。
  - **ファイル一覧** Interface Builder の View や Window などのファイル一覧がある。
  - **定型コード一覧** Swift コードなどのクラスや構造体の定型コード一覧がある。
  - **オブジェクト一覧** ボタンや表、タブバーなんどの NS 部品一覧がある。
  - **メディア一覧** プロジェクト内にある画像や音声などのファイル一覧がある。

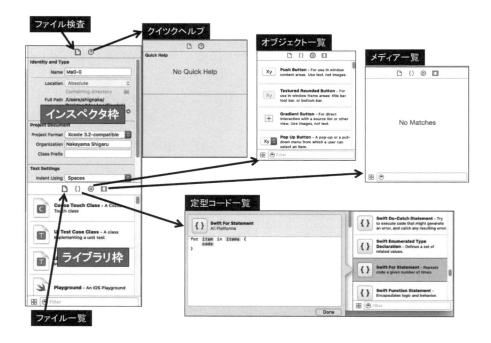

■1.3.6 プロジェクトの初期設定

　プロジェクトを新規に作成するとき、図のようにナビゲータ領域の上部にプロジェクトファイルを選択すると、編集領域に細かい各種の設定がある。ここで、ビルドで生成される要素をターゲットと呼ぶが、編集領域の左上ボタンをクリックすれば、プロジェクトの他にアプリ用ターゲットとテスト用ターゲットが現れる。アプリ用ターゲットでは、図のような Mac アプリの情報設定画面となる。

- **General**　Mac アプリの一般情報設定で、Identity ではアプリケーション分類、Signing では申請時に要する情報を設定する。
- **Capabilities**　Mac アプリの使用機能として iCloud や Game Center、Passbook などの機能を設定する。
- **Info**　Mac アプリの属性情報としてターゲットのプロパティなどを設定する。
- **Build Settings**　配備や結合、パッケージなどのビルド設定。
- **Build Phases**　ビルドするコンパイルのソースファイルなどを追加（＋）・削除（－）する。
- **Build Rules**　ターゲットへファイルや画像のコピーなどに関するビルド規則の設定。

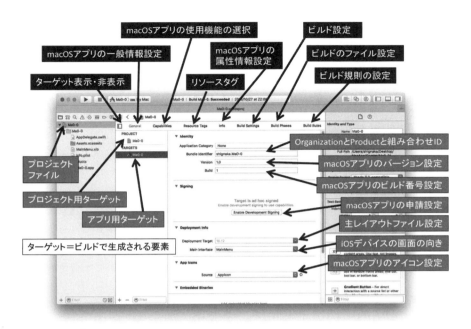

1.4 はじめての Mac アプリ作成

1.4.1 Mac アプリの MVC 構造とイベント処理

　Mac アプリは、図のようにモデル・ビュー・コントローラという **MVC（Model-View-Controller）構造**からできていて、iOS アプリや Java アプレットでも使用されている一般的なデザインパターンとしてのアーキテクチャである。

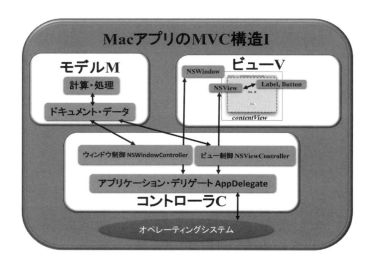

　モデル（Model） は、Macアプリのコンテンツに関するデータを保存したり、計算したり、Webサービスなどを管理する。そのために、モデル層は、文字データや数値データとそれらを計算する関数などからなる。

　ビュー（View） は、Macアプリのウィンドウに配置されるユーザインタフェースで、Macアプリの外枠はNSWindowクラスで内部はNSViewクラスからなり、内部にはテキスト行やボタンのようなNS部品を配置して、管理している。

　制御（Controller） は、アプリケーションの流れを管理し、制御オブジェクトから構成されている。ここでは、**アプリケーションデリゲート AppDelegate** が中心となり、Macアプリとシステムとのやり取りを管理し、Macアプリを起動させて、スクリーン画面にウィンドウを表示させている。一方、**ウィンドウ制御 NSWindwController** や **ビュー制御 NSViewController** は、Macアプリのモデル層とのデータのやり取りの調整を行い、MVCを相互に連結させて、モデル層のデータに従い、ビュー層を更新している。このコーディング方法は基本であり、第15章の最後にプログラム番号Ma15-11、Ma15-12で説明しているが、プログラムが多少長くなり、コードが煩雑となる。そのために、Macアプリ開発の学習用には、適さないと考えた。

　一方、Javaで使われているSwingでは、MVC構造よりも、**分離モデル構造**（separable model architecture）が使われた。Swingの分離モデル構造では、モデルから分離させて、コントローラとビューとを合体して1つのユーザインタフェース（UI）オブジェクトにする。このように、表示方法とイベント処理とを強く結びつけたほうが効率的と考えられたのである。

　そこで、本書の第14章までのプログラムでは、つぎの図のようにコントローラにビューを含めて合体させ、アプリケーションデリゲート AppDelegate が管理している NSWindow を使って、そのウィンドウにビューを追加してコーディングする方式を取っている。この方式は、プログラムが短く単純であり、Macアプリの学習には向いていると考えた。

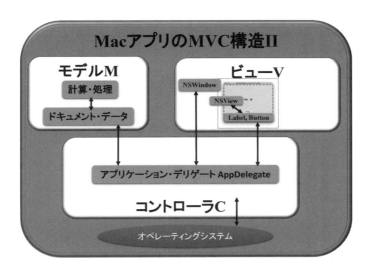

　一方、第 15 章では、プログラム番号 Ma15-1 〜 Ma15-10 で説明しているが、ストーリーボードを使用して、アプリケーションデリゲート AppDelegate が管理している NSWindow とビュー制御 NSViewController とを用いても Mac アプリ開発するプログラム例を示している。

■1.4.2　プロジェクトファイル構成

　プロジェクトテンプレートで、ウィンドウ画面だけを用いた Mac アプリを作成する Cocoa Application が選択されると、図のようなプロジェクトファイルが自動生成される。

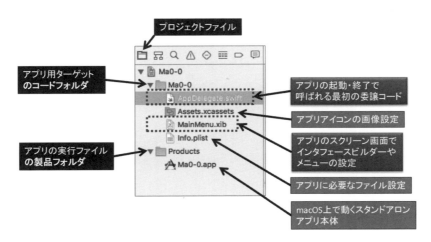

　このプロジェクトファイルで自動生成される Swift コードをそのままビルド＆実行しても、Mac アプリが作成でき、それなりに動作する。そこで、これから、Mac アプリの画面に、**AppDelegate.**

`swift`のSwiftコードにコードを追加して、自分なりのMacアプリをカスタマイズしていこう。

また、`MainMenu.xib`のインタフェースビルダーを使って、NS部品を配置してレイアウトを設定し、そのNS部品とコードとの接続設定をユーティリティ領域で関係づけていく方法を取ることにする。そのために、NS部品の配置で座標値の入力に悩むこともなく、レイアウトはインタフェースビルダーやストーリーボードに任せて、Macアプリのアルゴリズムだけに専念できる利点がある。ここで、このNS部品のNSとは、Appleコンピュータを作ったスチーブ・ジョブズが、つぎに作ったNeXTソフトウェアでのオペレーティングシステムのNeXTSTEPのNSから取ったといわれている。

■1.4.3 Macアプリ動作の流れ

ストーリーボードを使用しないCocoa Applicationでは、図のようなクラス階層が自動的に生成される。基本的には、AppDelegateクラスだけが生成される。AppDelegateクラスは、クラス階層のルートクラスであるNSObjectクラスのサブクラスになっており、*NSApplicationDelegate*プロトコルを組み込んでいる。この*NSApplicationDelegate*プロトコルは、NSApplicationオブジェクトのデリゲートによって組み込まれた各種のメソッドが定義されていて、AppDelegateでそれらをカスタマイズすることになる。

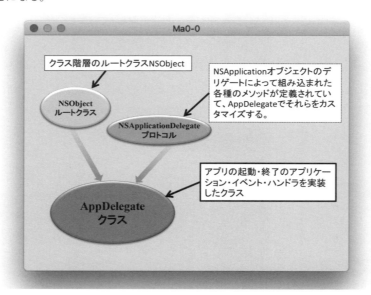

自動で生成されるAppDelegate.swiftは、図のようなコード構成になっていて、**AppDelegateクラス**は、アプリの起動・終了のアプリケーションイベントハンドラを定義した*NSApplicationDelegate*プロトコルを組込み、クラス階層のルートクラスであるNSObjectクラスをスーパークラスとして継承している。そのために、AppDelegateクラスは**アプリケーションデリゲート**と呼ばれ、*NSApplicationDelegate*プロトコルで定義されたメソッドを実装し、いろいろな

イベント処理に対応したアプリの起動・終了を管理することになる。

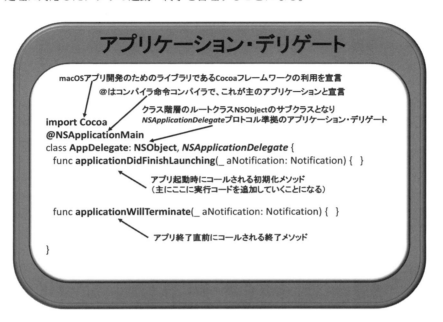

　これらの Cocoa フレームワークに定義されている約 300 のクラスは、Xcode のヘルプメニューからメニュー項目「Documentation and API Reference」を選択すれば、図のようなドキュメントが表れる。すべて参照できるので、本書で掲載したソースコードで不明なクラスがあれば、逐次参考にされたい。これらは、英語の学習には辞書が必要なように、Mac アプリ開発に必要なクラスの辞書に相当する。

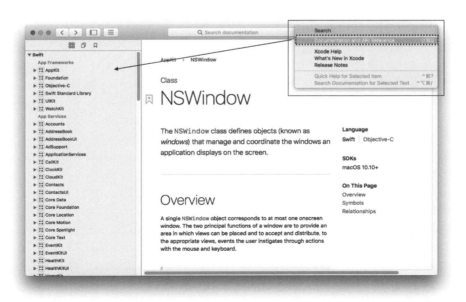

■ 1.4.4　はじめての Mac アプリのコード入力

新たにプロジェクトを作成するには、Xcode が既に起動しているときには、図のように「File」メニューから「New」→「Project」の項目を選択すると、プロジェクトのテンプレート選択画面が出てくる。あとは同じである。

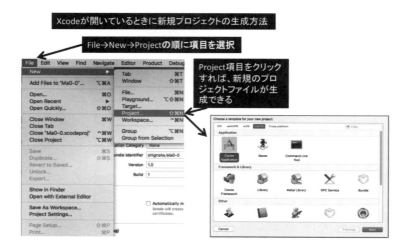

そこで、Cocoa Application テンプレートを使いプロジェクト名 Ma1-1 を作成し、Mac アプリをカスタマイズしてみよう。

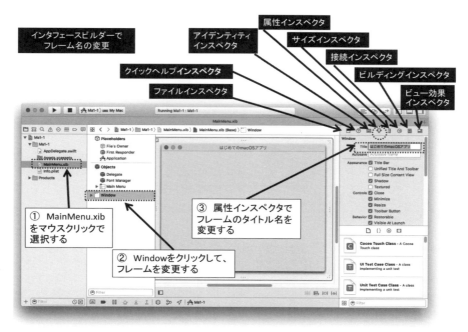

まず、作成しようとするMacアプリのフレームのタイトルバーに、そのMacアプリのタイトルを入れてみよう。**インタフェースビルダー**と呼ばれるツールを使用すると、コードを書かなくてもユーザインタフェースの大半の部分が作成できて、非常に便利である。ここでは、左側のプロジェクトナビゲータ領域にある`MainMenu.xib`を選択し、編集領域のWindowを選択する。右側にMacアプリのフレームが現れる。そして、インスペクタ領域で、属性インスペクタを選択すると、その下にTitle設定のためのテキスト行が現れるので、ここのMacアプリのタイトル文字列を入れると、フレームのタイトルが変わる。これで、タイトル入りのMacアプリのフレームが完成したことになる。つまり、インタフェースビルダーを使うと、コードを書かなくてもMacアプリのフレームにタイトルが付けられたことになる。

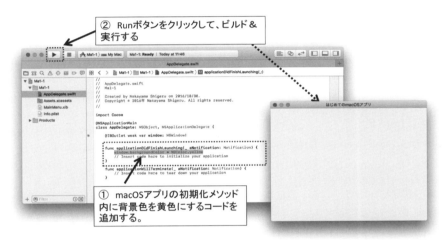

インタフェースビルダーでできるところはインタフェースビルダーで設定し、インタフェースビルダーでできにくいところは、コードで記述すれば便利である。そこで、Macアプリのフレームの背景色を変えるために`AppDelegate`クラスに、つぎのようなコードを追加する。ここでは、Macアプリのフレームの背景色設定をデフォルトの灰色とは異なり黄色に設定してみた。

```
//Ma1-1はじめてのMacアプリの作成
import Cocoa
@NSApplicationMain
class AppDelegate: NSObject, NSApplicationDelegate {
    @IBOutlet weak var window: NSWindow!   ←AppDelegateが管理しているNSWindowのオブジェクト設定
    func applicationDidFinishLaunching(_ aNotification: Notification) {
        window.backgroundColor = NSColor.yellow   ←ウィンドウの背景色を黄色に指定
    }
    func applicationWillTerminate(_ aNotification: Notification) {}
}
```

ここでは、NSWindowの背景色を変えているので、図のようにAppKitリファレンスでNSWindowクラスを調べると、インスタンスプロパティでbackgroundがあり、ウィンドウの背景色を指定することが分かる。そして、NSColor値を指定すればよいことも分かる。

そこで、同じAppKitリファレンスで図のようにNSColorクラスを調べると、型プロパティでいろいろな色が定義されていることが分かり、ここでは黄色を指定した。

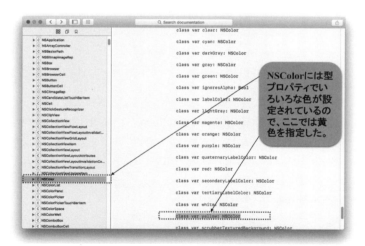

AppKitリファレンスには完璧な最新のAppKitフレームワークのライブラリがある。毎年バージョンがコロコロ変わって進化し続けるライブラリを、本書で記載すると直ぐに古くなる。そこで、テキストとしてAppKitフレームワークを詳細に記述しないで、Xcodeから直接アクセスできるオンラインライブラリを逐次学習した方が最新のライブラリでMacアプリを開発できると考えた。そのために、本書では、AppKitフレームワークでの詳細なクラス構成の説明はあまりしないので、AppKitリファレンスを参照されたい。

> **練習問題**

AppKitリファレンスでNSColorクラスの色設定からフレームの背景色を変更して、Macアプリの出来上がりを試してみよう。また、このプログラムで変数windowはAppDelegateクラスのフィールドになっているので、AppDelegateクラスのカレントのオブジェクトを示すselfを、つぎのように付けても動作することを確かめよ。

```
self.window.backgroundColor = NSColor.yellow
```

1.4.5　macOSでのウィンドウ座標系

Macアプリを作成する上で、グラフィックスをコードで指定するときには注意が必要である。なぜなら、iOSアプリやWindowsでは、左上隅が原点(0, 0)であり、x軸方向は原点から右へ行くのが正の方向で、y軸方向は原点から下へ行くのが正の方向であった。

しかし、Macアプリでは、図のように左下隅が原点(0, 0)であり、x軸方向は原点から右へ行くのが正の方向で、y軸方向は原点から上へ行くのが正の方向である。

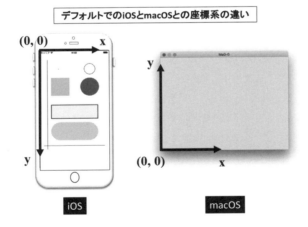

デフォルトでのiOSとmacOSとの座標系の違い

そのために、Macアプリでは、従来とウィンドウ座標系が異なる。特にグラフィックスの座標値をコードで入力する場合には、注意が必要で、慣れる必要がある。しかし、この座標系は学校で習う数学の座標系と同じである。

1.5 Xcodeでプログラム作成上の留意点と参考文献

既存のプロジェクトを開くには、図のようにFinderのワークスペースでファイル拡張子にxcodeprojの付いたファイルをダブルクリックするか、Xcodeで「File」メニューの「Open」でプロジェクトをダブルクリックする。

既存のプロジェクトの開き方

Finderのワークスペースでファイル拡張子にxcodeprojの付いたファイルをダブルクリックして、プロジェクトを開く

プログラム作成中でのエラーは、各行にエラー表示される。見にくい場合は、ナビゲータ領域の問題点確認アイコンで一覧が表示される。また、エラー行にマウスカーソルを当てるとFix-it機能が表示され、エラーの修正候補（青色表示）が表示されるので、この青い行をクリックすれば、コード上の明らかなエラーはほとんど解消できる。

また、既に作成したプロジェクトは、Finderでファイルフォルダを見れば、作成したプログラム名が付いたプロジェクトフォルダがある。そこに移動し、ファイル拡張子にxcodeprojが付いたファイルをダブルクリックすれば、関係付けられたアプリケーションとしてXcodeが起動し、このプロジェクトファイルに含まれているファイルはすべて呼ばれる。Xcodeが起動している状態で同時に、新規に複数プロジェクトを作成することも可能で、メニューの「Finder」→「New」→「Project」を選ぶ。

本書では、Macアプリ開発として以下の図書やWebサイトを参考にした。

- □ 中山　茂：Turbo C, Turbo C++ グラフィックスプログラミング入門（技報堂出版）
  本書で作成したカオスやフラクタルのグラフィックスの参考に利用した。
- □ 中山　茂：Turbo C, Turbo C++ グラフィックスプログラミング応用（技報堂出版）
  本書で作成したカオスやフラクタルのグラフィックスの参考に利用した。
- □ 中山　茂：「VRML2」（技報堂出版）
  本書のSceneKitで作成したグラフィックスの参考にした。
- □ C.Bessant：Computers and Chaos (Sigma Press)
- □ R.L.Devaney：Chaos, Fractals, and Dynamics (AddisonWesley)

- ☐ N.Eall：The New Scientist Guide to CHAOS (Penguin Books Ltd)
- ☐ H.Lauwerier：Fractals (Penguin Books Ltd)
- ☐ B.Ezzell：Graphics Programming in Turbo C++ (AddisonWesley)
- ☐ K.Falconer：Fractal Geometry (John Wiley & Sons)
- ☐ G.L.Baker and J.P.Gollub：Chaotic Dynamics an introduction (Cambridge University Press)
- ☐ K. Weiskamp and L. Heiny：Power Graphics using Turbo C++ (John Wiley & Sons)
- ☐ L. Ammeraal：Programming Principles in Computer Graphics (John Wiley & Sons)
- ☐ K.Jamsa：Graphics Programming with Microsoft C and Microsoft Quick C (Microsoft Press)
- ☐ Aaron Hillegass, Adam Preble, Nate Chandler:Cocoa Programming for OS X: The Big Nerd Ranch Guide (Amazon Services International, Inc.)
- ☐ Jonathon Manning, Paris Buttfield-addison, Tim Nugent：Swift Development with Cocoa (Oreilly & Associates Inc)
- ☐ Wallace Wang：Swift OS X Programming for Absolute Beginners　(Apress)
- ☐ GitHub：https://github.com/
   Swiftによる Macアプリ開発に役立つ多くのコードがある。
- ☐ Qiita：https://qiita.com/
   プログラマのための技術情報共有サービスで、Macアプリ開発に役立つ解説がある。
- ☐ https://www.raywenderlich.com/
   Ray WenderlichによるSwiftやmacOSのチュートリアルがある。

第 2 章
インタフェースビルダーによる Mac アプリ開発の基礎

Mac アプリ作成には、インタフェースビルダーやストーリーボードを使うと、AppKit フレームワークの部品などが容易に設定でき、コード入力が不要となり、便利なときがある。そこで、まず、インタフェースビルダーによる使い方を説明する。

この章では、Mac アプリの MainMenu.xib におけるインタフェースビルダーの使い方を説明し、いろいろな AppKit フレームワーク部品のアウトレット設定やアクション処理を使って、簡単な Mac アプリを作成してみよう。MainMenu.xib のファイル拡張子 XIB（ジブ zib と発音する）とは、XML で作成されたインタフェースビルダーであり、ソースコードを見ると XML タグで構成されている。通常は、Interface Builder XIB Document としてグラフィックス表示されている。第 3 章以降は、インタフェースビルダーの使い方についてはあまり説明しないので、ここでインタフェースビルダーの使い方を徹底的に習得しよう。

2.1 Mac アプリの AppKit クラス

　Xcode では、**インタフェースビルダー**（**Interface Builder**）と呼ばれるインタフェース作成ツールがある。MainMenu.xib ファイルを使って、Mac アプリにライブラリから AppKit フレームワークの NS 部品をウィンドウやメニューにドラッグ＆ドロップで画面上に配置して管理できるツールである。また、Mac アプリ開発では、複数のビュー制御での画面推移も作成できる。これらを管理するファイルは**ストーリーボード**（**Story board**）と呼ばれ、Main.storyboard というファイルとして生成される。

第 2 章　インタフェースビルダーによる Mac アプリ開発の基礎

　Mac アプリで使えるライブラリのオブジェクトを見てみよう。Xcode のユーティリティ領域の下にあるライブラリ枠には、図のようなオブジェクト一覧として 146 個の AppKit クラスがある。括弧内は、そのオブジェクトで使用されているクラス名を示す。同じクラス名で異なった AppKit クラスもあるが、そのクラス名での設定が異なっているだけである。

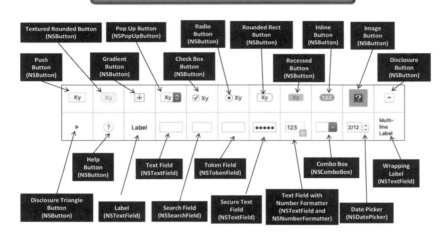

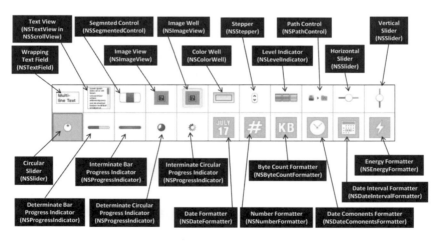

2.1 Mac アプリの AppKit クラス

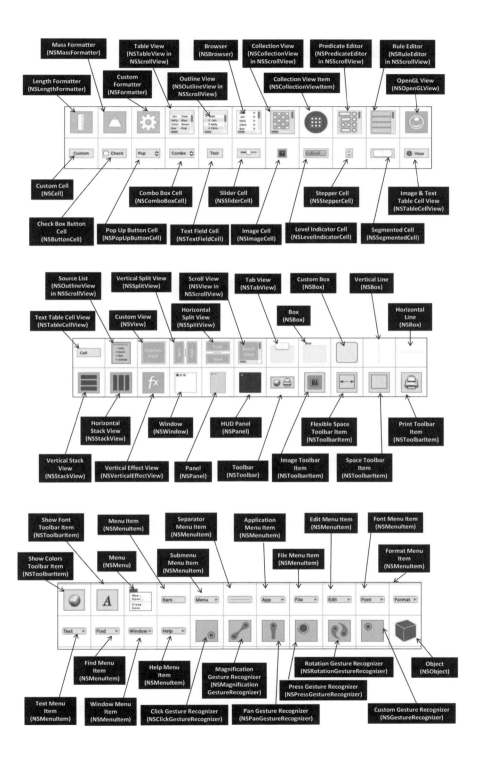

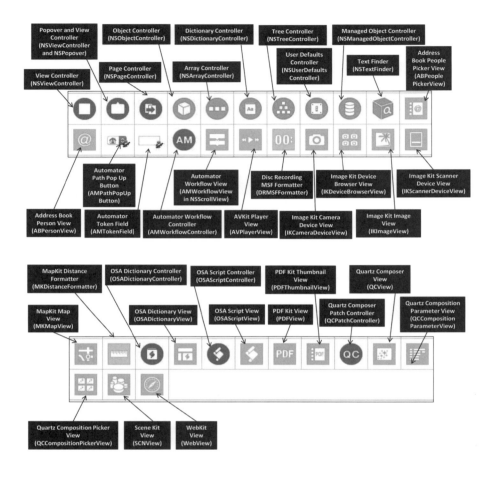

2.2 コード入力不要な Mac アプリの作成

2.2.1 Label によるはじめての文字列表示の Mac アプリ

　デフォルトの Mac アプリに、2 つのラベルを追加して、はじめての文字列を表示する Mac アプリを作成してみよう。Mac アプリのフレームのタイトル設定は、「はじめての文字列」とする。タイトルの設定は、ここでのアプリで説明した通りであるので、今後説明は省略する。

Label によるはじめての文字列表示の Mac アプリ作成

① プロジェクトナビゲータ領域のファイル MainMenu.xib を選択する。
② Label をオブジェクトライブラリからドラッグ＆ドロップし、サイズを調整する。

③Labelをクリックし、属性インスペクタでTextやColor、Alignmentを選ぶ。
④アクティブスキーム選択でMy Mac（ここではMac miniを使用している）を選択して、「Run」をクリックすると、Macアプリ画面が起動する。

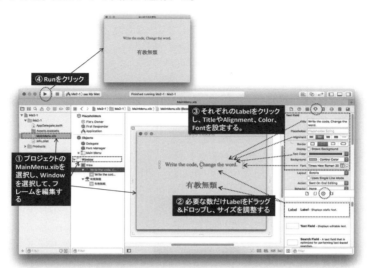

ここで、ラベルの細かい配置位置などの設定は、本書では説明しつくせないので、ダウンロードのサンプルファイルを参考にして、属性インスペクタの詳細をチェックされたい。

ラベルの属性インスペクタには、図のようにラベルの文字列入力や色、フォントスタイル、サイズ、横揃え、行数、透明度、表示・非表示、位置の水平・垂直揃え、横・縦サイズ調整などがある。ここで、Linesで行数を0に指定すると、Macアプリ画面上で何行でも表示可能を指定したことになる。

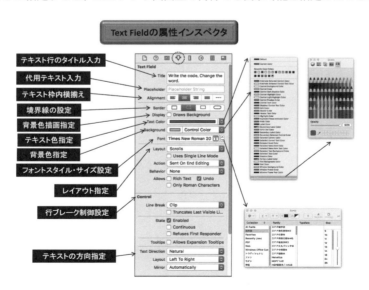

ここでは、インタフェースビルダーでラベル表示した Mac アプリを作成したので、自動生成された AppDelegate.swift のコードは、つぎのようにデフォルトのままである。インタフェースビルダーを用いないで、ラベル表示は可能であるが、ラベルの配置座標値など多くのコードを追加する必要があり、煩雑となる。

```
// Ma2-1 AppDelegate.swiftデフォルトで生成されるCocoaアプリケーション
import Cocoa
@NSApplicationMain
class AppDelegate: NSObject, NSApplicationDelegate {
    @IBOutlet weak var window: NSWindow!
    func applicationDidFinishLaunching(_ aNotification: Notification) { }
    func applicationWillTerminate(_ aNotification: Notification) { }
}
```

練習問題

インタフェースビルダーでラベルのタイトルやテキストの色、フォントスタイル、サイズを変えて Mac アプリを作成してみよう。

2.2.2 Image View によるはじめての画像表示の Mac アプリ

画像の入った Mac アプリを作成してみよう。まず、Mac アプリに表示したい画像ファイルを準備し、図のように、Mac アプリ側のフォルダの下にその画像ファイルをドラッグ＆ドロップしておく。このとき、オプション選択画面が現れるので、図のように設定する。あとは、オブジェクトライブラリから Image View をドラッグ＆ドロップして、サイズを調整する。全体の手順は、つぎのようになる。インタフェースビルダー選択や Run 実行は前回と同じなのでこれ以降省略する。

ラベルと画像のある Mac アプリ作成

① 画像（IMG0.jpg）をドラッグ＆ドロップすると、オプション選択画面が現れて、図のように設定し、Finish を選択する。

② オブジェクトライブラリから Image View をドラッグ＆ドロップし、サイズを調整する。

③ Window 内の Image View をクリックし、属性インスペクタ内の Image のプルダウンメニューで画像ファイル名（IMG0）が出るので、それを選択する。

④ Run をクリックすると、図のように Mac アプリが表示される。

2.2 コード入力不要な Mac アプリの作成

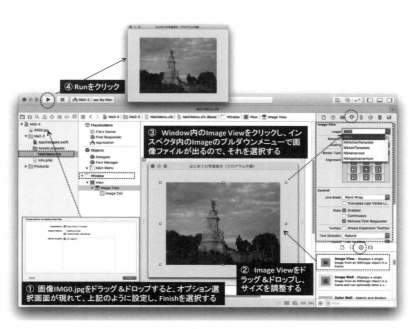

ここで、Image の属性インスペクタには、つぎのような画像ファイルの選択やアニメーション・編集の有無、画像スケール指定、境界枠指定、位置の水平・垂直揃え、行ブレーク制御設定、テキスト方向、ビュー調整などがある。

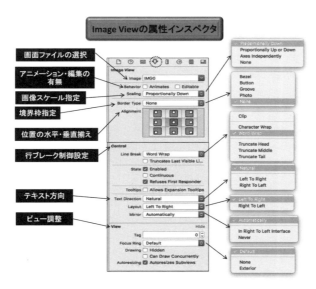

インタフェースビルダーで画像表示した Mac アプリを作成したので、自動生成された `AppDelegate.swift` のコードは、つぎのようにデフォルトのままである。ここでもインタフェース

ビルダーを用いないで、画像表示は可能であるが、画像の指定や配置座標値など多くのコードを追加する必要があり、煩雑となる。

```
// Ma2-2 AppDelegate.swiftデフォルトで生成されるCocoaアプリケーション
import Cocoa
@NSApplicationMain
class AppDelegate: NSObject, NSApplicationDelegate {
    @IBOutlet weak var window: NSWindow!
    func applicationDidFinishLaunching(_ aNotification: Notification) { }
    func applicationWillTerminate(_ aNotification: Notification) { }
}
```

練習問題

複数枚の画像を表示する Mac アプリを作成してみよう。

2.2.3 アイコン画像のあるボタン表示の Mac アプリ

つぎに、アプリによく利用されるボタンを表示した Mac アプリを作成してみよう。ボタンには、そのボタンが何の操作なのか示すタイトルとしてボタン上にテキストを入力できる。また、加えてアイコン画像も簡単に併記できる。つぎのように、ボタンにデフォルトで利用できる 59 個のアイコン画像をすべて表示してみよう。

アイコン画像のあるボタン表示の Mac アプリ作成

①オブジェクトライブラリから Push Button を 59 個それぞれドラッグ＆ドロップして、配置とサイズを調整する。

②配置した Push Button をクリックし、タイトル、Alignment で中央揃え、Image でアイコン画像、Position で画像とタイトルとの配置関係を設定する。

③Run をクリックする。

つぎの図のような Button の属性インスペクタで、ボタンのスタイル指定として Push や Check, Radio, Square, …などのボタン形状を指定する。オブジェクトライブラリから Push Button をドラッグ＆ドロップすると、ボタンスタイルは Push となる。さらに、ボタンタイプ指定、境界領域の視覚効果指定、オンオフ混合指定、ボタンタイトル設定、タイトル配置指定、タイトルフォントとサイズ指定、ボタンアイコン画像指定（この Mac アプリで指定できる 59 のアイコン画像が含まれている）、画像とテキスト配置指定（−がテキスト、□がアイコン画像を表す、□−ならアイコン画像が先でタイトルが後ろにあるボタン、−□なら左右逆となる）、ボタン操作音指定（ボタンがクリックされると Basso, Blow, Bottle, Frog, Funk などの音が出る）、ボタン制御設定、ボタンビュー設定など細かな指定ができる。

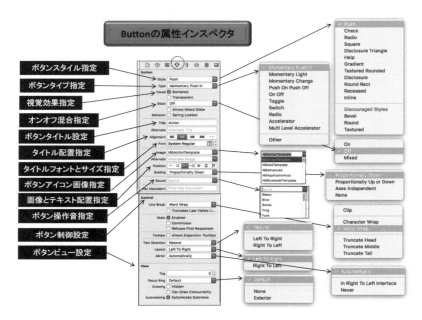

インタフェースビルダーでアイコン画像とタイトルのあるボタンを表示した Mac アプリを作成したので、自動生成された `AppDelegate.swift` のコードは、つぎのようにデフォルトのままである。ここでもインタフェースビルダーを用いないでボタン表示は可能であるが、画像の指定や配置座標値など多くのコードを追加する必要があり、煩雑となる。

```
// Ma2-3 AppDelegate.swiftデフォルトで生成されるCocoaアプリケーション
import Cocoa
@NSApplicationMain
class AppDelegate: NSObject, NSApplicationDelegate {
    @IBOutlet weak var window: NSWindow!
    func applicationDidFinishLaunching(_ aNotification: Notification) { }
    func applicationWillTerminate(_ aNotification: Notification) { }
}
```

練習問題

ボタン操作音指定で、ボタンがクリックされると Basso, Blow, Bottle, Frog, Funk などの音が出るが、これらを指定して、ボタンクリックで発生する音を確かめる Mac アプリを作成してみよう。

2.2.4 テキストを読み上げる Mac アプリ

Mac アプリでのラベル表示や画像表示、ボタン表示ができたので、ここでは、同様にして、ボタンとテキスト領域を追加してみよう。

まず、Mac アプリにボタンとテキスト領域を追加してみよう。ここでは、テキスト領域に入力されたテキストを読み上げたり、印刷したりする Mac アプリを作成してみよう。全体の手順は、つぎのようになる。

テキストを読み上げる Mac アプリの部品配置

① ナビゲータ領域でインタフェースビルダー MainMenu.xib を選択し、ドキュメントアウトライン領域で Window を選択し、インスペクタ領域でフレームのタイトルを入力する。

② Text View と Button をドラッグ＆ドロップし、サイズ・配置を調整する。

テキストを読み上げる Mac アプリ作成

① ナビゲータ領域でインタフェースビルダー MainMenu.xib を選択し、ドキュメントアウトライン領域で Text View を選択し、それをマウスで右クリック（または、Control ＋左クリック）すれば、Text View ウィンドウが現れる。

② Text View ウィンドウの Received Actions で paste や print, startSpeaking, stopSpeaking の右の○にマウスポインタを合わせると＋が現れる。それを左ドラッグで各ボタンにドロップすればアクション設定が追加される。

③ アクション処理が正常に設定されていると、各ボタンを選択して接続インスペクタを調べると、アクション設定がされていることを確認できる。

④ Run をクリックする。

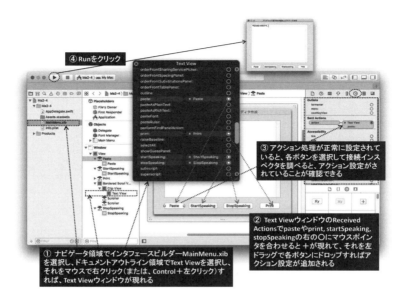

テキストを読み上げる Mac アプリの操作方法

① テキスト領域でテキストを入力してみよう。入力したテキストをドラッグして、右クリックのメニューからコピーを選択する
② Paste ボタンをクリックすれば、コピー指定されたテキストがテキスト領域に貼り込まれる
③ StartSpeaking ボタンをクリックすると、Text View にあるテキスト（日本語、英語）の読み上げが始まり、StopSpeaking ボタンをクリックするとストップする。
④ Print ボタンをクリックすると、Print ダイアログボックスが現れて、テキスト領域にあるテキストを印刷できる。

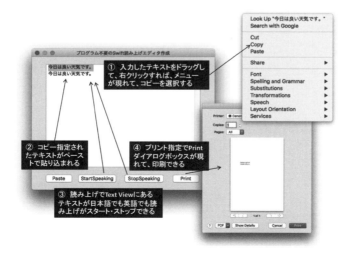

インタフェースビルダーで読み上げエディタのある Mac アプリを作成したので、自動生成された AppDelegate.swift のコードは、つぎのようにデフォルトのままで、プログラムしなくても、非常に多機能なことが実現できる。

```
//   Ma2-4 AppDelegate.swiftデフォルトで生成されるCocoaアプリケーション
import Cocoa
@NSApplicationMain
class AppDelegate: NSObject, NSApplicationDelegate {
    @IBOutlet weak var window: NSWindow!
    func applicationDidFinishLaunching(_ aNotification: Notification) { }
    func applicationWillTerminate(_ aNotification: Notification) { }
}
```

練習問題

テキスト領域に、英文や和文を入れて、読み上げ精度について確かめてみよう。

2.3　アシスタントエディタによる Outlet 接続と Action 接続

■2.3.1　はじめての Swift コードによるイベント処理の Mac アプリの作り方

Mac アプリとして、ボタンをクリックすると、図のように表示される文字列内容が変化する Mac アプリを作成してみよう。

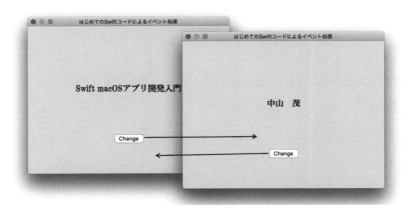

まず、図のようにナビゲータ領域でインタフェースビルダー MainMenu.xib を選択し、ドキュメントアウトライン領域で Window を選択し、インスペクタ領域でフレームのタイトルを入力する。つぎに、Label と Button をドラッグ＆ドロップし、サイズ・配置タイトルを調整して、これらのラベルに Outlet 接続、ボタンに Action 接続を設定する方法を説明する。

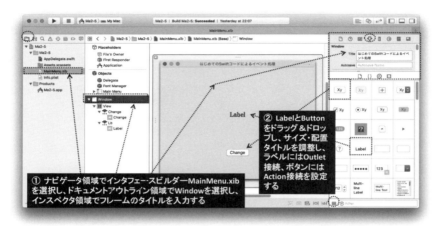

2.3.2　Outlet 接続と Action 接続
（1）アシスタントエディタによる 2 画面準備

インタフェースビルダーでラベルとボタンをライブラリからドラッグ＆ドロップして作成する。つぎに、Xcode の最上段のツールバー領域の編集領域ボタンを操作する。ここでは、アシスタントエディタと呼ばれる補助編集ボタン（右上 2 つの重なった円表示）をクリックすると、編集領域での画面表示が 2 画面となり、NS 部品とコードを接続して編集できる。

ここで、コード領域に `AppDelegate.swift` コードが表示されない場合には、ジャンプバーをクリックすると、ディレクトリが表示されるので、目的のファイルへジャンプする。これで、インタフェースビルダーでの `MainMenu.xib` の Window フレームにある NS 部品と `AppDelegate.swift` の Swift コードとを 2 画面で対比しながら、NS 部品とコードとを接続して編集する準備ができる。

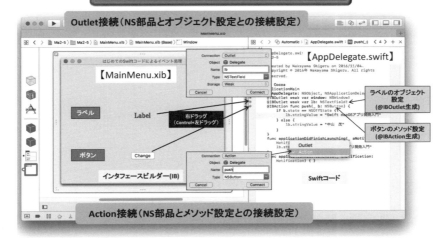

(2) アシスタントエディタによる Outlet 接続と Action 接続

　図のように、Mac アプリのインタフェースビルダーの MainMenu.xib ファイルと Mac アプリの AppDelegate.swift ファイルとの 2 画面を、補助編集ボタンを使って左右に同時に提示する。そして、これから説明する Outlet 接続や Action 接続を使って、インタフェースビルダーでの NS 部品と Swift コードでの NS 部品のオブジェクトやメソッドを関連付ける。Outlet とは出口で、NS 部品の出口となる Swift コードでのオブジェクトを表し、Action とは動作で、NS 部品のアクション処理を行う Swift コードでのメソッドを示す。

> アシスタントエディタによる Outlet 接続と Action 接続
> □ Outlet 接続（オブジェクト設定）
> 　インタフェースビルダーの NS 部品と Swift コードのオブジェクト設定とを接続設定する。
> □ Action 接続（メソッド設定）
> 　インタフェースビルダーの NS 部品と Swift コードのメソッド設定とを接続設定する。

(3) ラベルの Outlet 接続

　Mac アプリでの NS 部品を、Mac アプリの Swift コードで利用するには、NS 部品のオブジェクト設定が必要となる。その NS 部品のオブジェクトを使ってプログラムすることになる。そのための NS 部品の Outlet 接続の方法は、つぎのようになる。

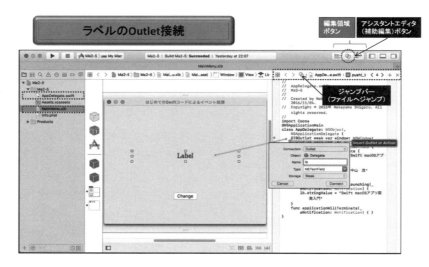

Outlet 接続方法

- インタフェースビルダーの NS 部品を**右ドラッグ**（マウスの右ボタンを押しながら移動するか、Control キーを押しながらマウスの左ボタンを押しながら移動する）して、Swift コードの適当な所にドロップする。Swift コードのオブジェクトが設定できる。
- ドロップ可能な場所であれば、「Insert Outlet or Action」とドロップ行線が現れるのでドロップする。接続ダイアログボックスが現れ、Name で NS 部品のオブジェクト名（図では lb にしている）を指定する。
- Storage で、Weak と Strong が現れる。Swift ではオブジェクトはデフォルトでは Strong（強参照）であるため、特に設定する必要はない。指定しても Swift コードには現れない。Outlet 接続でのデフォルトの Storage は Weak（弱参照）で、メモリ管理を行う ARC（自動メモリカウント）環境では重要なインスタンス以外は弱参照にしたり、参照を途中で nil に設定したり、メモリ不足などで参照が消えて nil になる可能性があるような対応にしておくようにする。途中で nil になってもよいようにするためには、当然オプショナル（随意型変数：値があっても nil でも随意な変数）指定！となる（拙著『Swift 言語入門』2.8 節「オプショナル」参照）。
- 最後に「Connect」をクリックすると、NS 部品とオブジェクトとの接続設定が完了する。
- これで、Swift コードに、**@IBOutlet weak var lb: NSTextField!** が設定される。@IBOutlet は、インタフェースビルダーの Outlet であることを示すコンパイラ命令である。Swift コード中で、このラベルのインスタンス lb を使って、たとえば、

```
lb.stringValue = "Swift Macアプリ開発入門"
```

のようにプログラムすれば、ラベルに文字列 "Swift Mac アプリ開発入門" が入力される。

(4) ボタンの Action 接続

また、NS 部品には、Outlet 接続によるオブジェクト設定以外に、Action 接続によるメソッド設定が可能となる。Action 接続によって、つぎのようにしてインタフェースビルダーの NS 部品と Swift コードのメソッド設定とを接続設定する。

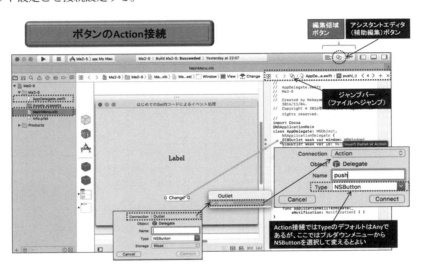

Action 接続方法

- インタフェースビルダーの NS 部品を**右ドラッグ**（マウスの右ボタンを押しながら移動するか、Control キーを押しながらマウスの左ボタンを押しながら移動する）して、Swift コードの適当な所にドロップする。
- ドロップ可能な場所であれば、「Insert Outlet or Action」とドロップ行線が現れのでドロップする。接続ダイアログボックスが現れる。Connection で Outlet と Action が選択できるが、ここでは Action 接続を選択し、Name で NS 部品のアクションメソッド名（図では push にしている）を指定する。Action 接続なので、Storage の指定はない。Action 接続では Type のデフォルトは Any となるが、ここではプルダウンメニューから NSButton を選択する。これで、メソッドの引数に NSButton が指定されたメソッドが生成される。デフォルトの Any にした場合は、後から Swift コードで変更してもよい。最後に Connect をクリックすると、NS 部品とアクションメソッドとの接続設定が完了する。
- これで、Swift コードに、**@IBAction func push(_ sender: NSButton) {   }** が設定される。@IBAction は、インタフェースビルダーの Action であることを示すコンパイラ命令である。メソッドの引数も自動的に生成される。ここではボタンなので、On/Off 状態が Bool 値で利用できる。また、メソッド引数の NSButton の変数名 **sender** は、書き換えてもよい。ここでは変数名を b とする。これで、Swift コード中のブロックの中に、アクションメソッド機能のプログラムを

入れることになる。

(5) はじめての Swift コードによるイベント処理

ウィンドウフレームにラベルとボタンの配置ができ、それぞれの Outlet 接続と Action 接続が設定できた。最後に、AppDelegate.swift のソースコードに、ボタンをクリックすれば、表示される文字列内容が変化するコードを作成してみよう。

ここで、ラベル lb: NSTextField! への文字列設定は、**NSTextField** クラスのプロパティ **stringValue** を使って、つぎのように指定する。

```
lb.stringValue = "ラベルに入れたい文字列を指定する"
```

また、ボタンのイベント処理は、ボタンがクリックされると func push(_ b: NSButton) がコールされる。そのとき、ボタンの On/Off 状態はこのメソッドの引数 b に情報が入っている。**NSButton** クラスのプロパティ **state** を使って、**NSOffState** であればボタンは Off 状態、**NSOnState** であればボタンは On 状態となるので、つぎのようにボタンのイベント処理が可能となる。NSTextField クラスや NSButton クラスの詳細な説明は、AppKit リファレンスを参照されたい。

```
@IBAction func push(_ b: NSButton) {
    if b.state == NSOffState { /* ボタンのOff状態の処理 */ }
    else                     { /* ボタンのOn状態の処理 */  }
}
```

それでは、はじめての Swift コードによるイベント処理として、ボタンのイベント処理を、つぎのようにプログラムして Mac アプリを作成してみよう。

```
//Ma2-5  AppDelegate.swift   はじめてのSwiftコードによるイベント処理
import Cocoa
@NSApplicationMain
class AppDelegate: NSObject, NSApplicationDelegate {
    @IBOutlet weak var window: NSWindow!
    @IBOutlet weak var lb: NSTextField!              ←Outlet接続されたラベルのオブジェクト設定
    @IBAction func push(_ b: NSButton) {             ←Action接続されたボタンのメソッド設定
        if b.state == NSOffState {
            lb.stringValue = "Swift Macアプリ開発入門"  ←ボタンOff状態でのラベルへの文字列変更
        } else {
            lb.stringValue = "中山　茂"                ←ボタンOn状態でのラベルへの文字列変更
        }
    }
```

```
    func applicationDidFinishLaunching(_ aNotification: Notification) {
        lb.stringValue = "Swift Macアプリ開発入門"        ←初期画面でのラベルへの文字列を指定
    }
    func applicationWillTerminate(_ aNotification: Notification) { }
}
```

> 練習問題

ボタンのイベント処理で、表示される文字列を変えるか、ボタンの On/Off 状態の設定を変えてみる Mac アプリを作成してみよう。

2.3.3 Connections インスペクタによる Outlet 接続と Action 接続の確認方法

ラベルとボタンの Outlet 接続と Action 接続とが完了すると、Swift コードのコンパイラ命令 @IBOutlet や @IBAction の直前に◎が現れる。下の図のように、この◎マークにマウスカーソルを当てると、参照関係にあるインタフェースビルダーのラベルがハイライト表示になり、接続されていることが確認できる。

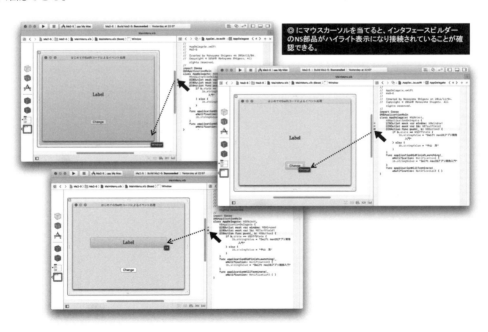

さらに、インタフェースビルダーにおけるラベルやボタンを右クリックすると、Connections パネルが現れ、ここでも Outlet 接続の参照関係を確認できる。スイッチの Action 接続でも同じように参照関係を確認できる。

Outlet接続やAction接続の設定が完了したのちに、オブジェクト名やメソッド名を変更するか削除したいときもある。このとき、NS部品と参照関係が残っているとエラーが起こる。そのために、Outlet接続やAction接続の参照関係を解除しておく必要がある。

　Outlet接続とAction接続の解除方法として、まず、ユーティリティ領域のインスペクタ枠にあるConnectionsインスペクタを表示させておく。そして、インタフェースビルダーでラベルをクリックし、ユーティリティ領域のConnectionsインスペクタで解除したい関連づけの×をクリックすれば、解除される。スイッチのAction接続の参照関係の解除も、同様にしてインタフェースビルダーでスイッチをクリックし、ユーティリティ領域のConnectionsインスペクタで解除したい関連づけの×をクリックすれば、解除される。

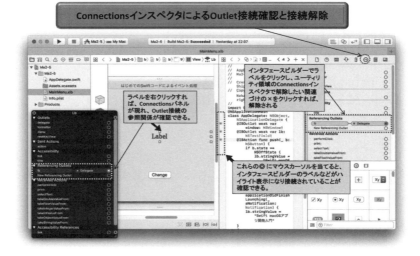

■ 2.3.4 Swift コードから NS 部品へ Outlet 逆接続と Action 逆接続

再度、Outlet 接続や Action 接続の参照関係全体を確認するためには、下の図のように、Document Outline を表示して、Delegate を**右クリック**すれば、Delegate パネルが現れ、すべての参照関係を確認できる。

先の説明のように接続を解除しても、NS 部品と Swift コードのコンパイラ命令 @IBOutlet のプロパティや @IBAction のアクションメソッドの実体は残っている。オブジェクト名やアクションメソッド名を変えて再度接続したいときもある。それには、逆に Swift コードのコンパイラ命令の前にある◎を**左ドラッグ**で参照関係を作りたいインタフェースビルダーの NS 部品にドロップすれば、逆指名のように Outlet 逆接続可能となる。同様に、メソッド名の途中変更で Action 接続関係がなくなったり、別メソッドに Action 接続したいときには、逆に◎を**左ドラッグ**でインタフェースビルダーのスイッチにドロップすれば、逆指名のように Action 逆接続可能となる。

SwiftコードからNS部品へOutlet逆接続とAction逆接続

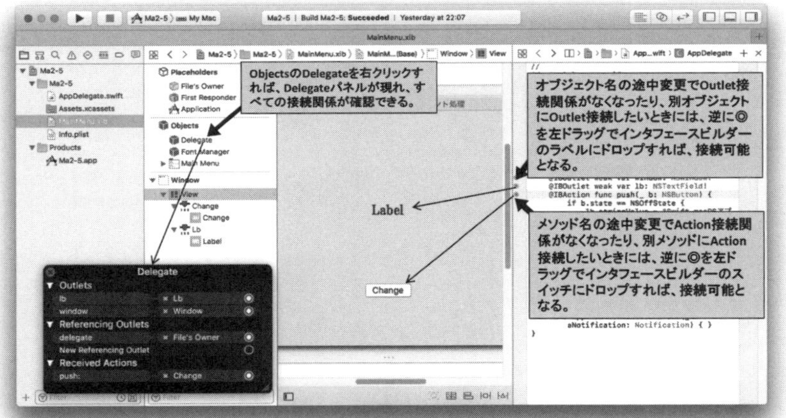

時々、NS 部品をコードで Outlet 接続や Action 接続するときに、接続できるコード場所でも接続できない。「Could not insert new action」または「Could not insert new outlet」という警告メッセージが出るときがある。この原因として考えられることは、Xcode で何か他の Xcode のプロセスが走っているときに発生しやすい。そのために、Xcode で実行の停止ボタンをクリックすれば、Outlet 接続や Action 接続できるときがある。それでも接続できないときには、一旦実行中の Mac アプリを終了したり、最終的には Xcode を終了して Xcode の再起動を行うと、解決する場合もある。

2.4 NSButtonクラスによるボタンのイベント処理

■ 2.4.1 ボタンクリックで背景色を変えるイベント処理

ボタンのOn/Off状態によってウィンドウの背景色を変えるボタンのイベント処理を行ってみよう。

まず、インタフェースビルダーでボタンを配置し、図のように、アシスタントエディタを使ってそのボタンを右ドラッグしてSwiftコードにAction接続を行う。アクションメソッド名をchangeとする。ボタンの詳細なタイトル設定や配置などは、ダウンロード用のサンプルファイルを参照されたい。

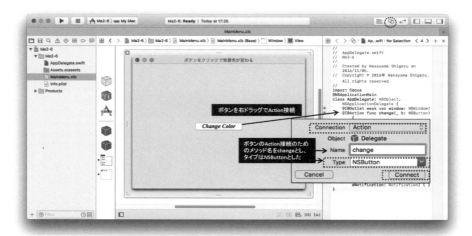

MacアプリにあるAppDelegate.swiftのデフォルトのスケルトンコードに、つぎのようなコードを追加して、ボタンのイベント処理を行ってみよう。ここでは、ウィンドウ背景色を黄色に設定し、ボタンがクリックされてOn状態になると背景色を緑色に変えて、再度ボタンがクリックされてOff状態になると背景色を黄色にしてみよう。

つぎのようにMacアプリ起動直後のapplicationDidFinishLaunching(_ aNotification: Notification) メソッドで、ウィンドウの背景色を**NSColor**クラスで黄色にする。

```
@IBOutlet weak var window: NSWindow!
    func applicationDidFinishLaunching(_ aNotification: Notification) {
        window.backgroundColor = NSColor.yellow    ←最初のウィンドウ背景色を黄色に設定
    }
```

ボタンのアクション処理はchange(_ b: NSButton) メソッドで行われ、その**NSButton**クラスの引数bにボタンがコールされたときのボタンの情報が含まれている。つぎのようにして、メソッド

の引数から On 状態（**NSOnState**）か Off 状態（**NSOffState**）かが NSButton クラスのプロパティ **state** を使って調べることができる。

```
@IBAction func change(_ b: NSButton) {
    if b.state == NSOnState {
        window.backgroundColor = NSColor.green      ←ボタンOn状態で背景色を緑色に設定
    } else {
        window.backgroundColor = NSColor.yellow     ←ボタンOff状態で背景色を黄色に設定
    }
}
```

つぎのように、ボタンのクリック操作でウィンドウの背景色を切り替える、ボタンのイベント処理を行う Mac アプリを作成してみよう。

```
//Ma2-6  AppDelegate.swift   ボタンクリックで背景色を変えるイベント処理
import Cocoa
@NSApplicationMain
class AppDelegate: NSObject, NSApplicationDelegate {
    @IBOutlet weak var window: NSWindow!
    func applicationDidFinishLaunching(_ aNotification: Notification) {
        window.backgroundColor = NSColor.yellow     ←最初のウィンドウ背景色を黄色に設定
    }
    @IBAction func change(_ b: NSButton) {
        if b.state == NSOnState {
            window.backgroundColor = NSColor.green   ←ボタンOn状態で背景色を緑色に設定
        } else {
            window.backgroundColor = NSColor.yellow  ←ボタンOff状態で背景色を黄色に設定
        }
    }
    func applicationWillTerminate(_ aNotification: Notification) { }
}
```

> 練習問題

　ボタンのイベント処理で、ウィンドウの背景色として別な色に変えたり、ボタンを追加して背景色を切り替える Mac アプリを作成してみよう。

2.4.2　複数ボタンに対するアクション設定

　2.4.1 項では、ボタンのクリック操作によるウィンドウの背景色の切り替えを行った。ここでは、2.4.1 項の練習問題の解答例になるが、4 つのボタンを設定し、いろいろな背景色に切り替える Mac アプリを作成してみよう。ボタンごとにアクションメソッドを準備するのではなく、4 つのボタンに対して 1 つのアクションメソッドで処理できるようにしてみた。

　図のように、アシスタントエディタを使ってインタフェースビルダーで 4 つの Push Button をドラッグ＆ドロップし配置とサイズを調整する。そして、それぞれの Push Button をクリックし、タイトルをそれぞれ Red, Green, Blue, Yellow とし、Alignment や Tag 番号を設定する。

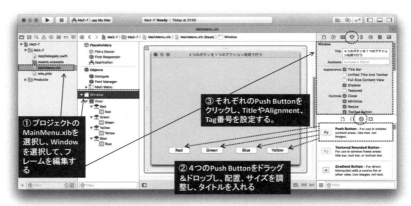

　ここで、1 つのアクションメソッドで複数のボタンのイベント処理を行うときに、どのボタンが押されたかを識別する必要がある。ボタンごとに異なった Tag 番号を割り振ることにより可能となる。ボタンへの Tag 番号の設定は、つぎの図のように、たとえば、Red ボタンを選択し、属性インスペクタで Tag 番号をデフォルトの 0 とする。さらに、Green ボタンを選択し Tag 番号を 1、Blue ボタンを選択し Tag 番号を 2、Yellow ボタンを選択し Tag 番号を 3 とする。

2.4 NSButton クラスによるボタンのイベント処理

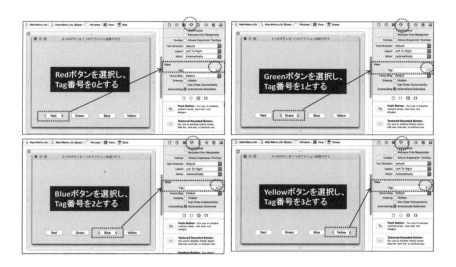

　これで 4 つのボタンの準備はできたので、各ボタンを右ドラッグで Swift コードに Action 接続しよう。まず、下の図のように、Red ボタンの右ドラッグで Swift コードに Action 接続する。Red ボタンの Action 接続のためのメソッド名を change とし、タイプは NSButton とする。ここでは、4 つのボタンのアクション処理を 1 つのアクションメソッドで行いたいので、次の Green ボタンを右ドラッグで、同じメソッドに持っていく。そのメソッドが図のようにハイライト表示され、同じメソッドに Action 接続できる。他のボタンにも同じことを繰り返す。つまり、どのボタンが押されても同じメソッドがコールされることになる。どのボタンが押されたかは、メソッド引数を使ってボタンの Tag 番号で識別できる。

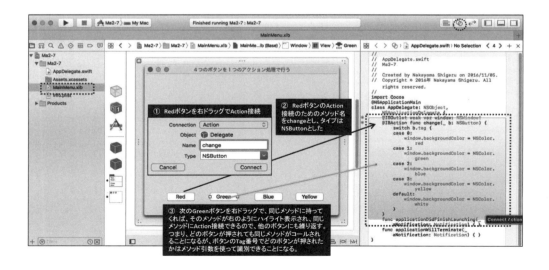

これで 4 つのボタンのアクション処理を 1 つのアクションメソッドで設定できた。確実に設定されたかは簡単に確認できる。図のように、アクションメソッド change() とインタフェースビルダーの 4 つのボタンとの Action 接続関係の確認には、そのメソッドの前の◎をクリックする。インタフェースビルダーで Action 接続関係にある NS 部品である 4 つのボタンがハイライト表示されて、確認できる。これらの NS 部品の詳細な配置などは、ダウンロード用のサンプルファイルを参照されたい。

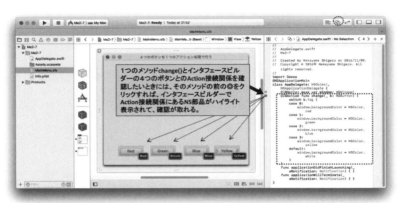

それぞれの参照関係が確認できれば、Mac アプリにある AppDelegate.swift のデフォルトのスケルトンコードに、つぎのようにアクションメソッド change(_ b: NSButton) を実装して、4 つのボタンのイベント処理を行ってみよう。各ボタンがクリックされると change() メソッドが呼ばれ、どのボタンが押されたかは、そのメソッドの引数に含まれている。そこで、つぎのように **NSButton** クラスのオブジェクト b からそのプロパティ **tag** を使って、どのボタンが押されたかの Tag 番号が取得できる。Tag 番号が取得できれば、switch の多方向分岐を使って処理すればよいことになる。

```
@IBAction func change(_ b: NSButton) {         ←4つのボタンのアクションメソッド
    switch b.tag {      ←ボタンオブジェクトbのプロパティtagでTag番号を取得し、swichで多方向分岐
    case 0:  …          ←Tag番号0の処理
    case 1:  …          ←Tag番号1の処理
    …
    default: …          ←デフォルトの処理（必須）
    }
}
```

それでは、つぎのように 4 つのボタンを表示し、4 つの背景色に変える Mac アプリを作成してみよう。

2.4 NSButton クラスによるボタンのイベント処理

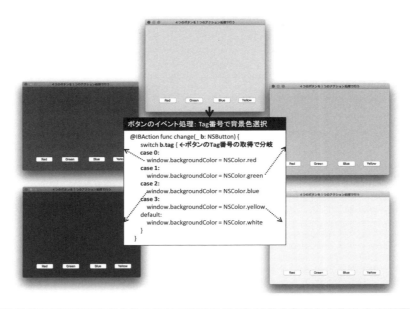

```
//Ma2-7  AppDelegate.swift  4つのボタンを1つのアクション処理で行う
import Cocoa
@NSApplicationMain
class AppDelegate: NSObject, NSApplicationDelegate {
    @IBOutlet weak var window: NSWindow!
    @IBAction func change(_ b: NSButton) {
        switch b.tag {
        case 0:
            window.backgroundColor = NSColor.red
        case 1:
            window.backgroundColor = NSColor.green
        case 2:
            window.backgroundColor = NSColor.blue
        case 3:
            window.backgroundColor = NSColor.yellow
        default:
            window.backgroundColor = NSColor.white
        }
    }
    func applicationDidFinishLaunching(_ aNotification: Notification) { }
    func applicationWillTerminate(_ aNotification: Notification) { }
}
```

> **練習問題**

さらにボタンを追加して、すべて1つのアクションメソッドで処理できるMacアプリを作成してみよう。

■ 2.4.3　ボタンで背景色をアニメーションで変えるイベント処理

　ボタンのクリック操作で、ビュー領域の色がアニメーション形式で徐々に変わって行くようなMacアプリを作成してみよう。いろいろな描画に使えるビュー領域は、**NSView**クラスを使って行える。NSWindowのウィンドウにNSViewのビュー領域を配置して、プログラムを作成する。**ウィンドウのビュー領域に直接描画しないで、カスタムビュー領域に描画する考え方である**。また、カスタムビュー領域の色のアニメーション設定には、**CABasicAnimation**クラスを使用する。クラスの詳細な説明は、AppKitリファレンスを参照されたい。

　まず、図のように、アシスタントエディタを使ってインタフェースビルダーでカスタムビュー領域を配置するにはCustom View、ボタン操作用にはPush Buttonをそれぞれドラッグ＆ドロップし配置とサイズを調整する。ボタンのタイトルは、Animateとする。ビュー領域とボタンの詳細なタイトル設定や配置などは、ダウンロード用のサンプルファイルを参照されたい。

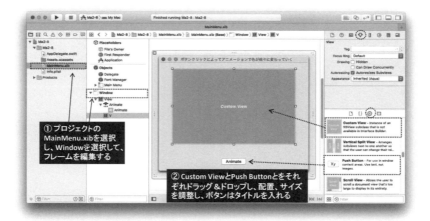

　これでカスタムビュー領域とボタンの準備はできたので、つぎの図のように、カスタムビュー領域は右ドラッグでSwiftコードにOutlet接続、ボタンも右ドラッグでSwiftコードにAction接続しよう。Outlet接続されたカスタムビュー領域のオブジェクト名はvとし、Action接続されたボタンのメソッド名はanimaとする。引数の型は、特にボタン状態を取り出さないのでデフォルトのAnyのままとした。

2.4 NSButton クラスによるボタンのイベント処理

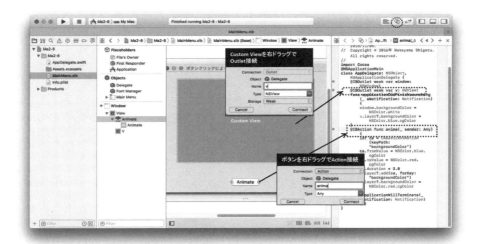

AppDelegate.swift のデフォルトのスケルトンコードに、つぎのようなコードを追加して、ボタンのイベント処理を行ってみよう。ここでは、Mac アプリ起動直後の applicationDidFinishLaunching(_ aNotification: Notification) メソッドでウィンドウの背景色を **NSColor** クラスで白色に設定し、カスタムビュー領域の背景色を青色に設定する。カスタムビュー領域はレイア層で背景を設定する必要があるので、**NSView** クラスのプロパティ **layer** を使っている。また、色指定も **CGColor** クラスを使う必要がある。クラスの詳細な説明は、AppKit リファレンスを参照されたい。

```
@IBOutlet weak var v: NSView!              ←Outlet接続されたカスタムビュー領域のオブジェクト設定
func applicationDidFinishLaunching(_ aNotification: Notification) {
    window.backgroundColor = NSColor.white        ←ウィンドウ背景色を白色に設定
    v.layer?.backgroundColor = NSColor.blue.cgColor ←カスタムビュー背景色を青色に設定
}
```

ボタンがクリックされると Action 接続されたメソッド anima(_ sender: Any) がコールされ、つぎのようにアニメーション設定をする。

```
@IBAction func anima(_ sender: Any) {              ←Action接続されたボタンのメソッド設定
    let ca = CABasicAnimation(keyPath: "backgroundColor") ←キーパスを背景色と設定
    ca.fromValue = NSColor.blue.cgColor            ←アニメーションの開始色を青色に設定
    ca.toValue = NSColor.red.cgColor               ←アニメーションの終了色を赤色に設定
    ca.duration = 3.0                              ←アニメーション動作の時間を3秒に設定
    v.layer?.add(ca, forKey: "backgroundColor")    ←上の設定アニメーションをレイアに追加
    v.layer?.backgroundColor = NSColor.red.cgColor ←終了時に背景色を赤色でキープ
}
```

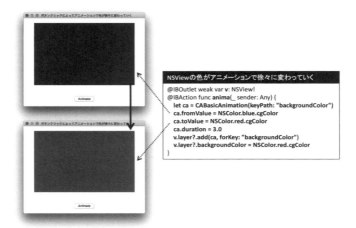

　つぎのように、ボタンのクリック操作で、カスタムビュー領域の背景色がアニメーションで徐々に変わる Mac アプリを作成してみよう。

```
//Ma2-8  AppDelegate.swift   ボタンクリックによりアニメーションで背景色が徐々に変わる処理
import Cocoa
@NSApplicationMain
class AppDelegate: NSObject, NSApplicationDelegate {
    @IBOutlet weak var window: NSWindow!
    @IBOutlet weak var v: NSView!
    func applicationDidFinishLaunching(_ aNotification: Notification) {
        window.backgroundColor = NSColor.white
        v.layer?.backgroundColor = NSColor.blue.cgColor        ←カスタムビュー背景色を青色に設定
    }
    @IBAction func anima(_ sender: Any) {
        let ca = CABasicAnimation(keyPath: "backgroundColor")
        ca.fromValue = NSColor.blue.cgColor
        ca.toValue = NSColor.red.cgColor
        ca.duration = 3.0
        v.layer?.add(ca, forKey: "backgroundColor")
        v.layer?.backgroundColor = NSColor.red.cgColor         ←これがないと開始色の青色に戻る
    }
    func applicationWillTerminate(_ aNotification: Notification) { }
}
```

練習問題

　カスタムビュー領域の色アニメーションで、開始色と終了色として別な色に変えたり、アニ

メーション時間を長くしたり、メソッド最後のカスタムビュー領域の色指定がないと開始色に戻るか確かめてみよう。

2.5 写真表示のあるアプリ

■ 2.5.1　コード指定された写真を表示する Mac アプリ

プログラム番号 Ma2-2 で画像の入った Mac アプリを作成したが、このとき、インスペクタ内の Image のプルダウンメニューで画像ファイル名を指定し、コードは一切操作しなかった。ここでは、画像ファイル名をコードで指定して変更できるようにして、写真を表示する Mac アプリを作成してみよう。

図のように、アシスタントエディタを使ってインタフェースビルダーで画像ビュー領域を配置するには、Image View をドラッグ＆ドロップし、適当な配置とサイズを調整する。そして、適当な画像ファイルをプロジェクトに入れておく。ここでは、画像ファイル名は IMG13.jpg としたので、この画像ファイル名をコードで指定することになる。当然、画像ファイル名と指定コード名が一致する必要がある。一致していない時は表示されない。

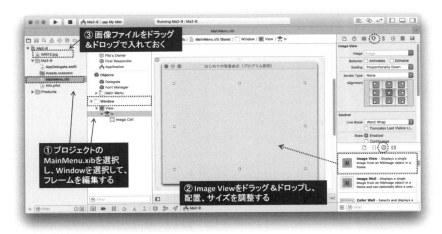

これで画像ビュー領域はできたので、つぎの図のように、画像ビュー領域を右ドラッグで Swift コードに Outlet 接続しよう。Outlet 接続された画像ビュー領域は **NSImageView** クラスで、オブジェクト名は iv と設定する。

第2章 インタフェースビルダーによる Mac アプリ開発の基礎

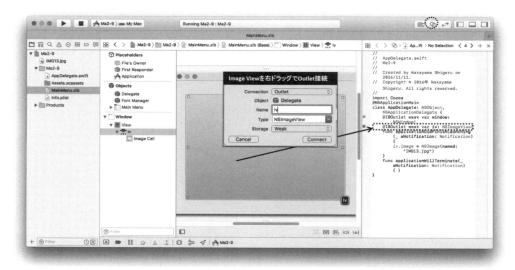

AppDelegate.swift のデフォルトのスケルトンコードに、つぎのようなコードを追加して、指定された画像ファイルをコードで指定する。つぎのように、Mac アプリ起動直後の applicationDidFinishLaunching(_ aNotification: Notification) メソッドで、**NSImageView** クラスのプロパティ **image** を呼び出して、画像ファイル名 IMG13.jpg が指定された **NSImage** クラスをオブジェクトなしで直接に代入する。

```
@IBOutlet weak var iv: NSImageView!            ←Outlet接続された画像ビューのオブジェクト設定
func applicationDidFinishLaunching(_ aNotification: Notification) {
    iv.image = NSImage(named: "IMG13.jpg")     ←画像ビューの画像をNSImageで直接に設定
}
```

つぎのように画像ファイル名をコードで指定して、写真を表示する Mac アプリを作成してみよう。

```
//Ma2-9  AppDelegate.swift   プログラムで画像ファイルを指定して画像表示
import Cocoa
```

```
@NSApplicationMain
class AppDelegate: NSObject, NSApplicationDelegate {
    @IBOutlet weak var window: NSWindow!
    @IBOutlet weak var iv: NSImageView!
    func applicationDidFinishLaunching(_ aNotification: Notification) {
        iv.image = NSImage(named: "IMG13.jpg")
    }
    func applicationWillTerminate(_ aNotification: Notification) { }
}
```

> **練習問題**

画像ファイルをコードで指定する場合と、インスペクタ内のImageのプルダウンメニューで画像ファイル名を指定する場合とを比較するMacアプリを作成してみよう。

2.5.2 複数画像表示のアプリ

画像ファイル名をコードで指定して画像の入ったMacアプリを作成したプログラム番号Ma2-9と同様に、写真のコレクションビューのように複数画像が並んだMacアプリを作成してみよう。

図のように、アシスタントエディタを使ってインタフェースビルダーで画像ビュー領域を4箇所に配置するには、Image Viewを4回ドラッグ＆ドロップし、格子状に配置し、サイズを調整する。そして、適当な4つの画像ファイルをプロジェクトに入れておく。ここでは、4つの画像ファイル名はIMG0〜3.jpgとしたので、この画像ファイル名をコードで指定する。

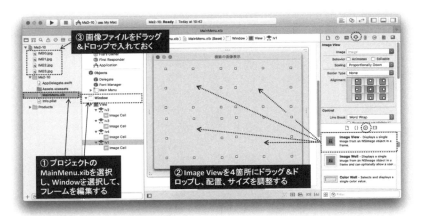

これで4つの画像ビュー領域はできた。つぎの図のように、4つの画像ビュー領域をそれぞれ右ドラッグでSwiftコードにOutlet接続する。Outlet接続された画像ビュー領域は**NSImageView**クラスでそのオブジェクト名はiv1〜iv4と設定する。

第2章 インタフェースビルダーによる Mac アプリ開発の基礎

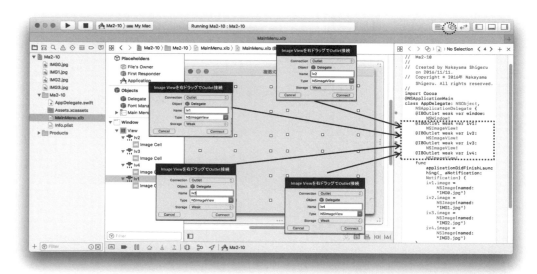

　AppDelegate.swift のデフォルトのスケルトンコードに、つぎのようなコードを追加して、指定された画像ファイルをコードで指定する。つぎのように Mac アプリ起動直後の applicationDidFinishLaunching(_ aNotification: Notification) メソッドで、**NSImageView** クラスのプロパティ **image** を呼び出して、画像ファイル名が指定された **NSImage** クラスをオブジェクトなしで直接代入する。

```
@IBOutlet weak var iv1: NSImageView!    ←Outlet接続された画像ビュー1のオブジェクト設定
@IBOutlet weak var iv2: NSImageView!    ←Outlet接続された画像ビュー2のオブジェクト設定
@IBOutlet weak var iv3: NSImageView!    ←Outlet接続された画像ビュー3のオブジェクト設定
@IBOutlet weak var iv4: NSImageView!    ←Outlet接続された画像ビュー4のオブジェクト設定
func applicationDidFinishLaunching(_ aNotification: Notification) {
    iv1.image = NSImage(named: "IMG0.jpg")    ←画像ビュー1に画像をNSImageで設定
    iv2.image = NSImage(named: "IMG1.jpg")    ←画像ビュー2に画像をNSImageで設定
    iv3.image = NSImage(named: "IMG2.jpg")    ←画像ビュー3に画像をNSImageで設定
    iv4.image = NSImage(named: "IMG3.jpg")    ←画像ビュー4に画像をNSImageで設定
}
```

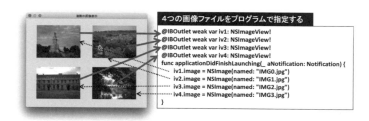

つぎのように複数の画像ファイル名をコードで指定して、コレクションビューやアルバムのように写真を表示する Mac アプリを作成してみよう。

```swift
//Ma2-10  AppDelegate.swift   複数画像表示のアプリ
import Cocoa
@NSApplicationMain
class AppDelegate: NSObject, NSApplicationDelegate {
    @IBOutlet weak var window: NSWindow!
    @IBOutlet weak var iv1: NSImageView!
    @IBOutlet weak var iv2: NSImageView!
    @IBOutlet weak var iv3: NSImageView!
    @IBOutlet weak var iv4: NSImageView!
    func applicationDidFinishLaunching(_ aNotification: Notification) {
        iv1.image = NSImage(named: "IMG0.jpg")
        iv2.image = NSImage(named: "IMG1.jpg")
        iv3.image = NSImage(named: "IMG2.jpg")
        iv4.image = NSImage(named: "IMG3.jpg")
    }
    func applicationWillTerminate(_ aNotification: Notification) { }
}
```

練習問題

画像数を減らしたり増やしたりして表示したり、同じコードが重なっているので for ループでコードを短くする Mac アプリを作成してみよう。

2.5.3 ボタンによる画像の表示・非表示処理

ボタンのクリック操作で、ラベルの文字列やビュー領域の色を変える Mac アプリを作成したが、ここでは、画像の表示・非表示処理する Mac アプリを作成してみよう。

つぎの図のように、アシスタントエディタを使ってインタフェースビルダーで画像ビューを配置するには Image View、ボタン操作用には Push Button をそれぞれドラッグ＆ドロップし、配置とサイズを調整する。ボタンのタイトルは、Display とする。画像ビューとボタンの詳細なタイトル設定や配置などは、ダウンロード用のサンプルファイルを参照されたい。

これで画像ビューとボタンの準備はできたので、下の図のように、画像ビューは右ドラッグで Swift コードに Outlet 接続、ボタンも右ドラッグで Swift コードに Action 接続しよう。Outlet 接続された画像ビューのオブジェクト名は iv とし、Action 接続されたボタンのメソッド名は change とし、引数の型は NSButton とする。

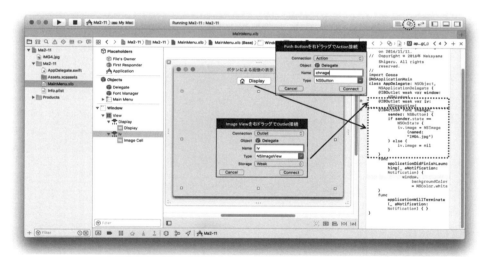

Mac アプリにある AppDelegate.swift のデフォルトのスケルトンコードに、つぎのようなコードを追加して、ボタンのイベント処理を行ってみよう。ここでは、ウィンドウ背景色を緑色に設定し、トグルスイッチのようにボタンがクリックされて On 状態になると画像を表示し、再度ボタンがクリックされると画像を消すようにしてみよう。

つまり、ボタンのアクション処理は change(_sender: NSButton) メソッドで行われ、その **NSButton** クラスの引数 sender にボタンがコールされたときのボタンの情報が含まれている。つぎのようにして、メソッドの引数から On 状態（**NSOnState**）か Off 状態（**NSOffState**）かが **NSButton**

クラスのプロパティ **state** を使って調べることができる。On 状態では画像ビューに画像を設定し、Off 状態では画像ビューに **nil** を設定すると非表示となる。

```
@IBOutlet weak var iv: NSImageView!    ←Outlet接続された画像ビューのオブジェクト設定
@IBAction func change(_ sender: NSButton) {  ←Action接続されたボタンのメソッド設定
    if sender.state == NSOnState {
        iv.image = NSImage(named: "IMG4.jpg")    ←ボタンOn状態で画像を設定
    } else {
        iv.image = nil                ←ボタンOff状態で画像をnilで非表示設定
    }
}
```

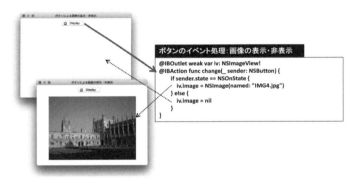

つぎのように、ボタンのクリック操作で画像の表示・非表示を切り替えて処理を行うように、プログラムを作成してみよう。

```
//Ma2-11 AppDelegate.swift  ボタンによる画像の表示・非表示処理
import Cocoa
@NSApplicationMain
class AppDelegate: NSObject, NSApplicationDelegate {
    @IBOutlet weak var window: NSWindow!
    @IBOutlet weak var iv: NSImageView!
    @IBAction func change(_ sender: NSButton) {
        if sender.state == NSOnState {
            iv.image = NSImage(named: "IMG4.jpg")
        } else {
            iv.image = nil
        }
    }
    func applicationDidFinishLaunching(_ aNotification: Notification) {
        window.backgroundColor = NSColor.green
```

```
    }
    func applicationWillTerminate(_ aNotification: Notification) { }
}
```

> 練習問題

ボタンのイベント処理で、画像を非表示するのではなく、別な画像に切り替えたり、乱数で画像を選択表示するような Mac アプリを作成してみよう。

2.5.4　ボタンによる図形の表示・非表示処理

ボタンのクリック操作で、画像の代わりに図形を表示・非表示する Mac アプリを作成してみよう。ここでは、ボタンをクリックすれば、日の丸のように赤い円を表示・非表示してみよう。

図のように、アシスタントエディタを使ってインタフェースビルダーで図形を配置するにはカスタムビュー領域で Custom View、ボタン操作用には Push Button をそれぞれドラッグ&ドロップし配置とサイズを調整する。ボタンのタイトルは、Draw とする。カスタムビューとボタンの詳細なタイトル設定や配置などは、ダウンロード用のサンプルファイルを参照されたい。

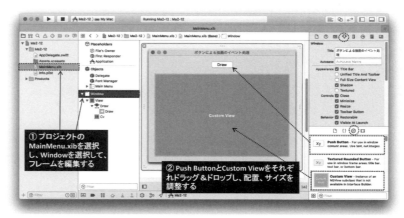

これでカスタムビュー領域とボタンの準備はできたので、つぎの図のように、カスタムビューは右ドラッグで Swift コードに Outlet 接続、ボタンも右ドラッグで Swift コードに Action 接続しよう。Outlet 接続されたカスタムビューのオブジェクト名は cv とし、Action 接続されたボタンのメソッド名は draw とし、引数の型は NSButton とする。

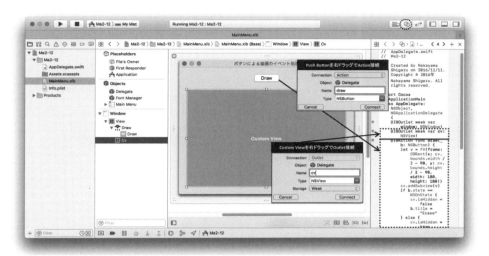

MacアプリにあるAppDelegate.swiftのデフォルトのスケルトンコードに、つぎのようなコードを追加して、ボタンのイベント処理を行ってみよう。ここでは、ウィンドウ背景色をデフォルトに設定し、トグルスイッチのようにボタンがクリックされてOn状態になると図形を表示し、再度ボタンがクリックされると図形を消すようにしてみよう。

つまり、ボタンのアクション処理はdraw(_ b: NSButton)メソッドで行われ、そのNSButtonクラスの引数bにボタンがコールされたときOn状態（**NSOnState**）かOff状態（**NSOffState**）かが含まれて、**NSButton**クラスのプロパティ**state**を使って取り出すことができる。On状態では図形を隠さず、Off状態では図形を隠す設定にすると非表示となる。

```
@IBOutlet weak var cv: NSView!           ←Outlet接続された画像ビューのオブジェクト設定
@IBAction func draw(_ b: NSButton) {     ←Action接続されたボタンのメソッド設定
    let v = FV(frame: CGRect(x: cv.bounds.width / 2 - 90,
        y: cv.bounds.height / 2 - 90,
        width: 180, height: 180))         ←指定長方形領域にFVクラスの図形を設定する
    cv.addSubview(v)                      ←カスタムビューcvに図形vをサブビューとして追加する
    if b.state == NSOnState {             ←ボタンbのOn状態での処理設定
        cv.isHidden = false               ←カスタムビューcvの隠蔽をしない設定で、図形表示となる
        b.title = "Erase"                 ←ボタンbのタイトルを文字列Eraseとする設定
    } else {                              ←ボタンOff状態での処理設定
        cv.isHidden = true                ←カスタムビューの隠蔽する設定で、図形は非表示となる
        b.title = "Draw"                  ←ボタンのタイトルを文字列Drawとする設定
    }
}
```

ここで、図形は、つぎのように **NSView** クラスのサブクラスとして FV クラスを設定し、描画メソッドの **draw** を指定して長方形領域 r でオーバーライドする。

```
class FV: NSView {                    ←NSViewクラスのサブクラスとしてFVクラスを設定
    override func draw(_ r: CGRect) { ←描画メソッドを指定長方形領域rでオーバーライドする
        NSColor.red.set()             ←描画色を赤色に設定
        NSBezierPath(ovalIn: r).fill()←ベジェパスで指定長方形領域rに内接する楕円を塗り込む
    }
}
```

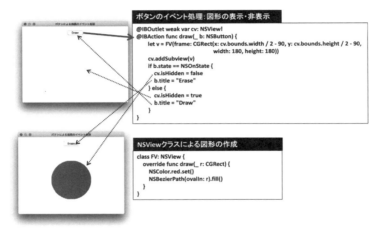

つぎのようにボタンのクリック操作で図形の表示・非表示を切り替え、同時にボタンのタイトルを変えるように Mac アプリを作成してみよう。

```swift
//Ma2-12  AppDelegate.swift   ボタンによる図形の表示・非表示処理
import Cocoa
@NSApplicationMain
class AppDelegate: NSObject, NSApplicationDelegate {
    @IBOutlet weak var window: NSWindow!
    @IBOutlet weak var cv: NSView!
    @IBAction func draw(_ b: NSButton) {
        let v = FV(frame: CGRect(x: cv.bounds.width / 2 - 90,
            y: cv.bounds.height / 2 - 90, width: 180, height: 180))
        cv.addSubview(v)
        if b.state == NSOnState {
            cv.isHidden = false
            b.title = "Erase"
        } else {
```

```
            cv.isHidden = true
            b.title = "Draw"
        }
    }
    func applicationDidFinishLaunching(_ aNotification: Notification) {
        window.backgroundColor = NSColor.white
    }
    func applicationWillTerminate(_ aNotification: Notification) { }
}
class FV: NSView {
    override func draw(_ r: CGRect) {
        NSColor.red.set()
        NSBezierPath(ovalIn: r).fill()
    }
}
```

> 練習問題

図形の長方形領域の形を変えて楕円にしたり、輪郭も付けてみよう。また、図形の色を変えた Mac アプリを作成してみよう。

2.6 テキスト行やアラート、メニュー、ポップボタンのある Mac アプリ作成

2.6.1 テキスト行入力による足し算アプリ

2つのテキスト行に数値を入力してボタンをクリックすれば、ラベルに足し算結果が表示される Mac アプリを作成してみよう。

つぎの図のように、アシスタントエディタを使ってインタフェースビルダーでテキスト行を配置するには Text Field、ボタン操作用には Push Button、文字列 +、= と足し算結果には Label をそれぞれドラッグ＆ドロップし配置とサイズを調整する。ボタンのタイトルは、Add とする。テキスト行やボタン、ラベルの詳細な設定や配置などは、ダウンロード用のサンプルファイルを参照されたい。

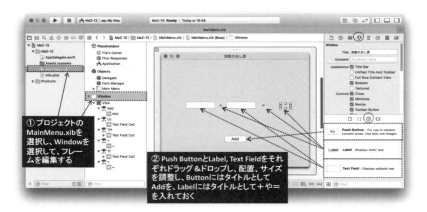

これでテキスト行とボタン、ラベルの NS 部品はできたので、つぎの図のように、2つのテキスト行と足し算結果のラベルは右ドラッグで Swift コードに Outlet 接続、ボタンも右ドラッグで Swift コードに Action 接続しよう。Outlet 接続された2つのテキスト行のオブジェクト名は、それぞれ tf, tf1, lb とし、Action 接続されたボタンのメソッド名は Add とし、引数の型はデフォルトの Any のままとする。

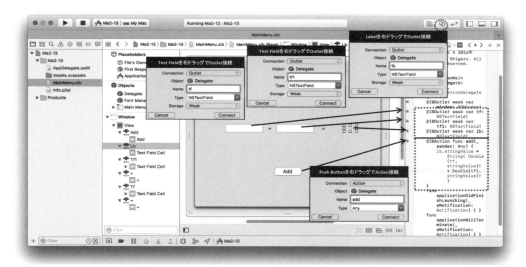

Mac アプリにある AppDelegate.swift のデフォルトのスケルトンコードに、つぎのようなコードを追加して、テキスト行でのデータ取得と足し算を行うボタンのイベント処理を行ってみよう。

テキスト行に入力された文字列は、**NSTextField** クラスのプロパティ **stringValue** を使って文字列を取得できる。文字列のままでは計算に使えないので、2つの文字列をそれぞれ **Double** にキャストして変換したのちに、足し算を行う。そして、文字列に戻して、**NSTextField** クラスのラベルの文字列 lb.stringValue に代入している。これらの一連の操作を、ボタンのアクション処理として add(_

sender: Any) メソッドの中で行う。

```
@IBOutlet weak var tf: NSTextField!      ←Outlet接続されたテキスト行のオブジェクト設定
@IBOutlet weak var tf1: NSTextField!     ←Outlet接続されたテキスト行のオブジェクト設定
@IBOutlet weak var lb: NSTextField!      ←Outlet接続されたラベルのオブジェクト設定
@IBAction func add(_ sender: Any) {      ←Action接続されたボタンのメソッド設定
    lb.stringValue =  String( Double(tf.stringValue)! +
        Double(tf1.stringValue)! )
}       ←テキスト行文字列をtf.stringValueで取得、Doubleに変換、足し算後、文字列に戻している
```

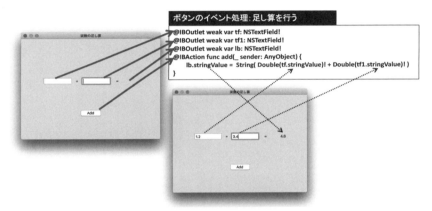

　ウィンドウ画面は複雑なように見えるが、インタフェースビルダーで NS 部品ができたので、あとはつぎのように短いコードを入れるだけで動作する。つまり、煩雑な NS 部品の配置はインタフェースビルダーに任せて、コードのアルゴリズムだけに専念できる。
　つぎのように、ボタンのクリック操作でテキスト行でのデータ取得と足し算を行うボタンのイベント処理を行うプログラムを作成してみよう。

```swift
//Ma2-13  AppDelegate.swift  テキスト行入力による足し算アプリ
import Cocoa
@NSApplicationMain
class AppDelegate: NSObject, NSApplicationDelegate {
    @IBOutlet weak var window: NSWindow!
    @IBOutlet weak var tf: NSTextField!
    @IBOutlet weak var tf1: NSTextField!
    @IBOutlet weak var lb: NSTextField!
    @IBAction func add(_ sender: Any) {
        lb.stringValue =  String( Double(tf.stringValue)! +
            Double(tf1.stringValue)! )
```

```
    }
    func applicationDidFinishLaunching(_ aNotification: Notification) { }
    func applicationWillTerminate(_ aNotification: Notification) { }
}
```

> 練習問題

ボタンのイベント処理で足し算を行ったが、別な四則演算に変えてみよう。また、電卓のように、四則演算のボタンをすべて作り、2つの数値が入力されると、どの四則演算も即座にできるような Mac アプリを作成してみよう。

■2.6.2 ボタンのアラート表示

ボタンのクリック操作で、アラートが表示される Mac アプリを作成してみよう。アラートを使う場面は、あまりないように思われるが、いろいろな応用がある。

図のように、アシスタントエディタを使ってインタフェースビルダーで、ボタンだけ配置すればよいので、Push Button をドラッグ＆ドロップし配置とサイズを調整する。ボタンのタイトルは、Show Alert とする。ボタンの詳細なタイトル設定や配置などは、ダウンロード用のサンプルファイルを参照されたい。

これでボタンの準備はできたので、つぎの図のように、ボタンを右ドラッグで Swift コードに Action 接続しよう。Action 接続されたボタンのメソッド名は show とし、引数の型はデフォルトの Any のままとする。

2.6 テキスト行やアラート、メニュー、ポップボタンのあるMacアプリ作成

MacアプリにあるAppDelegate.swiftのデフォルトのスケルトンコードに、つぎのようなコードを追加して、ボタンのイベント処理を行ってみよう。ボタンのアクション処理はshow(_ sender: Any)メソッドで行われる。アラート設定を行うには、**NSAlert**クラスが使える。まず、**NSAlert**クラスのオブジェクトaを設定する。**NSAlert**クラスのプロパティには、アラートに入れるメッセージテキストを設定するプロパティ**messageText**や、補助的な説明としてメッセージテキストの下に入れる情報テキストを設定するプロパティ**informativeText**がある。また、**NSAlert**クラスのメソッドには、アラートに追加するボタンのタイトルを設定するメソッド**addButton(withTitle: "タイトル文字列")**や、アラートをモーダル（アラートを閉じない限り次に進めない）設定にするメソッド**runModal()**がある。これらのアラート設定を、Action接続されたボタンのアクション処理に入れる。

```
@IBAction func show(_ sender: AnyObject) {      ←Action接続されたボタンのメソッド設定
    let a = NSAlert()                            ←NSAlertクラスのオブジェクト設定
    a.messageText = "ボタンのアクション処理"       ←アラートに入れるメッセージテキスト設定
    a.informativeText = "Welcome to Swift!"     ←アラートに入れる情報テキスト設定
    a.addButton(withTitle: "了解")               ←アラートに追加するボタンのタイトル設定
    a.runModal()        ←アラートのモーダル（アラートを閉じない限り次に進めない）設定
}
```

第2章 インタフェースビルダーによるMacアプリ開発の基礎

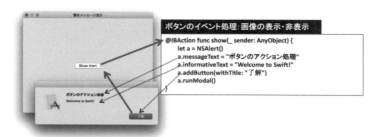

つぎのように、ボタンのクリック操作で、アラートが表示されるMacアプリを作成してみよう。

```
//Ma2-14  AppDelegate.swift   ボタンクリックでアラート表示
import Cocoa
@NSApplicationMain
class AppDelegate: NSObject, NSApplicationDelegate {
    @IBOutlet weak var window: NSWindow!
    @IBAction func show(_ sender: Any) {
        let a = NSAlert()
        a.messageText = "ボタンのアクション処理"
        a.informativeText = "Welcome to Swift!"
        a.addButton(withTitle: "了解")
        a.runModal()
    }
    func applicationDidFinishLaunching(_ aNotification: Notification) { }
    func applicationWillTerminate(_ aNotification: Notification) { }
}
```

練習問題

アラートのメッセージテキストや情報テキストの内容を変えたり、ボタンのタイトルも変えてみよう。また、モーダル設定がなければどうなるか試すMacアプリを作成してみよう。

2.6.3　ボタンのアラートによる設問アプリ

アラートの使い方は慣れたと思われるので、アラートを使った簡単な設問を行う暗記用のMacアプリを作成してみよう。ここでは、中学で習う歴史問題を取り上げて、設問を出し、解答ボタンをクリックすると、アラートとして答が出てくる設問アプリに応用してみよう。

つぎの図のように、アシスタントエディタを使ってインタフェースビルダーで、4つの設問用のラベルと4つの解答ボタンを配置する。LabelとPush Buttonをそれぞれドラッグ＆ドロップし配置とサイズを調整する。ラベルには設問を入れる。ボタンのタイトルは、すべて「答」とする。ボタンのタイ

トル名が同じでも、2.2.3項でボタンビューのタグTag番号により識別できるので問題はない。この例では、Tag番号をデフォルトの0から3まで設定する。プログラム番号Ma2-7と全く同じやり方なので、Ma2-7を参考にされたい。ボタンの詳細なタイトル設定や配置などは、ダウンロード用のサンプルファイルを参照されたい。

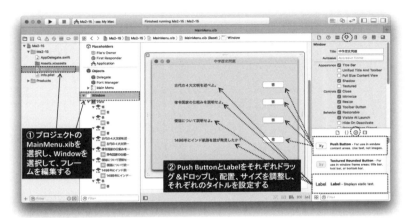

これで設問のラベルと解答ボタンの準備はできたので、つぎの図のように、ボタンを右ドラッグでSwiftコードにAction接続しよう。Action接続されたボタンのメソッド名はanswerとし、引数の型はデフォルトのAnyではなく、Tag番号を取得するためにNSButtonとする。他の3つのボタンもAction接続して、それぞれ別々にアクションメソッドを作るとプログラムが煩雑となるので、Ma2-7と同じやり方で、4つのボタンのAction接続を、このanswer()メソッドだけの設定にする。つぎの図のように、Push Buttonを一度だけAction接続し、answer()メソッドを設定する。他のPush Buttonは、その同じメソッドにドラッグ＆ドロップすればAction接続できる。

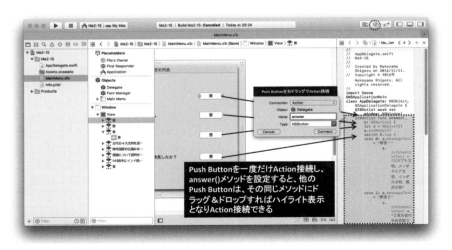

このanswer()メソッドと4つのボタンとのAction接続がうまく設定されているかを確認するには、図のように、◎にマウスカーソルを当てる。インタフェースビルダーの4つのボタンがハイライト表示になり、接続されていることが確認できる。

MacアプリにあるAppDelegate.swiftのデフォルトのスケルトンコードに、つぎのようなコードを追加して、ボタンのイベント処理を行ってみよう。ボタンのアクション処理はanswer(_ b: NSButton)メソッドで行われる。アラート設定を行うには、**NSAlert**クラスを使う。前回と異なるのは、4つのボタンを1つのアクションメソッドで処理するために、どのボタンが押されたかを各ボタンに設定されたTag番号で識別することである。

どれかのボタンが押されるとanswer(_ b: NSButton)メソッドがコールされ、どのボタンが押されたかは、引数bに情報が入っている。このボタンオブジェクトbのプロパティ**tag**で、b.tagとしてTag番号を取り出し、switch構文で多方向分岐する。どのボタンが押されても、それぞれの解答ボタンに合った答を設定できる。

```
@IBAction func answer(_ b: NSButton) {          ←Action接続された4つのボタンのメソッド設定
    let a = NSAlert()                            ←NSAlertクラスのオブジェクトは1つだけ設定
    switch b.tag {   ←ボタンオブジェクトbからプロパティtagでTag番号を取り出し、多方向分岐
    case 0: a.messageText = "解答1"              ←アラートに入れるメッセージテキスト設定
            a.informativeText = "エジプト文明、メソポタミア文明、インダス文明、黄河文明"
    case 1: a.messageText = "解答2"              ←アラートに入れるメッセージテキスト設定
            a.informativeText = "2官8省の中央官制で班田収授法を実施し、
                                 租庸調の税制で、兵役義務があった。"
    case 2: a.messageText = "解答3"              ←アラートに入れるメッセージテキスト設定
            a.informativeText = "朝鮮半島近辺を荒らした海賊で、16世紀ごろ暗躍した。"
    case 3: a.messageText = "解答4"              ←アラートに入れるメッセージテキスト設定
            a.informativeText = "バスコ・ダ・ガマ"
    default: a.messageText = ""                  ←多方向分岐でデフォルト設定は何もなくても必須
```

```
        }
        a.runModal()     ←アラートのモーダル（アラートを閉じない限り次に進めない）設定
}
```

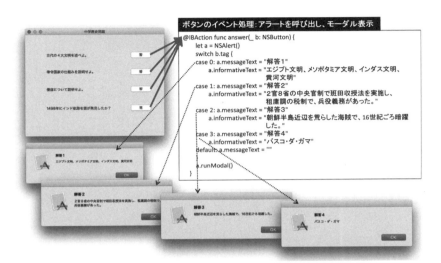

アラートを使った簡単な設問を行う暗記用のMacアプリとして、中学で習う歴史問題を取り上げて、設問を出し、解答ボタンをクリックすれば、アラートとして答が出てくるMacアプリを、つぎのように作成してみよう。

```
//Ma2-15  AppDelegate.swift   ボタンのアラートによる設問アプリ
import Cocoa
@NSApplicationMain
class AppDelegate: NSObject, NSApplicationDelegate {
    @IBOutlet weak var window: NSWindow!
    @IBAction func answer(_ b: NSButton) {
        let a = NSAlert()
        switch b.tag {
        case 0: a.messageText = "解答1"
                a.informativeText = "エジプト文明、メソポタミア文明、インダス文明、黄河文明"
        case 1: a.messageText = "解答2"
                a.informativeText = "2官8省の中央官制で班田収授法を実施し、
                                    租庸調の税制で、兵役義務があった。"
        case 2: a.messageText = "解答3"
                a.informativeText = "朝鮮半島近辺を荒らした海賊で、16世紀ごろ暗躍した。"
        case 3: a.messageText = "解答4"
                a.informativeText = "バスコ・ダ・ガマ"
        default: a.messageText = ""
```

```
            }
            a.runModal()
        }
        func applicationDidFinishLaunching(_ aNotification: Notification) { }
        func applicationWillTerminate(_ aNotification: Notification) { }
}
```

練習問題

設問内容を変えれば、いろいろな学習アプリが作れる。たとえば、英語の穴埋め問題や百人一首の上の句と下の句とか教育資源は無限である。何か社会の役に立つ教育用 Mac アプリを作成してみよう。

■2.6.4　メニューのアクション設定

再び、アラート表示である。2.6.3 項では、ボタンを設定し、そのクリック操作でアラートが表示された。Mac アプリのメニューバーにあるメニュー項目が呼び出されたときにも Action 接続によるアクション設定ができ、アラート表示させることもできる。そこで、メニューバーにあるメニュー項目がクリックされると、アラートが表示されるような Mac アプリを作成してみよう。

デフォルトで作成されるメニューバーを使うためには、アシスタントエディタを使ってインタフェースビルダーでは何も設定しなくて実現できる。ここでは、アプリの説明用のラベルだけを配置するために、Label をドラッグ＆ドロップし配置とサイズを調整する。ラベルのタイトルは、図のような動作説明のテキストを入れる。ラベルの詳細なタイトル設定や配置などは、ダウンロード用のサンプルファイルを参照されたい。

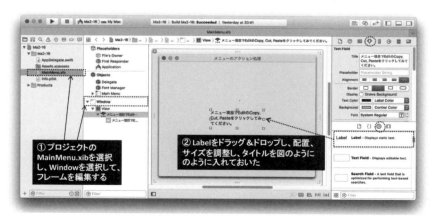

メニューバーのプルダウンで表示されるメニュー項目に Action 接続を行いたいので、つぎの図のように、Main Menu を選択し、編集領域にメニューバーを表示させる。Action 接続させたいそれぞれの

メニュー項目（ここでは、メニューバーでメニュー Edit からメニュー項目 Cut と Copy、Paste を選択）を右ドラッグで Swift コードに Action 接続する。Action 接続されたボタンのメソッド名は menu とし、引数の型は NSMenuItem とする。ここでも、3つのメニュー項目 Cut と Copy、Paste からの Action 接続は、同じ menu メソッドで設定する。

この menu メソッドと3つのメニューとの Action 接続がうまく設定されているかを確認するには、つぎの図のように、◎にマウスカーソルを当てる。インタフェースビルダーの3つのメニューがハイライト表示になり、接続されていることが確認できる。

Mac アプリにある `AppDelegate.swift` のデフォルトのスケルトンコードに、つぎのようなコードを追加して、メニューのイベント処理を行ってみよう。メニューのアクション処理は menu(_ s:

NSMenuItem) メソッドで行われる。ここでも、3 つのメニュー項目のアクション処理を 1 つのメソッドで行っている。どのメニュー項目が選択されたかの識別は、この引数の **NSMenuItem** クラスのオブジェクト s に含まれている。**NSMenuItem** クラスのプロパティ **title** を s.title として呼び出すと、メニュー項目のタイトル名が取得できる。それをアラートの情報テキストとして取り出し、アラートに表示する。

　アラート設定を行うには **NSAlert** クラスが使えるので、まず **NSAlert** クラスのオブジェクト a を設定する。**NSAlert** クラスのプロパティやメソッドは 2.6.3 項と同じなので、2.6.3 項を参照していただきたい。これらのアラート設定を、Action 接続されたボタンのアクション処理に、つぎのようにして入れる。

```
@IBAction func menu(_ s: NSMenuItem) {        ←Action接続されたメニューのメソッド設定
    let a = NSAlert()                          ←NSAlertクラスのオブジェクト設定
    a.messageText = "メニューのアクション処理"    ←アラートに入れるメッセージテキスト設定
    a.informativeText = s.title + "をクリックしましたね。"  ←メニュー項目タイトルの取得
    a.addButton(withTitle: "了解")              ←アラートに追加するボタンのタイトル設定
    a.runModal()                                ←アラートのモーダル（アラートを閉じない限り次に進めない）設定
}
```

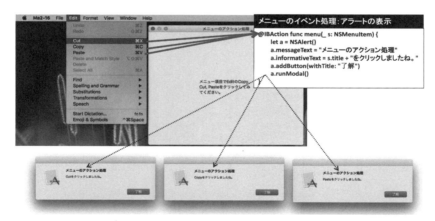

　図のように Mac のメニューバーにあるメニュー Edit を選択し、メニュー項目 Cut や Copy、Paste を選択するとアラートが表示されるように Mac アプリを作成するために、つぎのようにプログラムしてみよう。

```
//Ma2-16  AppDelegate.swift   メニューのアクション設定
import Cocoa
@NSApplicationMain
class AppDelegate: NSObject, NSApplicationDelegate {
```

```
    @IBOutlet weak var window: NSWindow!
    @IBAction func menu(_ s: NSMenuItem) {
        let a = NSAlert()
        a.messageText = "メニューのアクション処理"
        a.informativeText = s.title + "をクリックしましたね。"
        a.addButton(withTitle: "了解")
        a.runModal()
    }
    func applicationDidFinishLaunching(_ aNotification: Notification) { }
    func applicationWillTerminate(_ aNotification: Notification) { }
}
```

> 練習問題

他のメニュー項目でアクション処理を行い、アラートを表示するMacアプリを作成してみよう。

2.6.5 ポップアップボタンのイベント処理

　ボタンのクリック操作でのアラート表示では画面が変わり、多少煩雑と感じられる場合は、ここで説明するポップアップボタンが便利かもしれない。ポップアップボタンには複数の項目を設定でき、選択された項目に従って、アラート表示してもよいが、ここでは、ウィンドウフレーム内にラベルとして大きく目立つように表示するMacアプリを作成してみよう。

　図のように、アシスタントエディタを使ってインタフェースビルダーで、ポップアップボタンを配置するにはPop Up Buttonをドラッグ＆ドロップし配置とサイズを調整する。ポップアップボタンの属性インスペクタにはSelected Itemがあり、ここにポップアップボタン内に表示したい文字列を複数個入れることができる。ここでは3つの四文字熟語を入れる。ポップアップボタンの詳細なタイトル設定や配置などは、ダウンロード用のサンプルファイルを参照されたい。

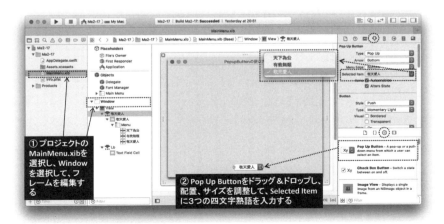

つぎの図のように、文字列を大きく表示させるためのラベルとしてLabelをドラッグ＆ドロップし配置とサイズを調整する。ラベルはText Fieldの一種であるが、ラベルの属性インスペクタにはFont設定があり、ここではFontをDFP中楷書体、フォントサイズ100に設定する。

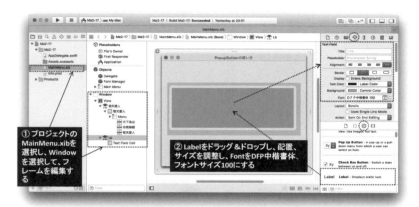

これで表示用のラベルと選択用のポップアップボタンの準備はできたので、つぎの図のように、ラベルは右ドラッグでSwiftコードにOutlet接続、ポップアップボタンも右ドラッグでSwiftコードにAction接続しよう。Outlet接続されたラベルのオブジェクト名は`lb`とし、Action接続されたボタンのメソッド名は`select`とし、引数の型は`NSPouUpButton`とする。

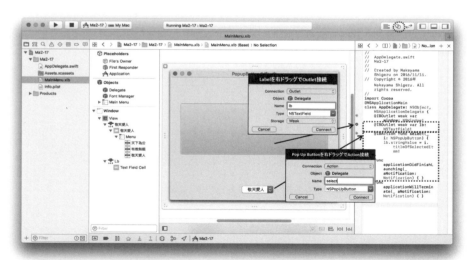

Macアプリにある`AppDelegate.swift`のデフォルトのスケルトンコードに、つぎのようなコードを追加して、ポップアップボタンのイベント処理を行ってみよう。

Outlet接続されたラベルは**NSTextField**クラスなので、そのオブジェクト`lb`のプロパティ**stringValue**を使えば、`lb.stringValue`としてラベルに文字列を設定できる。また、Action接続

されたポップアップボタンのメソッド select(_ i: NSPopUpButton) の引数は **NSPopUpButton** クラスなので、そのオブジェクト i のプロパティ **titleOfSelectedItem** を使えば、ユーザによって選択された項目のタイトルが文字列として取得できる。それをラベルの文字列に設定すればよい。

```
@IBOutlet weak var lb: NSTextField!              ←Outlet接続されたラベルのオブジェクト設定
@IBAction func select(_ i: NSPopUpButton) {      ←Action接続されたポップアップボタンのメソッド設定
    lb.stringValue = i.titleOfSelectedItem!      ←ボタンから選択タイトルを取得し、ラベルに表示する
}
```

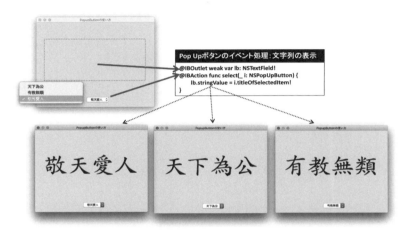

つぎのように、ポップアップボタンのクリック操作で、選択された項目のタイトルを直接ラベルの文字列として大きくウィンドウに表示する、ポップアップボタンのイベント処理を行うプログラムを作成してみよう。

```swift
//Ma2-17   AppDelegate.swift   ポップアップボタンのイベント処理
import Cocoa
@NSApplicationMain
class AppDelegate: NSObject, NSApplicationDelegate {
    @IBOutlet weak var window: NSWindow!
    @IBOutlet weak var lb: NSTextField!
    @IBAction func select(_ i: NSPopUpButton) {
        lb.stringValue = i.titleOfSelectedItem!
    }
    func applicationDidFinishLaunching(_ aNotification: Notification) { }
    func applicationWillTerminate(_ aNotification: Notification) { }
}
```

> **練習問題**

　これを改良してポップアップボタンに短い問題（たとえば、英単語）を設定し、ウィンドウに文字列内容を変えて解答（たとえば、英単語の意味）を表示する Mac アプリを作成してみよう。

第3章
NS部品を用いた Mac アプリ開発

ここでは、NS部品としていろいろなボタンやコンボボックス、スライダーなどのユーザインタフェースを表示し、これらのイベント処理に慣れてみよう。

たとえば、画像表示のためのボタンによるイベント処理として、ボタンクリックによる画像表示とボタンタイトルの同時変更を行ったり、写真の小さなデータベースのようなコンボボックスによる写真の選択表示、また画像上に図形を表示したり、グラディエーションのあるグラフィックスの背景を持った Mac アプリを作成してみよう。

いろいろな水平・垂直スライダー表示の使い方やスライダーのイベント処理にも慣れよう。スライダーで円の半径を変えたり、リサージュ図形の周期を変えたり、スライダーを棒グラフ表示や RGB カラー合成に応用する。

3.1 画像表示のためのボタンによるイベント処理

■ 3.1.1 ボタンクリックによる画像表示とボタンタイトルの変更

ボタンのクリック操作で、画像の表示・非表示処理する Mac アプリは、Ma2-11 で作成した。また、ボタンのクリック操作で、ボタンのタイトルを変更させる Mac アプリは、Ma2-12 で作成した。ここでは、練習のため、それらを組み合わせて、画像の表示・非表示処理とボタンのタイトルを同時に変更する Mac アプリを作成してみよう。

つぎの図のようにビュー領域に何もないときには、ボタンタイトルは「写真表示へ」と示し、ビュー

領域に写真が表示されていれば、ボタンタイトルは「写真非表示へ」と変更してみよう。ここでは、Ma2-11 のアルゴリズムを変えて、ボタンの On/Off 状態で画像の表示・非表示を決めるのではなく、**画像ビューの画像の表示・非表示状態を判定して、プログラムしている点に注意すること**。

つぎの図のように、アシスタントエディタを使ってインタフェースビルダーで画像ビューを配置するには Image View、ボタン操作用には Push Button をそれぞれドラッグ＆ドロップし配置とサイズを調整する。また、画像ファイルも入れておく。ボタンのタイトルは、とりあえず「写真表示へ」とする。画像ビューとボタンの詳細なタイトル設定や配置などは、ダウンロード用のサンプルファイルを参照されたい。

これで画像ビューとボタンの準備はできたので、つぎの図のように、画像ビューは右ドラッグで Swift コードに Outlet 接続、ボタンも右ドラッグで Swift コードに Action 接続しよう。Outlet 接続された画像ビューのオブジェクト名は iv とし、Action 接続されたボタンのメソッド名は dp とし、引数の型は NSButton とする。

3.1 画像表示のためのボタンによるイベント処理

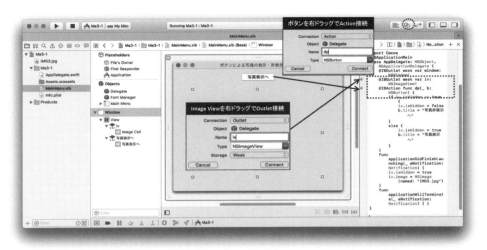

　MacアプリにあるAppDelegate.swiftのデフォルトのスケルトンコードに、つぎのようなコードを追加して、ボタンのイベント処理を行ってみよう。Macアプリ起動直後のapplicationDidFinishLaunching(_ aNotification: Notification)メソッドで、**NSImageView**クラスのプロパティ**image**を呼び出して、画像ファイル名IMG3.jpgが指定された**NSImage**クラスをオブジェクトなしで直接に代入している。また、プロパティ**isHidden**で画像ビューの画像の表示・非表示をブール値で設定している。

```
@IBOutlet weak var iv: NSImageView!            ←Outlet接続された画像ビューのオブジェクト設定
func applicationDidFinishLaunching(_ aNotification: Notification) {
    iv.isHidden = true                         ←画像ビューの画像を非表示設定しておく
    iv.image = NSImage(named: "IMG3.jpg")      ←画像ビューの画像をNSImageで直接に設定
}
```

　ボタンのアクション処理はdp(_ b: NSButton)メソッドで行われる。**NSButton**クラスの引数bにボタンがコールされたときのボタンの情報が含まれているので、そのプロパティ**title**からボタンのタイトルを設定する。つぎのように、**画像ビューの画像の表示・非表示状態を判定**する。

　　画像非表示　→　画像表示・ボタンタイトル「写真非表示へ」
　　画像表示　　→　画像非表示・ボタンタイトル「写真表示へ」

```
@IBAction func dp(_ b: NSButton) {             ←Action接続されたボタンのメソッド設定
    if iv.isHidden == true {                   ←画像の非表示状態を調べて、非表示であれば真として実行
        iv.isHidden = false                    ←画像ビューの画像を表示する
        b.title = "写真非表示へ"                ←ボタンタイトルに文字列"写真非表示へ"を設定
    }
```

```
        else {
            iv.isHidden = true              ←画像の非表示状態が偽、つまり表示であれば実行
            b.title = "写真表示へ"          ←画像ビューの画像を非表示にする
        }                                    ←ボタンタイトルに文字列"写真表示へ"を設定
    }
```

つぎのようにボタンのクリック操作で、画像ビューの画像の表示・非表示状態を判定し、画像の表示・非表示を切り替え、さらに、ボタンのタイトルも変えるようにプログラムを作成してみよう。

```
// Ma3-1 AppDelegate.swift  ボタンによる写真の表示・非表示とボタンタイトルの変更
import Cocoa
@NSApplicationMain
class AppDelegate: NSObject, NSApplicationDelegate {
    @IBOutlet weak var window: NSWindow!
    @IBOutlet weak var iv: NSImageView!
    @IBAction func dp(_ b: NSButton) {
        if iv.isHidden == true  {
            iv.isHidden = false
            b.title = "写真非表示へ"
        }
        else {
            iv.isHidden = true
            b.title = "写真表示へ"
        }
    }
    func applicationDidFinishLaunching(_ aNotification: Notification) {
        iv.isHidden = true
        iv.image = NSImage(named: "IMG3.jpg")
    }
    func applicationWillTerminate(_ aNotification: Notification) { }
}
```

練習問題

ボタンのイベント処理で画像ビューの画像の表示・非表示状態を判定して、画像を表示・非表示するのではなく、従来のように、ボタンの On/Off 状態で画像を表示・非表示する Mac アプリを作成してみよう。

■ 3.1.2 ComboBox による写真の選択表示

写真の小さなデータベースのように、コンボボックスにインデックスを入れておき、選択されたイン

デックスに従い、ビュー領域に写真を切り替えて表示する Mac アプリを作成してみよう。

つぎの図のように、アシスタントエディタを使ってインタフェースビルダーで画像ビューを配置するには Image View、コンボボックス用には Combo Box をそれぞれドラッグ＆ドロップし配置とサイズを調整する。また、必要な個数の画像ファイルも入れておく。Combo Box に入れる項目には、属性インスペクタで Items に項目を＋で追加する。ここでは、コンボボックスに入れたい項目名を No.1、No.2、No.3 として設定する。画像ビューとコンボボックスの詳細な項目設定や配置などは、ダウンロード用のサンプルファイルを参照されたい。

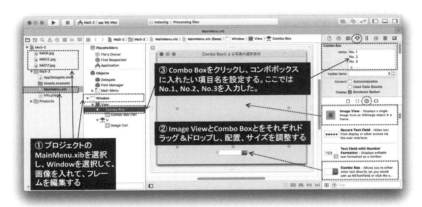

これで画像ビューとコンボボックスの準備はできたので、つぎの図のように、画像ビューは右ドラッグで Swift コードに Outlet 接続、コンボボックスも右ドラッグで Swift コードに Action 接続しよう。Outlet 接続された画像ビューのオブジェクト名は iv とし、Action 接続されたボタンのメソッド名は select とし、引数の型は NSComboBox とする。

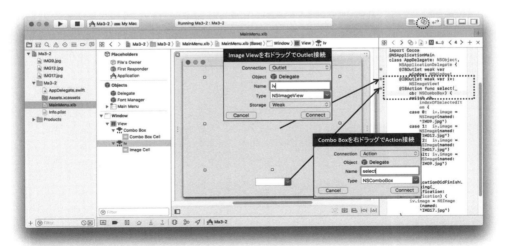

MacアプリにあるAppDelegate.swiftのデフォルトのスケルトンコードに、つぎのようなコードを追加して、コンボボックスのイベント処理を行ってみよう。ここでは、コンボボックスのアクション処理はselect(_ cb: NSComboBox)メソッドで行われ、その引数の**NSComboBox**クラスのオブジェクトcbにコンボボックスがコールされたときのコンボボックスの情報が含まれている。NSComboBoxクラスののオブジェクトcbを使って、そのプロパティ**indexOfSelectedItem**によりコンボボックスのどの項目インデックス番号が選択されたかをcb.indexOfSelectedItemで取り出している。項目インデックス番号が分かれば、つぎのようにswitchの多方向分岐でインデックス番号に応じた写真を画像ビューに表示する。

```
@IBOutlet weak var iv: NSImageView!           ←Outlet接続された画像ビューのオブジェクト設定
@IBAction func select(_ cb: NSComboBox) {     ←Action接続されたコンボボックスのメソッド設定
    switch cb.indexOfSelectedItem {           ←コンボボックスで選択された項目インデックス番号で多方向分岐
    case 0:  iv.image = NSImage(named: "IMG9.jpg")
                                              ←インデックス番号に応じて画像ビューに画像を表示
    case 1:  iv.image = NSImage(named: "IMG12.jpg")
                                              ←インデックス番号に応じて画像ビューに画像を表示
    case 2:  iv.image = NSImage(named: "IMG17.jpg")
                                              ←インデックス番号に応じて画像ビューに画像を表示
    default: iv.image = NSImage(named: "IMG9.jpg")   ←switch構文でdefault設定は必須
    }
}
```

　つぎのようにコンボボックスで選択された項目インデックスに従って、インデックスに応じた画像を表示するようにプログラムを作成してみよう。

```
//   Ma3-2 AppDelegate.swiftボタンによる画像の表示・非表示処理
import Cocoa
@NSApplicationMain
class AppDelegate: NSObject, NSApplicationDelegate {
    @IBOutlet weak var window: NSWindow!
    @IBOutlet weak var iv: NSImageView!
    @IBAction func select(_ cb: NSComboBox) {
        switch cb.indexOfSelectedItem {
        case 0:  iv.image = NSImage(named: "IMG9.jpg")
        case 1:  iv.image = NSImage(named: "IMG12.jpg")
        case 2:  iv.image = NSImage(named: "IMG17.jpg")
        default: iv.image = NSImage(named: "IMG9.jpg")
        }
    }
    func applicationDidFinishLaunching(_ aNotification: Notification) {
```

```
            iv.image = NSImage(named: "IMG17.jpg")
    }
    func applicationWillTerminate(_ aNotification: Notification) { }
}
```

> 練習問題

写真の小さなデータベースのように、コンボボックスに多くのインデックスを設定して、多数の写真を選択できるように Mac アプリを作成してみよう。インデックスに英単語を表示し、その英単語に相当する絵を表示するようにしてもよい。文字ビューアには多数の絵文字があり、これらを使ってみよう（拙著『Swift Apple Watch アプリ開発入門』2.7.2 項参照）。

■3.1.3　画像上に図形を表示する

いくつかの画像表示アプリや Ma2-12 のような図形表示のアプリを作成してきたが、ここでは、画像の上に図形を表示してみよう。基本的な考え方は、以前はカスタムビューに図形をサブビューとして追加したが、画像ビューに図形をサブビューとして追加すればできると想像できる。ここでは、画像に図形を表示する Mac アプリを作成してみよう。これを応用すれば、地図のような画像や作業工程の画像に、手書き図形を描くことも可能となる。その基礎的なプログラム構成を覚えよう。

図のように、アシスタントエディタを使ってインタフェースビルダーで画像ビューを配置するには Image View をドラッグ＆ドロップし、フレームいっぱいにサイズを調整する。

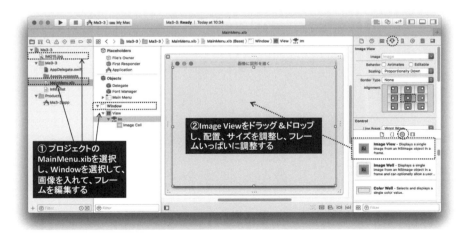

これで画像ビューの準備はできたので、つぎの図のように、画像ビューは右ドラッグで Swift コードに Outlet 接続しよう。Outlet 接続された画像ビューのオブジェクト名は im とする。

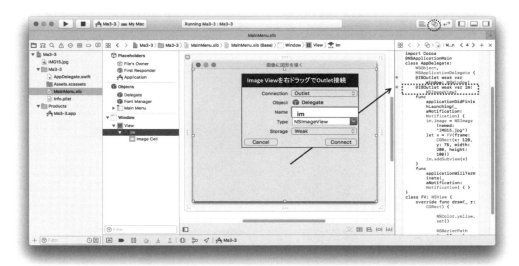

　MacアプリにあるAppDelegate.swiftのデフォルトのスケルトンコードに、つぎのようなコードを追加して、画像に図形を描いてみよう。ここで用いる図形は、**NSView**クラスのサブクラスとしてFVクラスを設定し、描画メソッドの**draw**を指定長方形領域rでオーバーライドする。描画色を黄色色に設定して、ベジパスで指定長方形領域rに内接する楕円の輪郭を描く。

```
    class FV: NSView {                       ←NSViewクラスのサブクラスとしてFVクラスを設定
        override func draw(_ r: CGRect)  {   ←描画メソッドを指定長方形領域rでオーバーライドする
            NSColor.yellow.set()             ←描画色を黄色に設定
            NSBezierPath(ovalIn: r).stroke() ←ベジパスで指定長方形領域rに内接する楕円の輪郭を描く
        }
    }
```

　Macアプリ起動直後のapplicationDidFinishLaunching(_ aNotification: Notification)メソッドで、画像ビューに画像を設定する。指定された長方形領域にFVクラスの図形を、**NSImageView**クラスから使えるメソッド**addSubview(v)**を呼び出して、画像ビューにサブビューとして図形を追加する。

```
    im.image = NSImage(named: "IMG15.jpg")       ←画像ビューに画像を設定
    let v = FV(frame: CGRect(x: 120, y: 75, width: 200, height: 100))
                                                 ←指定長方形領域にFVクラス図形を設定
    im.addSubview(v)                             ←画像ビューimに図形vをサブビューとして追加する
```

　画像の上に図形を表示するMacアプリを作成してみよう。ここでは、画像ビューに図形をサブ

ビューとして追加した。

```
// Ma3-3 AppDelegate.swift    画像上に図形表示する
import Cocoa
@NSApplicationMain
class AppDelegate: NSObject, NSApplicationDelegate {
    @IBOutlet weak var window: NSWindow!
    @IBOutlet weak var im: NSImageView!
    func applicationDidFinishLaunching(_ aNotification: Notification) {
        im.image = NSImage(named: "IMG15.jpg")
        let v = FV(frame: CGRect(x: 120, y: 75, width: 200, height: 100))
        im.addSubview(v)
    }
    func applicationWillTerminate(_ aNotification: Notification) { }
}
class FV: NSView {
    override func draw(_ r: CGRect) {
        NSColor.yellow.set()
        NSBezierPath(ovalIn: r).stroke()
    }
}
```

> **練習問題**

画像に描画する図形の色や図形のサイズ、塗り込みなど変えたMacアプリを作成してみよう。また、地図のような画像や作業工程の画像に変えて、図形を描いてみよう。

■3.1.4 グラディエーション背景に文字列表示のあるアプリ

これまでのウィンドウのフレームの背景色は単色であったが、グラディエーションのあるグラフィックスの背景を持ったMacアプリを作成してみよう。

つぎの図のように、アシスタントエディタを使ってインタフェースビルダーでグラディエーションのあるグラフィックスの背景用のカスタムビュー領域を配置するにはCustom View、アプリ説明用のラベルにはLabelをそれぞれドラッグ＆ドロップし配置とサイズを調整する。カスタムビューとラベルの詳細なタイトル設定や配置などは、ダウンロード用のサンプルファイルを参照されたい。

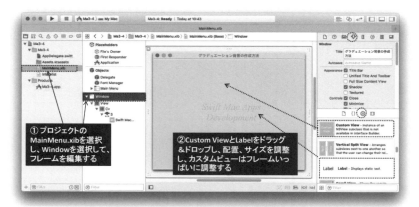

これでカスタムビューとラベルの準備はできたので、つぎの図のように、カスタムビューは右ドラッグで Swift コードに Outlet 接続、ラベルも右ドラッグで Swift コードに Outlet 接続しよう。Outlet 接続されたカスタムビューとラベルのオブジェクト名はそれぞれ cv、s とする。

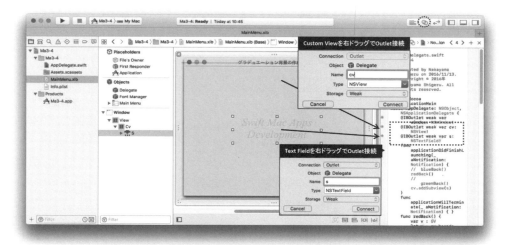

Mac アプリにある AppDelegate.swift のデフォルトのスケルトンコードに、つぎのようなコードを追加して、グラディエーション背景色を作成してみよう。**NSView** クラスを用いて簡単なグラフィックスが描ける。

```
class GV: NSView {          ←RGBA色指定の長方形得領域のNSBezierPathの塗り込みクラスの定義
    var rr = CGFloat(0.0)           ←赤色のプロパティ設定
    var g = CGFloat(0.0)            ←緑色のプロパティ設定
    var b = CGFloat(0.0)            ←青色のプロパティ設定
    var a = CGFloat(1.0)            ←透明度のプロパティ設定
```

```
override func draw(_ r: CGRect) {           ←ドローメソッドをオーバーライドする
    NSColor(red: rr, green: g, blue: b, alpha: a).set()   ←指定RGBA色に設定
    NSBezierPath(rect: r).fill()            ←指定長方形領域rで塗り込む
}
```

for-inループを用いて、短いコードで連続的に線状の長方形を描いてみよう。カスタムビュー領域cvのサイズを考慮して、その横幅wと縦幅hをそれぞれ取得する。

```
let w = cv.bounds.width         ←カスタムビュー領域のピクセル幅の取得
let h = cv.bounds.height        ←カスタムビュー領域のピクセル高さの取得
```

縦幅を1ピクセル行ずつ下へずらして長方形領域をずらしながら、その背景色としてNSColorで黒色から青色のグラディエーションを等分して割り当てる。つぎのようにfor-inループでサブビューに追加すればできあがる。

```
for y in stride(from: CGFloat(0), through: h, by: CGFloat(1)) {
    v = GV(frame: CGRect(x: 0, y: y, width: w, height: y + 1))    ←線の長方形設定
    v.b = CGFloat( Double(h - y) / Double(h) )   ←高さに応じた青色階調度設定
    cv.addSubview(v)                        ←カスタムビューに線をサブビューとして追加
}
```

つぎのようにまとめて書くと、背景色の調整でRGBの色を変えれば、いろいろなグラディエーション背景色を生成できる。

```
@IBOutlet weak var cv: NSView!          ←Outlet接続されたカスタムビューのオブジェクト設定
func redBack() {                        ←赤色のグラディエーション背景のメソッド定義
    var v : GV                          ←RGBAで色指定できるNSBezierPathの塗り込みクラスのオブジェクト設定
    let w = cv.bounds.width             ←カスタムビュー領域のピクセル幅の取得
    let h = cv.bounds.height            ←カスタムビュー領域のピクセル高さの取得
    for y in stride(from: CGFloat(0), through: h, by: CGFloat(1)) {
        v = GV(frame: CGRect(x: 0, y: y, width: w, height: y + 1))   ←線の長方形設定
        v.rr = CGFloat( Double(h - y) / Double(h) )   ←高さに応じた赤色階調度設定
        cv.addSubview(v)                ←カスタムビューに線をサブビューとして追加
    }
}
class GV: NSView {                      ←RGBAで色指定できる長方形得領域のNSBezierPathの塗り込みクラスの定義
    var rr = CGFloat(0.0)               ←赤色のプロパティ設定
    var g = CGFloat(0.0)                ←緑色のプロパティ設定
    var b = CGFloat(0.0)                ←青色のプロパティ設定
```

```
        var a = CGFloat(1.0)          ←透明度のプロパティ設定
        override func draw(_ r: CGRect) {                    ←ドローメソッドをオーバーライドする
            NSColor(red: rr, green: g, blue: b, alpha: a).set()   ←指定RGBA色に設定
            NSBezierPath(rect: r).fill()                          ←指定長方形領域rで塗り込む
        }
    }
```

それでは、赤色、青色、緑色のグラディエーション背景を持ったそれぞれのメソッドを作成し、メソッドの呼び出しを変え、いろいろなグラディエーション背景色のある Mac アプリを作成してみよう。

```
// Ma3-4 AppDelegate.swift  グラディエーション背景の作成方法
import Cocoa
@NSApplicationMain
class AppDelegate: NSObject, NSApplicationDelegate {
    @IBOutlet weak var window: NSWindow!
    @IBOutlet weak var cv: NSView!
    @IBOutlet weak var s: NSTextField!
    func applicationDidFinishLaunching(_ aNotification: Notification) {
        blueBack()                          ←redBack()やgreenBack()にも変えて試してみよう
        cv.addSubview(s)
    }
    func applicationWillTerminate(_ aNotification: Notification) { }
    func redBack() {
        var v : GV
        let w = cv.bounds.width
        let h = cv.bounds.height
        for y in stride(from: CGFloat(0), through: h, by: CGFloat(1)) {
            v = GV(frame: CGRect(x: 0, y: y, width: w, height: y + 1))
            v.rr = CGFloat( Double(h - y) / Double(h) )
```

```swift
            cv.addSubview(v)
        }
    }
    func greenBack() {
        var v : GV
        let w = cv.bounds.width
        let h = cv.bounds.height
        for y in stride(from: CGFloat(0), through: h, by: CGFloat(1))  {
            v = GV(frame: CGRect(x: 0, y: y, width: w, height: y + 1))
            v.g = CGFloat( Double(h - y) / Double(h) )
            cv.addSubview(v)
        }
    }
    func blueBack() {
        var v : GV
        let w = cv.bounds.width
        let h = cv.bounds.height
        for y in stride(from: CGFloat(0), through: h, by: CGFloat(1))  {
            v = GV(frame: CGRect(x: 0, y: y, width: w, height: y + 1))
            v.b = CGFloat( Double(h - y) / Double(h) )
            cv.addSubview(v)
        }
    }
}
class GV: NSView {
    var rr = CGFloat(0.0)
    var g = CGFloat(0.0)
    var b = CGFloat(0.0)
    var a = CGFloat(1.0)
    override func draw(_ r: CGRect) {
        NSColor(red: rr, green: g, blue: b, alpha: a).set()
        NSBezierPath(rect: r).fill()
    }
}
```

練習問題

赤色や青色、緑色以外のグラディエーション背景として、シアン、マジェンダ、黄色、白色を持ったメソッドを作成して、グラディエーション効果を確かめる Mac アプリを作成してみよう。

3.2 スライダー表示

3.2.1 いろいろなスライダー表示

スライダーは、連続的な数値範囲を水平・垂直バーや円状のつまみによって表示し、そこからサム（thumb）と呼ばれるインジケータを動かして数値を選ぶ、昔のステレオの音量調整のようなユーザインタフェースである。このスライダーは、**NSSlider**クラスで実装できる。スライダーのあるMacアプリを作成してみよう。ここでは、Linearスライダーの水平・垂直バー、Circularスライダーのつまみの表示だけではなく、これらのスライダーのイベント処理も行っている。

図のように、アシスタントエディタを使ってインタフェースビルダーで水平・垂直・円のスライダーを配置するにはHorizontal Slider、Veritical Slider、Circular Slider、説明用のラベルにはLabel、スライダー数値設定や表示にはText Fieldをそれぞれドラッグ＆ドロップし配置とサイズを調整する。ラベルやテキスト行の詳細なタイトル設定や配置などは、ダウンロード用のサンプルファイルを参照されたい。

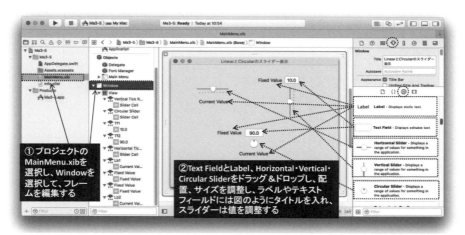

これで3つのスライダーとテキスト行、ラベルの準備はできたので、つぎの図のように、テキスト行とラベルは右ドラッグでSwiftコードにOutlet接続、スライダーも右ドラッグでSwiftコードにAction接続しよう。Outlet接続されたラベルやテキスト行のオブジェクト名は`lb1`、`lb2`、`tf1`、`tf2`とし、Action接続された水平・垂直・円のスライダーのメソッド名は`mh`、`mv`、`mc`とし、引数の型は`NSSlider`とする。

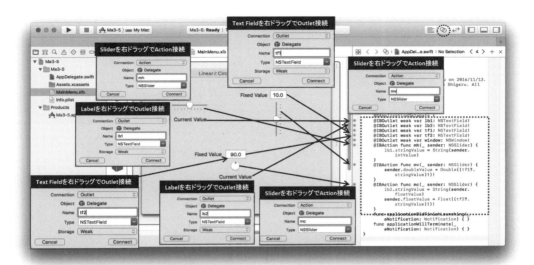

　MacアプリにあるAppDelegate.swiftのデフォルトのスケルトンコードに、つぎのようなコードを追加して、スライダー表示とスライダーのイベント処理を行ってみよう。ここでは、水平・円スライダーを操作すると、Current Valueにスライダー数値が表示されるようにする。垂直・円スライダーではスライダーが操作されても、常にスライダー数値がテキスト行に設定された数値に固定されるように設定した。

　水平スライダーのイベント処理は、つぎのようにmh(_ sender: NSSlider) メソッドで行われ、水平スライダーが操作されるとこのメソッドがコールされる。そのときのスライダーのサムのインジケータ位置がメソッドの引数に引き渡されるので、**NSSlider**クラスのオブジェクトsenderから、NSSliderクラスのプロパティ**intValue**をsender.intValueとして呼び出せば、スライダー数値を取得できる。その数値を文字列**String(sender.intValue)**にして、ラベルの文字列に代入すれば、スライダーが操作されるたびに、ラベルにそのスライダー数値が表示される。

```
@IBOutlet weak var lb1: NSTextField!          ←Outlet接続されたラベルのオブジェクト設定
@IBAction func mh(_ sender: NSSlider) {       ←Action接続された水平スライダーのメソッド設定
    lb1.stringValue = String(sender.intValue) ←指定スライダー値をラベルに表示設定
}
```

　垂直スライダーのイベント処理は、つぎのようにmv(_ sender: NSSlider) メソッドで行われる。垂直スライダーが操作されるとこのメソッドがコールされる。そのときのテキスト行に設定された文字列**(tf1?.stringValue)!**をDoubleの実数値**Double((tf1?.stringValue)!)!**として取り出す。この値をスライダーのサムのインジケータ位置**sender.doubleValue**に強制的に引き渡しているの

で、スライダーのサムのインジケータ位置がテキスト行の数値で変わることになる。

```
@IBOutlet weak var tf1: NSTextField!        ←Outlet接続されたテキスト行のオブジェクト設定
@IBAction func mv(_ sender: NSSlider) {     ←Action接続された垂直スライダーのメソッド設定
    sender.doubleValue = Double((tf1?.stringValue)!)!   ←テキスト行値をスライダー値に設定
}
```

　円スライダーのイベント処理は、つぎのように mc(_ sender: NSSlider) メソッドで行われる。円スライダーが操作されるとこのメソッドがコールされる。円スライダーのイベント処理は、水平スライダーと垂直スライダーの行った指定スライダー値をラベルに表示設定し、テキスト行値をスライダー値（ここでは練習のためにFloat型実数に変えている）に設定する処理を同時に行っている。

```
@IBOutlet weak var lb2: NSTextField!        ←Outlet接続されたラベルのオブジェクト設定
@IBOutlet weak var tf2: NSTextField!        ←Outlet接続されたテキスト行のオブジェクト設定
@IBAction func mc(_ sender: NSSlider) {     ←Action接続された円スライダーのメソッド設定
    lb2.stringValue = String(sender.floatValue)         ←指定スライダー値をラベルに表示設定
    sender.floatValue = Float((tf2?.stringValue)!)!     ←テキスト行値をスライダー値に設定
}
```

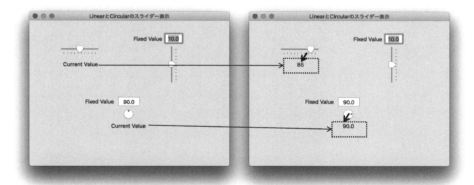

　つぎのように、水平・垂直・円のスライダーの表示と3つのスライダーのイベント処理を行うようなMacアプリを作成してみよう。

```
// Ma3-5 AppDelegate.swift   水平・垂直・円のスライダー表示とイベント処理
import Cocoa
@NSApplicationMain
class AppDelegate: NSObject, NSApplicationDelegate {
    @IBOutlet weak var lb1: NSTextField!
    @IBOutlet weak var lb2: NSTextField!
```

```
    @IBOutlet weak var tf1: NSTextField!
    @IBOutlet weak var tf2: NSTextField!
    @IBOutlet weak var window: NSWindow!
    @IBAction func mh(_ sender: NSSlider) {
        lb1.stringValue = String(sender.intValue)
    }
    @IBAction func mv(_ sender: NSSlider) {
        sender.doubleValue = Double((tf1?.stringValue)!)!
    }
    @IBAction func mc(_ sender: NSSlider) {
        lb2.stringValue = String(sender.floatValue)
        sender.floatValue = Float((tf2?.stringValue)!)!
    }
    func applicationDidFinishLaunching(_ aNotification: Notification) { }
    func applicationWillTerminate(_ aNotification: Notification) { }
}
```

> 練習問題

スライダーのアクションメソッドの引数は、mh(_ sender: NSSlider) メソッドなどで行われたが、引数の変数名 sender は任意で、この変数名を変えても動作するか確かめる Mac アプリを作成してみよう。

■ 3.2.2 スライダーで円の半径を変える

それでは、スライダーの応用例として、スライダーで円の半径を変える Mac アプリを作成してみよう。

つぎの図のように、アシスタントエディタを使ってインタフェースビルダーで、円を描くカスタムビューを配置するには Custom View、その半径を変えるスライダー用には Vertical Slider をそれぞれドラッグ&ドロップし配置とサイズを調整する。Vertical Slider は、スタイルと目盛り数、値の最小値と最大値、カレントの位置をつぎの図のように設定する。カスタムビューと垂直スライダーの詳細なタイトル設定や配置などは、ダウンロード用のサンプルファイルを参照されたい。

第3章 NS部品を用いたMacアプリ開発

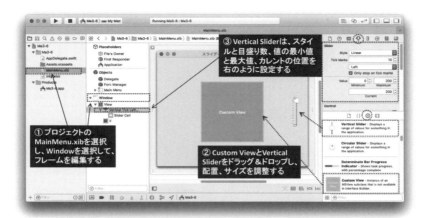

これでカスタムビューとスライダーの準備はできたので、下の図のように、カスタムビューは右ドラッグでSwiftコードにOutlet接続、スライダーを右ドラッグでSwiftコードにAction接続しよう。Outlet接続されたカスタムビューのオブジェクト名はvとし、Action接続されたスライダーのメソッド名はsmとし、引数の型はNSSliderとする。

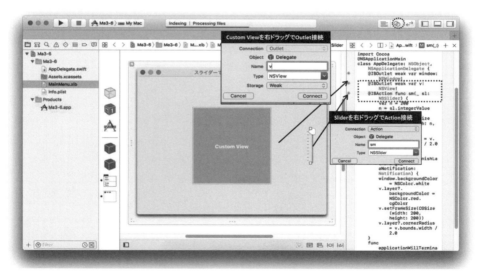

MacアプリにあるAppDelegate.swiftのデフォルトのスケルトンコードに、つぎのようなコードを追加して、スライダーのイベント処理を行ってみよう。

まず、アプリの初期設定で、つぎのようにウィンドウの背景色を白色に設定し、カスタムビューの背景色を赤色に設定する。カスタムビューの幅と高さを200ピクセルに初期設定したので、正方形になる。カスタムビューの正方形の面取りの半径を幅の半分に設定したので赤い円となる。

```
@IBOutlet weak var v: NSView!                        ←Outlet接続されたカスタムビューのオブジェクト設定
func applicationDidFinishLaunching(_ aNotification: Notification) {
    window.backgroundColor = NSColor.white           ←ウィンドウ背景色を白色に設定
    v.layer?.backgroundColor = NSColor.red.cgColor   ←カスタムビュー背景色を赤色に設定
    v.setFrameSize(CGSize(width: 200, height: 200))  ←カスタムビューの幅と高さの設定（正方形）
    v.layer?.cornerRadius = v.bounds.width / 2.0     ←面取りの半径を幅の半分に設定（円となる）
}
```

スライダーのイベント処理として、つぎのように現在のスライダー値 **sl.integerValue** を取得する。それを確認のためにコンソール出力に表示し、カスタムビューの幅と高さに設定している。ここでもカスタムビューの幅と高さが同じなので、正方形になり、面取りの半径を幅の半分に設定しているので円となる。

```
@IBAction func sm(_ sl: NSSlider) {                  ←Action接続されたスライダーのメソッド設定
    var n = 200                                      ←スライダー値を200に初期設定
    n = sl.integerValue                              ←現在のスライダー値に設定
    print(n)                                         ←現在のスライダー値をコンソール出力に表示する
    v.setFrameSize(CGSize(width: n, height: n))      ←カスタムビューの幅と高さの設定（正方形になる）
    v.layer?.cornerRadius = v.bounds.width / 2.0     ←面取りの半径を幅の半分に設定（円となる）
}
```

つぎのようにスライダーのイベント処理として、スライダーを動かすと、円の半径を変えるようなMacアプリを作成してみよう。

```
// Ma3-6 AppDelegate.swift  スライダーで円の半径を変える
import Cocoa
@NSApplicationMain
class AppDelegate: NSObject, NSApplicationDelegate {
    @IBOutlet weak var window: NSWindow!
```

```
    @IBOutlet weak var v: NSView!
    @IBAction func sm(_ sl: NSSlider) {
        var n = 200
        n = sl.integerValue
        print(n)
        v.setFrameSize(CGSize(width: n, height: n))
        v.layer?.cornerRadius = v.bounds.width / 2.0
    }
    func applicationDidFinishLaunching(_ aNotification: Notification) {
        window.backgroundColor = NSColor.white
        v.layer?.backgroundColor = NSColor.red.cgColor
        v.setFrameSize(CGSize(width: 200, height: 200))
        v.layer?.cornerRadius = v.bounds.width / 2.0
    }
    func applicationWillTerminate(_ aNotification: Notification) { }
}
```

練習問題

カスタムビューの面取りの半径 v.layer?.cornerRadius を変えて、円ではなく面取りのある正方形に変えたり、色を変えた Mac アプリを作成してみよう。

3.2.3 スライダーとボタンのイベント処理を1つのメソッドで行う

スライダーで円の半径を変えた Mac アプリを改良して、ボタンを追加し、ボタンクリック操作で円の色も変えるような Mac アプリを作成してみよう。ここでは、スライダーのイベント処理とボタンのイベント処理を1つのアクションメソッドで処理してみよう。

つぎの図のように、アシスタントエディタを使ってインタフェースビルダーで、円を描くカスタムビューを配置するには Custom View、その半径を変えるスライダー用には Vertical Slider、円の色を変えるボタンには3つの Push Button をそれぞれドラッグ＆ドロップし配置とサイズを調整する。Vertical Slider は、スタイルと目盛り数、値の最小値と最大値、カレントの位置を設定する。3つのボタンには Tag 番号を 0、1、2 と付ける。カスタムビューと垂直スライダー、ボタンの詳細なタイトル設定や配置などは、ダウンロード用のサンプルファイルを参照されたい。

3.2 スライダー表示

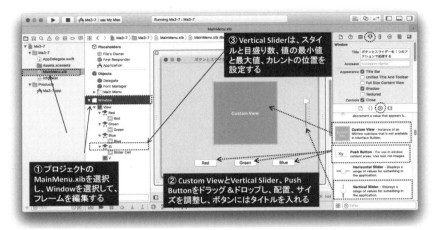

これでカスタムビューとスライダー、ボタンの準備はできたので、下の図のように、カスタムビューとスライダーは右ドラッグで Swift コードに Outlet 接続、また再度スライダーとボタンを右ドラッグで Swift コードに Action 接続しよう。Outlet 接続されたカスタムビューとスライダーのオブジェクト名は v、sl とし、Action 接続されたスライダーとボタンは同じメソッドで、メソッド名は sm とし、異なった NS 部品を 1 つのメソッドでイベント処理するために引数の型は Any とする。

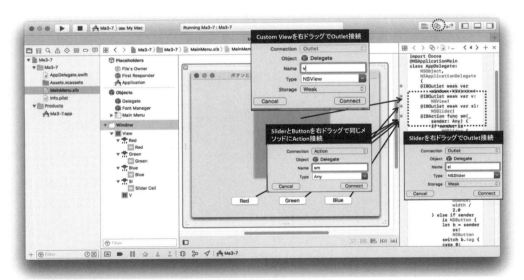

スライダーとボタンが同じメソッドでイベント処理されているか確認するためには、つぎの図のように、◎にマウスカーソルを当てる。インタフェースビルダーのスライダーと 3 つのボタンがハイライト表示になり、接続されていることが確認できる。

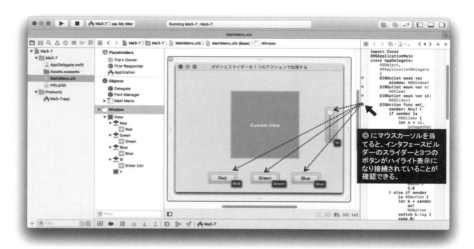

　MacアプリにあるAppDelegate.swiftのデフォルトのスケルトンコードに、つぎのようなコードを追加して、スライダーとボタンのイベント処理を1つのアクションメソッドで行ってみよう。

　まず、アプリの初期設定で、前の例と同様にウィンドウの背景色を白色に設定し、カスタムビューの背景色を赤色に設定し、カスタムビューの幅と高さを200ピクセルに初期設定したので正方形になる。カスタムビューの正方形の面取りの半径を幅の半分に設定したので赤い円となる。

```
@IBOutlet weak var v: NSView!                    ←Outlet接続されたカスタムビューのオブジェクト設定
func applicationDidFinishLaunching(_ aNotification: Notification) {
    window.backgroundColor = NSColor.white       ←ウィンドウ背景色を白色に設定
    v.layer?.backgroundColor = NSColor.red.cgColor  ←カスタムビュー背景色を赤色に設定
    v.setFrameSize(CGSize(width: 200, height: 200)) ←カスタムビューの幅と高さの設定（正方形）
    v.layer?.cornerRadius = v.bounds.width / 2.0 ←面取りの半径を幅の半分に設定（円となる）
}
```

　つぎに、スライダーとボタンのイベント処理として、sm(_ sender: Any)メソッドの引数senderが、**NSSlider**か**NSButton**かを判定し分岐させる。スライダーでのイベント処理であれば、現在のスライダー値 **sl.integerValue** を取得して、カスタムビューの幅と高さに設定している。また、ボタンのイベント処理であれば、ボタンのTag番号で多方向分岐し、円の色を選択している。

```
@IBOutlet weak var v: NSView!                    ←Outlet接続されたカスタムビューのオブジェクト設定
@IBOutlet weak var sl: NSSlider!                 ←Outlet接続されたスライダーのオブジェクト設定
@IBAction func sm(_ sender: Any) {               ←Action接続されたスライダーとボタンのメソッド設定
    if sender is NSSlider {                      ←イベントsenderがスライダーのときの処理
        let n = sl.integerValue                  ←現在のスライダー値の取得
```

```
            v.setFrameSize(CGSize(width: n, height: n))
                              ←カスタムビューの幅と高さをnに設定(正方形)
        v.layer?.cornerRadius = v.bounds.width / 2.0
                              ←面取りの半径を幅の半分に設定(円となる)
    } else if sender is NSButton {      ←イベントsenderがボタンのときの処理
        let b = sender as! NSButton   ←イベントsenderをNSButtonクラスのオブジェクトbと設定
        switch b.tag {      ←NSButtonクラスのオブジェクトbのTag番号を取得し、Tag番号で多方向分岐
        case 0: v.layer?.backgroundColor = NSColor.red.cgColor
                              ←Tag番号0はRedボタンで赤色に設定
        case 1: v.layer?.backgroundColor = NSColor.green.cgColor
                              ←Tag番号1はGreenボタンで緑色に設定
        case 2: v.layer?.backgroundColor = NSColor.blue.cgColor
                              ←Tag番号2はBlueボタンで青色に設定
        default: v.layer?.backgroundColor = NSColor.white.cgColor   ←デフォルトで白色に設定
        }
    }
}
```

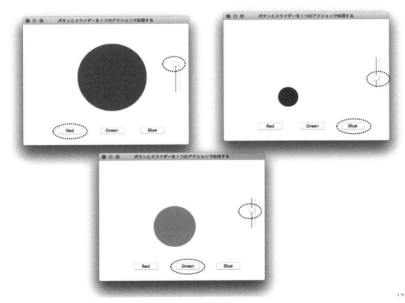

つぎのようにスライダーとボタンのイベント処理として、スライダーを動かすと、円の半径を変え、ボタンをクリックすれば色が変わるようなMacアプリを作成してみよう。

```
// Ma3-7 AppDelegate.swift   スライダーとボタンのイベント処理を1つのメソッドで行う
import Cocoa
```

```
@NSApplicationMain
class AppDelegate: NSObject, NSApplicationDelegate {
    @IBOutlet weak var window: NSWindow!
    @IBOutlet weak var v: NSView!
    @IBOutlet weak var sl: NSSlider!
    @IBAction func sm(_ sender: Any) {
        if sender is NSSlider {
            let n = sl.integerValue
            v.setFrameSize(CGSize(width: n, height: n))
            v.layer?.cornerRadius = v.bounds.width / 2.0
        } else if sender is NSButton {
            let b = sender as! NSButton
            switch b.tag {
            case 0: v.layer?.backgroundColor = NSColor.red.cgColor
            case 1: v.layer?.backgroundColor = NSColor.green.cgColor
            case 2: v.layer?.backgroundColor = NSColor.blue.cgColor
            default: v.layer?.backgroundColor = NSColor.white.cgColor
            }
        }
    }
    func applicationDidFinishLaunching(_ aNotification: Notification) {
        window.backgroundColor = NSColor.white
        v.layer?.backgroundColor = NSColor.red.cgColor
        v.setFrameSize(CGSize(width: 200, height: 200))
        v.layer?.cornerRadius = v.bounds.width / 2.0
    }
    func applicationWillTerminate(_ aNotification: Notification) { }
}
```

練習問題

ここでも、カスタムビューの面取りの半径 v.layer?.cornerRadius を変えて、円ではなく面取りのある正方形に変えたり、色を変えり、円の輪郭を描く Mac アプリを作成してみよう。

3.2.4 スライダーでリサージュ周期を変える

スライダーの使い方は慣れてきたと思われるので、ここでは三角関数を使ってリサージュ図形を描き、スライダーでその周期を変える Mac アプリを作成してみよう。

昔、オシロスコープの理科実験で見たことがあるかもしれないが、リサージュ図形とは x 軸と y 軸にいろいろな周期を持った sin 関数のような単振動を入れることにより、描かれる点の軌跡である。周期

を変えることにより、複雑で綺麗な軌跡が表示できる。

つぎの図のように、アシスタントエディタを使ってインタフェースビルダーでリサージュ図形を描くためのカスタムビューを配置するには Custum View、周期を変えるスライダー用には Horizontal Slider、周期と表示のラベルには Label をそれぞれドラッグ＆ドロップし配置とサイズを調整する。ラベルのタイトルは、「周期」とする。カスタムビューとスライダーの詳細な設定や配置などは、ダウンロード用のサンプルファイルを参照されたい。

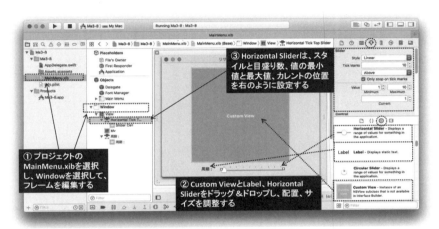

これでカスタムビューとスライダーの準備はできたので、下の図のように、カスタムビューは右ドラッグで Swift コードに Outlet 接続、スライダーも右ドラッグで Swift コードに Action 接続しよう。Outlet 接続された画像ビューのオブジェクト名は mv とし、Action 接続されたスライダーのメソッド名は slider とし、引数の型は NSSlider とする。

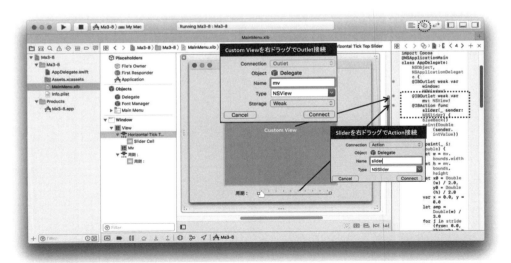

MacアプリにあるAppDelegate.swiftのデフォルトのスケルトンコードに、つぎのようなコードを追加して、スライダーのイベント処理を行ってみよう。ここでは、プログラム番号Ma3-4で作成した青色のグラディエーション背景を描き、スライダー数値で周期が任意に変えられるインタラクティブなリサージュアプリにしている。

スライダーのAction接続されたメソッドslider(_ sender: NSSlider)は、つぎのようにして作成した。**NSSlider**クラスのプロパティ**intValue**を使ってステッパー数値**sender.intValue**をリサージュ図形の周期設定に利用している。スライダーが操作されるとリサージュ図形を計算して描画させている。

```
@IBAction func slider(_ sender: NSSlider) {     ←Action接続されたスライダーのメソッド設定
    blueBack()                                   ←青色のグラディエーション背景を描く
    paint(Double(sender.intValue))               ←ステッパー数値を引数に持つpaintメソッドをコール
}
```

リサージュ描画のためのユーザメソッド描画メソッドpaint(_ i: Double)は、つぎのように**NSView**クラスのサブクラスとして設定したPVクラスを用いてプロットしている。リサージュ図形は、ステッパー数値iを波形x、yの周期として代入している。ステッパーの数値が変わると、リサージュの周期も変わり、複雑な図形が現れる。理科や電気の実験教材アプリに使えそうである。

```
func paint(_ i: Double) {                                    ←描画メソッド定義
    let w = mv.bounds.width                                  ←カスタムビュー領域のピクセル幅を取得
    let h = mv.bounds.height                                 ←カスタムビュー領域のピクセル高を取得
    let x0 = Double(w) / 2.0, y0 = Double(h) / 2.0   ←カスタムビュー領域の中心座標の設定
    var x = 0.0, y = 0.0
    let amp = Double(w) / 3.0                        ←リサージュ図形の振幅をカスタムビューの幅の3分の一とする
    for j in stride(from: 0.0, through: 2 * M_PI, by: M_PI/500.0/Double(i)) {
        x = amp * sin(i * j)                         ←ステッパー数値iを波形xの周期として代入
        y = amp * sin((i + 1) * j)                   ←ステッパー数値iを波形yの周期として代入
        let v = PV(frame: CGRect(x: x0 + x, y: y0 - y, width: 1, height: 1))  ←点の描画
        mv.addSubview(v)                             ←カスタムビューに点をサブビューとして追加する
    }
}
```

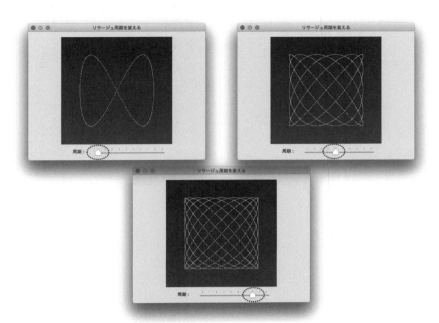

スライダー数値で周期が任意に変えられるリサージュアプリを、つぎのように作成してみよう。

```
// Ma3-8 AppDelegate.swift   スライダーでリサージュ周期を変える
import Cocoa
@NSApplicationMain
class AppDelegate: NSObject, NSApplicationDelegate {
    @IBOutlet weak var window: NSWindow!
    @IBOutlet weak var mv: NSView!
    @IBAction func slider(_ sender: NSSlider) {
        blueBack()
        paint(Double(sender.intValue))
    }
    func paint(_ i: Double) {
        let w = mv.bounds.width
        let h = mv.bounds.height
        let x0 = Double(w) / 2.0, y0 = Double(h) / 2.0
        var x = 0.0, y = 0.0
        let amp = Double(w) / 3.0
        for j in stride(from: 0.0, through: 2 * M_PI, by: M_PI/500.0/Double(i)) {
            x = amp * sin(i * j)
            y = amp * sin((i + 1) * j)
            let v = PV(frame: CGRect(x: x0 + x, y: y0 - y, width: 1, height: 1))
            mv.addSubview(v)
```

```
            }
        }
        func applicationDidFinishLaunching(_ aNotification: Notification) {
            blueBack()
            paint(1.0)
        }
        func applicationWillTerminate(_ aNotification: Notification) { }
        func blueBack() {
            var v : GV
            let w = mv.bounds.width
            let h = mv.bounds.height
            for y in stride(from: CGFloat(0), through: h, by: CGFloat(1))  {
                v = GV(frame: CGRect(x: 0, y: y, width: w, height: y + 1))
                v.b = CGFloat( Double(h - y) / Double(h) )
                mv.addSubview(v)
            }
        }

}
class PV: NSView {
    override func draw(_ r: CGRect) {
        NSColor.yellow.set()
        NSBezierPath(rect: r).fill()
    }
}
class GV: NSView {
    var rr = CGFloat(0.0)
    var g = CGFloat(0.0)
    var b = CGFloat(0.0)
    var a = CGFloat(1.0)
    override func draw(_ r: CGRect) {
        NSColor(red: rr, green: g, blue: b, alpha: a).set()
        NSBezierPath(rect: r).fill()
    }
}
```

練習問題

　ここで、グラディエーション背景色を変えたり、sin関数の代わりにcos関数に変えてリサージュアプリを作成してみよう。また、リサージュ図形以外にも2次関数や3次関数、指数関数などにも挑戦してみよう。ここまでくれば、いろいろなアイデアが膨らむばかりである。

■ **3.2.5 スライダーで棒グラフ表示**

ステッパーで棒グラフを描画させてみよう。これは、電波の受信感度を表すのにバリ3とか表示されている描画を、ここでは棒グラフとして表示してみる。ステッパーの数値を使って電波の受信感度の強さとして棒グラフを上昇させたり、減少させたりしてみよう。

図のように、アシスタントエディタを使ってインタフェースビルダーで棒グラフ用のカスタムビューを配置するにはCustom View、棒グラフの強度調整のスライダーにはHorizontal Slider、「高さ」の表示用ラベルにはLabelをそれぞれドラッグ&ドロップし配置とサイズを調整する。ラベルのタイトルは、「高さ」とした。カスタムビューとスライダーの詳細なタイトル設定や配置などは、ダウンロード用のサンプルファイルを参照されたい。

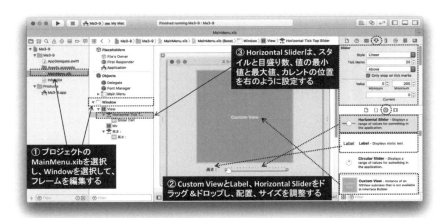

これでカスタムビューとスライダーの準備はできたので、つぎの図のように、カスタムビューは右ドラッグでSwiftコードにOutlet接続、スライダーも右ドラッグでSwiftコードにAction接続しよう。Outlet接続された画像ビューのオブジェクト名は`mv`とし、Action接続されたスライダーのメソッド名は`slider`とし、引数の型は`NSSlider`とする。

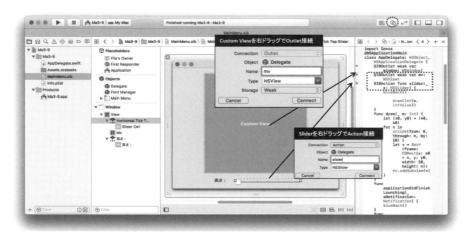

　MacアプリにあるAppDelegate.swiftのデフォルトのスケルトンコードに、つぎのようなコードを追加して、スライダーのイベント処理を行ってみよう。ここでも、プログラム番号Ma3-4で作成した青色のグラディエーション背景を描き、スライダー数値で棒グラフの棒数が任意に変えられるインタラクティブなアプリにしている。

　スライダーのAction接続されたメソッドslider(_ s: NSSlider)は、つぎのようにして作成した。**NSSlider**クラスのプロパティ**intValue**を使ってステッパー数値**s.intValue**を棒グラフの棒数設定に利用している。スライダーが操作されると棒グラフを計算して描画させている。

```
@IBAction func slider(_ s: NSSlider) {      ←Action接続されたスライダーのメソッド設定
    blueBack()                              ←青色のグラディエーション背景を描く
    draw(Int(s.intValue))                   ←ステッパー数値を引数に持つdrawメソッドをコール
}
```

　棒グラフ描画のためのユーザメソッド描画メソッドdraw(_ m: Int)は、つぎのように**NSView**クラスのサブクラスとして設定したBarVクラスを用いてプロットした。ステッパー数値mで繰り返し、どこまで棒グラフを描くかでforループの棒グラフを描かせた。

```
func draw(_ m: Int) {                                          ←描画メソッド定義
    let (x0, y0) = (40, 40)                                    ←棒グラフ描画のための起点座標をタプルで設定
    for n in stride(from: 0, through: m, by: 10) {             ←ステッパー数値mまで棒グラフの描画を繰り返す
        let v = BarV(frame: CGRect(x: x0 + n, y: y0, width: 10, height: n))  ←バーの描画
        mv.addSubview(v)                                       ←カスタムビューに点をサブビューとして追加する
    }
}
```

3.2 スライダー表示

ステッパー数値で棒グラフが増減するようなアプリを、つぎのように作成してみよう。

```swift
// Ma3-9 AppDelegate.swift   スライダーで棒グラフ表示
import Cocoa
@NSApplicationMain
class AppDelegate: NSObject, NSApplicationDelegate {
    @IBOutlet weak var window: NSWindow!
    @IBOutlet weak var mv: NSView!
    @IBAction func slider(_ s: NSSlider) {
        blueBack()
        draw(Int(s.intValue))
    }
    func draw(_ m: Int) {
        let (x0, y0) = (40, 40)
        for n in stride(from: 0, through: m, by: 10) {
            let v = BarV(frame: CGRect(x: x0 + n, y: y0, width: 10, height: n))
            mv.addSubview(v)
        }
    }
    func applicationDidFinishLaunching(_ aNotification: Notification) {
        blueBack()
    }
    func applicationWillTerminate(_ aNotification: Notification) { }
    func blueBack() {
        var v : GV
        let w = mv.bounds.width
        let h = mv.bounds.height
        for y in stride(from: CGFloat(0), through: h, by: CGFloat(1)) {
            v = GV(frame: CGRect(x: 0, y: y, width: w, height: y + 1))
```

```
                v.b = CGFloat( Double(h - y) / Double(h) )
                mv.addSubview(v)
            }
        }
    }
}
class BarV: NSView {
    override func draw(_ r: CGRect) {
        NSColor.yellow.set()
        NSBezierPath(rect: r).fill()
        NSColor.blue.set()
        NSBezierPath(rect: r).stroke()
    }
}
class GV: NSView {
    var rr = CGFloat(0.0)
    var g = CGFloat(0.0)
    var b = CGFloat(0.0)
    var a = CGFloat(1.0)
    override func draw(_ r: CGRect) {
        NSColor(red: rr, green: g, blue: b, alpha: a).set()
        NSBezierPath(rect: r).fill()
    }
}
```

練習問題

ステッパー数値で表示させる棒グラフの色や透明度、表示位置を変えたりして、Mac アプリを作成してみよう。

■3.2.6　垂直スライダーで RGB カラー合成

いろいろな色合成で、ユーザの欲しい色を決定するためのツールとして垂直スライダーを利用して、RGB カラーバーを作成する。3 つのスライダーを調整することにより、RGB 値をテキスト行に表示し、Color Well の色を逐次変化させるようにしてみよう。

つぎの図のように、アシスタントエディタを使ってインタフェースビルダーで色を表示させるカラーウェルには Color Well、RGB カラーバー操作用には Slider、RGB 値をテキスト行に表示するには Text Field、RGB カラーバー説明用には Label をそれぞれドラッグ＆ドロップし配置とサイズを調整する。ラベルのタイトルは、R、G、B とする。カラーウェルとスライダーの詳細なタイトル設定や配置などは、ダウンロード用のサンプルファイルを参照されたい。

3.2 スライダー表示

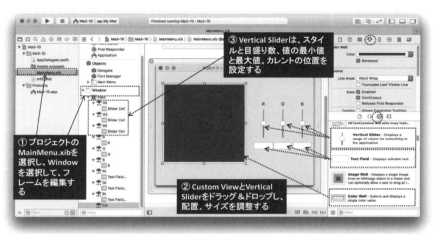

 これでカラーウェルとスライダー、テキスト行の準備はできたので、下の図のように、カラーウェル、スライダー、テキスト行は右ドラッグでSwiftコードにOutlet接続、また再度スライダーを右ドラッグでSwiftコードにAction接続しよう。Outlet接続されたカラーウェルとスライダー、テキスト行のオブジェクト名はcw、rS、gS、bS、rt、gt、btとし、Action接続されたボタンのメソッド名はrs、gs、bsとし、引数の型はNSSliderとする。

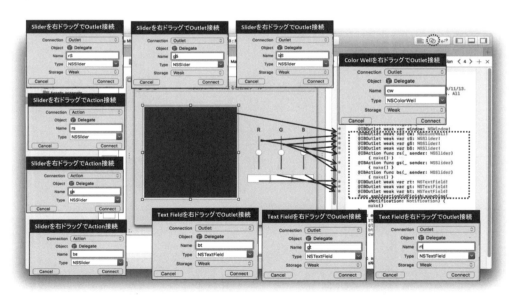

 Macアプリにある`AppDelegate.swift`のデフォルトのスケルトンコードに、つぎのようなコードを追加して、3つのスライダーのイベント処理を行ってみよう。
 3つのRGBスライダーのアクション処理は、つぎのような`rs(_ sender: NSSlider)`、`gs(_`

sender: NSSlider)、bs(_ sender: NSSlider) メソッドで行う。これらのアクションメソッドは、すべて色の再描画用の make メソッドをコールしている。

```
    @IBAction func rs(_ sender: NSSlider) { make() }   ←Action接続されたRスライダーのメソッド設定
    @IBAction func gs(_ sender: NSSlider) { make() }   ←Action接続されたGスライダーのメソッド設定
    @IBAction func bs(_ sender: NSSlider) { make() }   ←Action接続されたBスライダーのメソッド設定
```

この make メソッドは、つぎのようにスライダー数値を読み取り、テキスト行にそのスライダー数値を表示する。**NSColorWell** クラスのプロパティ **color** を使って、**NSColor** クラスでカラーウェルにその RGB 色設定を行っている。

```
    @IBOutlet weak var cw: NSColorWell!            ←Outlet接続されたカラーウェルのオブジェクト設定
    func make() {                                  ←再描画による設定
        rt.stringValue = String(rS.floatValue)     ←Rテキスト行にRスクロール値の代入
        gt.stringValue = String(gS.floatValue)     ←Gテキスト行にGスクロール値の代入
        bt.stringValue = String(bS.floatValue)     ←Bテキスト行にBスクロール値の代入
        cw.color = NSColor(red: CGFloat(rS.floatValue), green: CGFloat(gS.floatValue),
blue: CGFloat(bS.floatValue), alpha: CGFloat(1.0))  ←カラーウェルへのスクロール値による色設定
    }
```

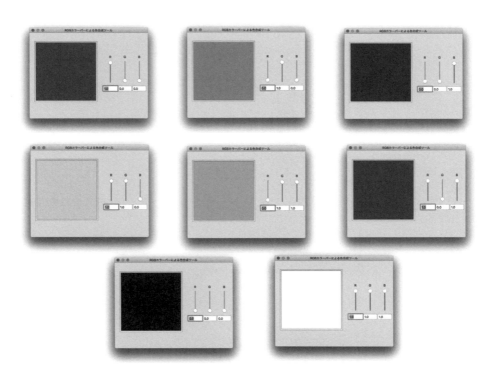

色を決定するためのツールとして RGB カラーバーを調整し、カラーウェル色を逐次変化させるようにプログラムを作成してみよう。

```swift
// Ma3-10 AppDelegate.swift   垂直スライダーでRGBカラー合成
import Cocoa
@NSApplicationMain
class AppDelegate: NSObject, NSApplicationDelegate {
    @IBOutlet weak var window: NSWindow!
    @IBOutlet weak var cw: NSColorWell!
    @IBOutlet weak var rS: NSSlider!
    @IBOutlet weak var gS: NSSlider!
    @IBOutlet weak var bS: NSSlider!
    @IBAction func rs(_ sender: NSSlider) { make() }
    @IBAction func gs(_ sender: NSSlider) { make() }
    @IBAction func bs(_ sender: NSSlider) { make() }
    @IBOutlet weak var rt: NSTextField!
    @IBOutlet weak var gt: NSTextField!
    @IBOutlet weak var bt: NSTextField!
    func applicationDidFinishLaunching(_ aNotification: Notification) {
        make()
    }
    func make() {
        rt.stringValue = String(rS.floatValue)
        gt.stringValue = String(gS.floatValue)
        bt.stringValue = String(bS.floatValue)
        cw.color = NSColor(red: CGFloat(rS.floatValue), green: CGFloat(gS.floatValue),
            blue: CGFloat(bS.floatValue), alpha: CGFloat(1.0))
    }
    func applicationWillTerminate(_ aNotification: Notification) { }
}
```

練習問題

透明度 A も追加して、カラーウェルの色がどのように変わるか調べる Mac アプリを作成してみよう。

第4章
オーディオ、マップ、Web ブラウザの Mac アプリ作成

この章では、オーディオを再生できるアプリを作成してみよう。そのためには、オーディオを管理する **AVFoundation フレームワーク**が必要となる。オーディオ再生アプリ、英語によるプレゼンテーションのサウンド付き練習用アプリを作成する。

また、マップのある Mac アプリとして、**MapKit フレームワーク**について説明する。マップの表示アプリ、標準・衛星の表示切り替えアプリを作成する。さらに、Web ブラウザのある Mac アプリとして、**WebKit フレームワーク**について説明する。Web ブラウザ表示アプリ、ボタンによる Web ビューのクイックアクセスアプリ、URL テキスト入力による Web アクセスアプリを作成する。Web サイトの内容は HTML テキストで記述されており、ローカルで記述した HTML テキストを読み込める HTML ビューアプリも作成する。

最後に、ネットワーク検索アプリとして、文字列検索ロボットアプリ、カーリルによる図書館の蔵書検索アプリ、Wiki による用語検索アプリも作成する。

4.1 オーディオプレーヤー

■4.1.1 AVAudioPlayer クラスによるオーディオ再生

オーディオを再生する最も簡単なオーディオ Mac アプリを作成してみよう。

オーディオやビデオを管理する **AVFoundation フレームワーク**が必要となる。このフレームワークの詳細は、以下を参照されたい。

https://developer.apple.com/reference/avfoundation/avaudioplayer

オーディオを再生するには、つぎのように AVFoundation フレームワークをインポートする。

```
import AVFoundation
```

このフレームワークには、オーディオ再生の **AVAudioPlayer** クラス、オーディオ録音の **AVAudioRecorder** クラスがある。ここでは、オーディオ再生について説明する。

ファイルやメモリからオーディオデータを取り出して再生するオーディオプレーヤーを作成するには、AVAudioPlayer クラスを利用する。

※クラス、プロトコルの構文説明で使われている▲などの記号については、巻頭を参照されたい。イニシャライザー、メソッド、プロパティなどを一目瞭然で分かるようにした。

AVAudioPlayer クラス (← NSObject + *CVarArg, Equatable, Hashable*)

▲ **init**(contentsOf: URL, fileTypeHint: String?)
指定オーディオファイル URL とファイル形式ヒントでオーディオプレーヤーを初期化する。

▽ func **play**()
音を非同期（再生が終わらなくても制御は戻るのでつぎの動作が可能）で再生する。

▽ func **pause**()
音の再生を一時停止させる。

▽ func **stop**()
音の再生を中止し、再生のための設定を取り消す。

○ var **isPlaying**: Bool
読み込み専用で、true なら再生中で false なら再生中でないことを示す。

○ var **volume**: Float
再生音量を線形スケールで 0.0 から 1.0 の範囲で設定する。

○ var **pan**: Float
ステレオ音源で耳を向ける方向を左のみ（−1.0）から中央（0.0）、右のみ（1.0）で指定する。

○ var **rate**: Float
再生速度（たとえば、1.0 で普通、0.5 で半速、2.0 で倍速）を指定する。

○ var **enableRate**: Bool
true であれば再生速度を変更可能、false で不可となる。

○ var **numberOfLoops**: Int
デフォルトの 0 は 1 回再生、1 は 2 回再生、ループ再生には負の整数を指定する。

○ var **delegate**: AVAudioPlayerDelegate?

デリゲートを設定する。
- var **duration**: TimeInterval
  読み込み専用で、サウンドの全長さを秒単位で取得する。
- var **currentTime**: TimeInterval
  音のタイムラインの再生位置を秒単位で指定する
- var **url**: URL?
  読み込み専用で、オーディオプレーヤーに関連したサウンドの URL を取得する。
- var **data**: Data?
  読み込み専用で、サウンドに含まれるデータオブジェクトを取得する。

アプリで利用できるコードやリソースの場所は、つぎのように **Bundle** クラスのプロパティ **main** を使って、**Bundle.main** としてアプリのメインバンドルを取得する。**Bundle.main** の型は **Bundle** クラスのメソッド **url(forResource: String?, withExtension: String?)** によって、forResource で指定されたファイル名と withExtension の拡張子で特定されたリソースのファイル URL を取得できる。

```
let fu = Bundle.main.url(forResource: "P01", withExtension: "wav")!
                                        ←P01.wavのファイルURL取得
```

再生したいサウンドファイルの URL が取得できたので、つぎのようにオーディオプレーヤーである **AVAudioPlayer** クラスのイニシャライザー **init(contentsOf: URL, fileTypeHint: String?)** に引き渡す。

```
var ap = AVAudioPlayer()
do {
    ap = try AVAudioPlayer(contentsOf: fu, fileTypeHint: nil)
} catch _ as NSError? { }
```

AVAudioPlayer インスタンス ap が取得できたので、つぎのように再生や一時停止などのメソッド、プロパティを使う。

```
ap.play()                    ←サウンドの再生
ap.pause()                   ←サウンドの一時停止
ap.numberOfLoops = -1        ←負の整数を指定するとループ再生
```

たとえば、つぎのように設定する。

```
ap.volume = 0.5              ←サウンドの音量設定(0.0～1.0)
ap.currentTime = 0           ←サウンドの再生位置を最初に設定している
ap.play()                    ←サウンドの再生となる
```

単純なオーディオ再生なのでフレーム内に何も表示しなくてもよいが、説明のためテキストを表示する。図のように、アシスタントエディタを使ってインタフェースビルダーで Label をドラッグ＆ドロップし配置とサイズを調整する。また、オーディオファイルは画像と同じ手順で入れておく。ラベルのタイトルの詳細なタイトル設定や配置などは、ダウンロード用のサンプルファイルを参照されたい。

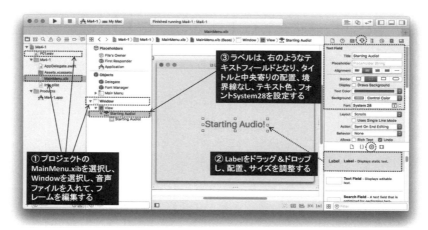

AVAudioPlayer クラスによるサウンド再生を行う Mac アプリを、つぎのようにプログラムしてみよう。

```
// Ma4-1 AppDelegate.swift   はじめてのオーディオアプリ
import Cocoa
import AVFoundation
@NSApplicationMain
class AppDelegate: NSObject, NSApplicationDelegate {
    @IBOutlet weak var window: NSWindow!
    var ap = AVAudioPlayer()
    func applicationDidFinishLaunching(_ aNotification: Notification) {
        let fu = Bundle.main.url(forResource: "P01", withExtension: "wav")!
        do {
            ap = try AVAudioPlayer(contentsOf: fu, fileTypeHint: nil)
        } catch _ as NSError? { }
        ap.volume = 0.5
        ap.currentTime = 0
        ap.play()
    }
    func applicationWillTerminate(_ aNotification: Notification) {}
}
```

練習問題

オーディオの再生開始位置を変えたり、再生ボタンを追加し、ボタンをクリックすればオーディオが再生するように Mac アプリを作成してみよう。

■4.1.2　サウンド付き英語プレゼン学習アプリ

Ma4-1 のアプリでは、単純なサウンド再生を行った。ここでは、英語のプレゼンテーション用の練習アプリに改良する。プレゼン画面を提示し、プレゼン音声をボタンで再生・停止し、プレゼン原稿の表示・非表示を行う。

つぎの図のように、アシスタントエディタを使ってインタフェースビルダーでプレゼン画面を表示させるには Image View、プレゼン原稿の表示用には WebKit View、サウンド再生・停止ボタンやプレゼン原稿の表示・非表示ボタンには Push Button をそれぞれドラッグ＆ドロップし配置とサイズを調整する。ボタンの詳細なタイトル設定や配置などは、ダウンロード用のサンプルファイルを参照されたい。

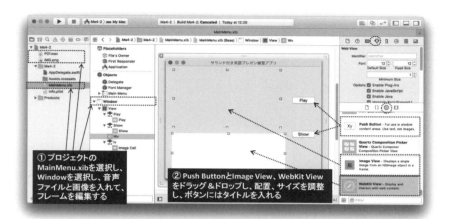

これで画像ビューと Web ビュー、ボタンの準備はできたので、下の図のように、画像ビューと Web ビューは右ドラッグでSwiftコードにOutlet接続、また2つのボタンをそれぞれ右ドラッグでSwiftコードに Action 接続しよう。Outlet 接続された画像ビューと Web ビューは iv、wv とし、Action 接続されたボタンのメソッド名は play、show とし、引数の型は両方とも NSButton とする。

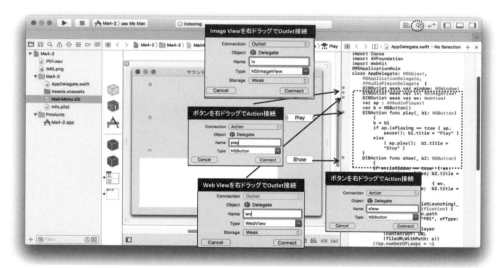

Mac アプリにある AppDelegate.swift のデフォルトのスケルトンコードに、つぎのようなコードを追加して、2つのボタンのイベント処理を行ってみよう。

アプリで利用できるコードやリソースの場所は、つぎのように **Bundle** クラスのプロパティ **main** を使って、**Bundle.main** としてアプリのメインバンドルを取得する。**Bundle.main** の型は **Bundle** クラスのメソッド **path(forResource**: **String?**, **ofType: String?)** を使って、forResource で指

定されたファイル名と ofType で拡張子で特定されたリソースのフルのパス名を取得する。

```
let s = Bundle.main.path(forResource: "P01", ofType: "wav")!   ←リソースのフルパス名取得
```

再生したいリソースのサウンドファイルのフルパス名 s が取得できたので、これを **URL(fileURLWithPath: s)** で URL 形式に変換し、オーディオプレーヤーである **AVAudioPlayer** クラスのイニシャライザー **init(contentsOf: URL)** に引き渡す。

```
@IBOutlet weak var iv: NSImageView!          ←Outlet接続された画像ビューのオブジェクト設定
@IBOutlet weak var wv: WebView!              ←Outlet接続されたWebビューのオブジェクト設定
var ap : AVAudioPlayer!                      ←オーディオプレーヤーのオブジェクトap設定
var b = NSButton()                           ←サウンド再生・停止ボタンのオブジェクトb設定
func applicationDidFinishLaunching(_ aNotification: Notification) {
    ap = try? AVAudioPlayer(contentsOf: URL(fileURLWithPath: s))
                                             ←パスでオーディオプレーヤー取得
    ap.delegate = self                       ←オーディオプレーヤーのデリゲート設定
    iv.image = NSImage(named: "IMG.png")     ←画像ビューに画像設定
    let ht = "<b>Matter consists of atoms.<br>An atom consists of a nucleus and
        electrons.<br>The nucleus consists of protons and neutrons.
        <br>Lithium has three electrons."    ←Webビュー用HTMLテキスト設定
    wv.mainFrame.loadHTMLString(ht, baseURL: nil)  ←WebビューにHTMLテキストをロードする
    wv.isHidden = true                       ←Webビューの非表示設定
}
```

ボタンのイベント処理では、つぎのようにオーディオプレーヤーの一時停止・再生、Web ビューの表示・非表示、ボタンのタイトル変更を if 構文で真偽判定する。

```
@IBAction func play(_ b1: NSButton) {        ←Action接続された再生ボタンのメソッド設定
    b = b1                                   ←このボタンオブジェクトはデリゲート設定で使用する
    if ap.isPlaying == true { ap.pause(); b1.title = "Play" }
    else                    { ap.play();  b1.title = "Stop" }
}
@IBAction func show(_ b2: NSButton) {        ←Action接続された表示ボタンのメソッド設定
    if wv.isHidden == true  { wv.isHidden = false; b2.title = "Hide" }
    else                    { wv.isHidden = true;  b2.title = "Show" }
}
```

AVAudioPlayer クラスでは、つぎの **AVAudioPlayerDelegate** プロトコルを使うと、デリゲート設定ができる。サウンド再生終了時に呼ばれたり、再生エラーが出ると呼ばれたりするデリゲートメ

ソッドがある。このデリゲート処理を実装すれば、サウンド再生終了時に行わせたい後処理などを設定できる。

AVAudioPlayerDelegate プロトコル（← NSObjectProtocol）

- **audioPlayerDidFinishPlaying**(AVAudioPlayer, **successfully**: Bool)
  音楽が再生し終わると呼ばれ、成功なら successfully は true、失敗なら false となる。
- **audioPlayerDecodeErrorDidOccur**(AVAudioPlayer, **error**: Error?)
  音楽が再生中にデコードエラー error が発生すると呼ばれる。

ここでは、デリゲート処理を実装する。つぎのようにサウンド再生終了時に、後処理設定としてボタンのタイトルを Play の表示に戻している。

```
func audioPlayerDidFinishPlaying(_ player: AVAudioPlayer, successfully flag: Bool) {
    b.title = "Play"
}
```

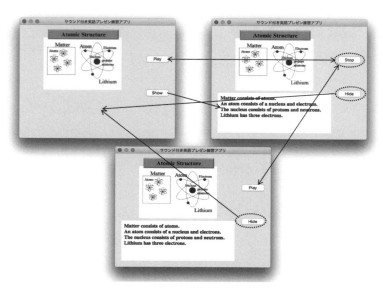

AVAudioPlayer クラスと **AVAudioPlayerDelegate** プロトコルによるサウンド再生付き英語でプレゼンテーションを練習する Mac アプリをプログラムしてみよう。画像ビューを見ながら英語でプレゼンの練習をし、Play ボタンをクリックすると英語の模範音声が流れ、Stop ボタンで一時停止できる。プレゼン原稿は Show ボタンで表示され、Hide ボタンで非表示にできる。

```swift
// Ma4-2 AppDelegate.swift   サウンド再生付き英語でプレゼンテーションを練習するアプリ
import Cocoa
import AVFoundation
import WebKit
@NSApplicationMain
class AppDelegate: NSObject, NSApplicationDelegate, AVAudioPlayerDelegate {
    @IBOutlet weak var window: NSWindow!
    @IBOutlet weak var iv: NSImageView!
    @IBOutlet weak var wv: WebView!
    var ap : AVAudioPlayer!
    var b = NSButton()
    @IBAction func play(_ b1: NSButton) {
        b = b1
        if ap.isPlaying == true { ap.pause(); b1.title = "Play" }
        else                    { ap.play();  b1.title = "Stop" }
    }
    @IBAction func show(_ b2: NSButton) {
        if wv.isHidden == true { wv.isHidden = false; b2.title = "Hide" }
        else                   { wv.isHidden = true;  b2.title = "Show" }
    }
    func applicationDidFinishLaunching(_ aNotification: Notification) {
        let s = Bundle.main.path(forResource: "P01", ofType: "wav")!
        ap = try? AVAudioPlayer(contentsOf: URL(fileURLWithPath: s))
        ap.delegate = self
        iv.image = NSImage(named: "IMG.png")
        let ht = "<b>Matter consists of atoms.<br>An atom consists of a nucleus and
            electrons.<br>The nucleus consists of protons and neutrons.<br>Lithium has
            three electrons."
        wv.mainFrame.loadHTMLString(ht, baseURL: nil)
        wv.isHidden = true
    }
    func audioPlayerDidFinishPlaying(_ player: AVAudioPlayer, successfully flag: Bool) {
        b.title = "Play"
    }
    func audioPlayerDecodeErrorDidOccur(_ player: AVAudioPlayer, error: Error?) {
        print("Error")
    }
    func applicationWillTerminate(_ aNotification: Notification) { }
}
```

練習問題

プレゼンテーションを練習する Mac アプリとして、Next ボタンを追加して、複数枚のプレゼン資料にする Mac アプリを作成してみよう。

4.2 マップのある Mac アプリ

■ 4.2.1 はじめてのマップの表示

マップを表示する簡単な Mac アプリを作成してみよう。マップを表示するためには、まず、つぎのように MapKit フレームワークをインポートする必要がある。そのライブラリにある MKMapView クラスがすべて行ってくれるので、簡単にマップを表示できる。

```
import MapKit
```

この MapKit フレームワークの詳細は、次を参照されたい。
　　https://developer.apple.com/reference/mapkit
この MapKit フレームワークには、つぎのようなマップ関連のクラスがある。

MapKit フレームワーク
　MKMapView　　　　　　　　マップビューを表示するクラス
　MKAnnotationView　　　　マップビューに注釈を表示するクラス
　MKPinAnnotationView　　マップビューにピンアイコンを表示するクラス
　MKOverlayView　　　　　　オーバーレイビューの基本動作に関するクラス
　MKOverlayPathView, **MKCircleView**, **MKPolylineView**　　サブクラス

マップビューを表示する MKMapView クラスは、NSView のサブクラスになっていて、主につぎのようなプロパティやメソッドで構成されている。

MKMapView クラス（← NSView + `CVarArg, Equatable, Hashable` など）

- ○ var **camera**: MKMapCamera
  地図表示を決めるためのカメラを設定・取得する。
- ▽ func **setRegion**(MKCoordinateRegion, animated: Bool)
  animated が true ならアニメーション付きで、現在の視野領域を変える。
- ○ var **centerCoordinate**: CLLocationCoordinate2D
  マップビュー中心のマップ座標を設定・取得する。
- ▽ func **addAnnotation**(MKAnnotation)
  マップビューに指定された注釈を追加する。
- ▽ func **removeAnnotation**(MKAnnotation)
  マップビューから指定された注釈を削除する。

- var **showsBuildings**: Bool
  trueなら、3次元的に建物情報を表示する。
- var **region**: MKCoordinateRegion
  マップビューで表示される領域をMKCoordinateRegion構造体で設定する。
- var **mapType**: MKMapType
  マップの表示タイプをMKMapType列挙型で指定する。

図のように、アシスタントエディタを使ってインタフェースビルダーでマップを表示させるマップビューはMapKit Map Viewをドラッグ＆ドロップし配置とサイズを調整する。マップビューは、属性インスペクタでタイプやマップ操作の許可項目、マップ表示項目を指定できる。ユーザの場所も取得表示できる。マップビューの詳細なタイトル設定や配置などは、ダウンロード用のサンプルファイルを参照されたい。

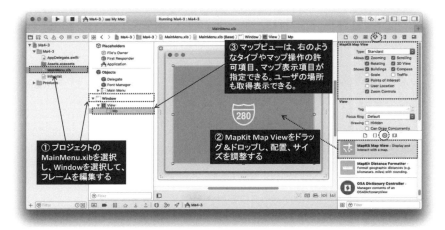

これでマップビューの準備はできたので、つぎの図のように、マップビューを右ドラッグでSwiftコードにOutlet接続する。マップビューのオブジェクト名はmpとする。

第4章 オーディオ、マップ、Web ブラウザの Mac アプリ作成

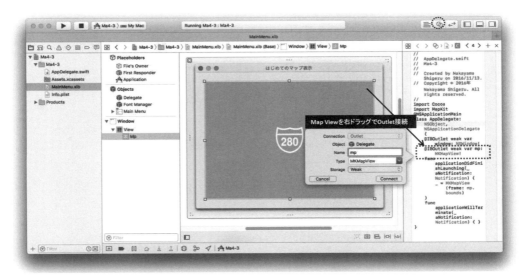

　Mac アプリにある `AppDelegate.swift` のデフォルトのスケルトンコードに、つぎのようなコードを追加して、マップビューにマップを表示してみよう。

　MKMapView クラスのスーパークラスである **NSView** のイニシャライザー **init(frame: NSRect)** を使って、引数で指定された長方形領域にマップビューオブジェクトを初期化して、マップを表示する。ここでは、戻り値は何も利用していないので、アンダーバーに代入した形になっている。

```
@IBOutlet weak var mp: MKMapView!        ←Outlet接続されたマップビューのオブジェクト設定
_ = MKMapView(frame: mp.bounds)          ←マップビューをフレームに表示する
```

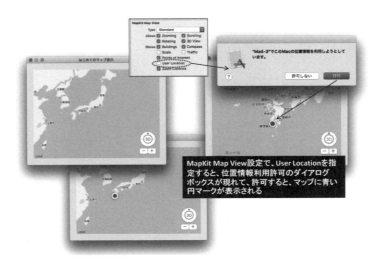

MapKit Map View設定で、User Locationを指定すると、位置情報利用許可のダイアログボックスが現れて、許可すると、マップに青い円マークが表示される

マップ表示として、つぎのように MapKit をインポートして **MKMapView** クラスでマップを表示するアプリを作成してみよう。ここで、MapKit Map View の属性インスペクタ設定で、User Location を指定すると、位置情報利用許可のダイアログボックスが現れる。許可すると、マップに現在位置を示す青い円マークが表示される。マップ表示中にコンソール出力にメッセージが表示されることがあるが、ネット上でも指摘されているバグと思われる。

```
// Ma4-3 AppDelegate.swift   はじめてのマップ表示
import Cocoa
import MapKit
@NSApplicationMain
class AppDelegate: NSObject, NSApplicationDelegate {
    @IBOutlet weak var window: NSWindow!
    @IBOutlet weak var mp: MKMapView!
    func applicationDidFinishLaunching(_ aNotification: Notification) {
        _ = MKMapView(frame: mp.bounds)
    }
    func applicationWillTerminate(_ aNotification: Notification) { }
}
```

練習問題

MapKit Map View の属性インスペクタ設定で User Location を指定して、マップに現在位置を示す青い円マークを表示する Mac アプリを作成してみよう。

4.2.2 マップの標準・衛星の表示切り替えアプリ

ボタンをクリックして標準表示のマップを衛星写真表示に切り替えるアプリを作成してみよう。

つぎの図のように、アシスタントエディタを使ってインタフェースビルダーでマップを表示させるマップビューは MapKit Map View、標準・衛星の表示切り替えボタンは Push Button をドラッグ&ドロップし配置とサイズを調整する。ボタンの詳細なタイトル設定や配置などは、ダウンロード用のサンプルファイルを参照されたい。

第 4 章 オーディオ、マップ、Web ブラウザの Mac アプリ作成

　これでマップビューとボタンの準備はできたので、下の図のように、マップビューは右ドラッグで Swift コードに Outlet 接続、またボタンは右ドラッグで Swift コードに Action 接続しよう。Outlet 接続されたマップビューは mp とし、Action 接続されたボタンのメソッド名は bt、引数の型は NSButton とする。

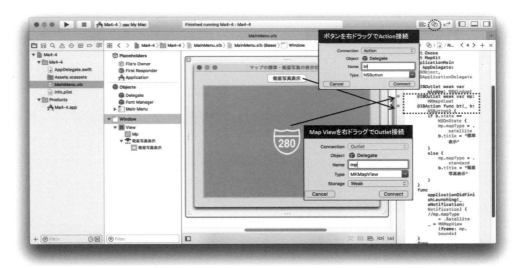

　標準表示のマップを衛星写真表示に切り替えるには、マップビューで表示されるタイプとして **MKMapType** 列挙型があり、**mapType** プロパティで指定できる。

MKMapType 列挙型
- **standard**　　道路や道路名、建物など表示される（デフォルト）。
- **satellite**　　衛星写真が表示される。

hybrid	道路などと衛星写真との混合表示となる。
satelliteFlyover	利用可能ならフライオーバーで衛星写真が表示される。
hybridFlyover	利用可能ならフライオーバーで道路などと衛星写真が表示される。

マップビューのオブジェクトmpを使って、**MKMapView**クラスのプロパティ**mapType**でmp.mapTypeとして、マップタイプを**MKMapType**列挙型で指定する。

```
@IBOutlet weak var mp: MKMapView!         ←Outlet接続されたマップビューのオブジェクト設定
mp.mapType = .standard      ←マップ表示タイプをMKMapType列挙型で標準表示（デフォルト）に指定
mp.mapType = .satellite     ←マップ表示タイプをMKMapType列挙型で衛星表示に指定
```

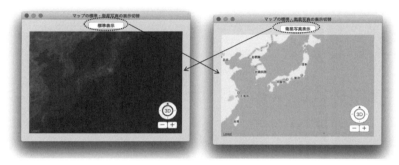

ボタンのイベント処理は従来通りに行い、つぎのようにマップの標準・衛星表示を切り替えるMacアプリを作成してみよう。

```swift
// Ma4-4 AppDelegate.swift  マップの標準・衛星の表示切り替えアプリ
import Cocoa
import MapKit
@NSApplicationMain
class AppDelegate: NSObject, NSApplicationDelegate {
    @IBOutlet weak var window: NSWindow!
    @IBOutlet weak var mp: MKMapView!
    @IBAction func bt(_ b: NSButton) {
        if b.state == NSOnState {
            mp.mapType = .satellite
            b.title = "標準表示"
        }
        else {
            mp.mapType = .standard
            b.title = "衛星写真表示"
        }
    }
}
```

```
    func applicationDidFinishLaunching(_ aNotification: Notification) {
      _ = MKMapView(frame: mp.bounds)
    }
    func applicationWillTerminate(_ aNotification: Notification) { }
}
```

練習問題

http://www.motohasi.net/GPS/ShowGoogleMap.php をチェックすると、表示したい別な緯度・経度の設定、領域の範囲を大きくしたり、小さくして表示させることができる。さらに、Hybrid 表示を行う Mac アプリを作成してみよう。

4.3 Web ブラウザのある Mac アプリ

4.3.1　はじめての Web ブラウザ

Web ブラウザとして Apple のホームページを表示する Web アプリを作成してみよう。インターネット通信アプリでは、セキュリティを向上させ、個人情報を保護するために **ATS（App Transport Security）** を使うことが推奨されている。今後は、HTTP 通信ではなく暗号化された HTTPS 通信で行うことが義務化されていく。これは、HTTPS 通信に対応した SSL（Secure Sockets Layer）証明書を取得した Web サーバとしか通信できないことになる。

図のように、アシスタントエディタを使ってインタフェースビルダーで Web ビューを表示させるには WebKit View をドラッグ＆ドロップし配置とサイズを調整する。Web ビューの詳細な設定や配置などは、ダウンロード用のサンプルファイルを参照されたい。

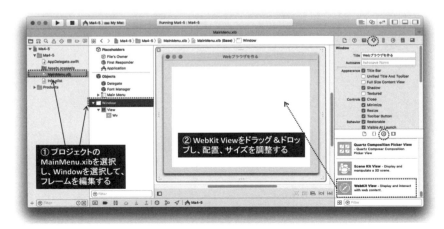

これで Web ビューの準備はできたので、下の図のように、Web ビューを右ドラッグで Swift コードに Outlet 接続しよう。Outlet 接続された Web ビューのオブジェクト名は wb とする。

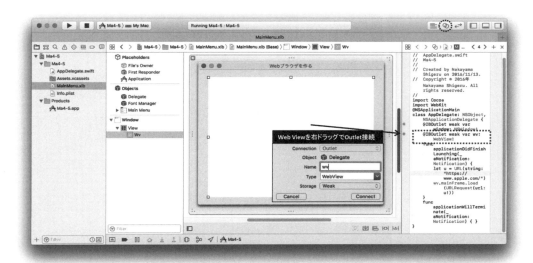

Mac アプリにある `AppDelegate.swift` のデフォルトのスケルトンコードに、つぎのようなコードを追加して、Web ビューで Apple のホームページを表示してみよう。

WebView クラスのオブジェクト wv のプロパティ **mainFrame** を用いて wv.mainFrame とすると、そのデータ型が **WebFrame** となる。Apple のホームページの IP アドレスの文字列から、URL クラスのイニシャライザーを使って HTTPS 通信を行う。**URL(string: "https://www.apple.com/")** とすれば、そのオブジェクトを取得できる。URL オブジェクト u を使って **WebFrame** クラスのメソッド **load(URLRequest(url: u!))** を呼び出せば、指定 URL への接続が行われて、Web ビューに指定したホームページが表示される。

```
@IBOutlet weak var wv: WebView!          ←Outlet接続されたWebビューのオブジェクト設定
let u = URL(string: "https://www.apple.com/")
                                         ←指定HTTPの文字列からURLクラスのオブジェクト取得
wv.mainFrame.load(URLRequest(url: u!))
                                         ←指定URLオブジェクトでWebビューにホームページに表示する
```

第4章 オーディオ、マップ、Webブラウザの Mac アプリ作成

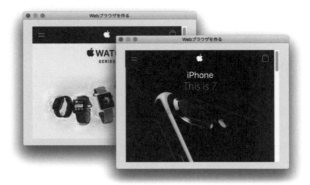

はじめての Web ブラウザとして、つぎのように Apple のホームページを表示させるプログラムを作成してみよう。

```
//   Ma4-5 AppDelegate.swift   はじめてのWebブラウザを作る
import Cocoa
import WebKit
@NSApplicationMain
class AppDelegate: NSObject, NSApplicationDelegate {
    @IBOutlet weak var window: NSWindow!
    @IBOutlet weak var wv: WebView!
    func applicationDidFinishLaunching(_ aNotification: Notification) {
        let u = URL(string: "https://www.apple.com/")
        wv.mainFrame.load(URLRequest(url: u!))
    }
    func applicationWillTerminate(_ aNotification: Notification) { }
}
```

練習問題

指定 HTTP のアドレスを変えて、Web ビューに別なホームページに表示する Mac アプリを作成してみよう。ネットワークのセキュリティ上、HTTP 通信（http://…）ではなく、HTTPS 通信（https://…）にしないとアクセスできないときがある。

■4.3.2　ボタンによる Web ビューのクイックアクセス

ここでは、複数のボタンを準備し、それらをクリックして Google や Amazon などの特定のホームページにアクセスできるような Mac アプリを作成してみよう。

つぎの図のように、アシスタントエディタを使ってインタフェースビルダーで Web ビューを表示させるには WebKit View、ボタンを表示させるには Push Button をドラッグ＆ドロップし配置とサイズを

調整する。ボタンの詳細なタイトル設定や配置などは、ダウンロード用のサンプルファイルを参照されたい。

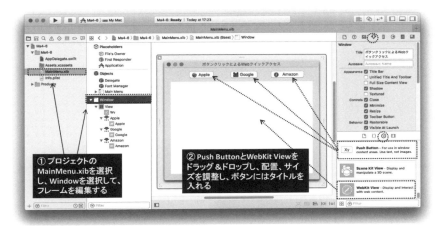

これでWebビューと3つのボタンの準備はできたので、下の図のように、Webビューを右ドラッグでSwiftコードにOutlet接続しよう。また、3つのボタンを右ドラッグでSwiftコードにAction接続しよう。Outlet接続されたWebビューのオブジェクト名はwbとする。Action接続された3つのボタンのメソッド名はap、go、azとし、引数の型は3つともAnyとする。

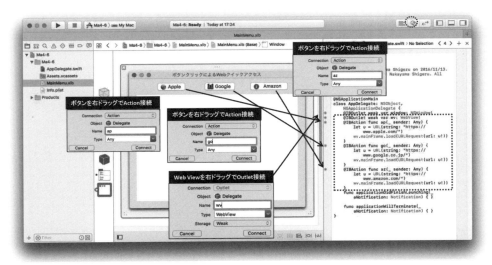

MacアプリにあるAppDelegate.swiftのデフォルトのスケルトンコードに、つぎのようなコードを追加して、3つのボタン操作でWebビューにApple、Google、Amazonのホームページを表示してみよう。

たとえば、Googleボタンをクリックすればつぎのようなメソッドをコールするようにするこ

のメソッドの内容は先のプログラムと同じで、URL(string: "IP アドレス") として URL オブジェクトを取得する。この URL オブジェクトを使って、**WebView** クラスのオブジェクト wv のプロパティ **mainFrame** を用いて、**wv.mainFrame.load(URLRequest(url: u!))** とすると、指定 URL への接続が行われて、Web ビューに指定ホームページが表示される。

```
    @IBOutlet weak var wv: WebView!          ←Outlet接続されたWebビューのオブジェクト設定
    @IBAction func go(_ sender: Any) {       ←Action接続されたGoogleボタンのメソッド設定
        let u = URL(string: "https://www.google.co.jp/")
                                             ←GoogleアドレスからURLクラスのオブジェクト取得
        wv.mainFrame.load(URLRequest(url: u!))
                                             ←指定URLオブジェクトでWebビューにホームページに表示する
    }
```

　3 つのボタンによって Apple や Google、Amazon といった特定なホームページに素早くアクセスできるような Mac アプリを作成してみよう。

```swift
// Ma4-6 AppDelegate.swift   ボタンによるWebクイックアクセス
import Cocoa
import WebKit
@NSApplicationMain
class AppDelegate: NSObject, NSApplicationDelegate {
    @IBOutlet weak var window: NSWindow!
    @IBOutlet weak var wv: WebView!
    @IBAction func ap(_ sender: Any) {
        let u = URL(string: "https://www.apple.com/")
        wv.mainFrame.load(URLRequest(url: u!))
    }
```

```
    @IBAction func go(_ sender: Any) {
        let u = URL(string: "https://www.google.co.jp/")
        wv.mainFrame.load(URLRequest(url: u!))
    }
    @IBAction func az(_ sender: Any) {
        let u = URL(string: "https://www.amazon.com/")
        wv.mainFrame.load(URLRequest(url: u!))
    }
    func applicationDidFinishLaunching(_ aNotification: Notification) { }
    func applicationWillTerminate(_ aNotification: Notification) { }
}
```

> **練習問題**
>
> ここでは 3 つのボタンに 3 つのメソッドを設定して指定の IP アドレスアクセスしたが、Tag 番号を設定したボタンに 1 つのメソッドでイベント処理を行う Mac アプリを作成してみよう。

4.3.3　URL テキスト入力による Web アクセス

頻繁に利用する Web サイトへボタンでアクセスするには便利であるが、任意の IP アドレスへアクセスするためには、URL のテキスト入力が必要となる。そこで、テキスト行を作成して URL を入力して、Web ページを表示する Mac アプリを作成してみよう。

図のように、アシスタントエディタを使ってインタフェースビルダーで Web ビューを表示させるには WebKit View、アクセス用のボタンを表示させるには Push Button、URL のテキスト入力用のテキスト行には Text Field をそれぞれドラッグ＆ドロップし配置とサイズを調整する。ボタンの詳細なタイトル設定や配置などは、ダウンロード用のサンプルファイルを参照されたい。

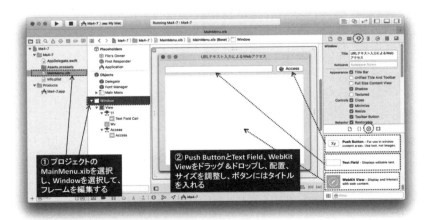

これでテキスト行とボタン、Web ビューの準備はできたので、図のように、Web ビューとテキスト行を右ドラッグで Swift コードに Outlet 接続しよう。また、ボタを右ドラッグで Swift コードに Action 接続しよう。Outlet 接続された Web ビューとテキスト行のオブジェクト名は wb、tf とする。Action 接続されたボタンのメソッド名は access とし、引数の型は Any とする。

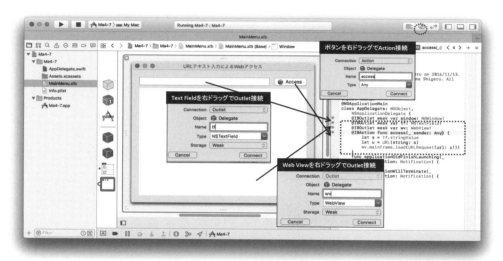

Mac アプリにある `AppDelegate.swift` のデフォルトのスケルトンコードに、つぎのようなコードを追加して、ボタンのイベント処理を行い、テキスト行に入力されたテキストから URL オブジェクトを取得して、任意の Web ページを表示してみよう。

NSTextField クラスで生成されたオブジェクト tf のテキスト行に入力されたテキストは、**NSTextField** クラスのプロパティ **stringValue** を使って、tf.stringValue として文字列を取得できる。そのテキスト行の文字列 s から **URL** クラスのイニシャライザーを使って、URL(string: s) として、URL オブジェクト u に変換する。あとは、URL オブジェクトを使って、**WebView** クラスのオブジェクト wv のプロパティ **mainFrame** を用いて `wv.mainFrame.load(URLRequest(url: u!))` とすると、指定 URL への接続が行われて、Web ビューに指定ホームページが表示される。

```
@IBOutlet weak var tf: NSTextField!           ←Outlet接続されたテキスト行のオブジェクト設定
@IBOutlet weak var wv: WebView!               ←Outlet接続されたWebビューのオブジェクト設定
@IBAction func access(_ sender: Any) {        ←Action接続されたAccessボタンのメソッド設定
    let s = tf.stringValue                    ←テキスト行tfで入力されたテキストsの取得
    let u = URL(string: s)                    ←テキスト行のテキストsからURLクラスのオブジェクトuの取得
    wv.mainFrame.load(URLRequest(url: u!))
                                              ←指定URLオブジェクトでWebビューにホームページに表示する
}
```

　テキスト行に URL テキスト（ネットワークセキュリティ上、https:// で指定する）を入力して Access ボタンをクリックすれば、任意の Web ページにアクセスできるような Mac アプリを作成してみよう。

```swift
// Ma4-7 AppDelegate.swift   URLテキスト入力によるWebアクセス
import Cocoa
import WebKit
@NSApplicationMain
class AppDelegate: NSObject, NSApplicationDelegate {
    @IBOutlet weak var window: NSWindow!
    @IBOutlet weak var tf: NSTextField!
    @IBOutlet weak var wv: WebView!
    @IBAction func access(_ sender: Any) {
        let s = tf.stringValue
        let u = URL(string: s)
        wv.mainFrame.load(URLRequest(url: u!))
    }
    func applicationDidFinishLaunching(_ aNotification: Notification) { }
    func applicationWillTerminate(_ aNotification: Notification) { }
}
```

練習問題

　テキスト行に入力される URL テキストの文字列をメモリに保存して、Back ボタンで戻ったり、Forward ボタンで進んだりする Mac アプリを作成してみよう。

4.3.4 HTML ビューアプリ

　Web ビューを Mac アプリとして作成してきたが、Web サイトの内容は HTML テキストで記述されており、ローカルで記述した HTML テキストを読み込んでも、当然 Web ビューで表示される。そこで、コードの中で HTML タグを使って Web ページを文字列として作成し、それを Web ビューで表示するような Mac アプリを作成してみよう。

　つぎの図のように、アシスタントエディタを使ってインタフェースビルダーで HTML タグを使って Web ページを表示させるために Web ビューとして WebKit View をドラッグ＆ドロップし配置とサイズを調整する。Web ビューの詳細な設定や配置などは、ダウンロード用のサンプルファイルを参照されたい。

　これで Web ビューの準備はできたので、下の図のように、Web ビューを右ドラッグで Swift コードに Outlet 接続しよう。Outlet 接続された Web ビューのオブジェクト名は wv とする。

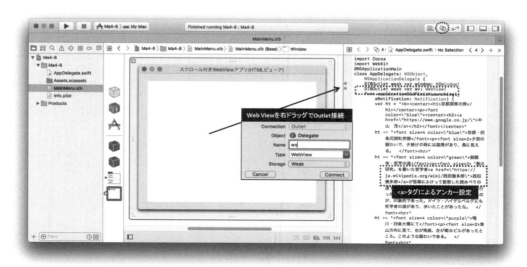

MacアプリにあるAppDelegate.swiftのデフォルトのスケルトンコードに、つぎのようなコードを追加して、コード内に書き込んだHTML形式のドキュメントをWebページに表示してみよう。

HTMLタグを用いてつぎのようなHTML形式の文字列を作成して、改行なしで詰め込み、Webページを作ってみよう。プログラム例では、ボールド体の<b>、水平線の<hr>、改行の<p>などを使ったが、リストの<ol>は、リスト項目の<li>などもある。

```
var ht = "<b><center><h1>京都探索の旅</h1></center><p><font color=\"blue\"><center>"
```

つぎのようにアンカータグ<a>でアンカーを設定できる。アンカー指定された文字列がクリックされると、Webビューでウキペディアにジャンプする。

```
var ht += "哲学者<a href=\"https://ja.wikipedia.org/wiki/西田幾多郎\">西田幾多郎</a>"
```

アプリに表示したいWebページとして、つぎのように**WebView**クラスのオブジェクトwvのプロパティ**mainFrame**を用いて**WebFrame**クラスを取得する。**WebFrame**クラスの**loadHTMLString**メソッドを用いて**wv.mainFrame.loadHTMLString(ht, baseURL: nil)**として、HTML形式の文字列を読み込む。

```
@IBOutlet weak var wv: WebView!          ←Outlet接続されたWebビューのオブジェクト設定
var ht = "<b><center><h1>京都探索の旅</h1></center>" ←HTMLタグでHTML形式の文字列htを作成
wv.mainFrame.loadHTMLString(ht, baseURL: nil) ←HTML形式の文字列htをWebビューに表示する
```

つぎのようにローカルでのコード中でHTMLタグを使ってWebページを文字列として作成し、それをWebビューで表示するようなMacアプリを作成してみよう。ここで、HTML形式のアンカータグ<a>でアンカー設定したので、このWebビューでウキペディアにジャンプするか確かめてみよう。

```
// Ma4-8 AppDelegate.swift  HTMLビューアアプリ
import Cocoa
import WebKit
@NSApplicationMain
class AppDelegate: NSObject, NSApplicationDelegate {
    @IBOutlet weak var window: NSWindow!
    @IBOutlet weak var wv: WebView!
    func applicationDidFinishLaunching(_ aNotification: Notification) {
        var ht = "<b><center><h1>京都探索の旅</h1></center><p><font color=\"blue\"><center><h2><a href=\"https://www.google.co.jp/\">中山　茂</a></h2></font></center>"
        ht += "<font size=4 color=\"blue\">京都・四条河原町界隈</font><p><font size=2>夕刻の賑わいで、夕焼けの時には風情があり、奥に見える。　</font><hr>"
        ht += "<font size=4 color=\"green\">銀閣寺・哲学の道</font><p><font size=2>「善の研究」を書いた哲学者<a href=\"https://ja.wikipedia.org/wiki/西田幾多郎\">西田幾多郎</a>が思索にふけって散策した疏水べりの道である。西田幾多郎の生地の石川県宇ノ気にも行った。出身小学校校舎には「無」の文字があったのが、印象的であった。ドイツ・ハイデルベルグにも哲学者の道があり、歩いたことがあったな。　</font><hr>"
        ht += "<font size=4 color=\"purple\">鴨川・四条大橋にて</font><p><font size=2>東山方向に見て、右が南座、左が菊水ビルがあったところ。このような賑わいである。　</font><hr>"
        ht += "<font size=4 color=\"red\">南禅寺・三門</font><p><font size=2>臨済宗の寺院で、石川五右衛門がここに登り、「絶景かな」といった話は有名である。　</font><hr>"
        ht += "<font size=4 color=\"blue\">京都・南座</font><p><font size=2>12月には歌舞伎がある。学生時代に見に行った義経千本桜はよかった。角には錬蕎麦屋があり,うまい。　</font><hr>"
        ht += "<font size=4 color=\"orange\">東山・大文字山火床</font><p><font size=2>8月に行われる五山の送り火で有名な大文字山の火床である。</font><hr>"
        ht += "<font size=4 color=\"black\">山科から大文字山への山路</font><p><font size=2>山科・洛東高校から毘沙門を経て、大文字山を目指す。　</font><hr>"
        wv.mainFrame.loadHTMLString(ht, baseURL: nil)
    }
    func applicationWillTerminate(_ aNotification: Notification) { }
}
```

練習問題

HTML形式の文字列の内容を変えて、Webページを表示してみよう。また、`wv.scalesPageToFit = true`を設定すると、どのようにWebページの表示が変わるか試してみよう。

4.3.5　WebビューとMapビューの表示アプリ

MacアプリにWebビューもMapビューも表示できるようになったので、そのまとめとして、WebビューとMapビューとを同じMacアプリの中で同時に表示してみよう。これは、多くのアプリでよく

見られるように、Webビューを見ながら関連項目へのアクセス地図を表示するMacアプリに応用できる。

つぎの図のように、アシスタントエディタを使ってインタフェースビルダーでWebビューを表示させるにはWebKit View、Mapビューを表示させるにはMapKit Map Viewをドラッグ＆ドロップし配置とサイズを調整する。WebビューとMapビューの詳細な設定や配置などは、ダウンロード用のサンプルファイルを参照されたい。

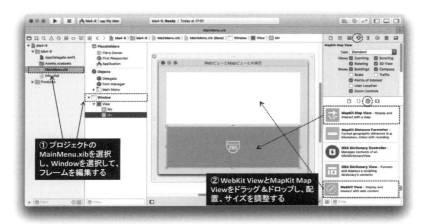

これでWebビューとMapビューの準備はできたので、下の図のように、WebビューとMapビューを右ドラッグでSwiftコードにOutlet接続しよう。Outlet接続されたWebビューとMapビューのオブジェクト名はwv、mvとする。

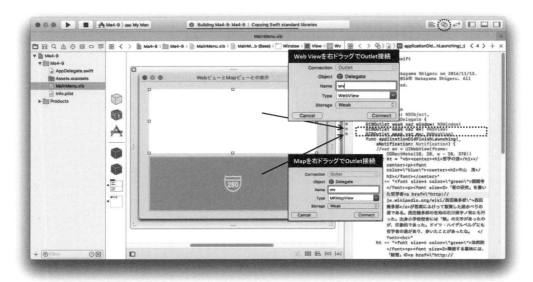

Macアプリにある AppDelegate.swift のデフォルトのスケルトンコードに、つぎのようなコードを追加して、Web ビューとその内容に関連する地図を Map ビューに表示してみよう。ここでは、特に Map ビューに指定場所を表示する方法と Map ビューにピンを立てる方法について説明する。

マップ位置などの関連データ型は、**CoreLocation** データ型として、つぎの6つがある。typealias はエイリアス名で Double 型の別名として使われているので、これらのデータには Double 型の値を入れる。

CoreLocation データ型

typealias	**CLLocationDistance** = Double	存在場所からの m 単位の距離を表す。
typealias	**CLLocationAccuracy** = Double	m 単位で座標値精度を表す。
typealias	**CLLocationDegrees** = Double	度で指定された経度・緯度を表す。
typealias	**CLLocationDirection** = Double	北から時計周りの方角を度で表す。
typealias	**CLLocationSpeed** = Double	デバイスが m/s で動く速度を表す。
struct	**CLLocationCoordinate2D**	マップ位置の緯度・経度を示す構造体。

マップ位置の緯度・経度は、つぎの **CLLocationCoordinate2D** 構造体で設定するが、WGS-84 系での地理的座標が使える。

CLLocationCoordinate2D 構造体

○ var **latitude**: CLLocationDegrees
　Double 型の度で示された緯度を指定する。
○ var **longitude**: CLLocationDegrees
　Double 型の度で示された経度を指定する。

たとえば、つぎのようにマップビューに表示したいマップ位置の緯度・経度を指定する。

```
var co = CLLocationCoordinate2D(latitude:31.5700, longitude:130.5457)
```

マップ領域に張られたスパンを定義するのが、つぎの **MKCoordinateSpan** 構造体で、距離（m）ではなく、北南・東西のスパン角度（degree）で指定する。

MKCoordinateSpan 構造体

- ○ var **latitudeDelta**: CLLocationDegrees
  北南の距離を度で表す。
- ○ var **longitudeDelta**: CLLocationDegrees
  東西の距離を度で表す。

たとえば、つぎのようにして北南・東西のスパン角度（degree）で指定する。

```
let sp = MKCoordinateSpan(latitudeDelta: 北南角度, longitudeDelta: 東西角度)
```

この構造体を使った外部パラメータ名不要の MKCoordinateSpanMake 関数も定義されている。この戻り値は MKCoordinateSpan 構造体である。

MKCoordinateSpanMake 関数

MKCoordinateSpanMake(_ *latitudeDelta*: CLLocationDegrees,
　　_ *longitudeDelta*: CLLocationDegrees) -> MKCoordinateSpan

CLLocationCoordinate2D 構造体にも CLLocationCoordinate2DMake 関数が定義されている。

CLLocationCoordinate2DMake 関数

CLLocationCoordinate2DMake(_ *latitude*: CLLocationDegrees,
　　_ *longitude*: CLLocationDegrees) -> CLLocationCoordinate2D

緯度 *latitude*・経度 *longitude* を座標データ構造形式 CLLocationCoordinate2D に変換する。

スパン角度が設定できたので、つぎのマップ表示範囲を定義する **MKCoordinateRegion** 構造体を使って、マップビューの領域を設定する。

MKCoordinateRegion 構造体

- ○ var **center**: CLLocationCoordinate2D
  領域の中心点を指定する。
- ○ var **span**: MKCoordinateSpan
  表示するマップ範囲を表す水平・垂直スパン角度の設定する。

たとえば、**MKMapView** クラスのプロパティ **region** に、この **MKCoordinateRegion** 構造体を設定する。マップに表示される領域として、先ほどの **CLLocationCoordinate2D** で領域の中心点を指定し、ここでの **MKCoordinateSpan** でスパン角度を設定する。

```
mv.region = MKCoordinateRegion(center: mv.centerCoordinate, span: sp)
```

マップ座標位置とスパン角度指定によるマップビュー表示を、つぎのように作成してみよう。ここではWebビューに関連する京都・哲学の道近辺が見える範囲にしている。緯度と経度は、http://www.motohasi.net/GPS/ShowGoogleMap.php で調べることができる。

```
@IBOutlet weak var mv: MKMapView!              ←Outlet接続されたMapビューのオブジェクト設定
mv.centerCoordinate = CLLocationCoordinate2DMake(35.023934, 135.797163)
                                                ←マップ中心座標を設定する
let sp = MKCoordinateSpanMake(0.01, 0.01)      ←マップのスパン領域spを設定する
mv.region = MKCoordinateRegion(center: mv.centerCoordinate, span: sp)
                                                ←マップ表示領域を設定する
```

マップに赤いピンを立てて、マップビューでの特定のマップ位置を指し示すことができる。このピンには、タイトルや副タイトルが付けられて、連絡先情報などが入れられる。このピン注釈は、つぎの **MKPointAnnotation** クラスで定義でき、指定点での具体的な注釈オブジェクトを設定できる。

MKPointAnnotation クラス（← MKShape）

○ var **coordinate**: CLLocationCoordinate2D
注釈の座標点をCLLocationCoordinate2Dの経度・緯度で示す。

たとえば、ピン注釈のインスタンスを生成し、**MKPointAnnotation** クラスの **coordinate** プロパティを使って、つぎのようにどのマップ座標にピンを立てる設定をする。

```
let p = MKPointAnnotation()                     ←ピン注釈のオブジェクト生成
p.coordinate = CLLocationCoordinate2DMake(35.023934269959135, 135.79716324806213)
                                                ←ピン座標を設定
```

ピン注釈には、タイトルや副タイトルが付けられる。このプロパティは、スーパークラスの **MKShape** クラスに定義されている。形状ベースの注釈オブジェクトの基本的な性質を定義している。ピン注釈としても、これらのプロパティが使える。

MKShape クラス（← NSObject + CVarArg, Equatable, Hashable, MKAnnotation）

◎ var **title** : String?
　注釈の主タイトルを大きく設定するが、オプショナルなのでなくてもよい。
◎ var **subtitle** : String?
　注釈の副タイトルを小さく設定するが、オプショナルなのでなくてもよい。

つぎのようにピン注釈にタイトルや副タイトルを設定してみよう。マップビューでは、ピンが表示されてもタイトルはそのままでは表示されない。ユーザが設定されたピンをタップアップしたときに、タイトルと副タイトルが表示される。

```
p.title = "銀閣寺・哲学の道"        ←ピン注釈のタイトルを設定する
p.subtitle = "法然院"              ←ピン注釈のサブタイトルを設定する
```

最後に、これらを用いて、つぎのように **MKMapView** クラスの **addAnnotation** メソッドを使ってピンを立てる。タイトルや副タイトルは特に指定しなくても、ピンは立つ。

```
mv.addAnnotation(p)                ←マップビューにピンを立てる
```

Web ビューと関連する Map ビューとを同時に表示する Mac アプリを作成してみよう。ここでは、マップ座標位置と範囲指定によるマップビュー表示を行い、そのマップの特定な位置にピン注釈を立てた。

```
// Ma4-9 AppDelegate.swift   WebビューとMapビューとの表示
import Cocoa
```

第 4 章　オーディオ、マップ、Web ブラウザの Mac アプリ作成

```swift
import WebKit
import MapKit
@NSApplicationMain
class AppDelegate: NSObject, NSApplicationDelegate {
    @IBOutlet weak var window: NSWindow!
    @IBOutlet weak var wv: WebView!
    @IBOutlet weak var mv: MKMapView!
    func applicationDidFinishLaunching(_ aNotification: Notification) {
        var ht = "<b><center><h1>哲学の道</h1></center><p><font color=\"blue\"><center><h2>中山　茂</h2></font></center>"
        ht += "<font size=4 color=\"green\">銀閣寺</font><p><font size=2>「善の研究」を書いた哲学者<a href=\"http://ja.wikipedia.org/wiki/西田幾多郎\">西田幾多郎</a>が思索にふけって散策した疏水べりの道である。西田幾多郎の生地の石川県宇ノ気にも行った。出身小学校校舎には「無」の文字があったのが、印象的であった。ドイツ・ハイデルベルグにも哲学者の道があり、歩いたことがあったな。 </font><hr>"
        ht += "<font size=4 color=\"green\">法然院</font><p><font size=2>隣接する墓地には、「細雪」の<a href=\"http://ja.wikipedia.org/wiki/谷崎潤一郎\">谷崎潤一郎</a>や「いきの構造」を書いた哲学者<a href=\"http://ja.wikipedia.org/wiki/九鬼周造\">九鬼周造</a>の墓がある。</font><hr>"
        ht += "<font size=4 color=\"red\">南禅寺・三門</font><p><font size=2>臨済宗の寺院で、石川五右衛門がここに登り、「絶景かな」といった話は有名である。 </font><hr>"
        ht += "<font size=4 color=\"orange\">東山・大文字山火床</font><p><font size=2>8月に行われる五山の送り火で有名な大文字山の火床である。</font><hr>"
        wv.mainFrame.loadHTMLString(ht, baseURL: nil)
        mv.centerCoordinate = CLLocationCoordinate2DMake(35.023934, 135.797163)
        let sp = MKCoordinateSpanMake(0.01, 0.01)
        mv.region = MKCoordinateRegion(center: mv.centerCoordinate, span: sp)
        let p = MKPointAnnotation()
        p.coordinate = CLLocationCoordinate2DMake(35.023934269959135, 135.79716324806213)
        p.title = "銀閣寺・哲学の道"
        p.subtitle = "法然院"
        mv.addAnnotation(p)
    }
    func applicationWillTerminate(_ aNotification: Notification) { }
}
```

練習問題

　Web ビューと Map ビューとの表示場所を上下でなく左右に変えてみよう。また、Map ビューのマップ座標位置と範囲指定を変えてマップビュー表示を行う Mac アプリを作成してみよう。さらに、マップのピン立ても位置と注釈を変えて作成してみよう。

4.4 ネットワーク検索アプリ

4.4.1 文字列検索ロボットアプリ

　Googleなどの検索サービスは、インターネット上を昼夜検索ロボットが暗躍し、インデックスを作成している。ここでは、その検索ロボットの基本的な原理である、Webページから特定な文字列を検索するMacアプリを作成してみよう。簡単にするため、インターネット上のWebページを指定しておき、検索したい文字列をテキスト行に入力して、SearchボタンをクリックしてそのWebページ内を検索する。見つかれば検索結果をFound!! とし、見つからなければNot Foundと表示するようにしてみよう。Webページ表示は、Webビューを使わないで、HTMLテキストを表示するためにテキストビューを使ってみよう。

　図のように、アシスタントエディタを使ってインタフェースビルダーでテキストビューを表示させるにはText View、検索したい文字列のためのテキスト行と検索結果を表示したいテキスト行にはText Field、Searchボタンを表示させるにはPush Button、説明用の文字列はLabelをそれぞれドラッグ＆ドロップし配置とサイズを調整する。ボタンやラベルの詳細なタイトル設定や配置などは、ダウンロード用のサンプルファイルを参照されたい。

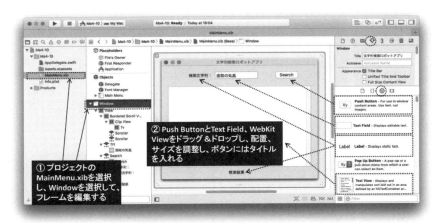

　これでテキストビューとテキスト行、ボタンの準備はできたので、つぎの図のように、テキストビューと2つのテキスト行を右ドラッグでSwiftコードにOutlet接続しよう。また、Searchボタを右ドラッグでSwiftコードにAction接続しよう。Outlet接続されたテキストビューと2つのテキスト行のオブジェクト名はtv、tf1、tf2とする。Action接続されたボタンのメソッド名はsearchとし、引数の型はNSButtonとする。

第 4 章 オーディオ、マップ、Web ブラウザの Mac アプリ作成

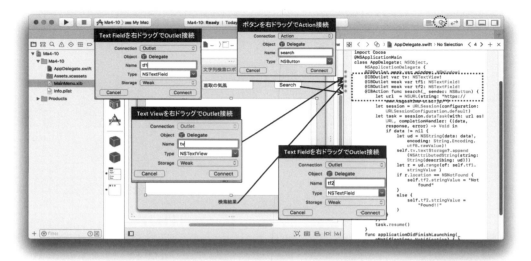

　Mac アプリにある AppDelegate.swift のデフォルトのスケルトンコードに、つぎのようなコードを追加して、インターネットの Web ページから文字列を検索する Mac アプリを作成してみよう。

　ネットワーク上の URL は、**NSURL** クラスのイニシャライザーを使って、URL 文字列（ここでは鹿児島大学のホームページ）を指定して NSURL オブジェクト url を取得する。

```
let url = NSURL(string: "https://www.kagoshima-u.ac.jp/")
```
　　　　　　　　　　　　　　　　　　　　←URL文字列からNSURLオブジェクト取得

　インターネットでダウンロードしたコンテンツを操作するには、**URLSession** クラスを使う。data や file、ftp、http、https といったいろいろな URL スキームを利用できる。

URLSession クラス（←NSObject + *CVarArg, Equatable, Hashable*）

▲ **init**(configuration: URLSessionConfiguration)
　　指定された設定のセッションを作成する。
▽　func **dataTask**(with: URL, completionHandler: @escaping (Data?,
　　　　URLResponse?, Error?) -> Void) -> URLSessionDataTask
　　指定 URL 内容を取得し、completionHandler のハンドラにその処理を送る。

　たとえば、デフォルト設定のセッションは、つぎのようにすれば **URLSession** オブジェクトを取得できる。**NSURL** オブジェクト url の内容のデータ data が空でなければ、その URL 内容をハンドラに送り、検索処理をさせることが可能となる。

```
let session = URLSession(configuration: URLSessionConfiguration.default)
let task = session.dataTask(with: url as! URL,
    completionHandler: {(data, response, error) -> Void
        in if data != nil {  …検索処理… })
```

NSData 型のデータ data を読み出す文字形式として、符号化（エンコーディング）方式をユニコード文字列する。つぎの NSString クラスのイニシャライザーやメソッドを利用する。

NSString クラス（← NSObject + *CVarArg, Equatable, Hashable* など）

- ▲ convenience **init?**(data: NSData, encoding: UInt)
  データ data を符号化方式 encoding でユニコード文字列 UTF-16 に変換して初期化する。
- ▽ func range(of: String) -> NSRange
  文字列から指定文字列 String の最初に見つかった出現範囲を NSRange 構造体で戻す。

たとえば、つぎのように URL のデータとして取り出された **NSData** 型のデータ data を、符号化方式 UTF-8 の文字列でエンコードして、ユニコード文字列 ud が取得できる。

```
let ud = NSString(data: data!, encoding: String.Encoding.utf8.rawValue)!
```

その文字列 ud から、**NSString** クラスの range() メソッドで指定文字列を検索すると、つぎのように最初に見つかった出現範囲を **NSRange** 構造体のインスタンス r で取得できる。

```
let r = ud.range(of: "検索文字列")     ←検索文字列としてテキスト行self.tf1.stringValueを指定
```

この **NSRange** は、つぎのような構造体で定義されている。検索文字列が発見できないなら、**location** プロパティは **NSNotFound** となるので、これを調べれば、URL のデータに検索文字列の有無を確かめることができる。

NSRange 構造体

- ○ var **location**: NSUInteger
  要求した項目がないとき NSNotFound となる。
- ○ var **length**: NSUInteger
  要求した項目の長さを返す。

たとえば、つぎのように **NSRange** の **location** プロパティで検索文字列の有無を if-else 判定できる。

```
if r.location == NSNotFound {  検索文字列なし  } else {  検索文字列あり  }
```

つぎのようにすれば、検索結果をテキスト行 tf2 に表示できる。

```
if r.location == NSNotFound { self.tf2.stringValue = "Not found" }
else { self.tf2.stringValue =  "Found!!" }
```

これらの指定はまだ保留された状態で始まっているので、つぎのように **URLSessionDataTask** クラスのスーパークラス **URLSessionTask** クラスの **resume()** メソッドをコールして、保留の仕事を開始する。これで、指定されたリソースをダウンロードして実行できる。

```
task.resume()                    ←指定リソースをダウンロードし、検索を実行する
```

これら一連の流れは、ネットワークでの文字列検索ロボットの基本原理である。Google のような検索ロボットエンジンはこのような原理で、IP アドレスを変えて文字列を収集し、データベース化しているものと思われる。

文字列検索ロボットアプリを作成してみよう。ここでは、ホームページの URL を特定し、そのホームページに検索したい文字列があるかないかだけを調べる。

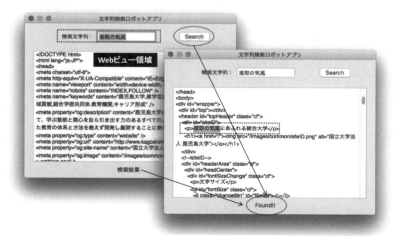

説明が長くなったが、検索ロボットの基本的な原理として、つぎのように Web ページから特定な文字列を検索する Mac アプリを作成してみよう。検索したい文字列をテキスト行に入力して、Search ボ

タンをクリックすると、その Web ページ内を検索する。見つかれば検索結果を Found!! とし、見つからなければ Not Found と表示する。

```swift
//  Ma4-10 AppDelegate.swift  文字列検索ロボットアプリ
import Cocoa
@NSApplicationMain
class AppDelegate: NSObject, NSApplicationDelegate {
    @IBOutlet weak var window: NSWindow!
    @IBOutlet var tv: NSTextView!
    @IBOutlet weak var tf1: NSTextField!
    @IBOutlet weak var tf2: NSTextField!
    @IBAction func search(_ sender: NSButton) {
        let url  = NSURL(string: "https://www.kagoshima-u.ac.jp/")
        let session = URLSession(configuration: URLSessionConfiguration.default)
        let task = session.dataTask(with: url as! URL,
                completionHandler: {(data, response, error) -> Void in
            if data != nil {
                let ud = NSString(data: data!,
                    encoding: String.Encoding.utf8.rawValue)!
                self.tv.textStorage?.append(NSAttributedString(
                    string: String(describing: ud)))
                let r = ud.range(of: self.tf1.stringValue )
                if r.location == NSNotFound {
                    self.tf2.stringValue = "Not found"
                }
                else {
                    self.tf2.stringValue =  "Found!!"
                }
            }
        })
        task.resume()
    }
    func applicationDidFinishLaunching(_ aNotification: Notification) { }
    func applicationWillTerminate(_ aNotification: Notification) { }
}
```

練習問題

Web ページのアドレスを変えられるように、URL 入力のテキスト行も追加して、いろいろな検索文字列を試す Mac アプリを作成してみよう。

■4.4.2 URLのWebビューとテキストビューの表示比較

1つのWebページをWebビューとテキストビューと見比べられるMacアプリを作成してみよう。Webビュー構成をテキストビューで見ながら、どのようなHTMLタグで作成されているかの学習に使える。

つぎの図のように、アシスタントエディタを使ってインタフェースビルダーでWebビューを表示させるにはWebKit View、テキストビューを表示させるにはText Viewをドラッグ&ドロップし、左右に配置し、サイズを調整する。Webビューとテキストビューの詳細な設定や配置などは、ダウンロード用のサンプルファイルを参照されたい。

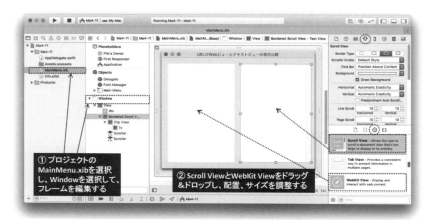

Webビューとテキストビューの準備はできたので、下の図のように、Webビューとテキストビューをそれぞれ右ドラッグでSwiftコードにOutlet接続しよう。Outlet接続されたWebビューとテキストビューのオブジェクト名はwv、tvとする。

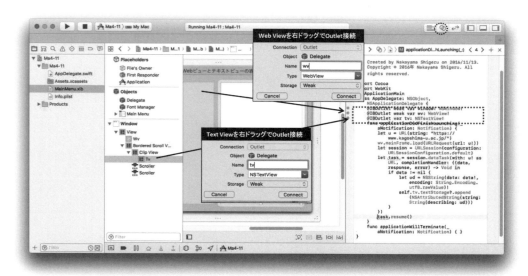

MacアプリにあるAppDelegate.swiftのデフォルトのスケルトンコードに、つぎのようなコードを追加して、URLのデータのWebビューとテキストビューとを表示比較するMacアプリを作成してみよう。先ほど文字列検索ロボットアプリ例で、プログラムの要素はすべて記載されているので、これをマイナーチェンジする。URLのデータのWebビューとテキストビューとを表示比較するMacアプリは簡単に作成できる。

Ma4-10との変更点は、Webビューの追加と`dataTask`メソッドの中のハンドラの処理で、検索関連をすべて削除する。

```
let task = session.dataTask(with: u! as URL,
        completionHandler: {(data, response, error) -> Void in
    if data != nil {
        let ud = NSString(data: data!,
            encoding: String.Encoding.utf8.rawValue)!
        self.tv.textStorage?.append(NSAttributedString(
            string: String(describing: ud)))
    }
})
```

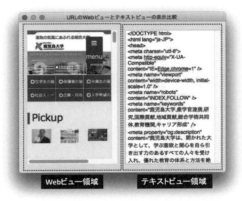

1つのWebページをWebビューとテキストビューと見比べられるMacアプリを作成してみよう。

```
// Ma4-11 AppDelegate.swift URLのWebビューとテキストビューの表示比較
import Cocoa
import WebKit
@NSApplicationMain
class AppDelegate: NSObject, NSApplicationDelegate {
    @IBOutlet weak var window: NSWindow!
    @IBOutlet weak var wv: WebView!
```

```
    @IBOutlet var tv: NSTextView!
    func applicationDidFinishLaunching(_ aNotification: Notification) {
        let u = URL(string: "https://www.kagoshima-u.ac.jp/")
        wv.mainFrame.load(URLRequest(url: u!))
        let session = URLSession(configuration: URLSessionConfiguration.default)
        let task = session.dataTask(with: u! as URL,
              completionHandler: {(data, response, error) -> Void in
            if data != nil {
                let ud = NSString(data: data!,
                    encoding: String.Encoding.utf8.rawValue)!
                self.tv.textStorage?.append(NSAttributedString(
                    string: String(describing: ud)))
            }
        })
        task.resume()
    }
    func applicationWillTerminate(_ aNotification: Notification) { }
}
```

練習問題

ここでも、Web ページのアドレスを変えられるように、URL 入力のテキスト行も追加して、いろいろな Web ビューとテキストビューとを表示比較できる Mac アプリを作成してみよう。

4.4.3 カーリルによる図書館の蔵書検索アプリ

Web ビューの応用として、ここではカーリルによる図書館の蔵書検索を行う Mac アプリを作成してみよう。

つぎの図のように、アシスタントエディタを使ってインタフェースビルダーでカーリルの Web ページを表示させるには WebKit View、蔵書検索文字列の入力には Text Field、書名検索と著者検索用のボタンには Push Button をドラッグ＆ドロップし配置とサイズを調整する。ボタンの詳細なタイトル設定や配置などは、ダウンロード用のサンプルファイルを参照されたい。

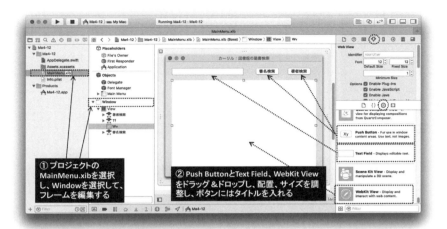

　これでWebビューとテキスト行、2つのボタンの準備はできたので、下の図のように、Webビューとテキスト行を右ドラッグでSwiftコードにOutlet接続しよう。また、2つのボタを右ドラッグでSwiftコードにAction接続しよう。Outlet接続されたWebビューとテキスト行のオブジェクト名はwb、tfとする。Action接続された2つの書名検索と著者検索用のボタンのメソッド名はそれぞれti、auとし、引数の型は2つともAnyとする。

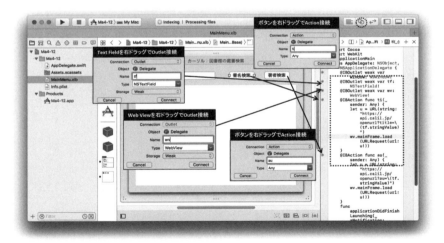

　MacアプリにあるAppDelegate.swiftのデフォルトのスケルトンコードに、つぎのようなコードを追加して、カーリルによる図書館の蔵書検索を行うMacアプリを作成してみよう。

　カーリルのWebサイト http://calil.jp/doc/api_openurl.html によれば、「OpenURL for カーリル」として説明されていて、OpenURLでウェブ上に公開された図書館システムや論文管理システムで、本や雑誌・論文の情報を検索できるとされている。OpenURLの使い方として、UTF-8のエンコード形式

の文字コードを使う。rft.は省略可能で、つぎのように種類別に検索できる。検索用語を等号記号の後に入れて URL 呼び出す。

OpenURL for カーリル

書名による検索：　　　　http://api.calil.jp/openurl?**rft.btitle**=
書名・著者名による検索：　http://api.calil.jp/openurl?**rft.au**=
出版社：　　　　　　　　http://api.calil.jp/openurl?**rft.pub**=
ISBN による検索：　　　　http://api.calil.jp/openurl?**rft.isbn**=

ここでは、この「OpenURL for カーリル」を使う。検索文字列をテキスト行で入力させて、URL 形式カーリルを呼び出すときに、テキスト行の文字列を検索用語に指定すれば、できそうである。

まず、**NSTextField** クラスでテキスト行を作成する。そのオブジェクト tf を使って検索文字列が入力されると、tf.stringValue で文字列を取得する。つぎのように「OpenURL for カーリル」を使って URL 形式カーリルを呼び出すときに、テキスト行の文字列を書名検索用語に指定する。そして、検索結果が URL オブジェクト u に返されるので、それを Web ビューに表示する。

```
@IBOutlet weak var tf: NSTextField!        ←Outlet接続されたテキスト行のオブジェクト設定
@IBOutlet weak var wv: WebView!            ←Outlet接続されたWebビューのオブジェクト設定
@IBAction func ti(_ sender: Any) {         ←Action接続された書名検索ボタンのメソッド設定
    let u = URL(string: "https://api.calil.jp/openurl?title=\(tf.stringValue)")
                                           ←検索結果取得
    wv.mainFrame.load(URLRequest(url: u!))  ←検索結果のWebビュー表示
}
```

つぎのようにして、title を au に変えるだけで、著者検索も同様に作成できる。

```
@IBAction func au(_ sender: Any) {         ←Action接続された著者検索ボタンのメソッド設定
    let u = URL(string: "https://api.calil.jp/openurl?au=\(tf.stringValue)")
                                           ←検索結果取得
    wv.mainFrame.load(URLRequest(url: u!))  ←検索結果のWebビュー表示
}
```

これで、カーリルの Web サイトが起動し、検索キーワードにこのアプリで入力した検索用語が入る。検索された用語の図書一覧（図書館指定なし）が表示される。また、「現在地から図書館をさがす」か「地域・条件から図書館をさがす」を選べ、指定された検索用語の図書を蔵書している図書館が検索される。

Web ビューの応用として、つぎのようにカーリルによる図書館の蔵書検索を行う Mac アプリを作成してみよう。書名検索と著者検索用のテキスト行には**アルファベットを入力すること**。

```
// Ma4-12 AppDelegate.swift   カーリルによる図書館の蔵書検索アプリ
import Cocoa
import WebKit
@NSApplicationMain
class AppDelegate: NSObject, NSApplicationDelegate {
    @IBOutlet weak var window: NSWindow!
    @IBOutlet weak var tf: NSTextField!
    @IBOutlet weak var wv: WebView!
    @IBAction func ti(_ sender: Any) {
        let u = URL(string: "https://api.calil.jp/openurl?title=\(tf.stringValue)")
        wv.mainFrame.load(URLRequest(url: u!))
    }
    @IBAction func au(_ sender: Any) {
        let u = URL(string: "https://api.calil.jp/openurl?au=\(tf.stringValue)")
        wv.mainFrame.load(URLRequest(url: u!))
    }
    func applicationDidFinishLaunching(_ aNotification: Notification) { }
    func applicationWillTerminate(_ aNotification: Notification) { }
}
```

練習問題

書名検索と著者検索以外にも、出版社検索や ISBN 検索のボタンも追加して、いろいろな検索ができる Mac アプリを作成してみよう。

■ 4.4.4　Wikiによる用語検索アプリ

　カーリルによる図書館の蔵書検索アプリができると、Wikiによる用語検索アプリも思いつく。Wikiによる用語検索のためのMacアプリを作成してみよう。

　つぎの図のように、アシスタントエディタを使ってインタフェースビルダーでWikiのWebページを表示させるにはWebKit View、Wiki検索用語の入力にはText Field、Wiki検索用のボタンにはPush Button、説明用にラベルにはLabelをドラッグ＆ドロップし配置とサイズを調整する。ラベルとボタンの詳細なタイトル設定や配置などは、ダウンロード用のサンプルファイルを参照されたい。

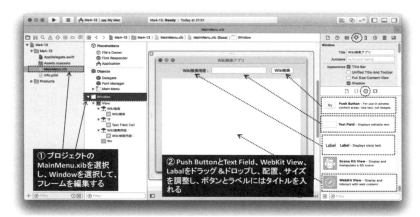

　これでWebビューとテキスト行、ボタンの準備はできたので、下の図のように、Webビューとテキスト行を右ドラッグでSwiftコードにOutlet接続しよう。また、ボタンを右ドラッグでSwiftコードにAction接続しよう。Outlet接続されたWebビューとテキスト行のオブジェクト名は`wb`、`tf`とする。Action接続されたWiki検索用のボタンのメソッド名は`search`とし、引数の型はAnyとする。

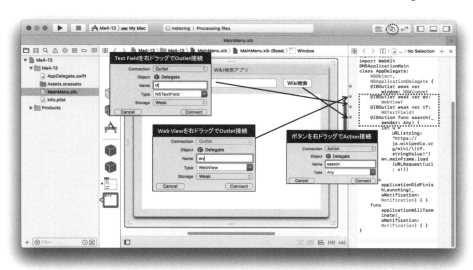

MacアプリにあるAppDelegate.swiftのデフォルトのスケルトンコードに、つぎのようなコードを追加して、ボタン操作でWebビューにWikiのホームページを表示してみよう。

カーリルによる図書館の蔵書検索アプリと同様にして、IPアドレスをWikiによる用語検索のWebサイトに変えるだけで容易にMacアプリが作成できる。

```
@IBOutlet weak var wv: WebView!            ←Outlet接続されたWebビューのオブジェクト設定
@IBOutlet weak var tf: NSTextField!        ←Outlet接続されたテキスト行のオブジェクト設定
@IBAction func search(_ sender: Any) {     ←Action接続されたWiki検索ボタンのメソッド設定
    let u = URL(string: "https://ja.wikipedia.org/wiki/\(tf.stringValue)")
                                            ←検索結果取得
    wv.mainFrame.load(URLRequest(url: u!)) ←検索結果のWebビュー表示
}
```

テキスト行で入力された検索文字列tf.stringValueが入力されて、ボタンをクリックするとWikiのWebサイトを呼び出す。用語が検索された形でウィキペディアが現れる。

つぎのようにWikiによる用語検索のためのMacアプリを作成してみよう。ウィキペディアの画面は多少乱れる場合があるが、一応表示されている。検索用語には**アルファベット**を入力すること。

```
// Ma4-13 AppDelegate.swift  Wikiによる用語検索アプリ
import Cocoa
import WebKit
@NSApplicationMain
class AppDelegate: NSObject, NSApplicationDelegate {
    @IBOutlet weak var window: NSWindow!
    @IBOutlet weak var wv: WebView!
    @IBOutlet weak var tf: NSTextField!
```

```
    @IBAction func search(_ sender: Any) {
        let u = URL(string: "https://ja.wikipedia.org/wiki/\(tf.stringValue)")
        wv.mainFrame.load(URLRequest(url: u!))
    }
    func applicationDidFinishLaunching(_ aNotification: Notification) { }
    func applicationWillTerminate(_ aNotification: Notification) { }
}
```

練習問題

　カーリルやウィキペディア以外にも同様な方法で、別なWebサイトを呼び出して、検索アプリを作成してみよう。JSONが使えると、ニュースや駅検索アプリも作成可能である。

第 5 章

グラフィックスの基礎

グラフィックスの基礎として、NSViewクラスのサブクラスを作成し、drawメソッドをオーバーライドすることによって描画できることを解説する。描画方法としては、**NSBezierPath**クラスを利用してダイヤモンド模様やアステロイド模様、トーラス模様、球体模様、プレッツェル模様などのいろいろな線描画に応用する。

5.1 NSBezierPathによるグラフィックス描画

5.1.1 NSBezierPathによる線描画

　ベジェ曲線は、考案者Bezierがコンピュータグラフィックスで自由曲線を描くための方法として提案した曲線である。始点と終点とを曲線で結ぶときに、2つのコントロール点を設定して、その制御（コントロール）点に沿うような形で自由曲線が描かれる。このような方法は、お絵かきツールの自由曲線やPostScriptのような輪郭でフォントを描くアウトラインフォントに利用されている。ここでは、**NSBezierPath**クラスを用いて、つぎのような綺麗なグラフィックスを描いてみよう。

第5章 グラフィックスの基礎

このベジェ曲線は、Swift 言語ではつぎのような **NSBezierPath** クラスで作成できる。

NSBezierPath クラス（← NSObject + *CVarArg, Equatable, Hashable* など）

- ▲ **init**(rect: NSRect)
  指定長方形領域で初期化された NSBezierPath オブジェクトを生成し、返す。
- ▲ **init**(ovalIn: NSRect)
  指定長方形に内接する楕円領域で初期化された NSBezierPath オブジェクトを生成し、返す。
- ▽ func **move**(to: NSPoint)
  現在位置を引数で指定された点に移動する。
- ▽ func **line**(to: NSPoint)
  現在位置から引数で指定された点へ直線を描く。
- ▽ func **curve**(to: NSPoint, controlPoint1: NSPoint, controlPoint2: NSPoint)
  現在位置から指定された点へ、制御点1、2にできるだけ近くを経由して曲線を描く。
- ▽ func **stroke**()
  現在のストローク色で描画属性でパスに沿って線を描く（ストロークと呼ぶ）。
- ▽ func **fill**()
  パスで囲まれた領域を塗り込む（フィルと呼ぶ）。
- ▽ func **setLineDash**(UnsafePointer<CGFloat>?, count: Int, phase: CGFloat)
  点線や一点鎖線などのストローク線の線パターンを設定する。
- ○ var **lineWidth**: CGFloat
  ストローク線の幅を指定する。
- ○ var **lineCapStyle**: NSLineCapStyle

ストローク線のキャップを指定する。
- var **lineJoinStyle**: NSLineJoinStyle
  ストローク線の結合スタイルを指定する。

ここで利用される座標点を指定する **NSPoint** 構造体は、つぎのように **CGPoint** 構造体と全く同じで、エイリアス名（別名）として定義されている。

```
typealias NSPoint = CGPoint
```

つぎのようなイニシャライザーやプロパティが定義されている。

NSPoint 構造体

- ▲ **init**(x: Int, y: Int)
  引数で指定された整数値で xy 座標点を生成する。
- ▲ **init**(x: Double, y: Double)
  引数で指定された実数値で xy 座標点を生成する。
- ▲ **init**(x: CGFloat, y: CGFloat)
  引数で指定された CGFloat 値で xy 座標点を生成する。
- ○ var **x**: CGFloat
  点の x 座標値を取得する。
- ○ var **y**: CGFloat
  点の y 座標値を取得する。

NSBezierPath クラスを用いてグラフィックスを描画するために、つぎの図のように、アシスタントエディタを使ってインタフェースビルダーで描画領域として使うカスタムビューを表示させるには Custom View をドラッグ＆ドロップし配置とサイズを調整する。詳細な設定や配置などは、ダウンロード用のサンプルファイルを参照されたい。

第5章 グラフィックスの基礎

これで NSBezierPath クラスを用いてグラフィックスを描画するためのカスタムビューの準備はできたので、下の図のように、カスタムビューを右ドラッグで Swift コードに Outlet 接続しよう。Outlet 接続されたカスタムビューのオブジェクト名は mv とする。

Mac アプリにある AppDelegate.swift のデフォルトのスケルトンコードに、つぎのようなコードを追加して、**NSBezierPath** クラスを利用して線描画のグラフィックスを描いてみよう。

ここでは、**NSView** クラスのサブクラス ZLine を作成し、**draw(_ r: CGRect)** メソッドをオーバーライドすることにより、指定された長方形領域に描画している。この長方形領域は、ZLine クラスを呼び出すときに、つぎのように引数で指定し、カスタムビューにサブビューとして追加すれば、カスタムビューに描画される。

```
    @IBOutlet weak var mv: NSView!         ←Outlet接続されたカスタムビューのオブジェクト設定
    mv.addSubview(ZLine(frame: CGRect(x: 0, y: 0,
```

```
            width: mv.bounds.width, height: mv.bounds.height)))
```

 draw(_ r: CGRect) メソッドでは、**NSBezierPath** クラスを利用して、つぎのように線を描画できる。

```
let l = NSBezierPath()                  ←NSBezierPathクラスのオブジェクト設定
l.move(to: NSPoint(x: x0, y: y0))       ←カレント位置を座標点(x0, y0)に移動する
l.line(to: NSPoint(x: x1, y: y1))       ←カレント位置から座標点(x1, y1)まで直線を設定する
NSColor.yellow.set()                    ←ストローク色として黄色に設定
l.stroke()                              ←指定されたパスを線で描く
```

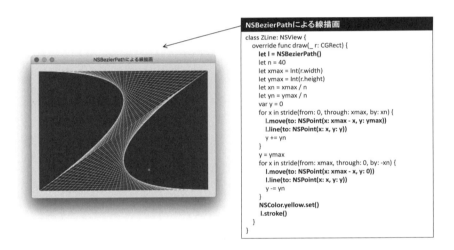

つぎのように **NSBezierPath** クラスを使って、直線だけで描画してみよう。線のアルゴリズムは、いろいろな言語でよく利用されるグラフィックスで、拙著の参考図書を参照されたい。

```swift
// Ma5-1  AppDelegate.swift  NSBezierPathによる線描画
import Cocoa
@NSApplicationMain
class AppDelegate: NSObject, NSApplicationDelegate {
    @IBOutlet weak var window: NSWindow!
    @IBOutlet weak var mv: NSView!
    func applicationDidFinishLaunching(_ aNotification: Notification) {
        mv.layer?.backgroundColor = NSColor.blue.cgColor
        mv.addSubview(ZLine(frame: CGRect(x: 0, y: 0,
            width: mv.bounds.width, height: mv.bounds.height)))
    }
```

```
        func applicationWillTerminate(_ aNotification: Notification) { }
}
class ZLine: NSView {
    override func draw(_ r: CGRect) {
        let l = NSBezierPath()
        let n = 40
        let xmax = Int(r.width)
        let ymax = Int(r.height)
        let xn = xmax / n
        let yn = ymax / n
        var y = 0
        for x in stride(from: 0, through: xmax, by: xn) {
            l.move(to: NSPoint(x: xmax - x, y: ymax))
            l.line(to: NSPoint(x: x, y: y))
            y += yn
        }
        y = ymax
        for x in stride(from: xmax, through: 0, by: -xn) {
            l.move(to: NSPoint(x: xmax - x, y: 0))
            l.line(to: NSPoint(x: x, y: y))
            y -= yn
        }
        NSColor.yellow.set()
        l.stroke()
    }
}
```

練習問題

つぎのようにストローク線の幅を変えたり、破線になるようにストローク線の線パターンを設定して、描画してみよう。

```
        l.lineWidth = 2.0
        let p: [CGFloat] = [6.0, 6.0]
        l.setLineDash(p, count: 2, phase: 0.0)
```

5.1.2 NSBezierPath によるダイヤモンド模様

同様にして、**NSBezierPath** クラスを用いて、つぎのようなダイヤモンド模様を描く Mac アプリを作成してみよう。

アシスタントエディタを使ってインタフェースビルダーで描画領域として使うカスタムビューの配置

は同じで、カスタムビューを右ドラッグで Swift コードに Outlet 接続し、オブジェクト名は mv とする。詳細な設定や配置などは、ダウンロード用のサンプルファイルを参照されたい。

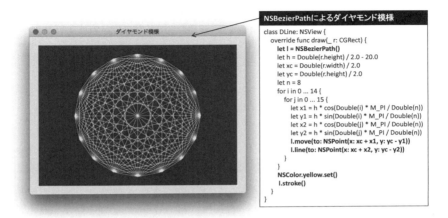

つぎのように **NSBezierPath** クラスを使って、直線だけでダイヤモンド模様を描画してみよう。線のアルゴリズムは、いろいろな言語でよく利用されるグラフィックスで、拙著の参考図書を参照されたい。

```swift
// Ma5-2  AppDelegate.swift   NSBezierPathによるダイヤモンド模様
import Cocoa
@NSApplicationMain
class AppDelegate: NSObject, NSApplicationDelegate {
    @IBOutlet weak var window: NSWindow!
    @IBOutlet weak var mv: NSView!
    func applicationDidFinishLaunching(_ aNotification: Notification) {
        mv.layer?.backgroundColor = NSColor.blue.cgColor
        mv.addSubview(DLine(frame: CGRect(x: 0, y: 0,
            width: mv.bounds.width, height: mv.bounds.height)))
    }
    func applicationWillTerminate(_ aNotification: Notification) { }
}
class DLine: NSView {
    override func draw(_ r: CGRect) {
        let l = NSBezierPath()
        let h = Double(r.height) / 2.0 - 20.0
        let xc = Double(r.width) / 2.0
        let yc = Double(r.height) / 2.0
        let n = 8
        for i in 0 ... 14 {
            for j in 0 ... 15 {
                let x1 = h * cos(Double(i) * M_PI / Double(n))
```

```
                let y1 = h * sin(Double(i) * M_PI / Double(n))
                let x2 = h * cos(Double(j) * M_PI / Double(n))
                let y2 = h * sin(Double(j) * M_PI / Double(n))
                l.move(to: NSPoint(x: xc + x1, y: yc - y1))
                l.line(to: NSPoint(x: xc + x2, y: yc - y2))
            }
        }
        NSColor.yellow.set()
        l.stroke()
    }
}
```

練習問題

背景色を変えたり、ストローク色やストローク線幅を変えたり、線キャップや結合パターンを設定して、描画してみよう。

5.1.3 NSBezierPathによるアステロイド模様

アストロイド (asteroid) とは「星のようなもの」という意味である。直交座標に一定の長さの梯子がかかったような状態で、梯子を x 軸にねかせた状態から y 軸の壁にもち上げるようにして描き、第1象限から第4象限までを繰り返して描くとできる。

NSBezierPath クラスを用いて、つぎのようなアステロイド模様を描くMacアプリを作成してみよう。

アシスタントエディタを使ってインタフェースビルダーで描画領域として使うカスタムビューの配置は同じで、カスタムビューを右ドラッグでSwiftコードにOutlet接続し、オブジェクト名はmvとする。詳細な設定や配置などは、ダウンロード用のサンプルファイルを参照されたい。

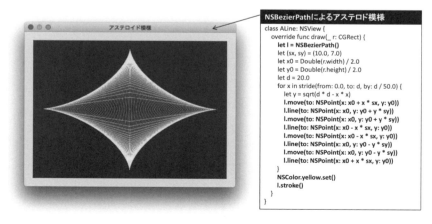

つぎのようにNSBezierPathクラスを使って、直線だけでアステロイド模様を描画してみよう。線

のアルゴリズムは、いろいろな言語でよく利用されるグラフィックスで、拙著の参考図書を参照されたい。

```swift
// Ma5-3  AppDelegate.swift  NSBezierPathによるアステロイド模様
import Cocoa
@NSApplicationMain
class AppDelegate: NSObject, NSApplicationDelegate {
    @IBOutlet weak var window: NSWindow!
    @IBOutlet weak var mv: NSView!
    func applicationDidFinishLaunching(_ aNotification: Notification) {
        self.mv.layer?.backgroundColor = NSColor.blue.cgColor
        mv.addSubview(ALine(frame: CGRect(x: 0, y: 0,
            width: mv.bounds.width, height: mv.bounds.height)))
    }
    func applicationWillTerminate(_ aNotification: Notification) { }
}
class ALine: NSView {
    override func draw(_ r: CGRect) {
        let l = NSBezierPath()
        let (sx, sy) = (10.0, 7.0)
        let x0 = Double(r.width) / 2.0
        let y0 = Double(r.height) / 2.0
        let d = 20.0
        for x in stride(from: 0.0, to: d, by: d / 50.0) {
            let y = sqrt(d * d - x * x)
            l.move(to: NSPoint(x: x0 + x * sx, y: y0            ))
            l.line(to: NSPoint(x: x0,          y: y0 + y * sy))
            l.move(to: NSPoint(x: x0,          y: y0 + y * sy))
            l.line(to: NSPoint(x: x0 - x * sx, y: y0            ))
            l.move(to: NSPoint(x: x0 - x * sx, y: y0))
            l.line(to: NSPoint(x: x0,          y: y0 - y * sy))
            l.move(to: NSPoint(x: x0,          y: y0 - y * sy))
            l.line(to: NSPoint(x: x0 + x * sx, y: y0            ))

        }
        NSColor.yellow.set()
        l.stroke()
    }
}
```

練習問題

背景色を変えたり、ストローク色やストローク線幅を変えたり、線キャップや結合パターンを設定して、描画してみよう。

5.2 NSBezierPath による立体的なメッシュ描画

5.2.1 トーラス模様

NSBezierPath クラスを用いて立体的なメッシュ描画を行う Mac アプリを作成してみよう。

ここでは、陰線処理はしていないが、トーラスの表面関数を作ることによって、トーラス模様を描画している。

アシスタントエディタを使ってインタフェースビルダーで描画領域として使うカスタムビューの配置は同じで、カスタムビューを右ドラッグで Swift コードに Outlet 接続し、オブジェクト名は mv とする。詳細な設定や配置などは、ダウンロード用のサンプルファイルを参照されたい。

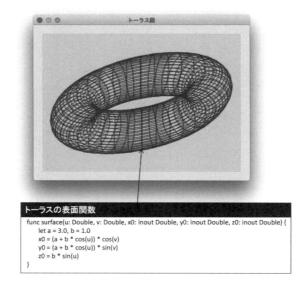

トーラスの表面関数
```
func surface(u: Double, v: Double, x0: inout Double, y0: inout Double, z0: inout Double) {
    let a = 3.0, b = 1.0
    x0 = (a + b * cos(u)) * cos(v)
    y0 = (a + b * cos(u)) * sin(v)
    z0 = b * sin(u)
}
```

つぎのように **NSBezierPath** クラスを使って、立体的なメッシュ描画としてトーラス模様を描画してみよう。線のアルゴリズムは、いろいろな言語でよく利用されるグラフィックスで、拙著の参考図書を参照されたい。

```
// Ma5-4  AppDelegate.swift  トーラス模様
import Cocoa
@NSApplicationMain
class AppDelegate: NSObject, NSApplicationDelegate {
    @IBOutlet weak var window: NSWindow!
    @IBOutlet weak var mv: NSView!
    func applicationDidFinishLaunching(_ aNotification: Notification) {
```

```swift
            self.mv.layer?.backgroundColor = NSColor.green.cgColor
            mv.addSubview(TLine(frame: CGRect(x: 0, y: 0,
                width: mv.bounds.width, height: mv.bounds.height)))
    }
    func applicationWillTerminate(_ aNotification: Notification) { }
}
class TLine: NSView {
    override func draw(_ r: CGRect) {
        let l = NSBezierPath()
        let m = 45.0
        var (xl, xh, yl, yh) = (0.0, 0.0, 0.0, 0.0)
        var (dx, dy) = (0.0, 0.0)
        var (x1, y1, xs, ys) = (0.0, 0.0, 0.0, 0.0)
        var (x0, y0, z0) = (0.0, 0.0, 0.0)
        let mesh = 80.0
        let xc = Double(r.width) / 2.0
        let yc = Double(r.height) / 2.0
        xl = -M_PI
        yl = -M_PI
        xh =  M_PI
        yh =  M_PI
        dx = (xh - xl) / mesh
        dy = (yh - yl) / mesh
        for x in stride(from: xl, to: xh + 2 * dx, by: 2 * dx) {
            surface(u: x, v: yl, x0: &x0, y0: &y0, z0: &z0)
            x1 = y0 - x0 / 2.0
            y1 = z0 - x0 / 2.0
            for y in stride(from: yl, to: yh + dy, by: dy) {
                surface(u: x, v: y, x0: &x0, y0: &y0, z0: &z0)
                xs = y0 - x0 / 2.0
                ys = z0 - x0 / 2.0
                l.move(to: NSPoint(x: Int(x1 * m + xc), y: Int(y1 * m + yc)))
                l.line(to: NSPoint(x: Int(xs * m + xc), y: Int(ys * m + yc)))
                x1 = xs
                y1 = ys
            }
        }
        for y in stride(from: yl, to: yh + 2 * dy, by: 2 * dy) {
            surface(u: xl, v: y, x0: &x0, y0: &y0, z0: &z0)
            x1 = y0 - x0 / 2.0
            y1 = z0 - x0 / 2.0
            for x in stride(from: xl, to: xh + dx, by: dx) {
                surface(u: x, v: y, x0: &x0, y0: &y0, z0: &z0)
                xs = y0 - x0 / 2.0
```

```
                    ys = z0 - x0 / 2.0
                    l.move(to: NSPoint(x: Int(x1 * m + xc), y: Int(y1 * m + yc)))
                    l.line(to: NSPoint(x: Int(xs * m + xc), y: Int(ys * m + yc)))
                    x1 = xs
                    y1 = ys
                }
            }
            NSColor.blue.set()
            l.stroke()
        }
        func surface(u: Double, v: Double, x0: inout Double, y0: inout Double,
                z0: inout Double) {
            let a = 3.0, b = 1.0
            x0 = (a + b * cos(u)) * cos(v)
            y0 = (a + b * cos(u)) * sin(v)
            z0 = b * sin(u)
        }
    }
```

練習問題

背景色を変えたり、ストローク色やストローク線幅を変えたり、線キャップや結合パターンを設定して、描画してみよう。

■5.2.2 球体模様

NSBezierPath クラスを用いて立体的なメッシュ描画を行う Mac アプリを作成してみよう。

ここでも、陰線処理はしていないが、球体の表面関数に変えることにより、球体模様を描画している。

アシスタントエディタを使ってインタフェースビルダーで描画領域として使うカスタムビューの配置は同じで、カスタムビューを右ドラッグで Swift コードに Outlet 接続し、オブジェクト名は mv とする。詳細な設定や配置などは、ダウンロード用のサンプルファイルを参照されたい。

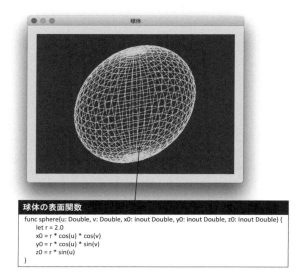

球体の表面関数
```
func sphere(u: Double, v: Double, x0: inout Double, y0: inout Double, z0: inout Double) {
    let r = 2.0
    x0 = r * cos(u) * cos(v)
    y0 = r * cos(u) * sin(v)
    z0 = r * sin(u)
}
```

つぎのように **NSBezierPath** クラスを使って、立体的なメッシュ描画として球体模様を描画してみよう。線のアルゴリズムは、いろいろな言語でよく利用されるグラフィックスで、拙著の参考図書を参照されたい。

```swift
// Ma5-5  AppDelegate.swift  球体模様
import Cocoa
@NSApplicationMain
class AppDelegate: NSObject, NSApplicationDelegate {
    @IBOutlet weak var window: NSWindow!
    @IBOutlet weak var mv: NSView!
    func applicationDidFinishLaunching(_ aNotification: Notification) {
        mv.layer?.backgroundColor = NSColor.blue.cgColor
        mv.addSubview(SLine(frame: CGRect(x: 0, y: 0,
            width: mv.bounds.width, height: mv.bounds.height)))
    }
    func applicationWillTerminate(_ aNotification: Notification) { }
}
class SLine: NSView {
    override func draw(_ r: CGRect) {
        let l = NSBezierPath()
        let m = 60.0
        var (xl, xh, yl, yh) = (0.0, 0.0, 0.0, 0.0)
        var (dx, dy) = (0.0, 0.0)
        var (x1, y1, xs, ys) = (0.0, 0.0, 0.0, 0.0)
        var (x0, y0, z0) = (0.0, 0.0, 0.0)
```

```
        let mesh = 100.0
        let xc = Double(r.width) / 2.0
        let yc = Double(r.height) / 2.0
        xl = -M_PI
        yl = -M_PI
        xh =  M_PI
        yh =  M_PI
        dx = (xh - xl) / mesh
        dy = (yh - yl) / mesh
        for x in stride(from: xl, to: xh + 2 * dx, by: 2 * dx) {
            sphere(u: x, v: yl, x0: &x0, y0: &y0, z0: &z0)
            x1 = y0 - x0 / 2.0
            y1 = z0 - x0 / 2.0
            for y in stride(from: yl, to: yh + dy, by: dy) {
                sphere(u: x, v: y, x0: &x0, y0: &y0, z0: &z0)
                xs = y0 - x0 / 2.0
                ys = z0 - x0 / 2.0
                l.move(to: NSPoint(x: Int(x1 * m + xc), y: Int(y1 * m + yc)))
                l.line(to: NSPoint(x: Int(xs * m + xc), y: Int(ys * m + yc)))
                x1 = xs
                y1 = ys
            }
        }
        for y in stride(from: yl, to: yh + 2 * dy, by: 2 * dy) {
            sphere(u: xl, v: y, x0: &x0, y0: &y0, z0: &z0)
            x1 = y0 - x0 / 2.0
            y1 = z0 - x0 / 2.0
            for x in stride(from: xl, to: xh + dx, by: dx) {
                sphere(u: x, v: y, x0: &x0, y0: &y0, z0: &z0)
                xs = y0 - x0 / 2.0
                ys = z0 - x0 / 2.0
                l.move(to: NSPoint(x: Int(x1 * m + xc), y: Int(y1 * m + yc)))
                l.line(to: NSPoint(x: Int(xs * m + xc), y: Int(ys * m + yc)))
                x1 = xs
                y1 = ys
            }
        }
        NSColor.cyan.set()
        l.stroke()
    }
    func sphere(u: Double, v: Double, x0: inout Double, y0: inout Double,
            z0: inout Double) {
        let r = 2.0
        x0 = r * cos(u) * cos(v)
```

```
            y0 = r * cos(u) * sin(v)
            z0 = r * sin(u)
        }
}
```

> **練習問題**

背景色を変えたり、ストローク色やストローク線幅を変えたり、線キャップや結合パターンを設定して、描画してみよう。

■ 5.2.3 フライング・ディスク模様

NSBezierPath クラスを用いて立体的なメッシュ描画を行う Mac アプリを作成してみよう。

ここでも、陰線処理はしていないが、フライング・ディスクの表面関数に変えることにより、フライング・ディスク模様を描画している。

アシスタントエディタを使ってインタフェースビルダーで描画領域として使うカスタムビューの配置は同じで、カスタムビューを右ドラッグで Swift コードに Outlet 接続し、オブジェクト名は mv とする。詳細な設定や配置などは、ダウンロード用のサンプルファイルを参照されたい。

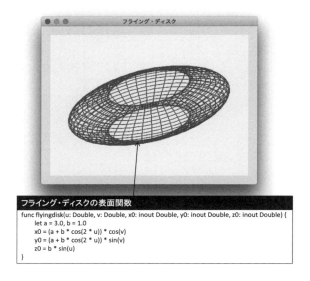

フライング・ディスクの表面関数
```
func flyingdisk(u: Double, v: Double, x0: inout Double, y0: inout Double, z0: inout Double) {
    let a = 3.0, b = 1.0
    x0 = (a + b * cos(2 * u)) * cos(v)
    y0 = (a + b * cos(2 * u)) * sin(v)
    z0 = b * sin(u)
}
```

つぎのように **NSBezierPath** クラスを使って、立体的なメッシュ描画としてフライング・ディスク模様を描画してみよう。線のアルゴリズムは、いろいろな言語でよく利用されるグラフィックスで、拙著の参考図書を参照されたい。

```swift
// Ma5-6  AppDelegate.swift  フライング・ディスク模様
import Cocoa
@NSApplicationMain
class AppDelegate: NSObject, NSApplicationDelegate {
    @IBOutlet weak var window: NSWindow!
    @IBOutlet weak var mv: NSView!
    func applicationDidFinishLaunching(_ aNotification: Notification) {
        mv.layer?.backgroundColor = NSColor.yellow.cgColor
        mv.addSubview(SLine(frame: CGRect(x: 0, y: 0,
            width: mv.bounds.width, height: mv.bounds.height)))
    }
    func applicationWillTerminate(_ aNotification: Notification) { }
}
class SLine: NSView {
    override func draw(_ r: CGRect) {
        let l = NSBezierPath()
        let m = 40.0
        var (xl, xh, yl, yh) = (0.0, 0.0, 0.0, 0.0)
        var (dx, dy) = (0.0, 0.0)
        var (x1, y1, xs, ys) = (0.0, 0.0, 0.0, 0.0)
        var (x0, y0, z0) = (0.0, 0.0, 0.0)
        let mesh = 100.0
        let xc = Double(r.width) / 2.0
        let yc = Double(r.height) / 2.0
        xl = -M_PI
        yl = -M_PI
        xh =  M_PI
        yh =  M_PI
        dx = (xh - xl) / mesh
        dy = (yh - yl) / mesh
        for x in stride(from: xl, to: xh + 2 * dx, by: 2 * dx) {
            flyingdisk(u: x, v: yl, x0: &x0, y0: &y0, z0: &z0)
            x1 = y0 - x0 / 2.0
            y1 = z0 - x0 / 2.0
            for y in stride(from: yl, to: yh + dy, by: dy) {
                flyingdisk(u: x, v: y, x0: &x0, y0: &y0, z0: &z0)
                xs = y0 - x0 / 2.0
                ys = z0 - x0 / 2.0
                l.move(to: NSPoint(x: Int(x1 * m + xc), y: Int(y1 * m + yc)))
                l.line(to: NSPoint(x: Int(xs * m + xc), y: Int(ys * m + yc)))
                x1 = xs
                y1 = ys
            }
        }
```

```
            for y in stride(from: yl, to: yh + 2 * dy, by: 2 * dy) {
                flyingdisk(u: xl, v: y, x0: &x0, y0: &y0, z0: &z0)
                x1 = y0 - x0 / 2.0
                y1 = z0 - x0 / 2.0
                for x in stride(from: xl, to: xh + dx, by: dx) {
                    flyingdisk(u: x, v: y, x0: &x0, y0: &y0, z0: &z0)
                    xs = y0 - x0 / 2.0
                    ys = z0 - x0 / 2.0
                    l.move(to: NSPoint(x: Int(x1 * m + xc), y: Int(y1 * m + yc)))
                    l.line(to: NSPoint(x: Int(xs * m + xc), y: Int(ys * m + yc)))
                    x1 = xs
                    y1 = ys
                }
            }
            NSColor.red.set()
            l.stroke()
        }
        func flyingdisk(u: Double, v: Double, x0: inout Double, y0: inout Double,
            z0: inout Double) {
            let a = 3.0, b = 1.0
            x0 = (a + b * cos(2 * u)) * cos(v)
            y0 = (a + b * cos(2 * u)) * sin(v)
            z0 = b * sin(u)
        }
    }
```

練習問題

背景色を変えたり、ストローク色やストローク線幅を変えたり、線キャップや結合パターンを設定して、描画してみよう。

5.2.4 ディスク・傘模様

NSBezierPath クラスを用いて立体的なメッシュ描画を行う Mac アプリを作成してみよう。

ここでも、陰線処理はしていないが、傘の表面関数に変えることにより、傘模様を描画している。ここで、パラメータ a、b の数値を変えることによりディスク模様にもなる。

アシスタントエディタを使ってインタフェースビルダーで描画領域として使うカスタムビューの配置は同じで、カスタムビューを右ドラッグで Swift コードに Outlet 接続し、オブジェクト名は mv とする。詳細な設定や配置などは、ダウンロード用のサンプルファイルを参照されたい。ここでは、パラメータ a、b の数値を変えた 2 つの表面関数を定義しているので、コード中の表面関数を入れ替えれば、傘模

様からディスク模様に変わる。

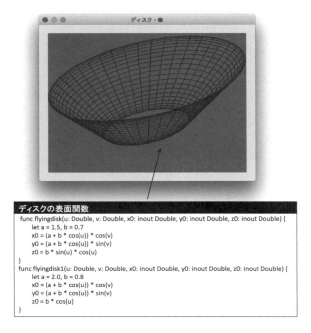

つぎのように **NSBezierPath** クラスを使って、立体的なメッシュ描画としてディスク・傘模様を描画してみよう。線のアルゴリズムは、いろいろな言語でよく利用されるグラフィックスで、拙著の参考図書を参照されたい。ここでは、パラメータ a、b の数値を変えた 2 つの表面関数を定義しているので、コード中の表面関数を入れ替えれば、傘模様からディスク模様に変わる。

```swift
// Ma5-7  AppDelegate.swift   ディスク・傘模様
import Cocoa
@NSApplicationMain
class AppDelegate: NSObject, NSApplicationDelegate {
    @IBOutlet weak var window: NSWindow!
    @IBOutlet weak var mv: NSView!
    func applicationDidFinishLaunching(_ aNotification: Notification) {
        mv.layer?.backgroundColor = NSColor.magenta.cgColor
        mv.addSubview(SLine(frame: CGRect(x: 0, y: 0,
            width: mv.bounds.width, height: mv.bounds.height)))
    }
    func applicationWillTerminate(_ aNotification: Notification) { }
}
class SLine: NSView {
    override func draw(_ r: CGRect) {
```

5.2 NSBezierPathによる立体的なメッシュ描画

```swift
let l = NSBezierPath()
let m = 70.0
var (xl, xh, yl, yh) = (0.0, 0.0, 0.0, 0.0)
var (dx, dy) = (0.0, 0.0)
var (x1, y1, xs, ys) = (0.0, 0.0, 0.0, 0.0)
var (x0, y0, z0) = (0.0, 0.0, 0.0)
let mesh = 90.0
let xc = Double(r.width) / 2.0
let yc = Double(r.height) / 2.0
xl = -M_PI
yl = -M_PI
xh =  M_PI
yh =  M_PI
dx = (xh - xl) / mesh
dy = (yh - yl) / mesh
for x in stride(from: xl, to: xh + 2 * dx, by: 2 * dx) {
    flyingdisk1(u: x, v: yl, x0: &x0, y0: &y0, z0: &z0)
    x1 = y0 - x0 / 2.0
    y1 = z0 - x0 / 2.0
    for y in stride(from: yl, to: yh + dy, by: dy) {
        flyingdisk1(u: x, v: y, x0: &x0, y0: &y0, z0: &z0)
        xs = y0 - x0 / 2.0
        ys = z0 - x0 / 2.0
        l.move(to: NSPoint(x: Int(x1 * m + xc), y: Int(y1 * m + yc)))
        l.line(to: NSPoint(x: Int(xs * m + xc), y: Int(ys * m + yc)))
        x1 = xs
        y1 = ys
    }
}
for y in stride(from: yl, to: yh + 2 * dy, by: 2 * dy) {
    flyingdisk1(u: xl, v: y, x0: &x0, y0: &y0, z0: &z0)
    x1 = y0 - x0 / 2.0
    y1 = z0 - x0 / 2.0
    for x in stride(from: xl, to: xh + dx, by: dx) {
        flyingdisk1(u: x, v: y, x0: &x0, y0: &y0, z0: &z0)
        xs = y0 - x0 / 2.0
        ys = z0 - x0 / 2.0
        l.move(to: NSPoint(x: Int(x1 * m + xc), y: Int(y1 * m + yc)))
        l.line(to: NSPoint(x: Int(xs * m + xc), y: Int(ys * m + yc)))
        x1 = xs
        y1 = ys
    }
}
NSColor.blue.set()
```

```
            l.stroke()
        }
    func flyingdisk(u: Double, v: Double, x0: inout Double, y0: inout Double,
            z0: inout Double) {
        let a = 1.5, b = 0.7
        x0 = (a + b * cos(u)) * cos(v)
        y0 = (a + b * cos(u)) * sin(v)
        z0 = b * sin(u) * cos(u)
    }
    func flyingdisk1(u: Double, v: Double, x0: inout Double, y0: inout Double,
        z0: inout Double) {
        let a = 2.0, b = 0.8
        x0 = (a + b * cos(u)) * cos(v)
        y0 = (a + b * cos(u)) * sin(v)
        z0 = b * cos(u)
    }
}
```

練習問題

　背景色を変えたり、ストローク色やストローク線幅を変えたり、線キャップや結合パターンを設定して、描画してみよう。また、パラメータ a、b の数値を変えることによりいろいろな模様にもなるので、試してみよう。

5.2.5　プレッツェル模様

　NSBezierPath クラスを用いて立体的なメッシュ描画を行う Mac アプリを作成してみよう。

　ここでも、陰線処理はしていないが、プレッツェルの表面関数に変えることにより、プレッツェル模様を描画している。プレッツェルとは、アメリカのねじれた焼き菓子で、レーガン元大統領が食べてのどを詰まらせたことでも有名になったスナックである。

　アシスタントエディタを使ってインタフェースビルダーで描画領域として使うカスタムビューの配置は同じで、カスタムビューを右ドラッグで Swift コードに Outlet 接続し、オブジェクト名は mv とする。詳細な設定や配置などは、ダウンロード用のサンプルファイルを参照されたい。

5.2 NSBezierPath による立体的なメッシュ描画

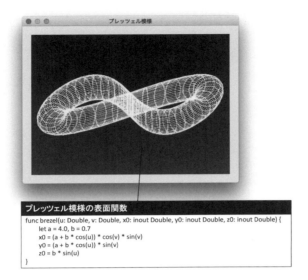

つぎのように **NSBezierPath** クラスを使って、立体的なメッシュ描画としてプレッツェル模様を描画してみよう。線のアルゴリズムは、いろいろな言語でよく利用されるグラフィックスで、拙著の参考図書を参照されたい。

```
// Ma5-8  AppDelegate.swift  プレッツェル模様
import Cocoa
@NSApplicationMain
class AppDelegate: NSObject, NSApplicationDelegate {
    @IBOutlet weak var window: NSWindow!
    @IBOutlet weak var mv: NSView!
    func applicationDidFinishLaunching(_ aNotification: Notification) {
        blueBack()
        mv.addSubview(SLine(frame: CGRect(x: 0, y: 0,
            width: mv.bounds.width, height: mv.bounds.height)))
    }
    func applicationWillTerminate(_ aNotification: Notification) { }
    func blueBack() {
        var v : GV
        let w = mv.bounds.width
        let h = mv.bounds.height
        for y in stride(from: CGFloat(0), through: h, by: CGFloat(1))  {
            v = GV(frame: CGRect(x: 0, y: y, width: w, height: y + 1))
            v.b = CGFloat( Double(h - y) / Double(h) )
            mv.addSubview(v)
        }
```

第 5 章 グラフィックスの基礎

```
        }
    }
    class SLine: NSView {
        override func draw(_ r: CGRect) {
            let l = NSBezierPath()
            let m = 40.0
            var (xl, xh, yl, yh) = (0.0, 0.0, 0.0, 0.0)
            var (dx, dy) = (0.0, 0.0)
            var (x1, y1, xs, ys) = (0.0, 0.0, 0.0, 0.0)
            var (x0, y0, z0) = (0.0, 0.0, 0.0)
            let mesh = 90.0
            let xc = Double(r.width) / 2.0
            let yc = Double(r.height) / 2.0
            xl = -M_PI
            yl = -M_PI
            xh =  M_PI
            yh =  M_PI
            dx = (xh - xl) / mesh
            dy = (yh - yl) / mesh
            for x in stride(from: xl, to: xh + 2 * dx, by: 2 * dx) {
                brezel(u: x, v: yl, x0: &x0, y0: &y0, z0: &z0)
                x1 = y0 - x0 / 2.0
                y1 = z0 - x0 / 2.0
                for y in stride(from: yl, to: yh + dy, by: dy) {
                    brezel(u: x, v: y, x0: &x0, y0: &y0, z0: &z0)
                    xs = y0 - x0 / 2.0
                    ys = z0 - x0 / 2.0
                    l.move(to: NSPoint(x: Int(x1 * m + xc), y: Int(y1 * m + yc)))
                    l.line(to: NSPoint(x: Int(xs * m + xc), y: Int(ys * m + yc)))
                    x1 = xs
                    y1 = ys
                }
            }
            for y in stride(from: yl, to: yh + 2 * dy, by: 2 * dy) {
                brezel(u: xl, v: y, x0: &x0, y0: &y0, z0: &z0)
                x1 = y0 - x0 / 2.0
                y1 = z0 - x0 / 2.0
                for x in stride(from: xl, to: xh + dx, by: dx) {
                    brezel(u: x, v: y, x0: &x0, y0: &y0, z0: &z0)
                    xs = y0 - x0 / 2.0
                    ys = z0 - x0 / 2.0
                    l.move(to: NSPoint(x: Int(x1 * m + xc), y: Int(y1 * m + yc)))
                    l.line(to: NSPoint(x: Int(xs * m + xc), y: Int(ys * m + yc)))
                    x1 = xs
```

```
                y1 = ys
            }
        }
        NSColor.yellow.set()
        l.stroke()
    }
    func brezel(u: Double, v: Double, x0: inout Double, y0: inout Double,
            z0: inout Double) {
        let a = 4.0, b = 0.7
        x0 = (a + b * cos(u)) * cos(v) * sin(v)
        y0 = (a + b * cos(u)) * sin(v)
        z0 = b * sin(u)
    }
}
class GV: NSView {
    var rr = CGFloat(0.0)
    var g = CGFloat(0.0)
    var b = CGFloat(0.0)
    var a = CGFloat(1.0)
    override func draw(_ r: CGRect) {
        NSColor(red: rr, green: g, blue: b, alpha: a).set()
        NSBezierPath(rect: r).fill()
    }
}
```

練習問題

背景色を変えたり、ストローク色やストローク線幅を変えたり、線キャップや結合パターンを設定して、描画してみよう。

第6章
グラフィックスコンテキストと錯視への応用

NSBezierPath クラスによる簡単なグラフィックスを説明したが、後で説明する **SceneKit** クラスは、3D グラフィックス作成のための物理エンジンや描画、照明などの API が提供されて、ゲームなどに応用されている。

ここでは、描画エンジンとしての Core Graphics フレームワークについて説明する。これは Quartz 2D とも呼ばれ、2D グラフィックスのための API を提供している。画像編集など細かい作業には Core Graphics フレームワークが必要である。**グラフィックスコンテキスト**による簡単な図形描画について説明する。非常に複雑であるが、詳細なグラフィックス描画が可能なので、ここではこの利点を生かし、いろいろな錯視として、ミュラー・リヤー錯視やポンゾ錯視、エーレンシュタイン錯視、デルブーフ錯視の描画に応用した。

6.1 Core Graphics フレームワークによるグラフィックス描画

■6.1.1 NSGraphicsContext クラスによるグラフィックスコンテキスト

AppKit フレームワークは、つぎのような **NSGraphicsContext** クラスを用いて、グラフィックス構成をなすグラフィックスコンテキストを表現するオブジェクトへのプログラムインタフェースを定義している。このグラフィックスコンテキストからデバイスに依存した描画構成のための**コアグラフィックスコンテキスト**（Core Graphics context）の **CGContext** クラスを呼び出せる。

第 6 章　グラフィックスコンテキストと錯視への応用

NSGraphicsContext クラス （← NSObject + *CVarArg, Equatable, Hashable*）

■ class func **current**() -> NSGraphicsContext?
現在のスレッドの現在のグラフィックスコンテキストを返す。

○ var **cgContext**: CGContext
低水準のプラットホーム依存のコアグラフィックスコンテキストを取得する。

ここで重要なキーワードは**グラフィックスコンテキスト**と**コアグラフィックスコンテキスト**である。つぎのように、**NSGraphicsContext** クラスの型メソッド **current**() を使ってグラフィックスコンテキストを取得する。そのプロパティ **cgContext** を用いて **CGContext** クラスのオブジェクトを取得する。**CGContext** クラスのメソッドを使って実装することになる。

```
let ct = NSGraphicsContext.current()?.cgContext    ←CGContextオブジェクトの取得
```

CGContext は Quartz 2D 描画の環境を管理する、コアグラフィックスコンテキストで、つぎのような Quartz 2D 描画の基本的なメソッドが定義されている。

CGContext クラス：Quartz2D 描画環境

▽ func **beginPath**()
グラフィックスコンテキストの新しい空のパスを生成する。

▽ func **closePath**()
現在のサブパスを閉じて打ち切る。

▽ func **move**(to: CGPoint)
指定位置 CGPoint に移動してその位置から新しいサブパスを始める。

▽ func **addLine**(to: CGPoint)
現在位置から指定位置 CGPoint まで直線を追加する。

▽ func **addRect**(CGRect)
現在のパスに指定長方形パス CGRect を追加する。

▽ func **addEllipse**(in: CGRect)
現在のパスに指定長方形パス CGRect に内接する楕円を追加する。

▽ func **addArc**(center: CGPoint, radius: CGFloat, startAngle: CGFloat,
　　　　endAngle: CGFloat, clockwise: Bool)
現在のパスに中心、半径、開始角、終了角、時計回りで指定された円弧を追加する。

▽ func **setLineWidth**(CGFloat)
線幅を CGFloat で設定する。

▽ func **setLineCap**(CGLineCap)
　線端のスタイルを CGLineCap で指定する。
▽ func **setLineDash**(phase: CGFloat, lengths: [CGFloat])
　破線を描くための線種パターンを設定する。
▽ func **setLineJoin**(CGLineJoin)
　結合された線の結合スタイルを CGLineJoin で指定する。
▽ func **setShadow**(offset: CGSize, blur: CGFloat, color: CGColor?)
　オフセット、ぼかし、色で指定された影を設定する。
▽ func **drawPath**(using: CGPathDrawingMode)
　指定描画モード CGPathDrawingMode 列挙型（.stroke や .fill など）を使い現在のパスを描く。
▽ func **strokePath**()
　現在のパスに沿って線を描く。
▽ func **fillPath**(using: CGPathFillRule)
　塗り込みルール CGPathFillRule を用いて、現在のパスの領域を塗り込む。

線色や塗り込み色は、つぎのような **NSColor** クラスのメソッドで設定できる。

NSColor クラス（← NSObject + CVarArg, Equatable, Hashable など）

▽ func **setStroke**()
　指定された色を線（ストロークと呼ぶ）色に設定する。

```
NSColor.blue.setStroke()            ←青色をストローク色にする
```

▽ func **setFill**()
　指定された色を塗り込み（フィルと呼ぶ）色に設定する。

```
NSColor.red.setFill()               ←赤色をフィル色にする
```

■6.1.2　はじめてのグラフィックスコンテキスト

つぎのようにカスタムビューの背景を白色にして、グラフィックスコンテキストから取得したコアグラフィックスコンテキストを用いて日の丸のように赤い円を描いてみる Mac アプリを作成してみよう。

第6章　グラフィックスコンテキストと錯視への応用

　まずは、アシスタントエディタを使ってインタフェースビルダーで描画領域として使うカスタムビューの配置は第5章と同じで、カスタムビューを右ドラッグでSwiftコードにOutlet接続し、オブジェクト名はmvとする。詳細な設定や配置などは、ダウンロード用のサンプルファイルを参照されたい。

　Macアプリにある AppDelegate.swift のデフォルトのスケルトンコードに、つぎのようなコードを追加して、**NSView**クラスのサブクラスとしてCircleViewクラスをユーザ定義してみよう。

　コアグラフィックスコンテキストの使い方として、たとえば、赤い円はつぎのようにして作成できる。まず、**NSView**クラスのサブクラスとしてCircleViewクラスをユーザ定義する。そして、**NSView**クラスの**draw**(_ r: CGRect) メソッドをオーバーライドして、グラフィックスコンテキストからCGContextオブジェクトを取得する。**CGContext**クラスのメソッドを使って実装することになる。

```
class CircleView: NSView {              ←NSViewクラスのサブクラスとしてCircleViewクラスをユーザ定義
    override func draw(_ r: CGRect) {   ←NSViewクラスのメソッドをオーバーライド
        let ct = NSGraphicsContext.current()?.cgContext  ←コアグラフィックスコンテキストの取得
        NSColor.red.setFill()           ←塗り込み色を赤色にする
        ct?.addEllipse(in: r)           ←長方形領域rに内接する楕円をパスに追加
        ct?.fillPath()                  ←パスを塗り込む
    }
}
```

　このようにしてコアグラフィックスコンテキストで実装されたCircleViewクラスのインスタンスを、つぎのように長方形領域CGRect(x: w / 2 - r, y: h / 2 - r, width: 2 * r, height: 2 * r) を指定し、カスタムビューにサブビューとしてCircleViewのビューを追加する。これで、その指定場所に描画されることになる。

```
    @IBOutlet weak var mv: NSView!         ←Outlet接続されたカスタムビューのオブジェクト設定
    let w  = mv.bounds.width               ←カスタムビュー幅の取得
```

```
        let h  = mv.bounds.height         ←カスタムビュー高さの取得
        let r = CGFloat(80)                ←円の半径を80に設定
        let cv = CircleView(frame: CGRect(x: w / 2 - r, y: h / 2 - r,
            width: 2 * r, height: 2 * r))  ←カスタムビュー領域の中心に長方形領域を設定
        mv.addSubview(cv)                  ←CircleViewをカスタムビューにサブビューとして追加する
```

つぎのようにカスタムビューの背景を白色にして、グラフィックスコンテキストから取得したコアグラフィックスコンテキストを用いて日の丸のように赤い円を描くプログラムを作成してみよう。

```
// Ma6-1 AppDelegate.swift  はじめてのグラフィックスコンテキスト
import Cocoa
@NSApplicationMain
class AppDelegate: NSObject, NSApplicationDelegate {
    @IBOutlet weak var window: NSWindow!
    @IBOutlet weak var mv: NSView!
    func applicationDidFinishLaunching(_ aNotification: Notification) {
        let w  = mv.bounds.width
        let h  = mv.bounds.height
        let r = CGFloat(80)
        mv.layer?.backgroundColor = NSColor.white.cgColor
        let cv = CircleView(frame: CGRect(x: w / 2 - r, y: h / 2 - r,
            width: 2 * r, height: 2 * r))
        mv.addSubview(cv)
    }
    func applicationWillTerminate(_ aNotification: Notification) { }
}
class CircleView: NSView {
    override func draw(_ r: CGRect) {
        let ct = NSGraphicsContext.current()?.cgContext
        NSColor.red.setFill()
        ct?.addEllipse(in: r)
        ct?.fillPath()
    }
}
```

練習問題

日の丸のような赤い円を描いたが、コアグラフィックスコンテキストの色を変えたり、円に輪郭を付けたり、背景色を変えた Mac アプリを作成してみよう。

■ 6.1.3 グラフィックスコンテキストによる直線の描き方

グラフィックスコンテキストから取得したコアグラフィックスコンテキストを用いて、直線を描いてみよう。ここでは、線幅を変えたり、線の端（Cap：帽子）の形状スタイルを丸くする設定をしてみよう。

アシスタントエディタを使ってインタフェースビルダーで描画領域として使うカスタムビューの配置は同じで、ここでは、線端の形状スタイルの説明のためのラベルも追加した。

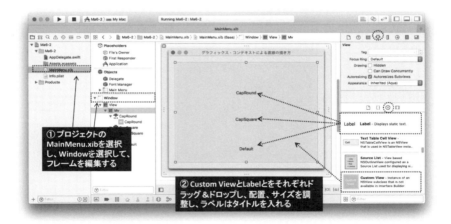

カスタムビューを右ドラッグで Swift コードに Outlet 接続し、オブジェクト名は mv とする。詳細な設定や配置などは、ダウンロード用のサンプルファイルを参照されたい。

6.1 Core Graphics フレームワークによるグラフィックス描画

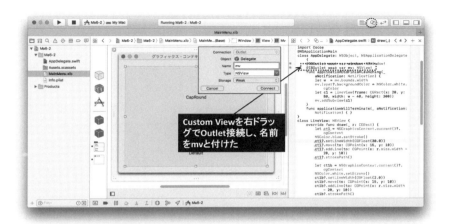

MacアプリにあるAppDelegate.swiftのデフォルトのスケルトンコードに、つぎのようなコードを追加して、線幅を変えたり、線端の形状スタイルを変えて直線を描くMacアプリを作成してみよう。

直線の設定のしかたは、これまでと同様で、グラフィックスコンテキストからCGContextオブジェクトを取得する。色を青に指定して、**setLineWidth**(CGFloat(30.0))メソッドで線幅を30ピクセル値に設定した。パスとして、**move**(to: CGPoint(x: x0, y: y0))メソッドで開始点まで描かないで移動する。その開始点(x0, y0)から**addLine**(to: CGPoint(x: x1, y: y1))メソッドで指定された点(x1, y1)までの直線をパスに追加する。最後に、**strokePath**()メソッドで、現在のパスに沿って指定された色と線幅で線を描いている。

```
let ct = NSGraphicsContext.current()?.cgContext  ←CGContextオブジェクトの取得
NSColor.blue.setStroke()                         ←塗り込み色を青色にする
ct?.setLineWidth(CGFloat(30.0))                  ←線幅を30ピクセルに設定
ct?.move(to: CGPoint(x: x0, y: y0))              ←開始点(x0, y0)まで描かないで移動する
ct?.addLine(to: CGPoint(x: x1, y: y1))           ←指定点(x1, y1)までの線をパスに追加する
ct?.strokePath()                                 ←現在のパスに沿って線を描く
```

また、線端の形状スタイルを変えたいときには、**CGContext**クラスの**setLineCap(CGLineCap)**メソッドを使う。引数は**CGLineCap**列挙型で、つぎのようなメンバーで線端の形状スタイルを設定する。

CGLineCap 列挙型

case **butt**
　線を端で四角にカットする（デフォルト）。

case **round**

線端を線幅半分の半径で丸くなった半円を足し、その分だけはみ出る。

case **square**

線端で四角にカットするが、線幅半分を端に追加する。

たとえば、つぎのようにコアグラフィックスコンテキストである **CGContext** クラスのオブジェクト ct を用いて、線端の形状スタイルを **CGLineCap** 列挙型で指定して **setLineCap**(CGLineCap) メソッドを呼び出す。

```
ct?.setLineCap(.round)      ←線端の形状スタイルを余分に線を追加して半円に設定
ct?.setLineCap(.square)     ←線端の形状スタイルを余分に線を追加して四角形に設定
```

いろいろな色で、線幅を太くし、線端の形状も変えて、直線を引いてみよう。グラフィックスコンテキストはコードが長くなるが、このように細かい指定が可能となり、線端部を自分で作成するとなると大変である。その意味でコアグラフィックスコンテキストは便利となる。

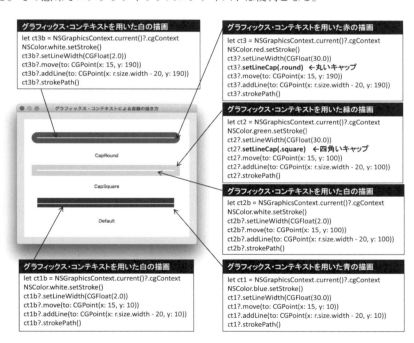

Custom View の背景を白色にして、グラフィックスコンテキストのコアグラフィックスコンテキストを用いて線幅を変えたり、線端の形状スタイルを変えて直線を描く Mac アプリを作成してみよう。

6.1 Core Graphics フレームワークによるグラフィックス描画

ここでは、線の指定の基準となる元線を白い線で描いたので、線幅を変えたり、線端の形状スタイルを変えるとどのようにはみ出し部分が変わるかを比較できるようにした。

```swift
//Ma6-2  AppDelegate.swift   グラフィックスコンテキストによる直線の描き方
import Cocoa
@NSApplicationMain
class AppDelegate: NSObject, NSApplicationDelegate {
    @IBOutlet weak var window: NSWindow!
    @IBOutlet weak var mv: NSView!
    func applicationDidFinishLaunching(_ aNotification: Notification) {
        let w  = mv.bounds.width
        mv.layer?.backgroundColor = NSColor.white.cgColor
        let c1 = LineView(frame: CGRect(x: 20, y: 80, width: w - 40, height: 300))
        mv.addSubview(c1)
    }
    func applicationWillTerminate(_ aNotification: Notification) { }
}
class LineView: NSView {
    override func draw(_ r: CGRect) {
        let ct1 = NSGraphicsContext.current()?.cgContext
        NSColor.blue.setStroke()
        ct1?.setLineWidth(CGFloat(30.0))
        ct1?.move(to: CGPoint(x: 15, y: 10))
        ct1?.addLine(to: CGPoint(x: r.size.width - 20, y: 10))
        ct1?.strokePath()
        
        let ct1b = NSGraphicsContext.current()?.cgContext
        NSColor.white.setStroke()
        ct1b?.setLineWidth(CGFloat(2.0))
        ct1b?.move(to: CGPoint(x: 15, y: 10))
        ct1b?.addLine(to: CGPoint(x: r.size.width - 20, y: 10))
        ct1b?.strokePath()
        
        let ct2 = NSGraphicsContext.current()?.cgContext
        NSColor.green.setStroke()
        ct2?.setLineWidth(CGFloat(30.0))
        ct2?.setLineCap(.square)
        ct2?.move(to: CGPoint(x: 15, y: 100))
        ct2?.addLine(to: CGPoint(x: r.size.width - 20, y: 100))
        ct2?.strokePath()
        
        let ct2b = NSGraphicsContext.current()?.cgContext
        NSColor.white.setStroke()
        ct2b?.setLineWidth(CGFloat(2.0))
```

```
            ct2b?.move(to: CGPoint(x: 15, y: 100))
            ct2b?.addLine(to: CGPoint(x: r.size.width - 20, y: 100))
            ct2b?.strokePath()
            
            let ct3 = NSGraphicsContext.current()?.cgContext
            NSColor.red.setStroke()
            ct3?.setLineWidth(CGFloat(30.0))
            ct3?.setLineCap(.round)
            ct3?.move(to: CGPoint(x: 15, y: 190))
            ct3?.addLine(to: CGPoint(x: r.size.width - 20, y: 190))
            ct3?.strokePath()
            
            let ct3b = NSGraphicsContext.current()?.cgContext
            NSColor.white.setStroke()
            ct3b?.setLineWidth(CGFloat(2.0))
            ct3b?.move(to: CGPoint(x: 15, y: 190))
            ct3b?.addLine(to: CGPoint(x: r.size.width - 20, y: 190))
            ct3b?.strokePath()
    }
}
```

練習問題

背景色や線色、線幅を変えたり、線端の形状スタイルを変えて、線がどのように変わるか試す Mac アプリを作成してみよう。

6.1.4 ミュラー・リヤー錯視の作り方

直線のグラフィックスコンテキストを用いて、ミュラー・リヤー錯視を作成してみよう。ミュラー・リヤー錯視とは、2つの同じ長さの線分の両端に矢印を付けるとき、矢印の向きによって線分が短く見えたり、長く見える有名な錯視現象である。

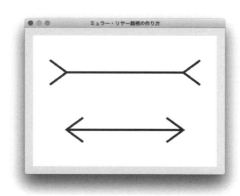

アシスタントエディタを使ってインタフェースビルダーで描画領域として使うカスタムビューの配置は同じで、カスタムビューを右ドラッグで Swift コードに Outlet 接続し、オブジェクト名は mv とする。詳細な設定や配置などは、ダウンロード用のサンプルファイルを参照されたい。

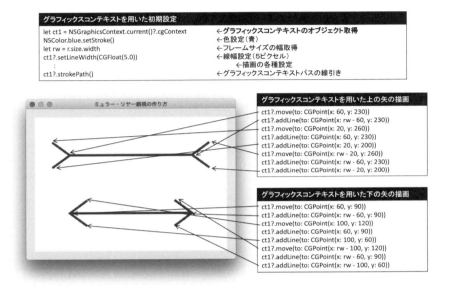

Mac アプリにある AppDelegate.swift のデフォルトのスケルトンコードに、つぎのようなコードを追加して、ミュラー・リヤー錯視の Mac アプリを作成してみよう。ここでは、コアグラフィックスコンテキストの直線の設定のしかたは、前回と同じで、**move**(to: CGPoint) メソッドと **addLine**(to: CGPoint) メソッドの繰り返しになる。最後に、**strokePath**() メソッドで、現在のパスに沿って指定された色と線幅で線を描いている。

```
//Ma6-3  AppDelegate.swift   ミュラー・リヤー錯視の作り方
import Cocoa
@NSApplicationMain
class AppDelegate: NSObject, NSApplicationDelegate {
    @IBOutlet weak var window: NSWindow!
    @IBOutlet weak var mv: NSView!
    func applicationDidFinishLaunching(_ aNotification: Notification) {
        let w  = mv.bounds.width
        mv.layer?.backgroundColor = NSColor.white.cgColor
        let c1 = LineView(frame: CGRect(x: 20, y: 0, width: w - 40, height: 300))
        mv.addSubview(c1)
    }
    func applicationWillTerminate(_ aNotification: Notification) { }
```

```
}
class LineView: NSView {
    override func draw(_ r: CGRect) {
        let ct1 = NSGraphicsContext.current()?.cgContext
        NSColor.blue.setStroke()
        let rw = r.size.width
        ct1?.setLineWidth(CGFloat(5.0))
        ct1?.move(to: CGPoint(x: 60, y: 230))
        ct1?.addLine(to: CGPoint(x: rw - 60, y: 230))
        ct1?.move(to: CGPoint(x: 20, y: 260))
        ct1?.addLine(to: CGPoint(x: 60, y: 230))
        ct1?.addLine(to: CGPoint(x: 20, y: 200))
        ct1?.move(to: CGPoint(x: rw - 20, y: 260))
        ct1?.addLine(to: CGPoint(x: rw - 60, y: 230))
        ct1?.addLine(to: CGPoint(x: rw - 20, y: 200))
        ct1?.move(to: CGPoint(x: 60, y: 90))
        ct1?.addLine(to: CGPoint(x: rw - 60, y: 90))
        ct1?.move(to: CGPoint(x: 100, y: 120))
        ct1?.addLine(to: CGPoint(x: 60, y: 90))
        ct1?.addLine(to: CGPoint(x: 100, y: 60))
        ct1?.move(to: CGPoint(x: rw - 100, y: 120))
        ct1?.addLine(to: CGPoint(x: rw - 60, y: 90))
        ct1?.addLine(to: CGPoint(x: rw - 100, y: 60))
        ct1?.strokePath()
    }
}
```

練習問題

これらのコアグラフィックスコンテキストを応用して、別な錯視現象の Mac アプリを作成してみよう。

6.2 グラフィックスコンテキストにおける線結合

6.2.1 三角形における線結合

グラフィックスコンテキストから取得したコアグラフィックスコンテキストを用いて、直線の線幅や線端形状を変えることができたが、ここでは、三角形を描画し、その頂点での接合状態を変える Mac アプリを作成してみよう。

6.2 グラフィックスコンテキストにおける線結合

　太い線で線を鋭角で接合すると先端部分がはみ出してしまい、綺麗に結合部を形成できない。木工作でははみ出した部分を鉋で削ることになる。結合スタイルとして、斜め継ぎ、そぎ継ぎ（面取り）、丸め継ぎ（丸め）があるが、つぎのようにコアグラフィックスコンテキストを使えば、簡単に指定できる。先のミュラー・リヤー錯視のアプリで、矢の先端が綺麗になっていたのは、デフォルトでここでの斜め継ぎの結合スタイルが使われていたためである。

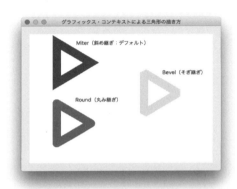

　まず、アシスタントエディタを使ってインタフェースビルダーで描画領域として使うカスタムビューの配置は同じで、ここでは、線の結合スタイルの説明のためのラベルも追加した。

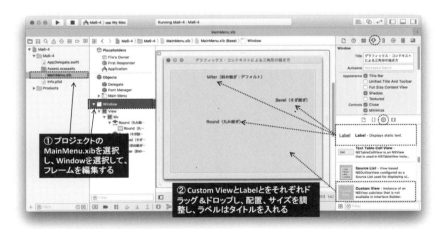

　カスタムビューを右ドラッグで Swift コードに Outlet 接続し、オブジェクト名は mv とする。詳細な設定や配置などは、ダウンロード用のサンプルファイルを参照されたい。

　Mac アプリにある `AppDelegate.swift` のデフォルトのスケルトンコードに、つぎのようなコードを追加して、線幅を変え、線の結合スタイルを変えて三角形を描く Mac アプリを作成してみよう。

　三角形のように線同士が頂点で接合したときの線の重なりをどのように処理（木材であれば鉋で削り落とす削り方）するかのスタイルを設定するには、つぎのような **CGLineJoin** 列挙型で指定する。

CGLineJoin 列挙型

case **miter**
斜め継ぎの結合スタイルで角が尖る(デフォルト)。

case **round**
丸め継ぎの結合スタイルで角が丸くなる。

case **bevel**
そぎ継ぎの結合スタイルで角が平らにカットされる。

たとえば、コアグラフィックスコンテキストをそぎ継ぎの結合スタイルで指定するには、つぎのように設定する。

```
ct?.setLineJoin(.bevel)          ←線の結合スタイルをそぎ継ぎに設定
```

赤い三角形を線幅 20 で丸め継ぎで描くには、つぎのように **addLine**(to: CGPoint) メソッドを使って直線を 3 回引くことになる。

```
let ct = NSGraphicsContext.current()?.cgContext      ←CGContextオブジェクトの取得
NSColor.red.setStroke()          ←塗り込み色を赤色にする
ct?.setLineWidth(CGFloat(20.0))  ←線幅を20ピクセルに設定
ct?.setLineJoin(.round)          ←線の結合スタイルを丸め継ぎに設定
ct?.move(to: CGPoint(x: r.width / 4.0, y: r.height / 4.0))      ←頂点1まで移動する
ct?.addLine(to: CGPoint(x: r.width * 2.5 / 4.0, y: r.height / 2.0))
                                 ←頂点2までの線をパスに追加
ct?.addLine(to: CGPoint(x: r.width / 4.0, y: r.height * 3.0 / 4.0))
                                 ←頂点3までの線をパスに追加
ct?.addLine(to: CGPoint(x: r.width / 4.0, y: r.height / 4.0))
                                 ←頂点1までの線をパスに追加
ct?.closePath()                  ←現在のパスを閉じる
ct?.strokePath()                 ←指定されたパスに沿って線を描く
```

6.2 グラフィックスコンテキストにおける線結合

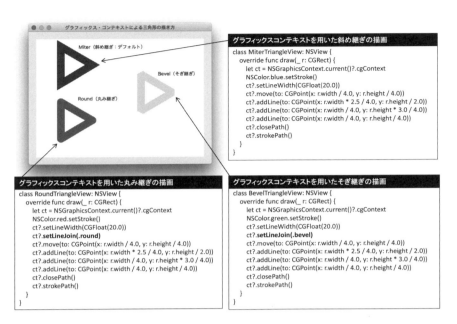

3つの三角形を指定し、頂点での3種類の接合スタイルを確かめるアプリを、つぎのようなプログラムで作成した。

```swift
// Ma6-4 AppDelegate.swift  グラフィックスコンテキストによる四角形と円描画
import Cocoa
@NSApplicationMain
class AppDelegate: NSObject, NSApplicationDelegate {
    @IBOutlet weak var window: NSWindow!
    @IBOutlet weak var mv: NSView!
    func applicationDidFinishLaunching(_ aNotification: Notification) {
        let w  = mv.bounds.width
        mv.layer?.backgroundColor = NSColor.white.cgColor
        let t1 = MiterTriangleView(frame: CGRect(x: 10, y: 150,
            width: w / 2, height: 200))
        mv.addSubview(t1)
        let t2 = RoundTriangleView(frame: CGRect(x: 10, y: 0,
            width: w / 2, height: 200))
        mv.addSubview(t2)
        let t3 = BevelTriangleView(frame: CGRect(x: w / 2, y: 75,
            width: w / 2, height: 200))
        mv.addSubview(t3)
    }
    func applicationWillTerminate(_ aNotification: Notification) { }
```

```
}
class MiterTriangleView: NSView {
    override func draw(_ r: CGRect) {
        let ct = NSGraphicsContext.current()?.cgContext
        NSColor.blue.setStroke()
        ct?.setLineWidth(CGFloat(20.0))
        ct?.move(to: CGPoint(x: r.width / 4.0, y: r.height / 4.0))
        ct?.addLine(to: CGPoint(x: r.width * 2.5 / 4.0, y: r.height / 2.0))
        ct?.addLine(to: CGPoint(x: r.width / 4.0, y: r.height * 3.0 / 4.0))
        ct?.addLine(to: CGPoint(x: r.width / 4.0, y: r.height / 4.0))
        ct?.closePath()
        ct?.strokePath()
    }
}
class RoundTriangleView: NSView {
    override func draw(_ r: CGRect) {
        let ct = NSGraphicsContext.current()?.cgContext
        NSColor.red.setStroke()
        ct?.setLineWidth(CGFloat(20.0))
        ct?.**setLineJoin**(**.round**)
        ct?.move(to: CGPoint(x: r.width / 4.0, y: r.height / 4.0))
        ct?.addLine(to: CGPoint(x: r.width * 2.5 / 4.0, y: r.height / 2.0))
        ct?.addLine(to: CGPoint(x: r.width / 4.0, y: r.height * 3.0 / 4.0))
        ct?.addLine(to: CGPoint(x: r.width / 4.0, y: r.height / 4.0))
        ct?.closePath()
        ct?.strokePath()
    }
}
class BevelTriangleView: NSView {
    override func draw(_ r: CGRect) {
        let ct = NSGraphicsContext.current()?.cgContext
        NSColor.green.setStroke()
        ct?.setLineWidth(CGFloat(20.0))
        ct?.**setLineJoin**(**.bevel**)
        ct?.move(to: CGPoint(x: r.width / 4.0, y: r.height / 4.0))
        ct?.addLine(to: CGPoint(x: r.width * 2.5 / 4.0, y: r.height / 2.0))
        ct?.addLine(to: CGPoint(x: r.width / 4.0, y: r.height * 3.0 / 4.0))
        ct?.addLine(to: CGPoint(x: r.width / 4.0, y: r.height / 4.0))
        ct?.closePath()
        ct?.strokePath()
    }
}
```

> **練習問題**

三角形として、正三角形や二等辺三角形、直角三角形など、学校で習ういろいろ三角形や多角形を描く Mac アプリを作成してみよう。

■ 6.2.2　ポンゾ錯視の作り方

直線や三角形の一部のグラフィックスコンテキストを用いて、ポンゾ錯視を作成してみよう。ポンゾ錯視とは、図のように２つの線や２つの丸はそれぞれ同じ長さ・同じ大きさであるが、頂点に近い方が長く、より大きく見える錯視現象である。

アシスタントエディタを使ってインタフェースビルダーで描画領域として使うカスタムビューの配置は同じで、カスタムビューを右ドラッグで Swift コードに Outlet 接続し、オブジェクト名は mv とする。詳細な設定や配置などは、ダウンロード用のサンプルファイルを参照されたい。

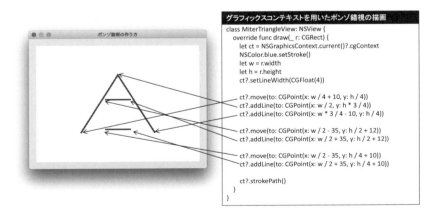

Mac アプリにある `AppDelegate.swift` のデフォルトのスケルトンコードに、つぎのようなコー

第 6 章　グラフィックスコンテキストと錯視への応用

ドを追加して、ポンゾ錯視の Mac アプリを作成してみよう。ここでは、コアグラフィックスコンテキストの直線の設定のしかたは、前回と同じで、**move**(to: CGPoint) メソッドと **addLine**(to: CGPoint) メソッドの繰り返しになる。最後に、**strokePath**() メソッドで、現在のパスに沿って指定された色と線幅で線を描いている。また、線の結合スタイルは、デフォルトの斜め継ぎを使っているので、コード設定はなく頂点が尖って見える。

```swift
// Ma6-5  AppDelegate.swift   ポンゾ錯視の作り方
import Cocoa
@NSApplicationMain
class AppDelegate: NSObject, NSApplicationDelegate {
    @IBOutlet weak var window: NSWindow!
    @IBOutlet weak var mv: NSView!
    func applicationDidFinishLaunching(_ aNotification: Notification) {
        let w = mv.bounds.width
        let h = mv.bounds.height
        mv.layer?.backgroundColor = NSColor.white.cgColor
        let t = MiterTriangleView(frame: CGRect(x: 0, y: 0, width: w, height: h))
        mv.addSubview(t)
    }
    func applicationWillTerminate(_ aNotification: Notification) { }
}
class MiterTriangleView: NSView {
    override func draw(_ r: CGRect) {
        let ct = NSGraphicsContext.current()?.cgContext
        NSColor.blue.setStroke()
        let w = r.width
        let h = r.height
        ct?.setLineWidth(CGFloat(4))
        ct?.move(to: CGPoint(x: w / 4 + 10, y: h / 4))
        ct?.addLine(to: CGPoint(x: w / 2, y: h * 3 / 4))
        ct?.addLine(to: CGPoint(x: w * 3 / 4 - 10, y: h / 4))
        
        ct?.move(to: CGPoint(x: w / 2 - 35, y: h / 2 + 12))
        ct?.addLine(to: CGPoint(x: w / 2 + 35, y: h / 2 + 12))
        
        ct?.move(to: CGPoint(x: w / 2 - 35, y: h / 4 + 10))
        ct?.addLine(to: CGPoint(x: w / 2 + 35, y: h / 4 + 10))
        
        ct?.strokePath()
    }
}
```

> **練習問題**
>
> ポンゾ錯視で、2つの直線の長さの違いがあったが、2つの円を上下に並べても頂点に近いほうが大きく見えるか、円でのポンゾ錯視を作成して確かめてみよう。

6.3 グラフィックスコンテキストによる四角形と円

■ 6.3.1 四角形と円の描画方法

グラフィックスコンテキストを用いて、正方形と正方形の塗り込み、円と円の塗り込みと輪郭を描くMacアプリを作成してみよう。

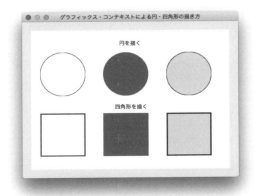

アシスタントエディタを使ってインタフェースビルダーで描画領域として使うカスタムビューの配置は同じで、ここでは、線の結合スタイルの説明のためのラベルも追加した。

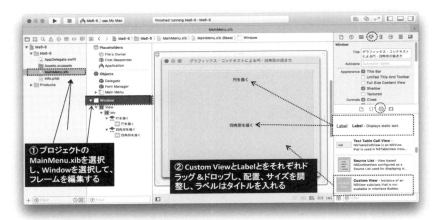

第6章 グラフィックスコンテキストと錯視への応用

　カスタムビューを右ドラッグで Swift コードに Outlet 接続し、オブジェクト名は mv とする。詳細な設定や配置などは、ダウンロード用のサンプルファイルを参照されたい。

　Mac アプリにある AppDelegate.swift のデフォルトのスケルトンコードに、つぎのようなコードを追加して、正方形と正方形の塗り込み、円と円の塗り込みと輪郭を描く Mac アプリを作成してみよう。

　正方形と円の設定のしかたは、つぎのようにコアグラフィックスコンテキストのパスに、**addRect**(CGRect) メソッドで正方形を追加したり、**addEllipse**(in: CGRect)で正方形に内接する円を追加する。正方形と円は、指定長方形領域を正方形にする。あとは、ストロークかフィルで線か塗り込みかを選択する。

```
ct?.addRect(r)              ←パスに正方形を追加する
ct?.addEllipse(in: r)       ←パスに正方形に内接する円を追加する
```

　ストローク線の描画か、パスの内部を塗り込むときは、つぎのようなメソッドで行う。同時に指定することも可能で、塗り込みと輪郭も同時に描ける。この2つを同時に指定すれば、輪郭線のある正方形や円が作成できる。

```
ct?.strokePath()            ←現在のパスの線の描画
ct?.fillPath()              ←現在のパスの内部の塗り込み
```

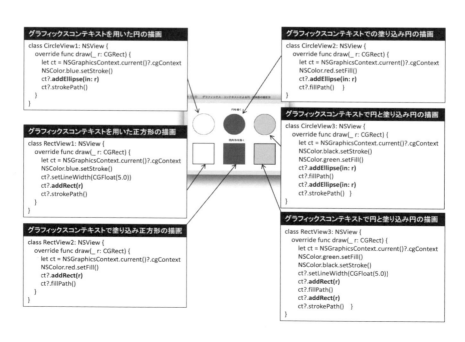

6.3 グラフィックスコンテキストによる四角形と円

　Custom View の背景を白色にして、グラフィックスコンテキストを用いて、正方形と正方形の塗り込み、円と円の塗り込みと輪郭を描くプログラムを作成してみよう。

```swift
//Ma6-6  AppDelegate.swift   グラフィックスコンテキストによる円と正方形の描画
import Cocoa
@NSApplicationMain
class AppDelegate: NSObject, NSApplicationDelegate {
    @IBOutlet weak var window: NSWindow!
    @IBOutlet weak var mv: NSView!
    func applicationDidFinishLaunching(_ aNotification: Notification) {
        mv.layer?.backgroundColor = NSColor.white.cgColor
        let r1 = RectView1(frame: CGRect(x: 20, y: 30,
            width: 100, height: 100))
        mv.addSubview(r1)
        let r2 = RectView2(frame: CGRect(x: 160, y: 30,
            width: 100, height: 100))
        mv.addSubview(r2)
        let r3 = RectView3(frame: CGRect(x: 300, y: 30,
            width: 100, height: 100))
        mv.addSubview(r3)
        let c1 = CircleView1(frame: CGRect(x: 20, y: 170,
            width: 100, height: 100))
        mv.addSubview(c1)
        let c2 = CircleView2(frame: CGRect(x: 160, y: 170,
            width: 100, height: 100))
        mv.addSubview(c2)
        let c3 = CircleView3(frame: CGRect(x: 300, y: 170,
            width: 100, height: 100))
        mv.addSubview(c3)
    }
    func applicationWillTerminate(_ aNotification: Notification) { }
}
class RectView1: NSView {
    override func draw(_ r: CGRect) {
        let ct = NSGraphicsContext.current()?.cgContext
        NSColor.blue.setStroke()
        ct?.setLineWidth(CGFloat(5.0))
        ct?.**addRect**(r)
        ct?.**strokePath**()
    }
}
class RectView2: NSView {
    override func draw(_ r: CGRect) {
        let ct = NSGraphicsContext.current()?.cgContext
```

```swift
            NSColor.red.setFill()
            ct?.addRect(r)
            ct?.fillPath()
        }
}
class RectView3: NSView {
    override func draw(_ r: CGRect) {
        let ct = NSGraphicsContext.current()?.cgContext
        NSColor.green.setFill()
        NSColor.black.setStroke()
        ct?.setLineWidth(CGFloat(5.0))
        ct?.addRect(r)
        ct?.fillPath()
        ct?.addRect(r)
        ct?.strokePath()
    }
}
class CircleView1: NSView {
    override func draw(_ r: CGRect) {
        let ct = NSGraphicsContext.current()?.cgContext
        NSColor.blue.setStroke()
        ct?.addEllipse(in: r)
        ct?.strokePath()
    }
}
class CircleView2: NSView {
    override func draw(_ r: CGRect) {
        let ct = NSGraphicsContext.current()?.cgContext
        NSColor.red.setFill()
        ct?.addEllipse(in: r)
        ct?.fillPath()
    }
}
class CircleView3: NSView {
    override func draw(_ r: CGRect) {
        let ct = NSGraphicsContext.current()?.cgContext
        NSColor.black.setStroke()
        NSColor.green.setFill()
        ct?.addEllipse(in: r)
        ct?.fillPath()
        ct?.addEllipse(in: r)
        ct?.strokePath()
    }
}
```

> **練習問題**

正方形や円の太さや色を変えて、どう描画されるか確かめる Mac アプリを作成してみよう。

6.3.2 エーレンシュタイン錯視の作り方

正方形と直線のグラフィックスコンテキストを用いて、エーレンシュタイン錯視を作成してみよう。エーレンシュタイン錯視とは、図のように正方形の形が台形のように歪んで見える現象で右辺が左辺よりも短く見える現象である。

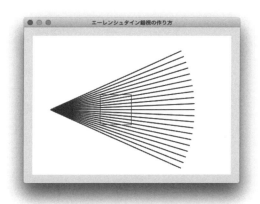

アシスタントエディタを使ってインタフェースビルダーで描画領域として使うカスタムビューの配置は同じで、カスタムビューを右ドラッグで Swift コードに Outlet 接続し、オブジェクト名は mv とする。詳細な設定や配置などは、ダウンロード用のサンプルファイルを参照されたい。

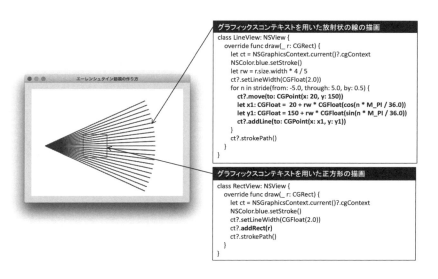

第6章 グラフィックスコンテキストと錯視への応用

　Macアプリにある AppDelegate.swift のデフォルトのスケルトンコードに、つぎのようなコードを追加して、エーレンシュタイン錯視を作成してみよう。ここでは、コアグラフィックスコンテキストの直線の設定のしかたは、前回と同じで、**move**(to: CGPoint) メソッドと **addLine**(to: CGPoint) メソッドを for ループで繰り返す。最後に、**strokePath**() メソッドで、現在のパスに沿って指定された色と線幅で線を描いている。また、正方形は **addRect**(r) メソッドを用いて設定している。

```swift
//Ma6-7  AppDelegate.swift   エーレンシュタイン錯視の作り方
import Cocoa
@NSApplicationMain
class AppDelegate: NSObject, NSApplicationDelegate {
    @IBOutlet weak var window: NSWindow!
    @IBOutlet weak var mv: NSView!
    func applicationDidFinishLaunching(_ aNotification: Notification) {
        let w = mv.bounds.width
        mv.layer?.backgroundColor = NSColor.white.cgColor
        let ln = LineView(frame: CGRect(x: 20, y: 0,
            width: w - 40, height: 300))
        mv.addSubview(ln)
        let rt = RectView(frame: CGRect(x: 150, y: 115,
            width: 70, height: 70))
        mv.addSubview(rt)
    }
    func applicationWillTerminate(_ aNotification: Notification) { }
}
class LineView: NSView {
    override func draw(_ r: CGRect) {
        let ct = NSGraphicsContext.current()?.cgContext
        NSColor.blue.setStroke()
        let rw = r.size.width * 4 / 5
        ct?.setLineWidth(CGFloat(2.0))
        for n in stride(from: -5.0, through: 5.0, by: 0.5) {
            ct?.move(to: CGPoint(x: 20, y: 150))
            let x1: CGFloat =  20 + rw * CGFloat(cos(n * M_PI / 36.0))
            let y1: CGFloat = 150 + rw * CGFloat(sin(n * M_PI / 36.0))
            ct?.addLine(to: CGPoint(x: x1, y: y1))
        }
        ct?.strokePath()
    }
}
class RectView: NSView {
    override func draw(_ r: CGRect) {
        let ct = NSGraphicsContext.current()?.cgContext
        NSColor.blue.setStroke()
```

```
            ct?.setLineWidth(CGFloat(2.0))
            ct?.addRect(r)
            ct?.strokePath()
    }
}
```

> **練習問題**

エーレンシュタイン錯視で、正方形の表示位置をスライダーで移動させて、錯視効果を確かめる Mac アプリを作成してみよう。

6.4 グラフィックスコンテキストによる楕円と円弧の描画

6.4.1 楕円、円弧、弦の描画方法

最後に、グラフィックスコンテキストを用いて、楕円と楕円の塗り込み、影のある円弧と弦の輪郭、一点鎖線の線種の楕円を描いてみよう。

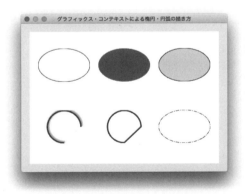

アシスタントエディタを使ってインタフェースビルダーで描画領域として使うカスタムビューの配置は同じで、カスタムビューを右ドラッグで Swift コードに Outlet 接続し、オブジェクト名は mv とする。詳細な設定や配置などは、ダウンロード用のサンプルファイルを参照されたい。

Mac アプリにある AppDelegate.swift のデフォルトのスケルトンコードに、つぎのようなコードを追加して、楕円と円弧、弦を描いてみよう。

楕円と円弧、弦の設定のしかたは、指定する長方形領域を前回のように正方形にしないで長方形にするだけでよい。つぎのようにコアグラフィックスコンテキストのパスに、**addEllipse**(in: CGRect)で長方形に内接する楕円を追加する。あとは、ストロークかフィルで線か塗り込みかを選択すればよ

かった。一方、円弧は、つぎのような addArc() メソッドで描画できる。

```
ct?.addArc( center: cr,           ←円弧の中心位置の指定
    radius: ra,                   ←円弧の半径の指定
    startAngle: CGFloat(sa),      ←円弧の開始角度の指定
    endAngle: CGFloat(ea),        ←円弧の終了角度の指定
    clockwise: false)             ←trueなら時計回り、falseなら反時計回り
```

このままでは、円弧は開いた状態であるが、弦を引いて閉じたいときには、つぎのようにしてパスを閉じる。弦の引かれた円弧ができあがる。

```
ct?.closePath()                   ←現在のパスを閉じる
```

また、影付き設定は、つぎのような setShadow() メソッドで設定できる。

```
ct?.setShadow( offset: CGSize(width: 2, height: 2),  ←オフセットを指定する
    blur: 4.0,                                        ←ぼかしの程度を指定する
    color: NSColor.gray.cgColor)                      ←影の色を指定する
```

つぎのような **drawPath**(using: CGPathDrawingMode) メソッドでは、指定描画モードの **CGPathDrawingMode** 列挙型をストーク **.stroke** かフィル **.fill** で選択して、パスの線を描いたり、塗り込んだりする。

```
ct?.drawPath(using: .stroke)      ←パスの線を描く設定
```

最後に、グラフィックスコンテキストを使用しないで、第 5 章で説明した UIBezierPath クラスを使うとベジェパスが使える。直線や曲線、長方形、楕円などが簡単に描ける。

たとえば、つぎのようにして一点鎖線の楕円をベジェパスで描いてみよう。ここでは、グラフィックスコンテキストは使用していない。

```
let p = NSBezierPath(ovalIn: r)   ←指定長方形領域rの内接楕円のベジェパス設定
NSColor.blue.set()                ←青色に設定
p.lineWidth = 1.0                 ←線幅を1.0ピクセルに設定
let pa: [CGFloat] = [8.0, 2.0, 2.0, 2.0]  ←線の描画パターンを線8空2線2空2で設定
p.setLineDash(pa, count: 4, phase: 0.0)   ←破線を線空4つで位相ずれなしの線種パターンで設定
p.stroke()                        ←ベジェパスの線を描く
```

6.4 グラフィックスコンテキストによる楕円と円弧の描画

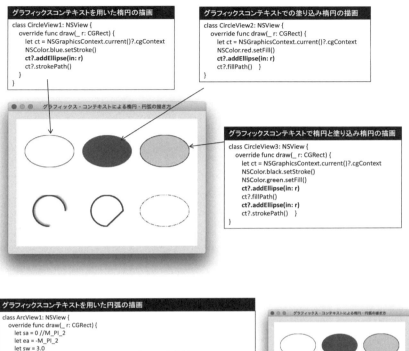

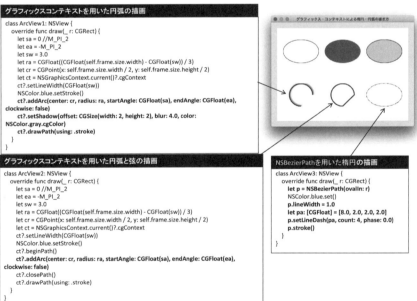

Custom View の背景を白色にして、グラフィックスコンテキストを用いて、楕円と楕円の塗り込み、影のある円弧と弦の輪郭、一点鎖線の線種の楕円を描いてみよう。

```swift
//Ma6-8  AppDelegate.swift   グラフィックスコンテキストによる楕円、円弧、弦の描き方
import Cocoa
@NSApplicationMain
class AppDelegate: NSObject, NSApplicationDelegate {
    @IBOutlet weak var window: NSWindow!
    @IBOutlet weak var mv: NSView!
    func applicationDidFinishLaunching(_ aNotification: Notification) {
        mv.layer?.backgroundColor = NSColor.white.cgColor
        let o1 = CircleView1(frame: CGRect(x: 20, y: 200,
            width: 120, height: 80))
        mv.addSubview(o1)
        let o2 = CircleView2(frame: CGRect(x: 160, y: 200,
            width: 120, height: 80))
        mv.addSubview(o2)
        let o3 = CircleView3(frame: CGRect(x: 300, y: 200,
            width: 120, height: 80))
        mv.addSubview(o3)
        let a1 = ArcView1(frame: CGRect(x: 20, y: 50,
            width: 120, height: 80))
        mv.addSubview(a1)
        let a2 = ArcView2(frame: CGRect(x: 160, y: 50,
            width: 120, height: 80))
        mv.addSubview(a2)
        let a3 = ArcView3(frame: CGRect(x: 300, y: 50,
            width: 120, height: 80))
        mv.addSubview(a3)
    }
    func applicationWillTerminate(_ aNotification: Notification) { }
}
class CircleView1: NSView {
    override func draw(_ r: CGRect) {
        let ct = NSGraphicsContext.current()?.cgContext
        NSColor.blue.setStroke()
        ct?.addEllipse(in: r)
        ct?.strokePath()
    }
}
class CircleView2: NSView {
    override func draw(_ r: CGRect) {
        let ct = NSGraphicsContext.current()?.cgContext
        NSColor.red.setFill()
        ct?.addEllipse(in: r)
        ct?.fillPath()
    }
```

```swift
}
class CircleView3: NSView {
    override func draw(_ r: CGRect) {
        let ct = NSGraphicsContext.current()?.cgContext
        NSColor.black.setStroke()
        NSColor.green.setFill()
        ct?.addEllipse(in: r)
        ct?.fillPath()
        ct?.addEllipse(in: r)
        ct?.strokePath()
    }
}
class ArcView1: NSView {
    override func draw(_ r: CGRect) {
        let sa = 0 //M_PI_2
        let ea = -M_PI_2
        let sw = 3.0
        let ra = CGFloat((CGFloat(self.frame.size.width) -
            CGFloat(sw)) / 3)
        let cr = CGPoint(x: self.frame.size.width / 2,
            y: self.frame.size.height / 2)
        let ct = NSGraphicsContext.current()?.cgContext
        ct?.setLineWidth(CGFloat(sw))
        NSColor.blue.setStroke()
        ct?.addArc(center: cr, radius: ra, startAngle: CGFloat(sa),
            endAngle: CGFloat(ea), clockwise: false)
        ct?.setShadow(offset: CGSize(width: 2, height: 2), blur: 4.0,
            color: NSColor.gray.cgColor)
        ct?.drawPath(using: .stroke)
    }
}
class ArcView2: NSView {
    override func draw(_ r: CGRect) {
        let sa = 0 //M_PI_2
        let ea = -M_PI_2
        let sw = 3.0
        let ra = CGFloat((CGFloat(self.frame.size.width) -
            CGFloat(sw)) / 3)
        let cr = CGPoint(x: self.frame.size.width / 2,
            y: self.frame.size.height / 2)
        let ct = NSGraphicsContext.current()?.cgContext
        ct?.setLineWidth(CGFloat(sw))
        NSColor.blue.setStroke()
        ct?.beginPath()
```

```
            ct?.addArc(center: cr, radius: ra, startAngle: CGFloat(sa),
                endAngle: CGFloat(ea), clockwise: false)
            ct?.closePath()
            ct?.drawPath(using: .stroke)
        }
}
class ArcView3: NSView {
    override func draw(_ r: CGRect) {
        let p = NSBezierPath(ovalIn: r)
        NSColor.blue.set()
        p.lineWidth = 1.0
        let pa: [CGFloat] = [8.0, 2.0, 2.0, 2.0]
        p.setLineDash(pa, count: 4, phase: 0.0)
        p.stroke()
    }
}
```

練習問題

長方形領域の形を変えて、また楕円や円弧の輪郭の太さや色を変えて、どう描画されるか確かめる Mac アプリを作成してみよう。

6.4.2 デルブーフ錯視の作り方

円のグラフィックスコンテキストを用いて、デルブーフ錯視を作成しみよう。デルブフ錯視は、同じ半径を持った 2 つ円を描き、一方には内側に半径の小さな同心円を描いたもので、元々の同じ半径を持った 2 つ円の大きさが異なって見える錯視現象である。

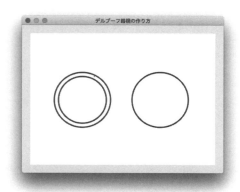

アシスタントエディタを使ってインタフェースビルダーで描画領域として使うカスタムビューの配置は同じで、カスタムビューを右ドラッグで Swift コードに Outlet 接続し、オブジェクト名は mv とする。

6.4 グラフィックスコンテキストによる楕円と円弧の描画

詳細な設定や配置などは、ダウンロード用のサンプルファイルを参照されたい。

MacアプリにあるAppDelegate.swiftのデフォルトのスケルトンコードに、つぎのようなコードを追加して、デルブーフ錯視を作成してみよう。ここでは、**NSView**クラスのサブクラスとしてCircleViewクラスだけを指定し、そのオブジェクトを設定するときに長方形領域だけを変えて、3つの円を描いている。

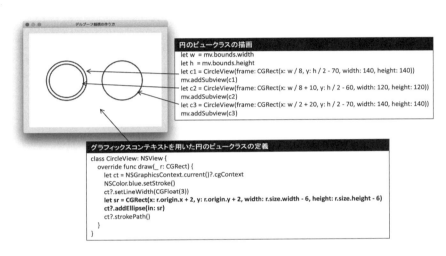

デルブーフ錯視を描くMacアプリを、つぎのようにプログラムしてみよう。

```
//Ma6-9 AppDelegate.swift　デルブーフ錯視の作り方
import Cocoa
@NSApplicationMain
class AppDelegate: NSObject, NSApplicationDelegate {
    @IBOutlet weak var window: NSWindow!
    @IBOutlet weak var mv: NSView!
    func applicationDidFinishLaunching(_ aNotification: Notification) {
        mv.layer?.backgroundColor = NSColor.white.cgColor
        let w  = mv.bounds.width
        let h  = mv.bounds.height
        let c1 = CircleView(frame: CGRect(x: w / 8, y: h / 2 - 70,
            width: 140, height: 140))
        mv.addSubview(c1)
        let c2 = CircleView(frame: CGRect(x: w / 8 + 10, y: h / 2 - 60,
            width: 120, height: 120))
        mv.addSubview(c2)
        let c3 = CircleView(frame: CGRect(x: w / 2 + 20, y: h / 2 - 70,
            width: 140, height: 140))
        mv.addSubview(c3)
```

```
        }
        func applicationWillTerminate(_ aNotification: Notification) { }
}
class CircleView: NSView {
    override func draw(_ r: CGRect) {
        let ct = NSGraphicsContext.current()?.cgContext
        NSColor.blue.setStroke()
        ct?.setLineWidth(CGFloat(3))
        let sr = CGRect(x: r.origin.x + 2, y: r.origin.y + 2,
            width: r.size.width - 6, height: r.size.height - 6)
        ct?.addEllipse(in: sr)
        ct?.strokePath()
    }
}
```

練習問題

円を用いてデルブーフ錯視を作成したが、円以外の他の図形として正方形や正三角形などの正多角形などでも錯視現象が見られるか試してみよう。さらに、輪郭の太さや色を変えると違いが発生するか確かめてみよう。

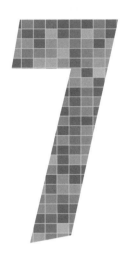

第7章
フラクタルとカオス

第5章では幾何学的模様の描画を **NSBezierPath** クラスを用いて行ったが、ここでも、グラフィックスコンテキストではなく、描画設定が簡単な **NSBezierPath** クラスを用いて、フラクタルやカオスの概念を用いたグラフィックスを描画してみよう。

フラクタル（fractal）は分数（fraction）からその名を由来しているといわれているが、命名者のマンデルブローによれば、ラテン語の「フラクトゥス（fractus）」（ランダムに砕けたもの）から名をとったものとされており、図形が自己相似であることを特徴としている。自己相似とは、図形の一部分が、その図形全体と相似していることであり、一部分の形が全体を小さくしたものと同じであることをいう。つまり、全体の形が、その一部分を拡大してみても同じ形となる。

カオス（chaos、英語ではケイオスと発音する）とは、一般に「混沌」と訳されるが、そのふるまいは、方程式によって決定論的に（deterministic）決っている。ノイズのふるまいは、方程式では決定できないが、カオスの場合は（カオスも時として複雑な動きをするが）、方程式で決定できるのである。

7.1 フラクタル描画

■ 7.1.1 シュルピンスキーの三角形

カオスによって描かれるグラフィックスには、自己相似な繰り返しパターンがみられる。マンデルブローはこれを**フラクタル**と呼んだ。フラクタルは、山の形や海岸線、木の形を記述する自然界の幾何学

第 7 章 フラクタルとカオス

となるものである。

　フラクタルの典型的な例は、**シュルピンスキーの三角形**である。1915 年ポーランドの数学者シュルピンスキーは、単純な規則でフラクタルを作成した。その規則は、「3 つの頂点が与えられているとしたとき、任意に 2 頂点を選び直線を引き、その中点に点を描き、これを繰り返す」だけというものである。これだけの規則で、複雑な構造を持った図形ができあがるのである。ここで、ある部分が全体と相似な形をしていることがわかる。これは、**自己相似**（self similarity）といい、フラクタルの特徴である。

　つぎの図のように、シュルピンスキーの三角形をつくる Mac アプリを作成してみよう。線描と塗り込みのシュルピンスキーのフラクタルも作ってみよう。

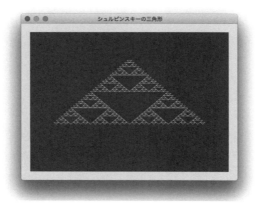

NSBezierPath クラスを用いてグラフィックスを描画するためには、下の図のように、アシスタントエディタを使ってインタフェースビルダーで描画領域として使うカスタムビューを表示させるには Custom View をドラッグ＆ドロップし配置とサイズを調整する。詳細な設定や配置などは、ダウンロード用のサンプルファイルを参照されたい。

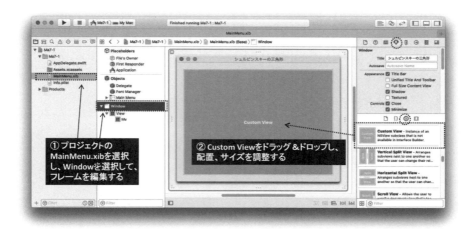

これで **NSBezierPath** クラスを用いてグラフィックスを描画するためのカスタムビューの準備はできたので、図のように、カスタムビューを右ドラッグで Swift コードに Outlet 接続しよう。Outlet 接続されたカスタムビューのオブジェクト名は mv とする。

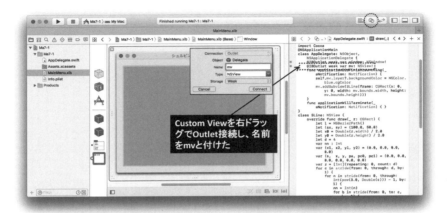

Custom Viewを右ドラッグでOutlet接続し、名前をmvと付けた

Mac アプリにある AppDelegate.swift のデフォルトのスケルトンコードに、つぎのようなコードを追加して、**NSBezierPath** クラスを利用してシュルピンスキーの三角形のグラフィックスを描いてみよう。

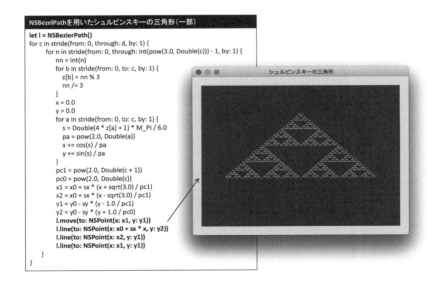

Custom View の背景を青色にして、**NSBezierPath** クラスを用いてシュルピンスキーの三角形を単純な規則の繰り返しで再帰的な図形としてフラクタルを描くプログラムを作成してみよう。シュルピンスキーの三角形のアルゴリズムは有名で、いろいろな言語でよく利用されるグラフィックスで、拙著の

参考図書を参照されたい。

```swift
// Ma7-1    AppDelegate.swift   シュルピンスキーの三角形
import Cocoa
@NSApplicationMain
class AppDelegate: NSObject, NSApplicationDelegate {
    @IBOutlet weak var window: NSWindow!
    @IBOutlet weak var mv: NSView!
    func applicationDidFinishLaunching(_ aNotification: Notification) {
        self.mv.layer?.backgroundColor = NSColor.blue.cgColor
        mv.addSubview(SLine(frame: CGRect(x: 0, y: 0,
            width: mv.bounds.width, height: mv.bounds.height)))
    }
    func applicationWillTerminate(_ aNotification: Notification) { }
}
class SLine: NSView {
    override func draw(_ r: CGRect) {
        let l = NSBezierPath()
        let (sx, sy) = (100.0, 50.0)
        let x0 = Double(r.width) / 2.0
        let y0 = Double(r.height) / 2.0
        let d = 4
        var nn : Int
        var (x1, x2, y1, y2) = (0.0, 0.0, 0.0, 0.0)
        var (s,   x, y, pa, pc0, pc1) = (0.0, 0.0, 0.0, 0.0, 0.0, 0.0)
        var z = [Int](repeating: 0, count: d)
        for c in stride(from: 0, through: d, by: 1) {
            for n in stride(from: 0, through: Int(pow(3.0, Double(c)))
                - 1, by: 1) {
                nn = Int(n)
                for b in stride(from: 0, to: c, by: 1) {
                    z[b] = nn % 3
                    nn /= 3
                }
                x = 0.0
                y = 0.0
                for a in stride(from: 0, to: c, by: 1) {
                    s = Double(4 * z[a] + 1) * M_PI / 6.0
                    pa = pow(2.0, Double(a))
                    x += cos(s) / pa
                    y += sin(s) / pa
                }
                pc1 = pow(2.0, Double(c + 1))
                pc0 = pow(2.0, Double(c))
```

```
                x1 = x0 + sx * (x + sqrt(3.0) / pc1)
                x2 = x0 + sx * (x - sqrt(3.0) / pc1)
                y1 = y0 - sy * (y - 1.0 / pc1)
                y2 = y0 - sy * (y + 1.0 / pc0)
                l.move(to: NSPoint(x: x1, y: y1))
                l.line(to: NSPoint(x: x0 + sx * x, y: y2))
                l.line(to: NSPoint(x: x2, y: y1))
                l.line(to: NSPoint(x: x1, y: y1))
            }
        }
        NSColor.yellow.set()
        l.stroke()
    }
}
```

> 練習問題

`NSBezierPath` クラスの `fill()` メソッドを使って、つぎの塗り込みのシュルピンスキーの三角形を作成してみよう。

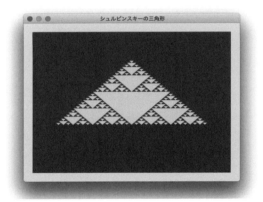

■ 7.1.2 ピタゴラスの木

1942 年にドイツの数学者ボスマンは、ピタゴラスの木と呼ばれるフラクタルの例を示した。これは、数学における斜辺の長さの 2 乗は、他の 2 辺のそれぞれの 2 乗和に等しいというピタゴラスの定理の証明に使われた図形とよく似ており、桜が満開した木のようにも見える。ピタゴラスの木の作図規則は、正方形の 1 つの辺にその長さの $1/\sqrt{2}$ の辺を持った 2 つの正方形を頂点が被さるように描き、再帰的にこれを他の正方形にも繰り返すことである。

この単純な作図規則を用いて、ピタゴラスの木を作るプログラムを作成して、線描と塗り込みのフラ

第 7 章 フラクタルとカオス

クタルを作ってみよう。

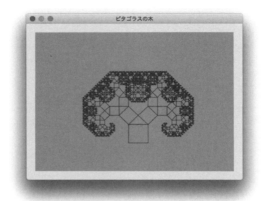

アシスタントエディタを使ってインタフェースビルダーで描画領域として使うカスタムビューの配置は同じで、カスタムビューを右ドラッグで Swift コードに Outlet 接続し、オブジェクト名は mv とする。詳細な設定や配置などは、ダウンロード用のサンプルファイルを参照されたい。

Mac アプリにある `AppDelegate.swift` のデフォルトのスケルトンコードに、つぎのようなコードを追加して、ピタゴラスの木を描く Mac アプリを作成してみよう。

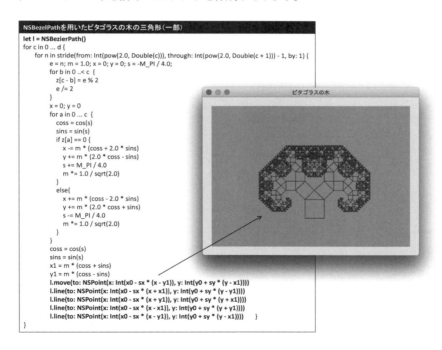

Custom View の背景を緑色にして、**NSBezierPath** クラスを用いてピタゴラスの木を単純な規則の

繰り返しで再帰的な図形としてフラクタルを描くプログラムを作成してみよう。ピタゴラスの木のアルゴリズムも有名で、いろいろな言語でよく利用されるグラフィックスで、拙著の参考図書を参照されたい。

```swift
// Ma7-2   AppDelegate.swift  NSBezierPathを用いたピタゴラスの木
import Cocoa
@NSApplicationMain
class AppDelegate: NSObject, NSApplicationDelegate {
    @IBOutlet weak var window: NSWindow!
    @IBOutlet weak var mv: NSView!
    func applicationDidFinishLaunching(_ aNotification: Notification) {
        self.mv.layer?.backgroundColor = NSColor.green.cgColor
        mv.addSubview(PLine(frame: CGRect(x: 0, y: 0,
            width: mv.bounds.width, height: mv.bounds.height)))
    }
    func applicationWillTerminate(_ aNotification: Notification) { }
}
class PLine: NSView {
    override func draw(_ r: CGRect) {
        let l = NSBezierPath()
        let (sx, sy) = (30.0, 30.0)
        let x0 = Double(r.width) / 2.0 + sx
        let y0 = Double(r.height) / 6.0 - sy
        let d = 10
        var z = [Int](repeating: 0, count: d + 1)
        var e = 0
        var (m, s, x, y, x1, y1, coss, sins) =
            (1.0, 0.0, 0.0, 0.0, 0.0, 0.0, 0.0, 0.0)
        for c in 0 ... d {
            for n in stride(from: Int(pow(2.0, Double(c))),
            through: Int(pow(2.0, Double(c + 1))) - 1, by: 1) {
                e = n; m = 1.0; x = 0; y = 0; s = -M_PI / 4.0;
                for b in 0 ..< c {
                    z[c - b] = e % 2
                    e /= 2
                }
                x = 0; y = 0
                for a in 0 ... c {
                    coss = cos(s)
                    sins = sin(s)
                    if z[a] == 0 {
                        x -= m * (coss + 2.0 * sins)
                        y += m * (2.0 * coss - sins)
                        s += M_PI / 4.0
                        m *= 1.0 / sqrt(2.0)
```

```
                    }
                    else{
                        x += m * (coss - 2.0 * sins)
                        y += m * (2.0 * coss + sins)
                        s -= M_PI / 4.0
                        m *= 1.0 / sqrt(2.0)
                    }
                }
                coss = cos(s)
                sins = sin(s)
                x1 = m * (coss + sins)
                y1 = m * (coss - sins)
                l.move(to: NSPoint(x: Int(x0 - sx * (x - y1)),
                    y: Int(y0 + sy * (y - x1))))
                l.line(to: NSPoint(x: Int(x0 - sx * (x + x1)),
                    y: Int(y0 + sy * (y - y1))))
                l.line(to: NSPoint(x: Int(x0 - sx * (x + y1)),
                    y: Int(y0 + sy * (y + x1))))
                l.line(to: NSPoint(x: Int(x0 - sx * (x - x1)),
                    y: Int(y0 + sy * (y + y1))))
                l.line(to: NSPoint(x: Int(x0 - sx * (x - y1)),
                    y: Int(y0 + sy * (y - x1))))
            }
        }
        NSColor.blue.set()
        l.stroke()
    }
}
```

練習問題

`NSBezierPath` クラスの `fill()` メソッドを使って、つぎのような塗り込みのピタゴラスの木を作成してみよう。

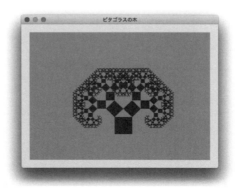

7.2 アトラクター描画

7.2.1 ローレンツ・アトラクターの描画

カオス（混沌）は、1960年代ごろから研究が始められ、複雑な自然界をもこのカオス科学で解析できるようになってきた。カオスが意味する混沌のために、無秩序なものと思われたが、簡単な法則性のあることがわかってきた。たとえば、山の形や海岸線、木の形は複雑で、規則性はなさそうであるが、カオスは、これら複雑な自然界でさえ支配する秩序をもたらす。

カオス生成の原理は単純で、つぎのように初期値 x_i をある関数 $f(x_i)$ に代入し、その関数値 x_{i+1} を求める。それをまた同じ関数 $f(x_{i+1})$ に代入し、その関数値 x_{i+2} を求める。と繰り返していく。これは**ロジスティック写像**と呼ばれ、これを繰り返すとカオスが生れることがある。

$$x_{i+1}=f(x_i)$$

たとえば、関数 $f(x_i)$ として、つぎのファイゲンバウムによって提案された式がある。

$$f(x_i)=x_i+cx_i(1-x_i)$$

ここでは、関数値を増大させる因子と縮小させる因子とのフィードバックでできており、イタチごっこによりカオスになると考えられる。このように単純な形をしていて、過去のすべてのデータを必要とせず、直前のデータだけに依存している。ここでは、関数の形を変えて、いくつかの代表的なカオスの例を示そう。

1960年代、MITの気象学者であり数学者のエドワード・ローレンツ（Edward Lorenz）は、天気予報のために大気現象をモデル化し、非線形方程式によって求めたが、そのときの成果がカオス理論に貢献している。彼のモデルによれば、すべての現象はその前の現象に依存し、それは決して無秩序ではなく、同じ連続した現象は二度と起らないというものであった。**バタフライ効果**として、有名な言葉「北京で蝶が羽ばたくとニューヨークの天気が変わる」がある。

ローレンツは、最初大気現象を海と空気の流体系と考えて、ナビエ・ストークス方程式を用いて多くの変数で解析していた。計算が複雑で遅いため、つぎのように3つの変数 x, y, z に簡略化し、つぎのような流体の微分方程式を考えた。

$$\frac{dx}{dt} = a(y-x), \quad \frac{dy}{dt} = bx - y - xz, \quad \frac{dz}{dt} = xy - cz$$

これは、たとえば、x では時間 dt の間に dx だけ変化するとした場合、それは $a(y-x)$ で決定されるとした未来予測式である。このような計算結果は、初期値や定数 a, b, c の値の微妙な変化で大きく変る。

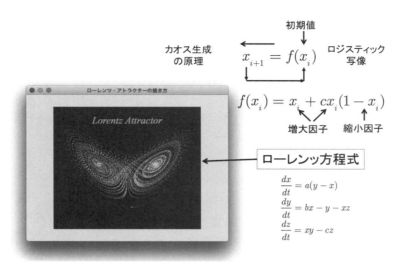

これらの x、y、z を3次元の座標軸で描くと、複雑な螺旋模様になる。これは、**ローレンツのアトラクター**（attractor、吸引子：引きつけるもの）と呼ばれる。2つの渦巻の模様があり、蝶の翅のようにも、梟の目のようにも見える。このローレンツのアトラクターを描くプログラムを作成してみよう。

アシスタントエディタを使ってインタフェースビルダーで描画領域として使うカスタムビューの配置は同じで、説明のためのラベルも配置した。カスタムビューを右ドラッグで Swift コードに Outlet 接続し、オブジェクト名は mv とする。詳細な設定や配置などは、ダウンロード用のサンプルファイルを参照されたい。

Mac アプリにある AppDelegate.swift のデフォルトのスケルトンコードに、つぎのようなコードを追加して、ローレンツのアトラクターを描く Mac アプリを作成してみよう。

ここでのピクセル描画の基本は、つぎのように幅・高さ 1 の長方形領域で (x0,y0) 座標に生成した **NSView** クラスのサブクラス Curve のオブジェクト v を用いて、カスタムビューにサブビューとして点を追加して、ピクセル描画させているだけである。

```
        let v = Curve(frame: CGRect(x: x0, y: y0, width: 1, height: 1))
                                        ←Curveクラスのオブジェクト設定
        mv.addSubview(v)                ←カスタムビューにサブビューとしてピクセルを追加する
```

この Curve クラスは、つぎのように **NSView** クラスのサブクラスとして宣言し、描画メソッドをオーバーライドして、ストローク色を黄色に設定する。長方形領域が 1 ピクセルなら、ピクセル点を描く設定とした。

```
        class Curve: NSView {           ←NSViewクラスのサブクラスとしてCurveクラスの定義
```

```
        override func draw(_ r: CGRect) {        ←描画メソッドをオーバーライドする
            NSColor.yellow.set()                 ←ストローク色を黄色に設定
            NSBezierPath(ovalIn: r).stroke()     ←ピクセル点を描く設定
        }
    }
```

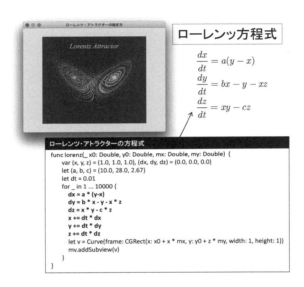

Custom View の背景を青色にして、自作した Curve クラスを用いてローレンツのアトラクターを描くプログラムを作成してみよう。ここでは、ローレンツ・アトラクターの微分方程式は未来予想図を描く。それをコンピュータで解くためには差分方程式にして、右辺の現在の微少変化が左辺の未来の微少変化を引き起こしていると考えて未来点を求めて描画している。

```
// Ma7-3   AppDelegate.swift   ローレンツ・アトラクターの描画
import Cocoa
@NSApplicationMain
class AppDelegate: NSObject, NSApplicationDelegate {
    @IBOutlet weak var window: NSWindow!
    @IBOutlet weak var mv: NSView!
    func applicationDidFinishLaunching(_ aNotification: Notification) {
        self.mv.layer?.backgroundColor = NSColor.blue.cgColor
        lorenz(Double(mv.bounds.width) / 2.0,
            y0: Double(mv.bounds.height) / 6.0, mx: 8, my: 4)
    }
    func lorenz(_ x0: Double, y0: Double, mx: Double, my: Double)  {
        var (x, y, z) = (1.0, 1.0, 1.0), (dx, dy, dz) = (0.0, 0.0, 0.0)
```

```
            let (a, b, c) = (10.0, 28.0, 2.67)
            let dt = 0.01
            for _ in 1 ... 10000 {
                dx = a * (y-x)
                dy = b * x - y - x * z
                dz = x * y - c * z
                x += dt * dx
                y += dt * dy
                z += dt * dz
                let v = Curve(frame: CGRect(x: x0 + x * mx, y: y0 + z * my,
                    width: 1, height: 1))
                mv.addSubview(v)
            }
        }
        func applicationWillTerminate(_ aNotification: Notification) { }
}
class Curve: NSView {
    override func draw(_ r: CGRect) {
        NSColor.yellow.set()
        NSBezierPath(ovalIn: r).stroke()
    }
}
```

> **練習問題**

ローレンツのアトラクターは、擬似的な3次元描画にするために、yやzをそのまま描くと側面からの描画になるため、上のプログラムで z * my の代わりにパラメータ (my, mz) を使って my * y + mz * z（たとえば、my=1、mz=3 とすると y+3z）とした。ここで、パラメータ (my, mz) の mz の値をスライダーを使って、ユーザが見たい方向を連続的に変えられるように、インタラクティブなアプリに改良してみよう。また、定数 a、b、c の値を微妙に変えて、どう描画されるか確かめてみよう。

7.2.2 レスラー・アトラクターの描画

ローレンツのアトラクターは、奇妙なアトラクター（strange attractor）というものの一種であった。この他にも、つぎのような化学で得られる微分方程式もカオスを示す。化学者である**レスラー (Roessler) のアトラクター**と呼ばれる。

$$\frac{dx}{dt} = -y - z, \quad \frac{dy}{dt} = x + ay, \quad \frac{dz}{dt} = b + (x-c)z$$

7.2 アトラクター描画

同様にして、この方程式に従って、つぎのような Mac アプリを作成してみよう。ここで、スクリーン画面の2次元での x に対して、y や z をそのまま描くと側面からの描画になるが、パラメータ (my, mz) を使って my * y + mz * z（たとえば、my=1、mz=3 とすると y+3z）とすると疑似的な3次元となる。

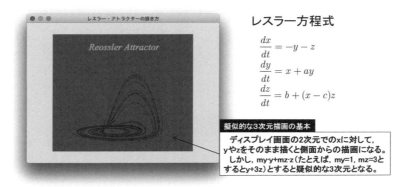

アシスタントエディタを使ってインタフェースビルダーで描画領域として使うカスタムビューの配置は同じで、説明のためのラベルも配置した。カスタムビューを右ドラッグで Swift コードに Outlet 接続し、オブジェクト名は mv とする。詳細な設定や配置などは、ダウンロード用のサンプルファイルを参照されたい。

Mac アプリにある `AppDelegate.swift` のデフォルトのスケルトンコードに、つぎのようなコードを追加して、レスラーのアトラクターを描く Mac アプリを作成してみよう。

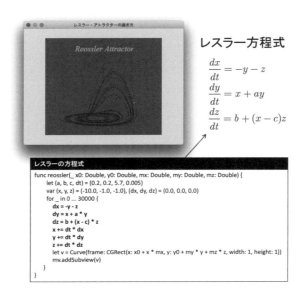

Custom View の背景を赤色にして、自作した Curve クラスを用いてレスラーのアトラクターを描く

プログラムを作成してみよう。ここでも、レスラー・アトラクターの微分方程式を、コンピュータで解くためには差分方程式にする。右辺の現在の微少変化が左辺の未来の微少変化を引き起こしていると考えて未来点を求めて描画している。

```swift
// Ma7-4   AppDelegate.swift   レスラー・アトラクターの描画
import Cocoa
@NSApplicationMain
class AppDelegate: NSObject, NSApplicationDelegate {
    @IBOutlet weak var window: NSWindow!
    @IBOutlet weak var mv: NSView!
    func applicationDidFinishLaunching(_ aNotification: Notification) {
        mv.layer?.backgroundColor = NSColor.red.cgColor
        reossler(150, y0: 50, mx: 10, my: 2, mz: 6)
    }
    func reossler(_ x0: Double, y0: Double, mx: Double, my: Double,
            mz: Double) {
        let (a, b, c, dt) = (0.2, 0.2, 5.7, 0.005)
        var (x, y, z) = (-10.0, -1.0, -1.0),
            (dx, dy, dz) = (0.0, 0.0, 0.0)
        for _ in 0 ... 30000 {
            dx = -y - z
            dy = x + a * y
            dz = b + (x - c) * z
            x += dt * dx
            y += dt * dy
            z += dt * dz
            let v = Curve(frame: CGRect(x: x0 + x * mx,
                y: y0 + my * y + mz * z, width: 1, height: 1))
            mv.addSubview(v)
        }
    }
    func applicationWillTerminate(_ aNotification: Notification) { }
}
class Curve: NSView {
    override func draw(_ r: CGRect) {
        NSColor.blue.set()
        NSBezierPath(ovalIn: r).fill()   //stroke()
    }
}
```

練習問題

定数 a、b、c の値を微妙に変えて、どう描画されるか確かめてみよう。

7.3 ファイゲンバウムのカオス描画

カオスは、50年ほど前から科学の分野に登場し、複雑な自然界をもこのカオス科学で解析できるようになってきた。このおかげで秩序と混沌は、まったく異なるものと思われてきたが、簡単な法則性のあることがわかってきた。たとえば、山の形や海岸線、木の形は複雑で、規則正しい法則性はなさそうであったが、カオスは、これら複雑な自然界でさえ支配する秩序をもたらすことができる。

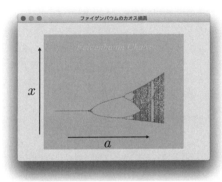

メイ方程式
$$x_{i+1} = ax_i(1-x_i)$$

ファイゲンバウム方程式
$$x = x + ax(1-x)$$

1974年、米国のロバート・メイ（Robert May）によって人口増加を予測するための差分方程式が考えだされた。

$$x_{i+1} = ax_i(1-x_i)$$

これは、**メイ方程式**ともロジスティック写像とも呼ばれ、初期値と定数 a を決めて簡単に計算できる。ただし、定数 a の値によって、x の振舞いはある値に収束するときもあるが振動するときもあり、さらに、カオス状態となる。

1978年ごろに米国ロスアラモス研究所の**ファイゲンバウム**（Feigenbaum）によって詳細に解析され、つぎのような式を考えた。

$$x = x + ax(1-x)$$

これは、伝染病の拡大を予測するときなどに使え、たとえば、

（今月末感染者数）＝（先月末感染者数：x）＋（今月感染者数）

となる。また、今月感染する人の数は、先月末までの感染者数 x が多ければ増え、健康な人が多ければさらに増えると考えられるので、つぎのようになる。

（今月感染者数）∝（先月末感染者数：x）×（非感染者数：全人口 $-x$）

第7章 フラクタルとカオス

　ここで、感染者が治療で治ったり、免疫があったり、ある人は地域的に接触する機会がなかったりする場合に増加率が変るので、ここで定数 a が必要となる。

　定数 a が小さいときには、感染者数は少しずつ増加する一定値を持つ（周期1という）が、a が少し大きくなると2つの安定した値を持ち（周期2）、さらに、4つの安定した値（周期4）、8つの安定した値（周期8）と周期が倍増して分岐していく。

　アシスタントエディタを使ってインタフェースビルダーで描画領域として使うカスタムビューの配置は同じで、説明のためのラベルも配置した。カスタムビューを右ドラッグで Swift コードに Outlet 接続し、オブジェクト名は mv とする。詳細な設定や配置などは、ダウンロード用のサンプルファイルを参照されたい。

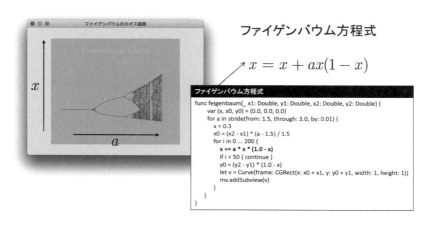

　Mac アプリにある AppDelegate.swift のデフォルトのスケルトンコードに、つぎのようなコードを追加して、ファイゲンバウムのカオスを描く Mac アプリを作成してみよう。定数 a を横軸にして、縦軸を x の値にして、ファイゲンバウムの式を50回以上200回まで繰り返し、x の取り得る値をプロットしてみよう。そうすると、右から周期倍分岐の様子がみえる。しかし、多数の点がみられるところはカオス状態となるが、しばらくすると、また、空白領域ができ、綺麗な振動が起きていることがみえる。ここでは。初期値 $x=0.3$ として、アプリで表示するために、x、y 軸方向のスケーリング因子で大きくした。

```
// Ma7-5  AppDelegate.swift   ファイゲンバウムのカオス描画
import Cocoa
@NSApplicationMain
class AppDelegate: NSObject, NSApplicationDelegate {
    @IBOutlet weak var window: NSWindow!
    @IBOutlet weak var mv: NSView!
    func applicationDidFinishLaunching(_ aNotification: Notification) {
        mv.layer?.backgroundColor = NSColor.cyan.cgColor
```

```
                feigenbaum(30, y1: 100, x2: 300, y2: 200)
        }
        func feigenbaum(_ x1: Double, y1: Double, x2: Double, y2: Double) {
            var (x, x0, y0) = (0.0, 0.0, 0.0)
            for a in stride(from: 1.5, through: 3.0, by: 0.01) {
                x = 0.3
                x0 = (x2 - x1) * (a - 1.5) / 1.5
                for i in 0 ... 200 {
                    x += a * x * (1.0 - x)
                    if i < 50 { continue }
                    y0 = (y2 - y1) * (1.0 - x)
                    let v = Curve(frame: CGRect(x: x0 + x1, y: y0 + y1,
                        width: 1, height: 1))
                    mv.addSubview(v)
                }
            }
        }
        func applicationWillTerminate(_ aNotification: Notification) { }
}
class Curve: NSView {
    override func draw(_ r: CGRect) {
        NSColor.blue.set()
        NSBezierPath(ovalIn: r).fill()   //stroke()
    }
}
```

練習問題

初期値 x の値を微妙に変えて、どう描画されるか確かめてみよう。

7.4 立体的なピクセル画の描き方

　立体的なポリゴン図を描くときは、始点からポリゴンまでの距離を Z 値（Z 深度）と呼ぶ。この Z 値で並び替えて遠くから描画する **Z ソート法**や、視点から見える一番手前のポリゴンのみを描いていく **Z バッファ法**が使われた。線画を描くときには、手前に描いた線の陰に、後ろの線が入り込んでしまうが、立体感を高めるには、陰になる部分を描かないほうがよい。この処理を**陰線処理**といっている。

　よく利用される陰線処理の簡単な方法として、**max-min 法**がある。これは、手前から水平方向に描画していくときに、ピクセル点で線を描くときの各 x 座標での y 座標の最大値 maxY[x] と最小値 minY[x] を記憶する。この範囲内であれば、そこはもう埋まっているので、つぎは描かないで陰線と

みなし無視する。そして、この範囲外であれば描くように処理すると、簡単な陰線処理ができる。

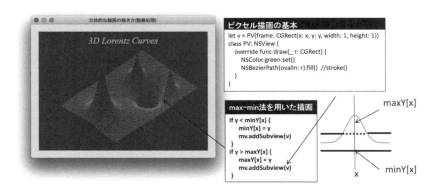

max-min 法は、各 x 座標での曲線の最大値 maxY[x] と最小値 minY[x] を記憶して、これから描く点が最小値よりも小さければ、新しい minY[x] として更新し、作図を実行する。また、これから描く点が最大値よりも大きければ、新しい maxY[x] として更新し、つぎのように作図を実行する。

```
if y < minY[x] { minY[x] = y; mv.addSubview(v) }
if y > maxY[x] { maxY[x] = y; mv.addSubview(v) }
```

これから描く点が、最大値と最小値の範囲内にあれば、既に作図が実行されたところであるから、何も実行しないで無視して、つぎの x 座標の評価に移っている。

まずは、アシスタントエディタを使ってインタフェースビルダーで描画領域として使うカスタムビューの配置は同じで、説明のためのラベルも配置した。カスタムビューを右ドラッグで Swift コードに Outlet 接続し、オブジェクト名は mv とする。詳細な設定や配置などは、ダウンロード用のサンプルファイルを参照されたい。

Mac アプリにある `AppDelegate.swift` のデフォルトのスケルトンコードに、つぎのようなコードを追加して、max-min 法による陰線処理を行う Mac アプリを作成してみよう。

メッシュには、つぎのようなローレンツ曲線を用いて、陰線処理して描いてみた。

$$f(x,y) = \frac{height}{(x-x_0)^2 + (y-y_0)^2}$$

このローレンツ曲線は座標 $(x_0\ y_0)$ で高さ $height$ を持った山のような曲線となる。ピクセル画も細かく取れば、線画のように見える。

7.4 立体的なピクセル画の描き方

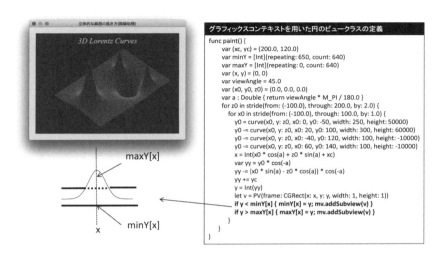

```
// Ma7-6  AppDelegate.swift  立体的なピクセル画の描き方
import Cocoa
@NSApplicationMain
class AppDelegate: NSObject, NSApplicationDelegate {
    @IBOutlet weak var window: NSWindow!
    @IBOutlet weak var mv: NSView!
    func applicationDidFinishLaunching(_ aNotification: Notification) {
        mv.layer?.backgroundColor = NSColor.blue.cgColor
        paint()
    }
    func paint() {
        var (xc, yc) = (200.0, 120.0)
        var minY = [Int](repeating: 650, count: 640)
        var maxY = [Int](repeating: 0, count: 640)
        var (x, y) = (0, 0)
        var viewAngle = 45.0
        var (x0, y0, z0) = (0.0, 0.0, 0.0)
        var a : Double { return viewAngle * M_PI / 180.0 }
        for z0 in stride(from: (-100.0), through: 200.0, by: 2.0) {
            for x0 in stride(from: (-100.0), through: 100.0, by: 1.0) {
                y0 = curve(x0, y: z0, x0: 0, y0: -50, width: 250,
                    height: 50000)
                y0 -= curve(x0, y: z0, x0: 20, y0: 100, width: 300,
                    height: 60000)
                y0 -= curve(x0, y: z0, x0: -40, y0: 120, width: 100,
                    height: -10000)
                y0 -= curve(x0, y: z0, x0: 60, y0: 140, width: 100,
```

```
                    height: -10000)
                x = Int(x0 * cos(a) + z0 * sin(a) + xc)
                var yy = y0 * cos(-a)
                yy -= (x0 * sin(a) - z0 * cos(a)) * cos(-a)
                yy += yc
                y = Int(yy)
                let v = PV(frame: CGRect(x: x, y: y, width: 1, height: 1))
                if y < minY[x] { minY[x] = y; mv.addSubview(v) }
                if y > maxY[x] { maxY[x] = y; mv.addSubview(v) }
            }
        }
    }
    func curve(_ x: Double, y: Double, x0: Double, y0: Double,
               width: Double, height: Double) -> Double {
        var denom = (x-x0) * (x-x0)
        denom += (y-y0) * (y-y0) + width
        return height / denom
    }
    func applicationWillTerminate(_ aNotification: Notification) { }
}
class PV: NSView {
    override func draw(_ r: CGRect) {
        NSColor.green.set()
        NSBezierPath(ovalIn: r).fill()    //stroke()
    }
}
```

練習問題

ローレンツ曲線の位置や高さ、数を変えたり、ガウシアンと呼ばれる曲線も実装してプログラムを変えてみよう。同様な方法で、陰線処理の max-min 法によって描画したピクセル画で見る角度 a を、スライダーで変えてみよう。

7.5 マーチン・フラクタルによる細胞形成

英国バーミンガムのアストン大学にいたバリー・マーチン（Barry Martin）は、つぎの式で与えられるフラクタルを見つけだした。

$$x_{i+1} = y_i - \text{sign}(x_i)\sqrt{bx_i - c}$$
$$y_{i+1} = a - x_i$$

Swift 言語では、つぎのように数学関数を用いて実装できる。

```
x1 = y - sign(x) * sqrt(abs(b * x - c))
y1 = a - x
```

ここで、sign(x) は、変数 x の正負 0 の符合に対応して値 1、−1、0 とするユーザ関数で、つぎのように作成した。

```
func sign(d: Double) -> Double {
    if d > 0            { return 1.0 }
    else if d == 0.0    { return 0.0 }
    else                { return -1.0 }
}
```

マーチン・フラクタルで重要なのは、定数 a、b、c の選び方で大きく形状が異なることである。そこで、マーチン・フラクタルで細胞膜のようなフラクタルが出てくる定数 a、b、c であらかじめ設定した組み合わせをセグメント制御で選択できるようにした。

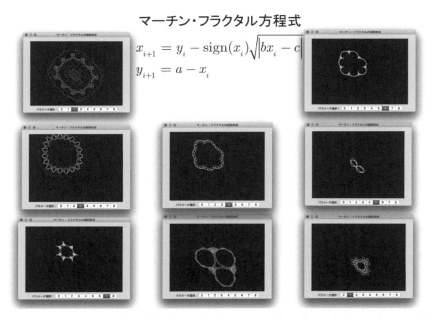

マーチン・フラクタル方程式

$$x_{i+1} = y_i - \text{sign}(x_i)\sqrt{|bx_i - c|}$$
$$y_{i+1} = a - x_i$$

図のように、アシスタントエディタを使ってインタフェースビルダーで描画のためのカスタムビューを配置するには Custom View、パラメータ選択用のセグメント制御は Segment Control、説明用のラベルは Label をドラッグ＆ドロップし、配置、サイズを調整する。セグメントコントロールには、セグ

メント数を9個とした。セグメント制御やラベルの詳細な設定や配置などは、ダウンロード用のサンプルファイルを参照されたい。

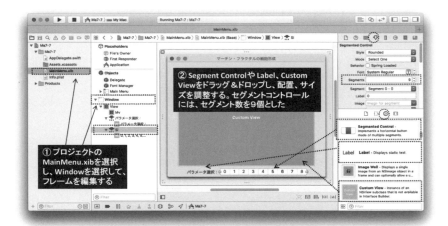

これでカスタムビューとセグメント制御、ラベルはできたので、図のように、カスタムビューは右ドラッグでSwiftコードにOutlet接続、セグメント制御も右ドラッグでSwiftコードにAction接続しよう。Outlet接続されたカスタムビューのオブジェクト名はmvとし、Action接続されたセグメント制御のメソッド名はselectとし、引数の型はNSSegmentControlとする。

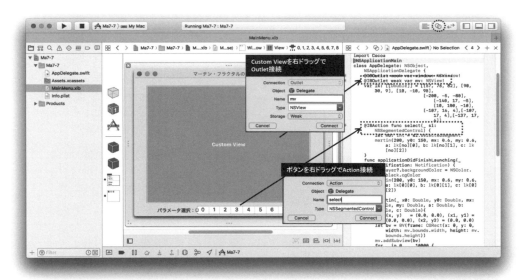

7.5 マーチン・フラクタルによる細胞形成

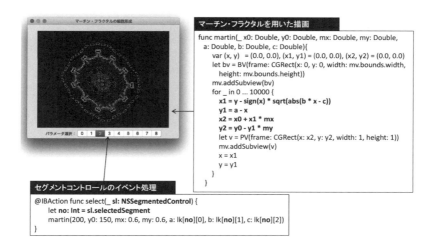

MacアプリにあるAppDelegate.swiftのデフォルトのスケルトンコードに、つぎのようなコードを追加して、マーチン・フラクタルによる細胞形成のプログラムを作成してみよう。ここでは、Custom Viewの背景を黒色にして、再帰的な繰り返しの式で座標点を計算し、自作したCurveクラスを用いてピクセル描画している。

```
// Ma7-7   AppDelegate.swift   マーチン・フラクタルによる細胞形成
import Cocoa
@NSApplicationMain
class AppDelegate: NSObject, NSApplicationDelegate {
    @IBOutlet weak var window: NSWindow!
    @IBOutlet weak var mv: NSView!
    var lk: [[Double]] = [[67, 76, 82], [90, 30, 9], [10, -10, 98],
                          [-200, -5, -80],[-140, 17, -5],[10, 100, -10],
                          [-107, 16, 4],[-107, 17, 4],[-137, 17, 4]]
    @IBAction func select(_ sl: NSSegmentedControl) {
        let no: Int = sl.selectedSegmet
        martin(200, y0: 150, mx: 0.6, my: 0.6, a: lk[no][0],
            b: lk[no][1], c: lk[no][2])
    }
    func applicationDidFinishLaunching(_ aNotification: Notification) {
        mv.layer?.backgroundColor = NSColor.black.cgColor
        martin(200, y0: 150, mx: 0.6, my: 0.6, a: lk[0][0], b: lk[0][1],
            c: lk[0][2])
    }
    func martin(_ x0: Double, y0: Double, mx: Double, my: Double,
          a: Double, b: Double, c: Double){
        var (x, y)    = (0.0, 0.0), (x1, y1) = (0.0, 0.0),
```

```
                    (x2, y2) = (0.0, 0.0)
            let bv = BV(frame: CGRect(x: 0, y: 0, width: mv.bounds.width,
                height: mv.bounds.height))
            mv.addSubview(bv)
            for _ in 0 ... 10000 {
                x1 = y - sign(x) * sqrt(abs(b * x - c))
                y1 = a - x
                x2 = x0 + x1 * mx
                y2 = y0 - y1 * my
                let v = PV(frame: CGRect(x: x2, y: y2, width: 1, height: 1))
                mv.addSubview(v)
                x = x1
                y = y1
            }
        }
        func sign(_ d: Double) -> Double {
            if d > 0            { return 1.0 }
            else if d == 0.0    { return 0.0 }
            else                { return -1.0 }
        }
        func applicationWillTerminate(_ aNotification: Notification) { }
}
class PV: NSView {
    var c = 0
    let cs = [NSColor.yellow, NSColor.black, NSColor.green,
            NSColor.blue, NSColor.cyan, NSColor.orange, NSColor.purple]
    override func draw(_ r: CGRect) {
        cs[c].set()
        NSBezierPath(ovalIn: r).fill()
    }
}
class BV: NSView {
    override func draw(_ r: CGRect) {
        NSColor.black.set()
        NSBezierPath(rect: r).fill()
    }
}
```

練習問題

ボタンによるアクション項目の表示を、タップ操作によるアクション項目の呼び出しに改良してみよう。また、ここで for-in ループを使って 10000 回行ったが、この繰り返し回数も重要で、大きくしたり小さくして、マーチン・フラクタルがどのように変わるか確かめてみよう。

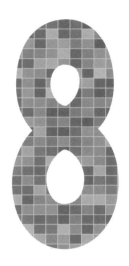

第8章
教育用のアプリ教材の作り方

この章では、幼稚園や小学校の学校に行く前に、数字や「あいうえお」、「アルファベット」の読み書きをしておくと、学校に入学後、学習進歩が早くなるという話を聞いたことがある。そこで、たとえば、数字を1000程度まで大きく表示するアプリを作り、親が横について一緒に就学前の子供とボタンクリック操作しながら、一緒に読み上げたりする単純な未就学教育アプリがあると面白いと思われた。拙著『Swift アプリ開発入門』で iOS 用に作成したアプリを Mac アプリ用に変換したので、iOS アプリと Mac アプリとの比較も参考になる。

ここでは、数字や「あいうえお」、「アルファベット」の他に、声に出して読む般若心経アプリ、初等・中等教育用のアプリ教材として英語教育アプリ、足し算教育アプリ、九九教育アプリ、Web ビューを用いた HTML による英語学習アプリも作成した。

8.1　ボタンクリック操作によるアプリ教材

■ 8.1.1　ボタンクリック操作による未就学数字教育アプリ

数字を1000程度まで大きく表示するアプリを作る。

第 8 章 教育用のアプリ教材の作り方

　まず、未就学数字教育アプリを設計してみよう。数字は大きくアプリの中央辺りに配置し、ランダムに数字を出す乱数選択の Rand ボタンや次の問題への進行する Next ボタン、すべてをリセットする Reset ボタンを配置する。

　下の図のように、アシスタントエディタを使ってインタフェースビルダーで数字を表示させるラベルは Label、乱数選択や次の問題への進行、リセットの表示切り替えボタンは Push Button をドラッグ＆ドロップし配置とサイズを調整する。ボタンの詳細なタイトル設定や配置などは、ダウンロード用のサンプルファイルを参照されたい。

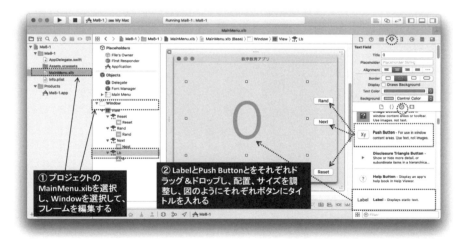

　これでラベルとボタンの準備はできたので、つぎの図のように、ラベルは右ドラッグで Swift コードに Outlet 接続、また 3 つのボタンは右ドラッグで Swift コードに Action 接続しよう。Outlet 接続されたラベルは lb とし、Action 接続されたボタンのメソッド名は rand、next、reset とし、引数の型はすべて Any とする。

8.1 ボタンクリック操作によるアプリ教材

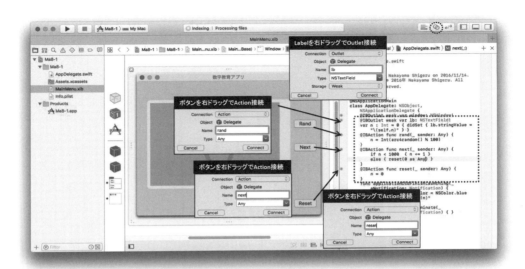

MacアプリにあるAppDelegate.swiftのデフォルトのスケルトンコードに、つぎのようなコードを追加して、未就学数字教育アプリを作成してみよう。

まず、表示部分について説明する。数字nはラベルlbにしてフォントを大きくとりアプリ中央に配置する。ここでの細かい設定は、コードを参照されたい。ラベルへのテキスト入力lb.**stringValue**は、つぎのようにInt型で文字列にして、文字列挿入で計算プロパティを利用する。プロパティ監視のキーワード**didSet**を使うと新しい数字nの値が格納された直後に呼ばれるので、ラベルのテキストがすぐに更新されて表示される。

```
@IBOutlet weak var lb: NSTextField!        ←Outlet接続されたラベルのオブジェクト設定
var n : Int = 0 { didSet { lb.stringValue = "\(self.n)" } } ←プロパティ監視didSetで数字表示更新
 func applicationDidFinishLaunching(_ aNotification: Notification) {
    window.backgroundColor = NSColor.blue
    lb.stringValue = "\(n)"           ←初期状態で数値n=0が文字列として表示される
 }
```

つぎにボタン操作について説明する。数字教育アプリとして、Nextボタンをクリックすれば、0から順番に999まで表示させるアクションメソッドnextを、つぎのように実装する。

```
@IBAction func next(_ sender: Any) {   ←Action接続されたNextボタンのメソッド設定
    if n < 1000 { n += 1 }             ←数字nをメソッドがコールされる度に999まで増分した
    else { reset(0 as Any) }           ←1000以上になるとリセットメソッドを呼び出し0にした
}
```

Resetボタンクリック操作で数字が0にリセットさせるアクションメソッドresetを、つぎのように実装する。最初から繰り返して学習しなおすことができるようにした。

```
@IBAction func reset(_ sender: Any) {   ←Action接続されたResetボタンのメソッド設定
    n = 0                                ←Resetボタンクリック操作で、数字nは0となる
}
```

最後に、この教育アプリに慣れてくると飽きてくるので、数字をランダムに出して演習のような形で答えさせ、反射神経を養うようにする。つぎのようにRandボタンクリック操作で数字をランダムに出すアクションメソッドrandを実装する。

```
@IBAction func rand(_ sender: Any) {    ←Action接続されたRandボタンのメソッド設定
    n = Int(arc4random() % 100)          ←数字nに99までの乱数を発生させた
}
```

Macアプリにある AppDelegate.swift のデフォルトのスケルトンコードに、つぎのようなコードを追加して、単純な未就学数字教育用のMacアプリを作成してみよう。

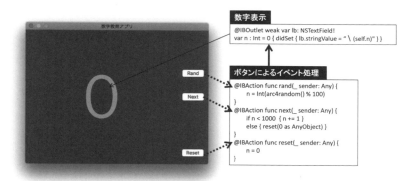

カスタムビューの背景を青色にして、文字はラベルの属性インスペクタで緑色にして、大きなフォントで数字を描いてみるプログラムを作成してみよう。

```
// Ma8-1    AppDelegate.swift  タッチ操作による未就学前数字教育アプリ
import Cocoa
@NSApplicationMain
class AppDelegate: NSObject, NSApplicationDelegate {
    @IBOutlet weak var window: NSWindow!
    @IBOutlet weak var lb: NSTextField!
    var n : Int = 0 { didSet { lb.stringValue = "\(self.n)" } }
```

```
    @IBAction func rand(_ sender: Any) {
        n = Int(arc4random() % 100)
    }
    @IBAction func next(_ sender: Any) {
        if n < 1000  { n += 1 }
        else { reset(0 as Any) }
    }
    @IBAction func reset(_ sender: Any) {
        n = 0
    }
    func applicationDidFinishLaunching(_ aNotification: Notification) {
        window.backgroundColor = NSColor.blue
        lb.stringValue = "\(n)"
    }
    func applicationWillTerminate(_ aNotification: Notification) { }
}
```

練習問題

グラディエーション背景色に変えたり、1000以上の数字表示も可能なように、フォント・サイズを考慮して変えてみよう。

8.1.2　ボタンクリック操作による未就学アルファベット教育アプリ

数字を表示するアプリができたので、今度はアルファベットを学習するアプリを作ってみよう。このボタンクリック操作による未就学ABC教育アプリも、つぎのように親が横について一緒に就学前の子供とタップ操作しながら、一緒にA、B、Cと読み上げたりする単純な教育アプリである。

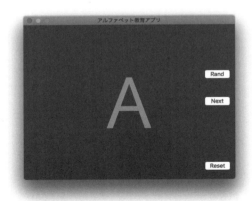

数字アプリ教材と同様にして、アシスタントエディタを使ってインタフェースビルダーで数字を表示

させるラベルは Label、乱数選択や次の問題への進行、リセットの表示切り替えボタンは Push Button をドラッグ＆ドロップし配置とサイズを調整する。ボタンの詳細なタイトル設定や配置などは、ダウンロード用のサンプルファイルを参照されたい。

　ラベルは右ドラッグで Swift コードに Outlet 接続、また 3 つのボタンは右ドラッグで Swift コードに Action 接続しよう。Outlet 接続されたラベルは lb とし、Action 接続されたボタンのメソッド名は rand、next、reset とし、引数の型はすべて Any とする。

　アルファベット ABC は、ユニコードから呼び出してもよいが、いろいろな教育アプリの拡張性を考えると、数字ができたので、アルファベット ABC は文字列配列で用意する。その数字を配列の要素番号にすると、前回のコードとほとんど変えるところがない。さらに、文字列配列のコンテンツ内容さえ変えれば、アプリ教材として無限の応用が可能である。

　先ほどのコードとの変更点だけを説明する。他のコードはそのまま再利用する。まず、アルファベット ABC の文字列配列を設定する。アルファベットの大文字のみでも小文字と大文字を混ぜてもよい。表示部分について説明する。数字 n はラベル lb にしてフォントを大きくとりアプリ中央に配置する。

　先ほどはラベルのオブジェクト lb へのテキスト入力は、lb.**stringValue** を用いて、Int 型数字を文字列になおして計算プロパティのプロパティ監視の **didSet** で代入した。今回はアルファベット文字列そのものなので、つぎのように直接をラベルへのテキスト入力 lb.**stringValue** に代入できる。

```
@IBOutlet weak var lb: NSTextField!        ←Outlet接続されたラベルのオブジェクト設定
var n : Int = 0 { didSet { lb.stringValue = self.s[n] } }   ←ラベルにアルファベット文字列を代入
var s = ["A","B","C","D","E","F","G","H","I","J","K","L","M","N",
         "O","P","Q","R","S","T","U","V","W","X","Y","Z","a","b",
         "c","d","e","f","g","h","i","j","k","l","m","n","o","p",
         "q","r","s","t","u","v","w","x","y","z"]           ←要素数は任意
```

　アクションメソッド実装では、上で設定された配列要素数を s.count で取得する。文字列配列の要素数には無関係に動作するようにする。

```
@IBAction func next(_ sender: Any) {    ←Action接続されたNextボタンクのメソッド設定
    if n < s.count - 1 { n += 1 }       ←数字nをメソッドが呼ばれるが度に999まで増分した
    else { reset(0 as Any) }            ←1000以上になるとリセットメソッドを呼び出し0にした
}
```

　Rand ボタンのクリック操作でのランダムにアルファベットを出したいので、乱数の範囲を、つぎのように剰余演算で行う。配列要素数 s.**count** は UInt32 型にキャストしている。これで、文字列配列の要素数の範囲内で乱数が出る。

```
    @IBAction func rand(_ sender: Any) {           ←Action接続されたRandボタンのメソッド設定
        n = Int(arc4random() % UInt32(s.count))
    }
```

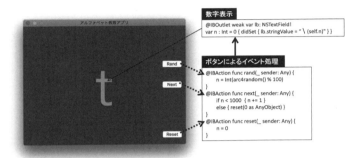

MacアプリにあるAppDelegate.swiftのデフォルトのスケルトンコードに、以上のようなコードを追加して、つぎのように単純な未就学アルファベット教育アプリのプログラムを作成してみよう。

```swift
// Ma8-2  AppDelegate.swift  ボタンクリック操作によるアルファベット教育アプリ
import Cocoa
@NSApplicationMain
class AppDelegate: NSObject, NSApplicationDelegate {
    @IBOutlet weak var window: NSWindow!
    @IBOutlet weak var lb: NSTextField!
    var n : Int = 0 { didSet { lb.stringValue = self.s[n] } }
    var s = ["A","B","C","D","E","F","G","H","I","J","K","L","M","N",
             "O","P","Q","R","S","T","U","V","W","X","Y","Z","a","b",
             "c","d","e","f","g","h","i","j","k","l","m","n","o","p",
             "q","r","s","t","u","v","w","x","y","z"]
    @IBAction func rand(_ sender: Any) {
        n = Int(arc4random() % UInt32(s.count))
    }
    @IBAction func next(_ sender: Any) {
        if n < s.count - 1 { n += 1 }
        else { reset(0 as Any) }
    }
    @IBAction func reset(_ sender: Any) {
        n = 0
    }
    func applicationDidFinishLaunching(_ aNotification: Notification) {
        window.backgroundColor = NSColor.blue
        lb.stringValue = s[n]
```

```
    }
    func applicationWillTerminate(_ aNotification: Notification) { }
}
```

練習問題

アルファベット配列の要素数だけを変えても動作するか確かめてみよう。また、表示テキストの色やグラディエーション背景色を変えてみよう。

■ 8.1.3 ボタンクリック操作によるひらがな教育アプリ

アルファベット学習アプリができれば、当然ひらがな教育アプリもできる。変更点は、文字列配列とアプリのタイトルの変更のみである。

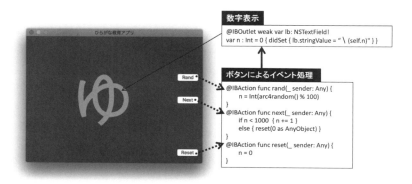

```
// Ma8-3   AppDelegate.swift   ボタンクリック操作によるひらがな教育アプリ
import Cocoa
@NSApplicationMain
class AppDelegate: NSObject, NSApplicationDelegate {
    @IBOutlet weak var window: NSWindow!
    @IBOutlet weak var lb: NSTextField!
    var n : Int = 0 { didSet { lb.stringValue = self.s[n] } }
    var s = ["あ","い","う","え","お","か","き","く","け","こ","さ","し",
             "す","せ","そ","た","ち","つ","て","と","な","に","ぬ","ね",
             "の","は","ひ","ふ","へ","ほ","ま","み","む","め","も","や",
             "ゆ","よ","ら","り","る","れ","ろ","わ","ん"]
    @IBAction func rand(_ sender: Any) {
        n =  Int(arc4random() % UInt32(s.count))
    }
    @IBAction func next(_ sender: Any) {
        if n < s.count - 1  { n += 1 }
```

```
        else { reset(0 as Any) }
    }
    @IBAction func reset(_ sender: Any) {
        n = 0
    }
    func applicationDidFinishLaunching(_ aNotification: Notification) {
        window.backgroundColor = NSColor.blue
        lb.stringValue = s[n]
    }
    func applicationWillTerminate(_ aNotification: Notification) { }
}
```

練習問題

文字列配列を「ひらがな」から「カタカナ」に変更したり、「いろはに」の順に変更して、カタカナ教育アプリやいろはに教育アプリに変えてみよう。

8.1.4 声に出して読む般若心経アプリ

声に出してタップしながら1文字ずつ読む般若心経アプリを作成してみた。長押し操作で最初に戻り、スワイプ操作で意味はないがランダムに出る。ここまでくれば、配列の文字列さえ変えれば何でもありである。ここでも変更点は、文字列配列とアプリのタイトルの変更のみで、つぎのようにプログラムしてみよう。

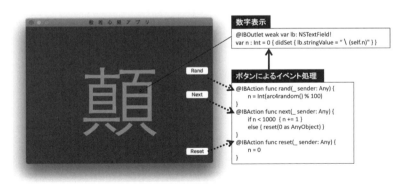

```
// Ma8-4  AppDelegate.swift  声に出して読む般若心経アプリ
import Cocoa
@NSApplicationMain
class AppDelegate: NSObject, NSApplicationDelegate {
    @IBOutlet weak var window: NSWindow!
```

```swift
    @IBOutlet weak var lb: NSTextField!
    var n : Int = 0 { didSet { lb.stringValue = self.s[n] } }
    var s = ["観","自","在","菩","薩","行","深","般","若","波","羅","蜜",
            "多","時","照","見","五","蘊","皆","空","度","一","切","苦",
            "厄","舎","利","子","色","不","異","空","空","不","異","色",
            "色","即","是","空","空","即","是","色","受","想","行","識",
            "亦","復","如","是","舎","利","子","是","諸","法","空","相",
            "不","生","不","滅","不","垢","不","浄","不","増","不","減",
            "是","故","空","中","無","色","無","受","想","行","識","無",
            "眼","耳","鼻","舌","身","意","無","色","声","香","味","触",
            "法","無","眼","界","乃","至","無","意","識","界","無","無",
            "明","亦","無","無","明","尽","乃","至","無","老","死","亦",
            "無","老","死","尽","無","苦","集","滅","道","無","智","亦",
            "無","得","以","無","所","得","故","菩","提","薩","埵","依",
            "般","若","波","羅","蜜","多","故","心","無","罣","礙","無",
            "罣","礙","故","無","有","恐","怖","遠","離","一","切","顛",
            "倒","夢","想","究","竟","涅","槃","三","世","諸","仏","依",
            "般","若","波","羅","蜜","多","故","得","阿","耨","多","羅",
            "三","藐","三","菩","提","故","知","般","若","波","羅","蜜",
            "多","是","大","神","呪","是","大","明","呪","是","無","上",
            "呪","是","無","等","等","呪","能","除","一","切","苦","真",
            "実","不","虚","故","説","般","若","波","羅","蜜","多","呪",
            "即","説","呪","曰","羯","諦","羯","諦","波","羅","羯","諦",
            "波","羅","僧","羯","諦","菩","提","薩","婆","訶"]
    @IBAction func rand(_ sender: Any) {
        n =  Int(arc4random() % UInt32(s.count))
    }
    @IBAction func next(_ sender: Any) {
        if n < s.count - 1  { n += 1 }
        else { reset(0 as Any) }
    }
    @IBAction func reset(_ sender: Any) {
        n = 0
    }
    func applicationDidFinishLaunching(_ aNotification: Notification) {
        window.backgroundColor = NSColor.blue
        lb.stringValue = s[n]
    }
    func applicationWillTerminate(_ aNotification: Notification) { }
}
```

練習問題

般若心経なので、心安らかに読めるように、背景を比叡山延暦寺や近くのお寺の画像を背景

に出し写経しているイメージか、無心になれる意味で無地にするか変えて、Macアプリを作成してみよう。

8.2 ジェスチャー認識による数字教育アプリ

　教育用のMacアプリとして、ボタンクリック操作によるアプリ教材を作成してきたが、ここでは、ボタンクリック操作をジェスチャー認識に切り替えて、ジェスチャー認識によって表示内容が変化するようにしてみよう。ジェスチャー認識については、第14章で詳しく説明する。

　下の図のように、アシスタントエディタを使ってインタフェースビルダーで数字を表示させるラベルはLabel、乱数選択や次の問題への進行、リセット用のジェスチャー認識のためにはClick Gesture Recognizer、Pan Gesture Recognizer、Press Gesture Recognizerをラベルへドラッグ＆ドロップし配置とサイズを調整する。ラベルとジェスチャー認識の詳細な設定や配置などは、ダウンロード用のサンプルファイルを参照されたい。

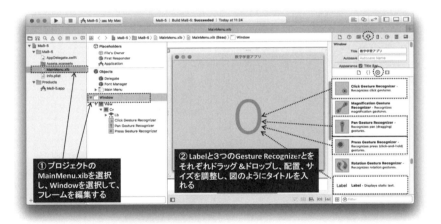

　これでラベルとジェスチャー認識の準備はできたので、つぎの図のように、ラベルは右ドラッグでSwiftコードにOutlet接続、また3つのジェスチャー認識は右ドラッグでSwiftコードにAction接続しよう。ここで、3つのジェスチャー認識はラベルに重なっているので、編集領域の左側にあるドキュメントアウトラインを表示させるとよい。このドキュメントアウトラインには、ウィンドウフレームにドラッグ＆ドロップしたNS部品がすべて表示されるので、ここから右ドラッグでSwiftコードにOutlet接続やAction接続ができる。Outlet接続されたラベルは`lb`とし、Action接続されたジェスチャー認識のメソッド名はClick Gesture Recognizerに対しては`click`、Pan Gesture Recognizerに対しては`drag`、Press Gesture Recognizerに対しては`longpress`とし、引数の型はすべてAnyとする。

第 8 章　教育用のアプリ教材の作り方

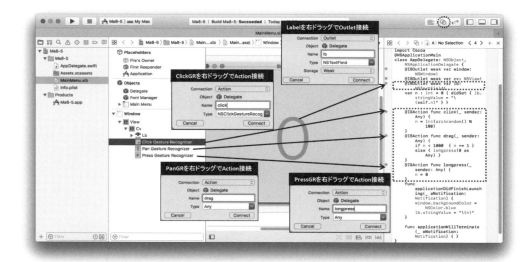

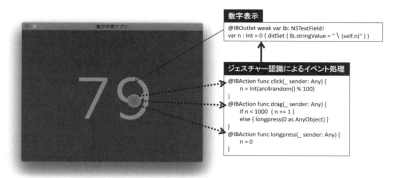

　Mac アプリにある `AppDelegate.swift` のデフォルトのスケルトンコードに、つぎのように前回と同様なコードを使って、ジェスチャー認識を設定してみよう。ここでは、ジェスチャー認識のクラスを説明する必要がない。インタフェースビルダーを用いると、そのクラスの知識が一切なくてもジェスチャー認識が動作するところが凄い。

```
// Ma8-5   AppDelegate.swift   ジェスチャー認識による数字教育アプリ
import Cocoa
@NSApplicationMain
class AppDelegate: NSObject, NSApplicationDelegate {
    @IBOutlet weak var window: NSWindow!
    @IBOutlet weak var cv: NSView!
    @IBOutlet weak var lb: NSTextField!    ←Outlet接続されたラベルのオブジェクト設定
    var n : Int = 0 { didSet { lb.stringValue = "\(self.n)" } }
```

```
    @IBAction func click(_ sender: Any) {    ←Action接続されたClick Gesture Recognizerのメソッド設定
        n = Int(arc4random() % 100)
    }
    @IBAction func drag(_ sender: Any) {    ←Action接続されたPan Gesture Recognizerのメソッド設定
        if n < 1000  { n += 1 }
        else { longpress(0 as Any) }
    }
    @IBAction func longpress(_ sender: Any) {
                                         ←Action接続されたPress Gesture Recognizerのメソッド設定
        n = 0
    }
    func applicationDidFinishLaunching(_ aNotification: Notification) {
        window.backgroundColor = NSColor.blue
        lb.stringValue = "\(n)"
    }
    func applicationWillTerminate(_ aNotification: Notification) { }
}
```

練習問題

他のジェスチャー認識として回転やピンチイン・アウトも取り入れた Mac アプリを作成してみよう。

8.3 初等・中等教育用のアプリ教材

■ 8.3.1　ボタンクリック操作による英語教育アプリ

アルファベットや漢字が使えるので、英語教育アプリを考えてみよう。文字列配列で文字列として英文とその翻訳の和文とを交互に設定すれば、英文解釈や英作文に応用できそうである。

アシスタントエディタを使ってインタフェースビルダーで英文・和文を表示させるラベルは Label、乱数選択や次の問題への進行、リセットの表示切り替えボタンは Push Button をドラッグ&ドロップし配置とサイズを調整する。ボタンの詳細なタイトル設定や配置などは、ダウンロード用のサンプルファイルを参照されたい。

ラベルは右ドラッグで Swift コードに Outlet 接続、また 3 つのボタンは右ドラッグで Swift コードに Action 接続しよう。Outlet 接続されたラベルは `lb` とし、Action 接続されたボタンのメソッド名は rand、next、reset とし、引数の型はすべて Any とする。

Mac アプリにある `AppDelegate.swift` のデフォルトのスケルトンコードに、つぎのようなコード

を追加して、英文解釈や英作文に応用できそうな英語教育アプリを作成してみよう。

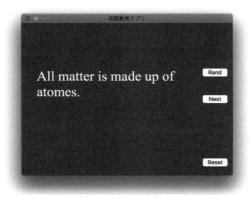

```
// Ma8-6   AppDelegate.swift   ボタンクリック操作による英語教育アプリ
import Cocoa
@NSApplicationMain
class AppDelegate: NSObject, NSApplicationDelegate {
    @IBOutlet weak var window: NSWindow!
    @IBOutlet weak var lb: NSTextField!
    var n : Int = 0 { didSet { lb.stringValue = self.s[n] } }
    var s = ["All matter is made up of atomes.","すべての物質は原子からできている。","Statics
is concerned with forces in equilibrium.","静力学は平衡状態にある力に関係する。","Two effects
are independent of each other.","2つの効果は互いに無関係である。","The mountain is covered
with snow.","その山は雪で覆われている。","The function of thermocouples is to change heat to
electrical energy","熱電対の機能は、熱を電気エネルギーに変換することである。","The mountain is covered
with snow.","その山は雪で覆われている。"]
    @IBAction func rand(_ sender: Any) {
        n =  Int(arc4random() % UInt32(s.count))
    }
    @IBAction func next(_ sender: Any) {
        if n < s.count - 1  { n += 1 }
        else { reset(0 as Any) }
    }
    @IBAction func reset(_ sender: Any) {
        n = 0
    }
    func applicationDidFinishLaunching(_ aNotification: Notification) {
        window.backgroundColor = NSColor.blue
        lb.stringValue = s[n]
    }
    func applicationWillTerminate(_ aNotification: Notification) { }
}
```

> **練習問題**
>
> このようにコンテンツは無限であり、切りがないのでここまでとし、コードを変えて算数計算の教育アプリに挑戦してみよう。

■ 8.3.2 ボタンクリック操作による足し算教育アプリ

単に数字の読み上げ練習の教育アプリではなく、もう少し上級になって足し算を勉強するような教育アプリを作成してみよう。

アシスタントエディタを使ってインタフェースビルダーで足し算の問題と解答を表示させる2つのラベルは Label、次の問題への進行のボタンは Push Button をドラッグ＆ドロップし配置とサイズを調整する。ボタンの詳細なタイトル設定や配置などは、ダウンロード用のサンプルファイルを参照されたい。

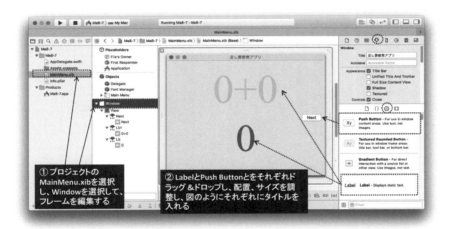

2つのラベルは右ドラッグで Swift コードに Outlet 接続、また3つのボタンは右ドラッグで Swift コードに Action 接続しよう。Outlet 接続された解答ラベルは lb と問題ラベルは lb1 とし、Action 接続されたボタンのメソッド名は next とし、引数の型は Any とする。

第8章　教育用のアプリ教材の作り方

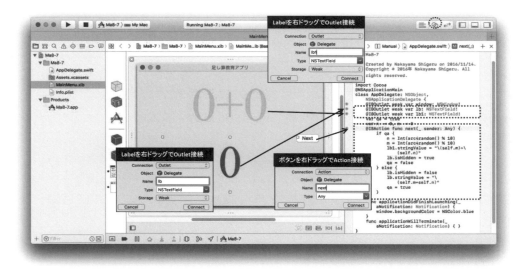

　前回とは異なり、問題用ラベル lb1 と解答用ラベル lb が必要となり、つぎのように問題変数 n、m を設定する。解答を非表示にするために、問題のみ表示用フラグ qa として Bool 値を設定する。

```
@IBOutlet weak var lb: NSTextField!         ←Outlet接続された解答用ラベルのオブジェクト設定
@IBOutlet weak var lb1: NSTextField!        ←Outlet接続された問題用ラベルのオブジェクト設定
var qa = true                               ←問題のみ表示用フラグ
var n = 0, m = 0                            ←足し算用の2つの整数変数設定
lb1.stringValue = "\(self.m)+\(self.n)"     ←2整数の足し算の問題式m+nの表示
lb.stringValue = "\(self.m+self.n)"         ←文字列挿入内で解答数値を計算し、解答ラベルに代入
```

　ボタンクリック操作は Next ボタンのみとし、つぎのアクションメソッドを呼ぶようにする。if 文による2方向分岐は、true のとき問題のみ表示し、false のときは解答も表示するようにする。

```
@IBAction func next(_ sender: Any) {        ←Action接続された「Next」ボタンのメソッド設定
    if qa {                                 ←qaがtrueなら問題のみ表示
        n = Int(arc4random() % 10)          ←整数nの0-9で乱数生成
        m = Int(arc4random() % 10)          ←整数nの0-9で乱数生成
        lb1.stringValue = "\(self.m)+\(self.n)"   ←2整数の足し算の問題式m+nの表示
        lb.isHidden = true                  ←解答数値の非表示
        qa = false                          ←問題式が出たので解答を表示設定にする
    } else {                                ←qaがfalseなら解答も表示
        lb.isHidden = false
        lb.stringValue = "\(self.m+self.n)" ←文字列挿入内で解答数値を計算し、解答ラベルに代入
        qa = true                           ←解答が出たので解答を非表示設定にする
```

            }
        }

MacアプリにあるAppDelegate.swiftのデフォルトのスケルトンコードに、つぎのようなコードを追加して、足し算を勉強するような教育アプリを作成してみよう。

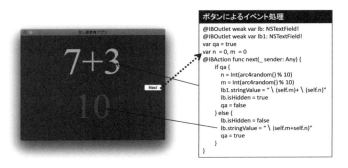

```
// Ma8-7   AppDelegate.swift   ボタンクリック操作による足し算教育アプリ
import Cocoa
@NSApplicationMain
class AppDelegate: NSObject, NSApplicationDelegate {
    @IBOutlet weak var window: NSWindow!
    @IBOutlet weak var lb: NSTextField!
    @IBOutlet weak var lb1: NSTextField!
    var qa = true
    var n  = 0, m  = 0
    @IBAction func next(_ sender: Any) {
        if qa {
            n = Int(arc4random() % 10)
            m = Int(arc4random() % 10)
            lb1.stringValue = "\(self.m)+\(self.n)"
            lb.isHidden = true
            qa = false
        } else {
            lb.isHidden = false
            lb.stringValue = "\(self.m+self.n)"
            qa = true
        }
    }
    func applicationDidFinishLaunching(_ aNotification: Notification) {
        window.backgroundColor = NSColor.blue
    }
```

```
        func applicationWillTerminate(_ aNotification: Notification) { }
}
```

練習問題

ここでは 1 桁の足し算アプリを作成したが、フォントサイズに注意して、2 桁の足し算アプリを作成してみよう。

■8.3.3　ボタンクリック操作による九九教育アプリ

足し算アプリが作成できたので、つぎに九九のかけ算アプリを作成してみよう。変更点は、＋記号を×記号にし、実際の演算もかけ算にする。

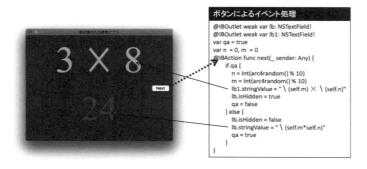

```
// Ma8-7    AppDelegate.swift   ボタンクリック操作による九九教育アプリ
import Cocoa
@NSApplicationMain
class AppDelegate: NSObject, NSApplicationDelegate {
    @IBOutlet weak var window: NSWindow!
    @IBOutlet weak var lb: NSTextField!
    @IBOutlet weak var lb1: NSTextField!
    var qa = true
    var n  = 0, m  = 0
    @IBAction func next(_ sender: Any) {
        if qa {
            n = Int(arc4random() % 10)
            m = Int(arc4random() % 10)
            lb1.stringValue = "\(self.m) × \(self.n)"
            lb.isHidden = true
            qa = false
        } else {
```

```
            lb.isHidden = false
            lb.stringValue = "\(self.m*self.n)"
            qa = true
        }
    }
    func applicationDidFinishLaunching(_ aNotification: Notification) {
        window.backgroundColor = NSColor.blue
    }
    func applicationWillTerminate(_ aNotification: Notification) { }
}
```

> **練習問題**
>
> ここでは九九教育アプリを作成したが、割り算は小数点が、引き算はマイナスが出てくることに注意して、引き算や割り算の教育アプリを作成してみよう。

8.3.4 Web ビューを用いた HTML による英語学習アプリ

これまで、アプリ教材としてラベルに数字や文字、文字列を表示してきた。ここでは発想を変えて、ラベルの変わりに Web ビューを使い、HTML の文字列配列にして配列要素を順次表示していく。もっとリッチなアプリ教材ができあがる。Web ビューを利用するので、アプリ教材の中で、未知の事項があれば、アンカー設定をしてウキペディアなどにジャンプできる。Web ビューを用いた HTML による英語学習アプリを作成してみよう。

つぎの図のように、アシスタントエディタを使ってインタフェースビルダーで Web ビューを表示させるには WebKit View、説明イラスト画像も入れたので Image View、リセット用のボタンは Push Button、問題切り替えには Stepper をそれぞれドラッグ＆ドロップし配置とサイズを調整する。また、説明イラスト画像として画像ファイル sn.png を入れた。ボタンの詳細なタイトル設定や配置などは、ダウンロード用のサンプルファイルを参照されたい。

第 8 章　教育用のアプリ教材の作り方

　これで Web ビューとステッパー、ボタンの準備はできたので、下の図のように、Web ビューやステッパー、画像ビューは右ドラッグで Swift コードに Outlet 接続、また、ボタンとステッパーは右ドラッグで Swift コードに Action 接続しよう。Outlet 接続された Web ビューやステッパー、画像ビューはそれぞれ wv、st、im とし、Action 接続されたボタンとステッパーのメソッド名は bt、next とし、引数の型はそれぞれ Any と NSStepper とする。

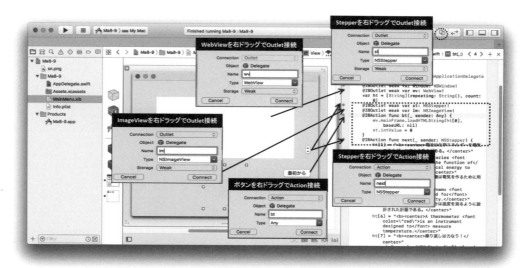

　Mac アプリにある AppDelegate.swift のデフォルトのスケルトンコードに、つぎのようなコードを追加して、Web ビューを用いた HTML による英語学習アプリを作成してみよう。ここでは、ステッパー数値で Web ビューに表示される HTML コンテンツの文字列を切り替えて選択できるようにして、英語学習アプリに仕立てる。

　つぎのように **WebView** クラスを用いて、表紙として Web ビューにタイトルの文字列を入れる。

```
@IBOutlet weak var wv: WebView!              ←Outlet接続されたWebビューのオブジェクト設定
func applicationDidFinishLaunching(_ aNotification: Notification) {
    ht[0] = "<b><center>科学技術英語編<p><font color=\"blue\">
        中山 茂</font> </center>"              ←HTMLタグで記述したコンテンツを設定
    wv.mainFrame.loadHTMLString(ht[0], baseURL: nil)   ←WebビューにHTMLコンテンツを設定
    im.image = NSImage(named: "sn.png")       ←画像ビューに画像sn.pngを設定
}
```

ここでは、ステッパーをタッチアップすると順番にWebビューに異なったHTMLコンテンツの文字列が現れるようにする。たとえば、科学技術英語アプリとして、科学技術表現の日本語が現れ、ステッパーを＋でタッチアップすると、その英訳が現れるようにする。ステッパーを逆方向に－でタッチアップすると英文から日本文の和訳の学習となる。

ステッパーのアクションメソッドとして、ステッパー数値でWebビューに表示させたいHTMLコンテンツの文字列配列の配列要素番号に利用する。そのために、そのステッパー数値を引数に持つようなメソッドだけですべて完了させるために、つぎのようなWebビュー表示ためのアクションメソッドnext(_ **sender: NSStepper**)で作成する。また、ステッパー数値**sender.intValue**がHTMLコンテンツの文字列配列の配列要素番号にしたので、ステッパーの＋を押し続けると止まり、オーバーフローすることはない。ステッパーの－も同じで、押し続けると止まり、アンダーフローすることはない。

```
@IBAction func next(_ sender: NSStepper) {            ←Action接続されたステッパーのメソッド設定
    ht[1] = "<b><center>電池は … </center>"           ←WebビューのHTMLコンテンツ追加設定
    ht[2] = "<b><center>Batteries … </center>"        ←WebビューのHTMLコンテンツ追加設定
     :
    ht[7] = "<b><center>繰り返しは力なり！</center>"    ←WebビューのHTMLコンテンツ追加設定
    wv.mainFrame.loadHTMLString(ht[Int(sender.intValue)], baseURL: nil)
                                                       ←WebビューにHTML設定
}
```

一方、リセット用の「最初から」ボタンは、つぎのようにWebビューを初期画面に戻し、ステッパー数値を0に戻している。

```
@IBAction func bt(_ sender: Any) {         ←Action接続された「最初から」ボタンのメソッド設定
    wv.mainFrame.loadHTMLString(ht[0], baseURL: nil)   ←Webビューを初期画面に戻す設定
    st.intValue = 0                        ←ステッパー数値を0に戻す設定
}
```

ステッパーとWebビューを用いて、ステッパー数値でWebビューに表示されるHTMLコンテンツ

の文字列を切り替えて選択できるようにイベント処理を行ってみよう。ここでは、科学技術英語アプリとして、科学技術表現の日本語が現れ、ステッパーを＋でタッチアップすると、その英訳が現れるようにする。また、ステッパーを逆方向にーでタッチアップすると英文から日本文の和訳の学習となるWebビューを用いたHTMLによる英語学習アプリを、つぎのように作成してみよう。

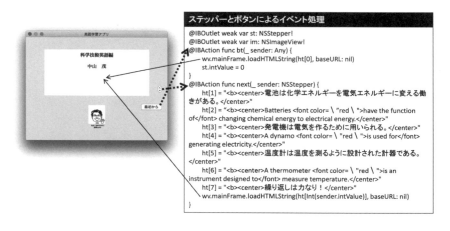

```
// Ma8-9   AppDelegate.swift   Webビューを用いたHTMLによる英語学習アプリ
import Cocoa
import WebKit
@NSApplicationMain
class AppDelegate: NSObject, NSApplicationDelegate {
    @IBOutlet weak var window: NSWindow!
    @IBOutlet weak var wv: WebView!
    var ht = [String](repeating: String(), count: 8)
    @IBOutlet weak var st: NSStepper!
    @IBOutlet weak var im: NSImageView!
    @IBAction func bt(_ sender: Any) {
        wv.mainFrame.loadHTMLString(ht[0], baseURL: nil)
        st.intValue = 0
    }
    @IBAction func next(_ sender: NSStepper) {
        ht[1] = "<b><center>電池は化学エネルギーを電気エネルギーに変える働きがある。</center>"
        ht[2] = "<b><center>Batteries <font color=\"red\">have the function of</font> changing chemical energy to electrical energy.</center>"
        ht[3] = "<b><center>発電機は電気を作るために用いられる。</center>"
        ht[4] = "<b><center>A dynamo <font color=\"red\">is used for</font> generating electricity.</center>"
        ht[5] = "<b><center>温度計は温度を測るように設計された計器である。</center>"
        ht[6] = "<b><center>A thermometer <font color=\"red\">is an instrument designed
```

```
to</font> measure temperature.</center>"
        ht[7] = "<b><center>繰り返しは力なり！</center>"
        wv.mainFrame.loadHTMLString(ht[Int(sender.intValue)], baseURL: nil)
    }
    func applicationDidFinishLaunching(_ aNotification: Notification) {
        ht[0] = "<b><center>科学技術英語編<p><font color=\"blue\">中山　茂</font> </center>"
        wv.mainFrame.loadHTMLString(ht[0], baseURL: nil)
        im.image = NSImage(named: "sn.png")
    }
    func applicationWillTerminate(_ aNotification: Notification) { }
}
```

練習問題

暗記用の教材アプリであれば、このアプリが大いに活用できそうである。Webビューに表示されるHTMLコンテンツの文字列を、Q&A方式の歴史問題や英熟語暗記、理科問題などに変えて暗記用のアプリ教材を作成してみよう。HTMLフォーマットで記述するので、HTMLのいろいろな機能を使い、テキストのフォントやフォントスタイル、フォント色を変えてみよう。

第9章 画像フィルタと画像処理

この章では、CoreImage フレームワークによる画像フィルタ処理について説明する。基本的には、フィルタ処理したい JPG などの画像ファイルを iOS での NSImage ではなく、CIImage のコアイメージ用の画像オブジェクトにする必要がある。画像フィルタの種類とキー文字列を説明して、いろいろなフィルタ処理例を示そう。

たとえば、ポスターのようなフィルタやセピア調フィルタ、単色化フィルタ、ぼかしフィルタ、色反転フィルタ、幾何学調整のための傾斜画像生成フィルタなどを説明する。また、これらのフィルタ強度を調整できるように、スライダーを用いて設定できるようにする。コンボボックスによりこれらの画像フィルタが選択できるようにする。フィルタ処理の種類は多く切りがないが、面白いバンプ処理で画像の凹凸によるゆがみ変形フィルタを紹介する。

最後に、画像におけるピクセル操作として、画像ピクセルから取得した RGB 色のヒストグラム表示アプリやピクセル値から画像を生成するコンピュータグラフィックスアプリ、画像のサイズ変更アプリを紹介する。

9.1 画像フィルタ処理

9.1.1 CoreImage フレームワークによる画像フィルタ処理

CoreImage（CI）フレームワークでは、フィルタの生成や登録フィルタの利用、フィルタパラメータや属性の取得、デフォルト値の設定、コアアニメーションでフィルタ生成などができる。

CoreImage フレームワークによる画像のフィルタ処理は、基本的に数行で作成可能である。

まず、フィルタ処理したい JPG などの画像ファイルを準備するが、**UIImage** オブジェクトではなく、つぎの **CIImage** クラスのイニシャライザーを使って、コアイメージ用の画像オブジェクトに変換する必要がある。

```
var im = NSImage(named: "画像ファイル名")   ←入力画像ファイルをNSImageオブジェクトimで取得
let ci = CIImage(data: im!.tiffRepresentation!)
                                          ←NSImageオブジェクトimをCIImageオブジェクトに変換
```

ここで、**NSImage** クラスのプロパティ **tiffRepresentation** は、つぎのように定義されている。

```
var tiffRepresentation: Data? { get }
```

NSImage オブジェクトを TIFF データを含んだ **Data** オブジェクトに変換し、Data オブジェクトから CIImage オブジェクトへ変換している。

どんな画像フィルタ処理をしたいかを、つぎの **CIFilter** クラスのイニシャライザーを使ってフィルタ名を指定する。

```
let f = CIFilter(name: "フィルタ名")!        ←フィルタ名を指定する
```

この画像フィルタを使ってどの入力画像を処理したいかを、key-value コーディング方式の **setValue**() メソッドを用いて、キー **kCIInputImageKey** で入力画像を **CIImage** オブジェクト ci にする。つぎのように設定できる。

```
f.setValue(ci, forKey: kCIInputImageKey)    ←フィルタにかけるCIImageの入力画像の指定
```

もろもろの細かいパラメータがあるが、デフォルト値を使うとすれば、これでフィルタ処理設定は完了したことになる。

9.1 画像フィルタ処理

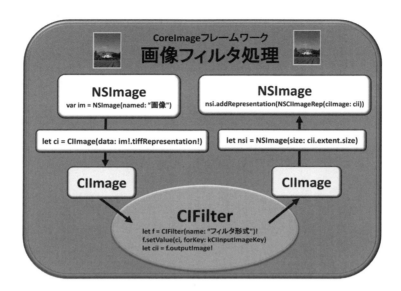

つぎのようにしてフィルタ処理後の出力画像をCIImageオブジェクトとして取得する。CIImageオブジェクトを、その画像サイズでNSImageオブジェクトとして生成して、NSImageオブジェクトに変換する。そのためには、**NSImageView**クラスで出力画像ビューのオブジェクトiv2を準備し、これにフィルタ処理された出力画像のNSImageオブジェクトnsiを設定する。これでフィルタ処理後の出力画像が表示される。

```
        let cii = f.outputImage!     ←フィルタ処理後の出力画像であるCIImageオブジェクトを取得する
        let nsi = NSImage(size: cii.extent.size)
                                     ←CIImageオブジェクトのサイズでNSImageオブジェクト生成
        nsi.addRepresentation(NSCIImageRep(ciImage: cii))
                                     ←CIImageオブジェクトをNSImageオブジェクトに変換
    @IBOutlet weak var iv2: NSImageView!      ←Outlet接続された画像ビューのオブジェクトiv2設定
        iv2.image = nsi              ←画像ビューiv2の画像として、NSImageオブジェクトnsiを設定する
```

CIImageクラスには、つぎのようなイニシャライザーがあり、これを使ってコアイメージ用の画像オブジェクトを生成する。

CIImage クラス（← NSObject + *CVarArg*, *Equatable*, *Hashable* など）

▲ **init**?(data: Data)
画像データdataで画像オブジェクトを初期化する。
▲ **init**?(contentsOf: URL)

ネットワーク上の URL から画像を読み込み画像オブジェクトを初期化する。

CIFilter クラスは、つぎのような構成になっている。イニシャライザーや **outputImage** プロパティ、**CIFilter** クラスのスーパークラスで定義されていた **setValue**() メソッドを使う。

CIFilter クラス (←NSObject + CVarArg, Equatable, Hashable など)

- ▲ **init**?(name: String)
  指定されたフィルタ名 name で CIFilter オブジェクトを生成する。
- ▽ func **setDefaults**()
  フィルタの全入力値をデフォルトにする。
- ○ var **outputImage**: CIImage?
  フィルタ処理された出力画像を取得する。

NSObject クラス

- ▽ func **setValue**(Any?, forKey: String)
  key-value コーディング方式でキーの性質を値に設定。

9.1.2 画像フィルタの種類とキー文字列

コアイメージフィルタには、つぎのように多数のフィルタが用意されている。フィルタ数が多いので、すべての内容は説明しきれないので、詳細は、つぎをを参照されたい。

https://developer.apple.com/library/ios/documentation/GraphicsImaging/Reference/CoreImageFilterReference/

なお、著者が確かめたのは、ゴシック体で示されているもののみである。

フィルタの種類
- ●ぼかしフィルタ
  CIBoxBlur, CIDiscBlur, **CIGaussianBlur**, CIMaskedVariableBlur, CIMedianFilter, CIMotionBlur, CINoiseReduction, CIZoomBlur
- ●色調整フィルタ
  CIColorClamp, CIColorControls, CIColorMatrix, CIColorPolynomial, CIExposureAdjust, CIGammaAdjust, CIHueAdjust, CILinearToSRGBToneCurve, CISRGBToneCurveToLinear, CITemperatureAndTint, CIToneCurve, CIVibrance, CIWhitePointAdjust

● 色効果フィルタ

CIColorCrossPolynomial, CIColorCube, CIColorCubeWithColorSpace, **CIColorInvert**, CIColorMap, **CIColorMonochrome**, **CIColorPosterize**, CIFalseColor, CIMaskToAlpha, CIMaximumComponent, CIMinimumComponent, CIPhotoEffectChrome, CIPhotoEffectFade, CIPhotoEffectInstant, CIPhotoEffectMono, CIPhotoEffectNoir, CIPhotoEffectProcess, CIPhotoEffectTonal, CIPhotoEffectTransfer, **CISepiaTone**, CIVignette, CIVignetteEffect

● 画像合成フィルタ

CIAdditionCompositing, CIColorBlendMode, CIColorBurnBlendMode, CIColorDodgeBlendMode, CIDarkenBlendMode, CIDifferenceBlendMode, CIDivideBlendMode, CIExclusionBlendMode, CIHardLightBlendMode, CIHueBlendMode, CILightenBlendMode, CILinearBurnBlendMode, CILinearDodgeBlendMode, CILuminosityBlendMode, CIMaximumCompositing, CIMinimumCompositing, CIMultiplyBlendMode, CIMultiplyCompositing, CIOverlayBlendMode, CIPinLightBlendMode, CISaturationBlendMode, CIScreenBlendMode, CISoftLightBlendMode, CISourceAtopCompositing, CISourceInCompositing, CISourceOutCompositing, CISourceOverCompositing, CISubtractBlendMode

● ひずみ変形フィルタ

CIBumpDistortion, CIBumpDistortionLinear, CICircleSplashDistortion, CICircularWrap, CIDroste, CIDisplacementDistortion, CIGlassDistortion, CIGlassLozenge, CIHoleDistortion, CILightTunnel, CIPinchDistortion, CIStretchCrop, CITorusLensDistortion, CITwirlDistortion, CIVortexDistortion

● パターン生成フィルタ

CIAztecCodeGenerator, CICheckerboardGenerator, CICode128BarcodeGenerator, CIConstantColorGenerator, CILenticularHaloGenerator, CIQRCodeGenerator, CIRandomGenerator, CIStarShineGenerator, CIStripesGenerator, CISunbeamsGenerator

● 幾何学調整フィルタ

CIAffineTransform, CICrop, **CILanczosScaleTransform**, CIPerspectiveCorrection, CIPerspectiveTransform, CIPerspectiveTransformWithExtent, CIStraightenFilter

- グラディエーションフィルタ

  CIGaussianGradient, CILinearGradient, CIRadialGradient, CISmoothLinearGradient

- ハーフトーン効果フィルタ

  CICircularScreen, CICMYKHalftone, CIDotScreen, CIHatchedScreen, CILineScreen

- 換算計算フィルタ

  CIAreaAverage, CIAreaHistogram, CIRowAverage, CIColumnAverage, CIHistogramDisplayFilter, CIAreaMaximum, CIAreaMinimum, CIAreaMaximumAlpha, CIAreaMinimumAlpha

- シャープ効果フィルタ

  CISharpenLuminance, CIUnsharpMask

- スタイル効果フィルタ

  CIBlendWithAlphaMask, CIBlendWithMask, CIBloom, CIComicEffect, CIConvolution3X3, CIConvolution5X5, CIConvolution7X7, CIConvolution9Horizontal, CIConvolution9Vertical, CICrystallize, CIDepthOfField, CIEdges, CIEdgeWork, CIGloom, CIHeightFieldFromMask, CIHexagonalPixellate, CIHighlightShadowAdjust, CILineOverlay, **CIPixellate**, CIPointillize, CIShadedMaterial, CISpotColor, CISpotLight

- タイル効果フィルタ

  CIAffineClamp, CIAffineTile, CIEightfoldReflectedTile, CIFourfoldReflectedTile, CIFourfoldRotatedTile, CIFourfoldTranslatedTile, CIGlideReflectedTile, CIKaleidoscope, CIOpTile, CIParallelogramTile, CIPerspectiveTile, CISixfoldReflectedTile, CISixfoldRotatedTile, CITriangleKaleidoscope, CITriangleTile, CITwelvefoldReflectedTile

- 変形効果フィルタ

  CIAccordionFoldTransition, CIBarsSwipeTransition, CICopyMachineTransition, CIDisintegrateWithMaskTransition, CIDissolveTransition, CIFlashTransition, CIModTransition, CIPageCurlTransition, CIPageCurlWithShadowTransition, CIRippleTransition, CISwipeTransition

フィルタにかける入力画像やフィルタ効果に対する強度、半径などを設定するには、つぎのキー（参照：https://developer.apple.com/reference/coreimage/cifilter/1652559-filter_parameter_keys）を指定して、それに入れたい値をkey-valueコーディング方式でsetValue()メソッドを使って設定する。

フィルタのパラメータキー文字列（**String**）

kCIOutputImageKey, kCIInputBackgroundImageKey, **kCIInputImageKey**,
kCIInputTimeKey, kCIInputTransformKey, **kCIInputScaleKey**,
kCIInputAspectRatioKey, **kCIInputCenterKey**, **kCIInputRadiusKey**,
kCIInputAngleKey, kCIInputWidthKey, kCIInputSharpnessKey,
kCIInputIntensityKey, kCIInputEVKey, kCIInputSaturationKey,
kCIInputColorKey, kCIInputBrightnessKey, kCIInputContrastKey,
kCIInputMaskImageKey, kCIInputTargetImageKey, kCIInputExtentKey,
kCIInputVersionKey

CIImage の入力画像オブジェクト ci に対して、つぎのように指定する。

f.setValue(ci, forKey: **kCIInputImageKe**y)　　←フィルタにかけるCIImageの入力画像の指定

■9.1.3　はじめての画像フィルタ処理（**CISepiaTone** によるセピア調フィルタ）

それでは、はじめての画像フィルタ処理として、**NSImageView** クラスで画像フィルタ処理前後で入力画像とフィルタを通した出力画像とを対比してフレームに表示してみよう。画像フィルタとして、つぎのように写真にセピア調のフィルタをかける。セピア調のフィルタとして **CISepiaTone** フィルタを使う。

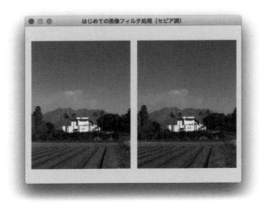

つぎの図のように、アシスタントエディタを使ってインタフェースビルダーで入力画像用と出力画像用の画像ビューを表示させるには Image View をドラッグ＆ドロップし、左右に配置とサイズを調整する。詳細な設定や配置などは、ダウンロード用のサンプルファイルを参照されたい。

第9章 画像フィルタと画像処理

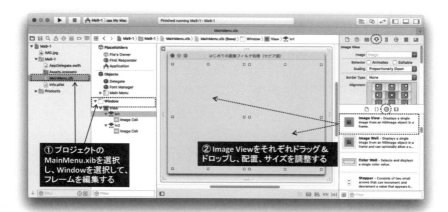

これで入力画像用と出力画像用の2つの画像ビューの準備はできたので、下の図のように、画像ビューは右ドラッグで Swift コードに Outlet 接続しよう。Outlet 接続された画像ビューは iv1、iv2 とする。

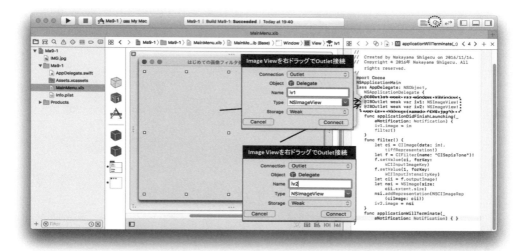

セピア調のフィルタは、各色成分を色あせたように見せるために、ブラウン色のいろいろな影を付けたものである。**CISepiaTone** フィルタを使う。**CISepiaTone** フィルタで指定できるパラメータは、入力画像とセピア強度である。

CISepiaTone フィルタ

inputImage

CIImage オブジェクトの入力画像を指定する。

inputIntensity
NSNumberオブジェクトでセピア強度を指定する（デフォルト：1.0）。

　MacアプリにあるAppDelegate.swiftのデフォルトのスケルトンコードに、つぎのようなコードを追加して、はじめての画像フィルタ処理の仕方として、写真にセピア調のフィルタをかけたMacアプリを作成してみよう。
　このfilterメソッドは、つぎのようにCISepiaToneフィルタで実装する。

```
var im = NSImage(named: "IMG.jpg")       ←入力画像ファイルをNSImageオブジェクトimで取得
let ci = CIImage(data: im!.tiffRepresentation!)
                                          ←NSImageオブジェクトimをCIImageオブジェクトに変換
let f = CIFilter(name: "CISepiaTone")!   ←フィルタ名をセピア調に指定する
f.setValue(ci, forKey: kCIInputImageKey) ←フィルタにかけるCIImageの入力画像の指定
f.setValue(1, forKey: kCIInputIntensityKey) ←フィルタのセピア強度を1に指定
```

以上をまとめて、つぎのようにセピア調のフィルタ処理を行うプログラムを作成してみよう。

```
// Ma9-1  AppDelegate.swift  はじめての画像フィルタ処理（画像のセピア調）
import Cocoa
@NSApplicationMain
class AppDelegate: NSObject, NSApplicationDelegate {
    @IBOutlet weak var window: NSWindow!
    @IBOutlet weak var iv1: NSImageView!
    @IBOutlet weak var iv2: NSImageView!
```

```
        var im = NSImage(named: "IMG.jpg")
        func applicationDidFinishLaunching(_ aNotification: Notification) {
            iv1.image = im
            filter()
        }
        func filter() {
            let ci = CIImage(data: im!.tiffRepresentation!)
            let f = CIFilter(name: "CISepiaTone")!
            f.setValue(ci, forKey: kCIInputImageKey)
            f.setValue(1, forKey: kCIInputIntensityKey)
            let cii = f.outputImage!
            let nsi = NSImage(size: cii.extent.size)
            nsi.addRepresentation(NSCIImageRep(ciImage: cii))
            iv2.image = nsi
        }
        func applicationWillTerminate(_ aNotification: Notification) { }
}
```

練習問題

フィルタのセピア強度を変えて、出力画像の出来映えを確かめる Mac アプリを作成してみよう。

9.1.4 ポスタリゼーション（画像の粗階調化）の画像フィルタ処理

使用するフィルタとして **CIColorPosterize** フィルタを利用する。これは、各色成分を指定した明るさ（ブライトネス）にマップしなおして粗階調化された画像を生成する。色が平坦になり、シルクで覆われたポスターのような見かけになる。つぎのようなポスタリゼーション（画像の粗階調化）の画像フィルタ処理された Mac アプリを作成してみよう。

前回と同様に、アシスタントエディタを使ってインタフェースビルダーで入力画像用と出力画像用の画像ビューを表示させ、画像ビューは右ドラッグで Swift コードに Outlet 接続しよう。Outlet 接続さ

れた画像ビューは iv1、iv2 とする。詳細な設定や配置などは、ダウンロード用のサンプルファイルを参照されたい。

Mac アプリにある AppDelegate.swift のデフォルトのスケルトンコードに、つぎのようなコードを追加して、ポスタリゼーションの画像フィルタ処理された Mac アプリを作成してみよう。

CIColorPosterize フィルタで指定できるパラメータは、入力画像と明るさのレベルを指定できる。

CIColorPosterize フィルタ

inputImage
CIImage オブジェクトの入力画像を指定する。

inputLevels
NSNumber オブジェクトで明るさのレベルを指定する（デフォルト：6.0）。

明るさのレベルはデフォルトの 6.0 を使うので、入力画像の指定だけで、つぎのように簡単にプログラムできる。

```
// Ma9-2   AppDelegate.swift   ポスタリゼーション（画像の粗階調化）の画像フィルタ処理
import Cocoa
@NSApplicationMain
class AppDelegate: NSObject, NSApplicationDelegate {
    @IBOutlet weak var window: NSWindow!
    @IBOutlet weak var iv1: NSImageView!
    @IBOutlet weak var iv2: NSImageView!
```

```
    var im = NSImage(named: "IMG5.jpg")
    func applicationDidFinishLaunching(_ aNotification: Notification) {
        iv1.image = im
        iv2.image = filterPoster(im!)
    }
    func filterPoster(_ img: NSImage) -> NSImage {
        let ci = CIImage(data: img.tiffRepresentation!)
        let f = CIFilter(name: "CIColorPosterize")!
        f.setValue(ci, forKey: kCIInputImageKey)
        let cii = f.outputImage!
        let nsi = NSImage(size: cii.extent.size)
        nsi.addRepresentation(NSCIImageRep(ciImage: cii))
        return nsi
    }
    func applicationWillTerminate(_ aNotification: Notification) { }
}
```

練習問題

ポスタリゼーションの明るさのレベルを指定する Mac アプリを作成してみよう。

9.2 強度調節のできる画像フィルタ処理

■9.2.1 セピア調強度調節のできる画像フィルタ処理

ここでは、スライダーでセピア強度を調整し、つぎのようなセピア色を変えられる Mac アプリを作成してみよう。スライダーのイベント処理は、3.2 節を参照されたい。

つぎの図のように、アシスタントエディタを使ってインタフェースビルダーで入力画像用と出力画像用の画像ビューを表示させるには Image View、水平スライダーを配置するには Horizontal Slider、説

明用のラベルには Label をドラッグ＆ドロップし、配置とサイズを調整する。詳細な設定や配置などは、ダウンロード用のサンプルファイルを参照されたい。

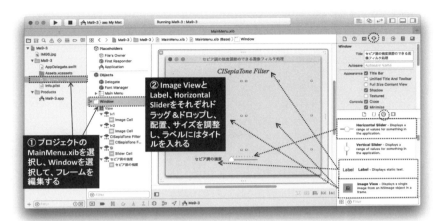

これで画像ビューと水平スライダーの準備はできたので、下の図のように、画像ビューと水平スライダーは右ドラッグで Swift コードに Outlet 接続、さらに、水平スライダーは右ドラッグで Swift コードに Action 接続しよう。Outlet 接続された画像ビューと水平スライダーは iv1、iv2、sl とし、Action 接続された水平スライダーのメソッド名は sc とし、引数の型は Any とする。

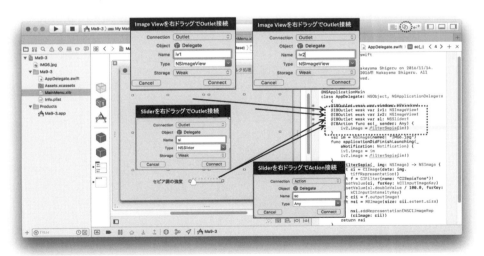

Mac アプリにある AppDelegate.swift のデフォルトのスケルトンコードに、つぎのようなコードを追加して、セピア色を変えられる Mac アプリを作成してみよう。

セピア調のフィルタは、**CISepiaTone** フィルタを使う。スライダーのイベント処理として、スライダーが動かされるたびに、ここで作成したフィルタ処理メソッド filterSepia(_ img: NSImage)

第9章 画像フィルタと画像処理

を呼び出す。このメソッドが呼び出されると、その時点でのスライダー数値を読み取り、セピア強度に調整している。

```
func filterSepia(_ img: NSImage) -> NSImage {
    let ci = CIImage(data: img.tiffRepresentation!)
    let f = CIFilter(name: "CISepiaTone")!
    f.setValue(ci, forKey: kCIInputImageKey)
    f.setValue(sl.doubleValue / 100.0, forKey: kCIInputIntensityKey)
                                    ←スライダー数値でセピア強度調整
    let cii = f.outputImage!
    let nsi = NSImage(size: cii.extent.size)
    nsi.addRepresentation(NSCIImageRep(ciImage: cii))
    return nsi
}
```

MacアプリにあるAppDelegate.swiftのデフォルトのスケルトンコードに、つぎのようなコードを追加して、画像のセピア調の強度がスライダーで設定ができる、画像フィルタ処理されたMacアプリを作成してみよう。

```
// Ma9-3  AppDelegate.swift  画像のセピア調の強度設定
import Cocoa
@NSApplicationMain
class AppDelegate: NSObject, NSApplicationDelegate {
    @IBOutlet weak var window: NSWindow!
    @IBOutlet weak var iv1: NSImageView!
    @IBOutlet weak var iv2: NSImageView!
    @IBOutlet weak var sl: NSSlider!
    @IBAction func sc(_ sender: Any) {
        iv2.image = filterSepia(im!)
```

```
        }
        var im = NSImage(named: "IMG6.jpg")
        func applicationDidFinishLaunching(_ aNotification: Notification) {
            iv1.image = im
            iv2.image = filterSepia(im!)
        }
        func filterSepia(_ img: NSImage) -> NSImage {
            let ci = CIImage(data: img.tiffRepresentation!)
            let f = CIFilter(name: "CISepiaTone")!
            f.setValue(ci, forKey: kCIInputImageKey)
            f.setValue(sl.doubleValue / 100.0, forKey: kCIInputIntensityKey)
            let cii = f.outputImage!
            let nsi = NSImage(size: cii.extent.size)
            nsi.addRepresentation(NSCIImageRep(ciImage: cii))
            return nsi
        }
        func applicationWillTerminate(_ aNotification: Notification) { }
    }
```

練習問題

画像フィルタ処理をポスタリゼーションに変えて、ポスタリゼーションの明るさのレベルをスライダーで変えられる Mac アプリを作成してみよう。

9.2.2 CIColorMonochrome による単色化フィルタ

画像の単色化処理を行ってみよう。指定するフィルタは **CIColorMonochrome** フィルタで、モノクロフィルタである。一般には、モノクロは白黒の単色化を示すが、たとえば、白赤の単色化フィルタ処理も可能である。スライダーのイベント処理は、3.2 節を参照されたい。

アシスタントエディタを使ってインタフェースビルダーでの設定と Outlet 接続と Action 接続とは、

前回と全く同じなので、9.2.1 項を参照されたい。

CIColorMonochrome フィルタで指定できるパラメータは、どの色で単色化するか、単色化強度を設定できる。

CIColorMonochrome フィルタ

inputImage
CIImage オブジェクトの入力画像を指定する。
inputColor
CIColor オブジェクトでどの色で単色化するかを指定する。
inputIntensity
NSNumber オブジェクトで単色化強度を指定する（デフォルト：1.0）。

---

inputColor パラメータは、つぎのように単色したい色を **CIColor** オブジェクトで指定する。

```
f.setValue(CIColor(red: 1.0, green: 1.0, blue: 1.0), forKey: kCIInputColorKey)
                                                    ←白黒で単色化
f.setValue(CIColor(red: 1.0, green: 0.0, blue: 0.0), forKey: kCIInputColorKey)
                                                    ←白赤で単色化
f.setValue(CIColor(red: 0.0, green: 1.0, blue: 0.0), forKey: kCIInputColorKey)
                                                    ←白緑で単色化
f.setValue(CIColor(red: 0.0, green: 0.0, blue: 1.0), forKey: kCIInputColorKey)
                                                    ←白青で単色化
```

ここでは、各色成分の値を 0.0 か 1.0 にしたが、成分の混ざり具合を示す値 0.4 などでもよい。単色化強度は、パラメータ inputIntensity で調節する。0.0 にするとモノクロ化しないで、1.0 にすると完全モノクロ化となる。

Macアプリにある`AppDelegate.swift`のデフォルトのスケルトンコードに、つぎのようなコードを追加して、スライダーでモノクロ調の強度を調整するようにMacアプリを作成してみよう。

```swift
// Ma9-4   AppDelegate.swift   画像のモノクロ調の強度設定
import Cocoa
@NSApplicationMain
class AppDelegate: NSObject, NSApplicationDelegate {
    @IBOutlet weak var window: NSWindow!
    @IBOutlet weak var iv1: NSImageView!
    @IBOutlet weak var iv2: NSImageView!
    @IBOutlet weak var sl: NSSlider!
    @IBAction func sc(_ sender: NSSlider) {
        iv2.image = filterMono(im!)
    }
    var im = NSImage(named: "IMG0.jpg")
    func applicationDidFinishLaunching(_ aNotification: Notification) {
        iv1.image = im
        iv2.image = filterMono(im!)
    }
    func filterMono(_ img: NSImage) -> NSImage {
        let ci = CIImage(data: img.tiffRepresentation!)
        let f = CIFilter(name: "CIColorMonochrome")!
        f.setValue(ci, forKey: kCIInputImageKey)
        f.setValue(CIColor(red: 0.5, green: 0.5, blue: 0.5), forKey: kCIInputColorKey)
        f.setValue(sl.doubleValue / 100.0, forKey: kCIInputIntensityKey)
        let cii = f.outputImage!
        let nsi = NSImage(size: cii.extent.size)
        nsi.addRepresentation(NSCIImageRep(ciImage: cii))
        return nsi
    }
    func applicationWillTerminate(_ aNotification: Notification) { }
}
```

練習問題

ここでは、白黒のモノクロ化を行ったが、白赤のモノクロ化に変えて、どのような単色化が行われるか、フィルタ効果を実際のアプリで調べてみよう。

■ 9.2.3　画像のぼかし強度設定

ぼかしのBlur効果として、ピクセルをガウシアン分布でぼかしを入れる`CIGaussianBlur`フィルタを指定してみよう。これは、各画素をガウシアン分布で指定した半径だけ広げて分布させるもので、

全画素に適用されてぼかし効果が出る。ガウシアン分布半径は、デフォルトでは 10.0 ピクセルであるが、これを大きくするとぼかし効果が大きくなる。

アシスタントエディタを使ってインタフェースビルダーでの設定と Outlet 接続と Action 接続とは、前回と全く同じなので、9.2.1 項を参照されたい。
CIGaussianBlur フィルタで指定できるパラメータは、ガウシアン分布半径を指定できる。

CIGaussianBlur フィルタ

inputImage
CIImage オブジェクトの入力画像を指定する。
inputRadius
NSNumber オブジェクトでガウシアン分布半径を指定する（デフォルト：10.0）。

スライダーでぼかし効果の出るガウシアン分布の半径を調整し、ぼかした画像が表示できるようにアプリを作成してみよう。

Mac アプリにある `AppDelegate.swift` のデフォルトのスケルトンコードに、つぎのようなコードを追加して、スライダーでぼかし効果の出るガウシアン分布の半径を調整できる Mac アプリを作成してみよう。

```swift
// Ma9-5    AppDelegate.swift    画像のぼかしの強度設定
import Cocoa
@NSApplicationMain
class AppDelegate: NSObject, NSApplicationDelegate {
    @IBOutlet weak var window: NSWindow!
    @IBOutlet weak var iv1: NSImageView!
    @IBOutlet weak var iv2: NSImageView!
    @IBOutlet weak var sl: NSSlider!
    @IBAction func sc(_ sender: NSSlider) {
        iv2.image = filterGauss(im!)
    }
    var im = NSImage(named: "IMG14.jpg")
    func applicationDidFinishLaunching(_ aNotification: Notification) {
        iv1.image = im
        iv2.image = filterGauss(im!)
    }
    func filterGauss(_ img: NSImage) -> NSImage {
        let ci = CIImage(data: img.tiffRepresentation!)
        let f = **CIFilter(name: "CIGaussianBlur")!**
        f.setValue(ci, forKey: kCIInputImageKey)
        **f.setValue(sl.doubleValue / 10.0, forKey: kCIInputRadiusKey)**
        let cii = f.outputImage!
        let nsi = NSImage(size: cii.extent.size)
        nsi.addRepresentation(NSCIImageRep(ciImage: cii))
        return nsi
    }
    func applicationWillTerminate(_ aNotification: Notification) { }
}
```

練習問題

ここでは、ぼかし効果のあるフィルタ処理を行ったが、9.1.2 項の別なぼかしフィルタ効果を試してみよう。

9.3 画像の幾何学調整処理

9.3.1 CIPerspectiveTransform フィルタによる傾斜画像生成

画像のフィルタ処理には、幾何学調整のためのフィルタ処理もある。たとえば、つぎのように写真を手に持って傾斜させて、写真に奥行きのある見せ方がある。

前回と同様に、アシスタントエディタを使ってインタフェースビルダーで入力画像用と出力画像用の画像ビューを表示させ、画像ビューは右ドラッグで Swift コードに Outlet 接続しよう。Outlet 接続された画像ビューは iv1、iv2 とする。詳細な設定や配置などは、ダウンロード用のサンプルファイルを参照されたい。

遠近法とか透視図と呼ばれる **CIPerspectiveTransform** フィルタを使うと、画像を平面的ではなく、遠近的に傾斜させたように見える画像にできる。**CIPerspectiveTransform** フィルタで指定できるパラメータは、平面の上下左右の端を指定できる。

CIPerspectiveTransform フィルタ

inputImage
CIImage オブジェクトの入力画像を指定する。

inputTopLeft
オブジェクトで上左端へのベクトルを指定（デフォルト：[118, 484]）。

inputTopRight
CIVector オブジェクトで上右端へのベクトルを指定（デフォルト：[646, 507]）。

inputBottomRight
CIVector オブジェクトで下右端へのベクトルを指定（デフォルト：[548, 140]）。

inputBottomLeft
CIVector オブジェクトで下左端へのベクトルを指定（デフォルト：[155, 153]）。

9.3 画像の幾何学調整処理

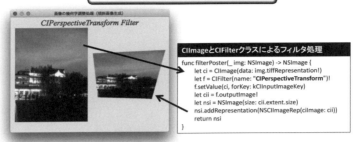

CIPerspectiveTransform フィルタの入力画像以外のパラメータは、デフォルトを使って表示する。Mac アプリにある AppDelegate.swift のデフォルトのスケルトンコードに、つぎのようなコードを追加してプログラムで作成してみよう。

```swift
// Ma9-6   AppDelegate.swift   幾何学調整処理による傾斜画像生成
import Cocoa
@NSApplicationMain
class AppDelegate: NSObject, NSApplicationDelegate {
    @IBOutlet weak var window: NSWindow!
    @IBOutlet weak var iv1: NSImageView!
    @IBOutlet weak var iv2: NSImageView!
    var im = NSImage(named: "IMG4.jpg")
    func applicationDidFinishLaunching(_ aNotification: Notification) {
        iv1.image = im
        iv2.image = filterPoster(im!)
    }
    func filterPoster(_ img: NSImage) -> NSImage {
        let ci = CIImage(data: img.tiffRepresentation!)
        let f = CIFilter(name: "CIPerspectiveTransform")!
        f.setValue(ci, forKey: kCIInputImageKey)
        let cii = f.outputImage!
        let nsi = NSImage(size: cii.extent.size)
        nsi.addRepresentation(NSCIImageRep(ciImage: cii))
        return nsi
    }
    func applicationWillTerminate(_ aNotification: Notification) { }
}
```

練習問題

幾何学調整のための別なフィルタ処理も試してみる Mac アプリを作成してみよう。

9.3.2 フィルタ処理による画像サイズの拡大・縮小

画像サイズの拡大・縮小は、アフィン変換でも可能であるが、ここでは、フィルタ処理として`CILanczosScaleTransform`フィルタを使う。

アシスタントエディタを使ってインタフェースビルダーでの設定とOutlet接続とAction接続とは、前回と全く同じなので、9.2.1項を参照されたい。

フィルタ処理として`CILanczosScaleTransform`フィルタを使って、スライダーで画像サイズの拡大・縮小を行うようなアプリを作成してみよう。`CILanczosScaleTransform`フィルタで指定できるパラメータは、スケールやアスペクト比を指定できる。

`CILanczosScaleTransform`フィルタ

inputImage
CIImageオブジェクトの入力画像を指定する.。

inputScale
NSNumberオブジェクトでスケールを指定する（デフォルト：1.0）。

inputAspectRatio
NSNumberオブジェクトでアスペクト比を指定する（デフォルト：1.0）。

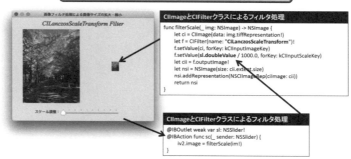

Mac アプリにある AppDelegate.swift のデフォルトのスケルトンコードに、スライダーで画像の縮小を行うアプリを、**CILanczosScaleTransform** フィルタを用いて、つぎのようにプログラムしてみよう。

```swift
// Ma9-7   AppDelegate.swift   フィルタ処理による画像サイズの拡大・縮小
import Cocoa
@NSApplicationMain
class AppDelegate: NSObject, NSApplicationDelegate {
    @IBOutlet weak var window: NSWindow!
    @IBOutlet weak var iv1: NSImageView!
    @IBOutlet weak var iv2: NSImageView!
    @IBOutlet weak var sl: NSSlider!
    @IBAction func sc(_ sender: NSSlider) {
        iv2.image = filterScale(im!)
    }
    var im = NSImage(named: "IMG.jpg")
    func applicationDidFinishLaunching(_ aNotification: Notification) {
        iv1.image = im
        iv2.image = filterScale(im!)
    }
    func filterScale(_ img: NSImage) -> NSImage {
        let ci = CIImage(data: img.tiffRepresentation!)
        let f = CIFilter(name: "CILanczosScaleTransform")!
        f.setValue(ci, forKey: kCIInputImageKey)
        f.setValue(Double(sl.doubleValue) / 1000.0, forKey: kCIInputScaleKey)
        let cii = f.outputImage!
        let nsi = NSImage(size: cii.extent.size)
        nsi.addRepresentation(NSCIImageRep(ciImage: cii))
        return nsi
    }
    func applicationWillTerminate(_ aNotification: Notification) { }
}
```

練習問題

ここでも、もっといろいろなフィルタ処理を組み込んだ Mac アプリを作成してみよう。

9.4 いろいろな画像フィルタ処理

■9.4.1 アクションシートによる画像フィルタ選択

画像フィルタのまとめとして、いろいろなフィルタ処理を選択できるようにする。3.1.2 項で説明した Combo Box を用いて、ぼかし調やモザイク調、色反転、セピア調、モノクロ調のコンボボックス項目を入れて、イベント処理してみよう。モザイク調には **CIPixellate** フィルタ、色反転フィルタには **CIColorInvert** フィルタを追加し、コンボボックスで 5 つのフィルタ処理を選択できる Mac アプリを作成してみよう。

下の図のように、アシスタントエディタを使ってインタフェースビルダーで画像ビューを配置するには Image View、コンボボックス用には Combo Box をそれぞれドラッグ＆ドロップし配置とサイズを調整する。また、必要な個数の画像ファイルも入れておく。Combo Box に入れる項目は、属性インスペクタで Items に＋で項目を追加する。Combo Box に入れたい項目名を No.1、No.2、No.3、…として設定する。画像ビューと Combo Box の詳細な項目設定や配置などは、ダウンロード用のサンプルファイルを参照されたい。

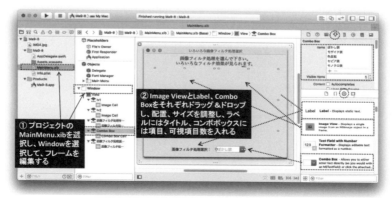

これで画像ビューとコンボボックスの準備はできたので、つぎの図のように、画像ビューは右ドラッ

グで Swift コードに Outlet 接続、コンボボックスも右ドラッグで Swift コードに Action 接続しよう。Outlet 接続された画像ビューのオブジェクト名は iv とし、Action 接続されたボタンのメソッド名は select とし、引数の型は NSComboBox とする。

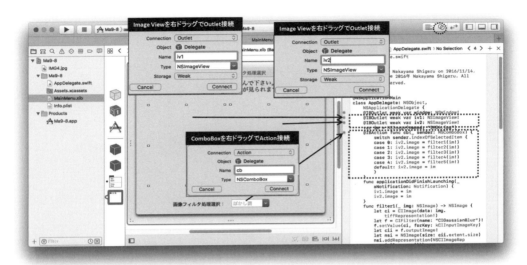

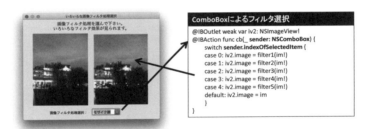

Mac アプリにある AppDelegate.swift のデフォルトのスケルトンコードに、つぎのようなコードを追加して、画像フィルタを選択する Mac アプリを作成してみよう。

```
// Ma9-7  AppDelegate.swift  コンボックスによる画像フィルタ選択
import Cocoa
@NSApplicationMain
class AppDelegate: NSObject, NSApplicationDelegate {
    @IBOutlet weak var window: NSWindow!
    @IBOutlet weak var iv1: NSImageView!
    @IBOutlet weak var iv2: NSImageView!
    var im = NSImage(named: "IMG4.jpg")
    @IBAction func cb(_ sender: NSComboBox) {
        switch sender.indexOfSelectedItem {
```

```swift
            case 0: iv2.image = filter1(im!)
            case 1: iv2.image = filter2(im!)
            case 2: iv2.image = filter3(im!)
            case 3: iv2.image = filter4(im!)
            case 4: iv2.image = filter5(im!)
            default: iv2.image = im
            }
    }
    func applicationDidFinishLaunching(_ aNotification: Notification) {
        iv1.image = im
        iv2.image = im
    }
    func filter1(_ img: NSImage) -> NSImage {
        let ci = CIImage(data: img.tiffRepresentation!)
        let f = CIFilter(name: "CIGaussianBlur")!
        f.setValue(ci, forKey: kCIInputImageKey)
        let cii = f.outputImage!
        let nsi = NSImage(size: cii.extent.size)
        nsi.addRepresentation(NSCIImageRep(ciImage: cii))
        return nsi
    }
    func filter2(_ img: NSImage) -> NSImage {
        let ci = CIImage(data: img.tiffRepresentation!)
        let f = **CIFilter(name: "CIPixellate")!**
        f.setValue(ci, forKey: kCIInputImageKey)
        **f.setValue(50.0, forKey: kCIInputScaleKey)**
        let cii = f.outputImage!
        let nsi = NSImage(size: cii.extent.size)
        nsi.addRepresentation(NSCIImageRep(ciImage: cii))
        return nsi
    }
    func filter3(_ img: NSImage) -> NSImage {
        let ci = CIImage(data: img.tiffRepresentation!)
        let f = **CIFilter(name: "CIColorInvert")!**
        f.setValue(ci, forKey: kCIInputImageKey)
        let cii = f.outputImage!
        let nsi = NSImage(size: cii.extent.size)
        nsi.addRepresentation(NSCIImageRep(ciImage: cii))
        return nsi
    }
    func filter4(_ img: NSImage) -> NSImage {
        let ci = CIImage(data: img.tiffRepresentation!)
        let f = CIFilter(name: "CISepiaTone")!
        f.setValue(ci, forKey: kCIInputImageKey)
```

```
            f.setValue(1.0, forKey: kCIInputIntensityKey)
            let cii = f.outputImage!
            let nsi = NSImage(size: cii.extent.size)
            nsi.addRepresentation(NSCIImageRep(ciImage: cii))
            return nsi
    }
    func filter5(_ img: NSImage) -> NSImage {
            let ci = CIImage(data: img.tiffRepresentation!)
            let f = CIFilter(name: "CIColorMonochrome")!
            f.setValue(ci, forKey: kCIInputImageKey)
            f.setValue(CIColor(red: 0.5, green: 0.5, blue: 0.5), forKey: kCIInputColorKey)
            f.setValue(1.0, forKey: kCIInputIntensityKey)
            let cii = f.outputImage!
            let nsi = NSImage(size: cii.extent.size)
            nsi.addRepresentation(NSCIImageRep(ciImage: cii))
            return nsi
    }
    func applicationWillTerminate(_ aNotification: Notification) { }
}
```

練習問題

コンボボックスにもっといろいろなフィルタ処理を組み込んだ Mac アプリを作成してみよう。

■9.4.2 画像変形フィルタのバンプ（ゆがみ）処理

最後に、面白い効果を出すバンプ処理を説明する。バンプ（ゆがみ）とは皮膚の腫れ物で膨れあがた様子を表している。画像では、写真のある箇所が後から押されて盛り上がったり、逆に、前から押されてへっこんだりした、画像の凹凸によるゆがみ変形フィルタである。

前回と同様に、アシスタントエディタを使ってインタフェースビルダーで入力画像用と出力画像用の画像ビューを表示させ、画像ビューは右ドラッグで Swift コードに Outlet 接続しよう。Outlet 接続さ

れた画像ビューは iv1、iv2 とする。詳細な設定や配置などは、ダウンロード用のサンプルファイルを参照されたい。

バンプ処理の **CIBumpDistortion** フィルタで指定できるパラメータは、バンプ中心への位置座標、バンプ半径のレベル、バンプの大きさである。

CIBumpDistortion フィルタ

inputImage
CIImage オブジェクトの入力画像を指定する。

inputCenter
CIVector オブジェクトでバンプ中心への位置座標を指定（デフォルト：[150 150]）。

inputRadius
NSNumber オブジェクトでバンプ半径のレベルを指定する（デフォルト：300.0）。

inputScale
NSNumber オブジェクトでバンプの大きさを指定する（デフォルト：0.50）。

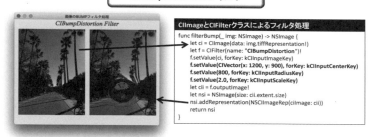

Mac アプリにある AppDelegate.swift のデフォルトのスケルトンコードに、つぎのようなコードを追加して、画像変形フィルタのバンプ処理された凹凸のある Mac アプリを作成してみよう。

```swift
// Ma9-9   AppDelegate.swift   画像変形フィルタのバンプゆがみ処理
import Cocoa
@NSApplicationMain
class AppDelegate: NSObject, NSApplicationDelegate {
    @IBOutlet weak var window: NSWindow!
    @IBOutlet weak var iv1: NSImageView!
    @IBOutlet weak var iv2: NSImageView!
    var im = NSImage(named: "IMG.jpg")
    func applicationDidFinishLaunching(_ aNotification: Notification) {
        iv1.image = im
        iv2.image = filterBump(im!)
```

```
    }
    func filterBump(_ img: NSImage) -> NSImage {
        let ci = CIImage(data: img.tiffRepresentation!)
        let f = CIFilter(name: "CIBumpDistortion")!
        f.setValue(ci, forKey: kCIInputImageKey)
        f.setValue(CIVector(x: 1200, y: 900), forKey: kCIInputCenterKey)
        f.setValue(800, forKey: kCIInputRadiusKey)
        f.setValue(2.0, forKey: kCIInputScaleKey)
        let cii = f.outputImage!
        let nsi = NSImage(size: cii.extent.size)
        nsi.addRepresentation(NSCIImageRep(ciImage: cii))
        return nsi
    }
    func applicationWillTerminate(_ aNotification: Notification) { }
}
```

練習問題

バンプのパラメータでスケールを 2.0 に設定して凸状態となったが、これを −2.0 として、f.setValue(-2.0, forKey: "inputScale") に設定すると凹状態になるか試す Mac アプリを作成してみよう。

9.5 画像におけるピクセル操作

■9.5.1 画像ピクセルから取得した RGB 色のヒストグラム表示

デジタルカメラなどで撮影した写真でよく RGB 色のヒストグラム分布が表示されるが、画像の全画素（ピクセル）のデータを取得して、つぎのように RGB の強度分布を表示する Mac アプリを作成してみよう。

第 9 章　画像フィルタと画像処理

　図のように、アシスタントエディタを使ってインタフェースビルダーで元画像表示のために画像ビューを表示させるには Image View、RGB 分布表示のためのカスタムビューは Custom View をドラッグ＆ドロップし配置とサイズを調整する。カスタムビューには RGB 説明用のラベル Label をドラッグ＆ドロップする。また、調べたい画像ファイルを入れておく。詳細なタイトル設定や配置などは、ダウンロード用のサンプルファイルを参照されたい。

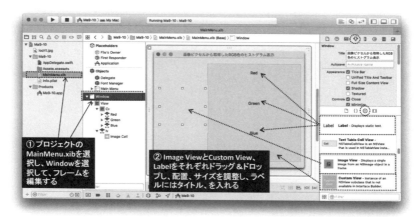

　これで画像ビューとカスタムビューの準備はできたので、図のように、画像ビューとカスタムビューは右ドラッグで Swift コードに Outlet 接続し、画像ビューは iv、カスタムビューは cv とする。

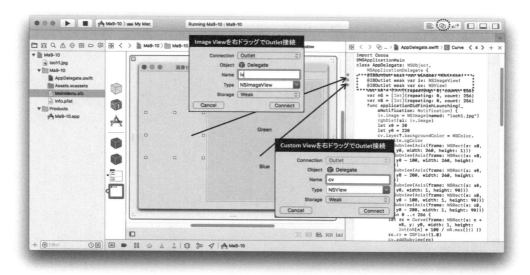

　Mac アプリにある `AppDelegate.swift` のデフォルトのスケルトンコードに、つぎのようなコードを追加して、画像の全画素のデータを取得して、RGB の強度分布を表示する Mac アプリを作成してみよう。

9.5 画像におけるピクセル操作

ビットマップデータから画像を描くには、NSBitmapImageRep クラスを使う。ビットマップデータ形式には、GIF や JPEG、TIFF、PNG などがある。

NSBitmapImageRep クラス (← NSImageRep + *NSSecureCoding*)

- ▲ **init**?(data: Data)
  指定データから NSBitmapImageRep オブジェクトを新規に配置し初期化する。
- ▲ **init**?(bitmapDataPlanes:
         UnsafeMutablePointer<UnsafeMutablePointer<UInt8>?>?,
         pixelsWide: Int, pixelsHigh: Int, bitsPerSample: Int,
         samplesPerPixel: Int,
         hasAlpha: Bool, isPlanar: Bool, colorSpaceName: String,
         bytesPerRow: Int, bitsPerPixel: Int)
  指定引数で NSBitmapImageRep オブジェクトを生成する。
- ▽ func **colorAt**(x: Int, y: Int) -> NSColor?
  指定座標 (x,y) でのピクセル色を取得し、戻り値として NSColor を返す。
- ▽ func **setColor**(NSColor, atX: Int, y: Int)
  指定座標 (atX,y) でのピクセルの色を設定する。
- ○ var **cgImage**: CGImage?
  コアグラフィックス画像の CGImage オブジェクトを取得する。

ピクセルから色を **NSColor** オブジェクトとして取り出せると、**NSColor** クラスのプロパティを使って、色成分値を取り出せる。

NSColor クラス (← NSObject + *CVarArg, Equatable, Hashable* など)

- ○ var **alphaComponent**: CGFloat
  色の透明度（opacity）のアルファ成分の取得。
- ○ var **whiteComponent**: CGFloat
  色の白色成分の取得。
- ○ var **redComponent**: CGFloat
  色の赤色成分の取得。
- ○ var **greenComponent**: CGFloat
  色の緑色成分の取得。
- ○ var **blueComponent**: CGFloat
  色の青色成分の取得。

- var **cyanComponent**: CGFloat
  色のシアン色成分の取得。
- var **magentaComponent**: CGFloat
  色のマジェンダ色の成分値の取得。
- var **yellowComponent**: CGFloat
  色の黄色の成分値の取得。
- var **blackComponent**: CGFloat
  色の黒色の成分値の取得。
- var **hueComponent**: CGFloat
  色のヒュー（色合い）の成分値の取得。
- var **saturationComponent**: CGFloat
  色の飽和の成分値の取得。
- var **brightnessComponent**: CGFloat
  色の明るさの成分値の取得。

画像が含まれた**NSImage**クラスのオブジェクトsiから、si?.**tiffRepresentation**!でビットマップデータを取り出す。**NSBitmapImageRep**クラスのオブジェクトbirから、画像の座標点(x,y)でのピクセル色を**colorAt**(x: x, y: y)メソッドで**NSColor**として取得する。そこから、いろいろな色成分を取り出す。ここでは**NSColor**クラスのプロパティ**redComponent**、**greenComponent**、**blueComponent**を使って、それぞれのRGB成分値をCGFloatで取り出している。

```
let bir = NSBitmapImageRep(data: (si?.tiffRepresentation!)!)
                                          ←NSBitmapImageRepオブジェクトの設定
bir.colorAt(x: x, y: y)!.redComponent     ←画像の座標点(x,y)での赤色成分値をCGFloatで取得
bir.colorAt(x: x, y: y)!.greenComponent   ←画像の座標点(x,y)での緑色成分値をCGFloatで取得
bir.colorAt(x: x, y: y)!.blueComponent    ←画像の座標点(x,y)での青色成分値をCGFloatで取得
```

NSImageクラスのオブジェクトsiから画像の横幅wと高さhを取得し、画素をスキャンして画像の全画素のRGB色成分値を取得する。各RGBを**CGFloat**配列に保存する。これで、RGBの色分布をヒストグラムで表示可能である。

```
private func rgbDist(si: NSImage?) {    ←RGB色分布のヒストグラム取得メソッドをユーザ定義する
    let w = Int((si?.size.width)!)      ←取り込み画像幅の取得
    let h = Int((si?.size.height)!)     ←取り込み画像高の取得
    let n = w * h                       ←取り込み画像の全画素数nの計算
    if let bir = NSBitmapImageRep(data: (si?.tiffRepresentation!)!) {
```

```
        for x in 0 ..< w {
            for y in 0 ..< h {  /* 各画素の色成分の取得 */  }    ←取り込み画像の縦幅のスキャン
        }                                                    ←取り込み画像の横幅のスキャン
    }
}
```

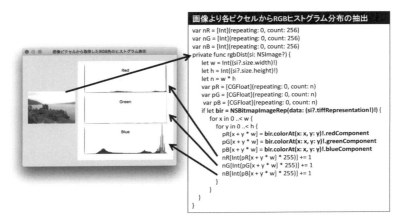

MacアプリにあるAppDelegate.swiftのデフォルトのスケルトンコードに、つぎのようなコードを追加して、画像の全画素のデータを取得して、RGBの色強度分布を表示するMacアプリを作成してみよう。

```
// Ma9-10  AppDelegate.swift  画像のRGB色強度分布
import Cocoa
@NSApplicationMain
class AppDelegate: NSObject, NSApplicationDelegate {
    @IBOutlet weak var window: NSWindow!
    @IBOutlet weak var iv: NSImageView!
    @IBOutlet weak var cv: NSView!
    var nR = [Int](repeating: 0, count: 256)
    var nG = [Int](repeating: 0, count: 256)
    var nB = [Int](repeating: 0, count: 256)
    func applicationDidFinishLaunching(_ aNotification: Notification) {
        iv.image = NSImage(named: "loch1.jpg")
        rgbDist(si: iv.image)
        let x0 = 20
        let y0 = 220
        cv.layer?.backgroundColor = NSColor.white.cgColor
        cv.addSubview(Axis(frame: NSRect(x: x0, y: y0,
            width: 260, height: 1)))
```

```swift
        cv.addSubview(Axis(frame: NSRect(x: x0, y: y0 - 100,
            width: 260, height: 1)))
        cv.addSubview(Axis(frame: NSRect(x: x0, y: y0 - 200,
            width: 260, height: 1)))
        cv.addSubview(Axis(frame: NSRect(x: x0, y: y0,
            width: 1, height: 90)))
        cv.addSubview(Axis(frame: NSRect(x: x0, y: y0 - 100,
            width: 1, height: 90)))
        cv.addSubview(Axis(frame: NSRect(x: x0, y: y0 - 200,
            width: 1, height: 90)))
        for n in 0 ..< 256 {                              ←**RGBヒストグラム分布図の描画**
            let rc = Curve(frame: NSRect(x: n + x0, y: y0, width: 1,
                height: Int(nR[n] * 100 / nR.max()!) ))  ←**R成分のヒストグラム分布の描画**
            rc.rr = CGFloat(1.0)
            cv.addSubview(rc)
            let gc = Curve(frame: NSRect(x: n + x0, y: y0 - 100, width: 1,
                height: Int(nG[n] * 100 / nG.max()!)))   ←**G成分のヒストグラム分布の描画**
            gc.g = CGFloat(1.0)
            cv.addSubview(gc)
            let bc = Curve(frame: NSRect(x: n + x0, y: y0 - 200, width: 1,
                height: Int(nB[n] * 100 / nB.max()!)))   ←**B成分のヒストグラム分布の描画**
            bc.b = CGFloat(1.0)
            cv.addSubview(bc)
        }
    }
    private func rgbDist(si: NSImage?) {
        let w = Int((si?.size.width)!)     ←取り込み画像幅の取得
        let h = Int((si?.size.height)!)    ←取り込み画像高の取得
        let n = w * h                      ←取り込み画像の全画素数nの計算
        var pR = [CGFloat](repeating: 0, count: n)
                                           ←赤成分を要素数nで0に初期化したCGFloat配列の設定
        var pG = [CGFloat](repeating: 0, count: n)
                                           ←緑成分を要素数nで0に初期化したCGFloat配列の設定
        var pB = [CGFloat](repeating: 0, count: n)
                                           ←青成分を要素数nで0に初期化したCGFloat配列の設定
        if let bir = NSBitmapImageRep(data: si?.tiffRepresentation!)!) {
            for x in 0 ..< w {             ←取り込み画像の横幅のスキャン
                for y in 0 ..< h {         ←取り込み画像の縦幅のスキャン
                    pR[x + y * w] = bir.colorAt(x: x, y: y)!.redComponent
                                           ←画素の赤成分を配列要素に追加
                    pG[x + y * w] = bir.colorAt(x: x, y: y)!.greenComponent
                                           ←画素の緑成分を配列要素に追加
                    pB[x + y * w] = bir.colorAt(x: x, y: y)!.blueComponent
                                           ←画素の青成分を配列要素に追加
```

```
                    nR[Int(pR[x + y * w] * 255)] += 1
                                    ←画素の赤成分の強度に応じて赤カウント数を増分する
                    nG[Int(pG[x + y * w] * 255)] += 1
                                    ←画素の緑成分の強度に応じて緑カウント数を増分する
                    nB[Int(pB[x + y * w] * 255)] += 1
                                    ←画素の青成分の強度に応じて青カウント数を増分する
                }
            }
        }
        for i in 0 ..< 256 {            ←RGBヒストグラム分布の各成分数値のコンソール出力
            print(nR[i])
            print(nG[i])
            print(nB[i])
        }
    }
    func applicationWillTerminate(_ aNotification: Notification) { }
}
class Curve: NSView {                   ←RGBヒストグラム分布用の描画
    var rr = CGFloat(0.0)
    var g = CGFloat(0.0)
    var b = CGFloat(0.0)
    var a = CGFloat(1.0)
    override func draw(_ r: CGRect) {
        NSColor(red: rr, green: g, blue: b, alpha: a).set()
        NSBezierPath(ovalIn: r).fill()   //stroke()
    }
}
class Axis: NSView {                    ←RGBヒストグラム分布図用の軸描画
    override func draw(_ r: CGRect) {
        NSBezierPath(ovalIn: r).fill()
    }
}
```

練習問題

画像ファイルを変えて、RGB色分布のヒストグラムを確かめるMacアプリを作成してみよう。

9.5.2　ピクセル値から画像を生成するコンピュータグラフィックス

画像からピクセルデータを取得したが、ここでは、逆にピクセルデータから画像を生成する**コンピュータグラフィックス**（CG）をしてみよう。いままでの画像処理は、デジタルカメラなどで撮った写真をコンピュータに取り込み、それをイメージ操作してきた。ここでは、ピクセル値を画像として生成するMacアプリを作成してみよう。

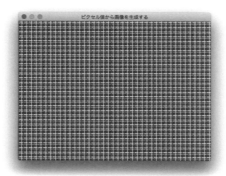

　アシスタントエディタを使ってインタフェースビルダーで描画領域として使う画像ビューをフレームいっぱいに配置し、画像ビューを右ドラッグでSwiftコードにOutlet接続し、オブジェクト名はivとする。詳細な設定や配置などは、ダウンロード用のサンプルファイルを参照されたい。

　ビットマップデータから画像を描くには、**NSBitmapImageRep**クラスのイニシャライザーを使い、画像の位置座標(x,y)に**setColor**(NSColor, atX: x, y: y)でピクセルの色を設定する。全画素に色設定して、**NSBitmapImageRep**クラスのプロパティ**cgImage**を使って**CGImage**オブジェクトに変換する。

```
let oldIm = NSBitmapImageRep(
    bitmapDataPlanes: nil,          ←他引数指定で画像に十分なメモリを確保させる
    pixelsWide: w,                  ←画像のピクセル幅(>0)
    pixelsHigh: h,                  ←画像のピクセル高さ(>0)
    bitsPerSample: 8,               ←1ピクセルに使用されるビット数（bps）
    samplesPerPixel: 3,←1ピクセル当たりの色成分数(spp:RGBで3,グレースケールで1)
    hasAlpha: false,                ←透明度成分は不使用
    isPlanar: true,                 ←データ成分は平面的な配列指定
    colorSpaceName: NSCalibratedRGBColorSpace,     ←指定データ値の色解釈
    bytesPerRow: 0,                 ←各走査線のバイト数で、0なら広い範囲に取られる
    bitsPerPixel: 0)                ←各ピクセル当たりのビット数で、0ならbps・sppの値を取る
oldIm?.setColor(NSColor.red, atX: x, y: y)    ←画像の位置座標(x,y)にピクセルの赤色を設定している
let oldI = oldIm?.cgImage    ←生成NSBitmapImageRepオブジェクトからCGIamgeオブジェクトに変換
```

　Quartz 2Dの描画環境を提供する**CGContext**クラスを使うと、ビットマップのグラフィックスコンテキストを生成できる。このビットマップに、先の**NSBitmapImageRep**クラスで作成したCGImage画像を描くことでCGImage画像を生成する。

CGContext クラス (← **NSImageRep** + *NSSecureCoding*)

▲ **init**?(data: UnsafeMutableRawPointer?, width: Int, height: Int,

9.5 画像におけるピクセル操作

    bitsPerComponent: Int, bytesPerRow: Int, space: CGColorSpace,
    bitmapInfo: UInt32)
  指定引数でビットマップのグラフィックスコンテキストを生成する。
▽ func **draw**(CGImage, in: CGRect, byTiling: Bool)
  指定された領域に CGImage の画像を描く。
▽ func **makeImage**() -> CGImage?
  ビットマップ画像でのピクセルデータから CGImage オブジェクトを生成し、返す。

CGContext クラスを使って、ビットマップのグラフィックスコンテキストの準備を行う。先に作成した NSBitmapImageRep クラスによる CGImage 画像を描いて新しい CGImage 画像を作成する。

```
let (bpc, bpr) = (8, 4 * w)
let cs = CGColorSpaceCreateDeviceRGB()     ←ビットマップに使用される色空間設定
let bi = CGBitmapInfo(rawValue: CGImageAlphaInfo.premultipliedLast.rawValue)
                                           ←透明度成分の情報
let newI = CGContext(
    data: nil,                  ←nilならビットマップのメモリ配置指定
    width: w,                   ←ビットマップ画像のピクセル幅
    height: h,                  ←ビットマップ画像のピクセル高さ
    bitsPerComponent: bpc,      ←1ピクセルの1色成分に使用されるビット数
    bytesPerRow: bpr,           ←ビットマップの走査線当たりのバイト数
    space: cs,                  ←ビットマップに使用される色空間指定
    bitmapInfo: bi.rawValue)!   ←ビットマップの透明度成分の有無の情報指定
let bs = NSMakeSize(CGFloat(w), CGFloat(h))     ←ビットマップ画像のサイズ
let br = NSMakeRect(0, 0, bs.width, bs.height)  ←ビットマップ画像の長方形領域
newI.draw(oldI!, in: br, byTiling: (oldI != nil))
                                           ←指定領域にCGImageのビットマップ画像を描く
let ir = newI.makeImage()!    ←ビットマップ画像でのピクセルデータからCGImageオブジェクトを生成
```

ビットマップ画像から CGImage オブジェクトが作成できたので、画像データを操作する高水準のインタフェースである **NSImage** クラスのイニシャライザーを使えば、NSImage オブジェクトに変換できる。

NSImage クラス (← NSObject + *CVarArg*, *Equatable*, *Hashable* など)

▲ **init**?(named: String)
  指定画像ファイル名の画像オブジェクトを返す。
▲ convenience **init**(cgImage: CGImage, size: NSSize)
  指定画像 CGImage と指定サイズで画像オブジェクトを初期化して返す。

○ var **tiffRepresentation**: Data?
　全画像表現のための TIFF データを含んだデータオブジェクトを取得する。
○ var **size**: NSSize
　画像のサイズを NSSize オブジェクトで取得する。

NSImage クラスのイニシャライザーを使って、CGImage オブジェクト ir を NSImage オブジェクト ni に変換する。

```
let ni = NSImage(cgImage: ir, size: bs)   ←CGImageのビットマップ画像からNSImageオブジェクト生成
```

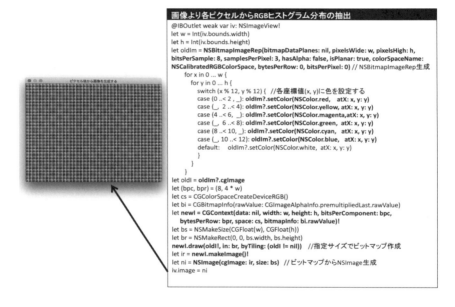

Mac アプリにある AppDelegate.swift のデフォルトのスケルトンコードに、つぎのようなコードを追加して、ピクセルデータから画像を生成するコンピュータグラフィックスの Mac アプリを作成してみよう。

```
// Ma9-11   AppDelegate.swift   ピクセルデータから画像生成するコンピュータグラフィックス
import Cocoa
@NSApplicationMain
class AppDelegate: NSObject, NSApplicationDelegate {
    @IBOutlet weak var window: NSWindow!
    @IBOutlet weak var iv: NSImageView!
```

```swift
    func applicationDidFinishLaunching(_ aNotification: Notification) {
        let w = Int(iv.bounds.width)
        let h = Int(iv.bounds.height)
        let oldIm = NSBitmapImageRep(bitmapDataPlanes: nil,
            pixelsWide: w, pixelsHigh: h, bitsPerSample: 8,
            samplesPerPixel: 3, hasAlpha: false, isPlanar: true,
            colorSpaceName: NSCalibratedRGBColorSpace, bytesPerRow: 0,
            bitsPerPixel: 0)
        for x in 0 ... w {
            for y in 0 ... h {
                switch (x % 12, y % 12) {
                case (0 ..< 2 , _):     oldIm?.setColor(NSColor.red,     atX: x, y: y)
                case (_, 2 ..< 4):      oldIm?.setColor(NSColor.yellow,  atX: x, y: y)
                case (4 ..< 6, _):      oldIm?.setColor(NSColor.magenta, atX: x, y: y)
                case (_, 6 ..< 8):      oldIm?.setColor(NSColor.green,   atX: x, y: y)
                case (8 ..< 10, _):     oldIm?.setColor(NSColor.cyan,    atX: x, y: y)
                case (_, 10 ..< 12):    oldIm?.setColor(NSColor.blue,    atX: x, y: y)
                default:                oldIm?.setColor(NSColor.white,   atX: x, y: y)
                }
            }
        }
        let oldI = oldIm?.cgImage    ←生成NSBitmapImageRepオブジェクトからCGIamgeオブジェクトに変換
        let (bpc, bpr) = (8, 4 * w)
        let cs = CGColorSpaceCreateDeviceRGB()
        let bi = CGBitmapInfo(rawValue: CGImageAlphaInfo.premultipliedLast.rawValue)
        let newI = CGContext(data: nil, width: w, height: h,
            bitsPerComponent: bpc, bytesPerRow: bpr, space: cs,
            bitmapInfo: bi.rawValue)!    ←ビットマップのCGContextを生成
        let bs = NSMakeSize(CGFloat(w), CGFloat(h))
        let br = NSMakeRect(0, 0, bs.width, bs.height)
        newI.draw(oldI!, in: br, byTiling: (oldI != nil))
                           ←指定領域にCGImageのビットマップ画像を描く
        let ir = newI.makeImage()!   ←ビットマップ画像でのピクセルデータからCGImageオブジェクトを生成
        let ni = NSImage(cgImage: ir, size: bs)
                           ←CGImageのビットマップ画像からNSImageオブジェクト生成
        iv.image = ni
    }
    func applicationWillTerminate(_ aNotification: Notification) { }
}
```

練習問題

ピクセルのパターンを変えて、ピクセル値から画像を生成するMacアプリを作成してみよう。

■9.5.3　画像のサイズ変更

　画像サイズの一時的な表示変更はできたが、画像そのもののサイズを変える Mac アプリを作成してみよう。アプリ Ma9-11 を使って、サイズを変更し、変更サイズでビットマップを作成し、そのビットマップを NSImage に戻す。

　アシスタントエディタを使ってインタフェースビルダーで描画領域として使う画像ビューを配置し、画像ビューを右ドラッグで Swift コードに Outlet 接続し、オブジェクト名は iv とする。詳細な設定や配置などは、ダウンロード用のサンプルファイルを参照されたい。

　Mac アプリにある AppDelegate.swift のデフォルトのスケルトンコードに、つぎのようなコードを追加して、画像サイズを変更する Mac アプリを作成してみよう。

```
// Ma9-12    AppDelegate.swift   画像のサイズ変更
import Cocoa
@NSApplicationMain
class AppDelegate: NSObject, NSApplicationDelegate {
    @IBOutlet weak var window: NSWindow!
    @IBOutlet weak var iv: NSImageView!
    func applicationDidFinishLaunching(_ aNotification: Notification) {
        let im = NSImage(named: "loch1.jpg")
```

```
        let oldI =
            NSBitmapImageRep(data: (im?.tiffRepresentation!)!)?.cgImage!
                                           ←NSImageをNSBitmapImageRepにする
        let (w, h) = (400, 200)            ←変更サイズの設定
        let (bpc, bpr) = (8, 4 * w)
        let cs = CGColorSpaceCreateDeviceRGB()
        let bi =
            CGBitmapInfo(rawValue: CGImageAlphaInfo.premultipliedLast.rawValue)
        let newI = CGContext(data: nil, width: w, height: h,
            bitsPerComponent: bpc, bytesPerRow: bpr, space: cs,
            bitmapInfo: bi.rawValue)!
        let bs = NSMakeSize(CGFloat(w), CGFloat(h))
        let br = NSMakeRect(0, 0, bs.width, bs.height)
        newI.draw(oldI!, in: br, byTiling: (oldI != nil))
                                           ←古い画像を変更サイズでビットマップで作成
        let ir = newI.makeImage()!
        let ni = NSImage(cgImage: ir, size: bs)   ←変更サイズのビットマップをNSImageに戻る
        iv.image = ni
    }
    func applicationWillTerminate(_ aNotification: Notification) { }
}
```

練習問題

画像サイズをいろいろと変えて Mac アプリを作成してみよう。

第10章 マルチスレッド処理

複数の仕事を同時に行うマルチスレッド処理は、**Grand Central Dispatch（GCD）**というキューを派遣してマルチスレッドで実行する環境で行われる。コンピュータのCPUにマルチコアが使われるようになり、このマルチコアを有効に活用して並列処理ができるようになった。

Swift 3では、このGCDが大きく変更になったが、この章では、Threadクラスで実装するスレッド法とDispatchQueueクラスで実装するディスパッチキュー法、OperationQueueクラスで実装するオペレーションキュー法の3つの方法について説明し、新しいGCDによるマルチスレッド処理についても説明する。

10.1 マルチスレッド処理のための統括的キュー派遣環境（GCD）

プログラムの実行単位は**プロセス**（process）とも呼ばれ、一連のまとまったプロセスを仕事（**タスク** task、**ジョブ** job）と呼び、待ち状態にあるタスクを**キュー**（queue）と呼ぶ。さらに、このプロセスの中で作られる**スレッド**（thread）がある。スレッドは軽量プロセスとも考えられ、スレッドを用いた並列処理などに使われる。

統括的キュー派遣環境（Grand Central Dispatch、GCD）では、libdispatchというライブラリが使われており、実行したいコードを定義したタスクにキューを追加するだけで、FIFO（フィーフォー、First In, First Out）順にタスクを実行し、バックグラウンド処理したり、マルチスレッド処理が可能と

なる。さらに、GCDでは、しばしばバグが発生して複雑なスレッドロック処理を、より簡単なコンカレント処理を行えるようにした。

　GCDでは、複数のタスク処理の実行方法には3種類ある。ここでのタスクは、Swiftでは、関数名のない関数ともいえる**クロージャ（closure）**で実装する。

複数のタスク処理の実行方法

- **連続（シリアル、Serial）実行**
  複数タスクはFIFO順に順次実行され、同時に1つのタスクしか実行しない。
- **並行（コンカレント、Concurrent）実行**
  複数タスクが同時並行しシングルコアでタイムシェアで途切れ途切れに遅く実行される。
- **並列（パラレル、Parallel）実行**
  複数タスクがマルチコアのそれぞれのコアで同時に並列に途切れことなく速く実行される。

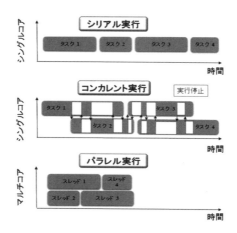

　連続実行される待ち状態のタスクを**シリアルキュー**と呼び、並行実行される待ち状態のタスクを**コンカレントキュー**と呼ぶ。このようなキューを用いて、同期処理したり、非同期処理を行う。

キュー処理方法

- **同期処理（シンクロナス、synchronous）**
  タスク処理が完了するまで制御をシステムに戻さない処理で、他のタスクは、そのタスクが完了するまで何もできず、待たされることになる。
- **非同期処理（非シンクロナス、asynchronous）**
  タスク処理が完了しなくても、制御はただちにシステムに戻されて、他のタスクは、そのタスクが完了するかしないか無関係に、待たされることはない。

普通は同期処理が基本である。たとえば、大きな画像やファイルの読み込み途中のスレッドで、画像やファイルを解析する割り込みスレッドが入ると、まだ読み込みが完了していないのにそのような割り込みが入ると予期しない誤操作を招くことにもなりかねない。これは、複数のスレッドが同時に同じリソースにアクセスできる点が問題であり、**スレッド安全**（Thread safe）ではない。

しかし、タスクが完了するまで待てないときには、非同期処理が使われる。しかし、このときにはこのような予期しない誤操作が起こりえることを知っておく必要がある。

同期処理では**デッドロック**（Deadlock）問題が起きる。たとえば、異なったタスク同士がお互いのタスクの完了を待っているような状況、つまり、タスク1が別なタスク2の完了を待ち、タスク2がタスク1の完了を待っていると全体の仕事が完了せず、デッドロック状態に陥ったという。

Swiftでコンカレント処理を実装するには、つぎのように3つの方法がある。それぞれのクラスを実装して、マルチスレッド処理を行ってみよう。

マルチスレッド処理

- **スレッド法**
   従来のマルチスレッド処理の方法で、`Thread`クラスで実装するがデッドロックに陥りやすい。
- **ディスパッチキュー法**
   GCDの考え方でタスクにキューを追加する方法で`DispatchQueue`クラスで実装する。
- **オペレーションキュー法**
   ディスパッチキュー法を簡単に使えるようにした方法で`OperationQueue`クラスで実装する。

これらの3つの方法で、マルチスレッド処理を行うMacアプリを作成してみよう。最初は、簡単なオペレーションキュー法から説明し、つぎに従来のスレッド法を、最後にGCDのディスパッチキュー法を説明する。

10.2 GCDによるマルチスレッド処理

10.2.1 OperationQueueクラスによる簡単なマルチスレッド処理

オペレーションキューを生成するには、つぎのような`OperationQueue`クラスを使う。

OperationQueue クラス (← NSObject + CVarArg, Equatable, Hashable)

▽ func **addOperation**(: @escaping () -> Void)
オペレーションに具体的な引数なし、戻り値なしのクロージャを入れ、レシーバーに追加。
○ var **maxConcurrentOperationCount**: Int
同時に実行されるオペレーションキューの最大処理数を指定する。

OperationQueue クラスのオブジェクト queue を作り、そのオペレーションキューにつぎのようにしてマルチスレッド処理したいスレッド内容のオペレーションオブジェクトをクロージャで追加する（ここでは 1 から 100 まで thread1 として表示している）だけで、自動的に複数のスレッドがあれば、それらのマルチスレッド処理が行われる。

```
let queue = OperationQueue()           ←OperationQueueクラスのオブジェクトqueueの生成
queue.addOperation { () -> Void in     ←コンカレント処理したいスレッド内容のオペレーションを追加
    for i in 1 ... 100 { print("[thread1] \(i)\n") }  ←クロージャでスレッド内容を記述する
}
```

OperationQueue クラスのプロパティ **maxConcurrentOperationCount** を使うと、複数のオペレーションキューがあっても、同時に実行されるオペレーションキューの最大処理数を指定できる。最大処理数を 1 に設定すると、コンカレントキューにはならず、シリアルキューとなる。また、GCD とは異なりオペレーションキュー法ではキューに最初に入れられたオペレーションオブジェクトがいつも最初に実行されるとは限らない。オペレーションオブジェクトの優先度とその準備状況にもとづいてキューを処理していく。

アシスタントエディタを使ってインタフェースビルダーでフレームには、簡単のために、つぎのように「コンソール出力にマルチスレッド結果が出力されている」と説明用のラベルを表示させる。

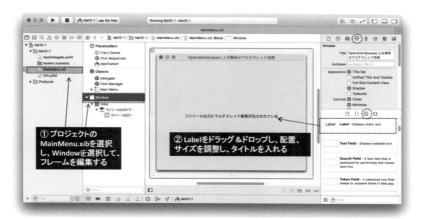

Macアプリにある AppDelegate.swift のデフォルトのスケルトンコードに、つぎのようなコードを追加し、オペレーションキュー法による簡単なマルチスレッド処理を行う。オペレーションキューに2つのオペレーションオブジェクトを追加して、マルチスレッド処理がされているか、コンソール出力画面で確認する Mac アプリを作成してみよう。

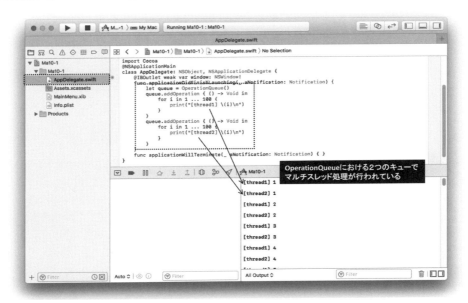

コンソール出力画面をみると、スレッド1とスレッド2が交互に動作しているように見えるが、実行のたびに動作が異なり、スレッド2から始まることもある。Mac の性能によっても変わる。

```
// Ma10-1 AppDelegate.swift  OperationQueueクラスによる簡単なマルチスレッド処理
import Cocoa
@NSApplicationMain
class AppDelegate: NSObject, NSApplicationDelegate {
    @IBOutlet weak var window: NSWindow!
    func applicationDidFinishLaunching(_ aNotification: Notification) {
        let queue = OperationQueue()
        queue.addOperation { () -> Void in          ←スレッド1としてのオペレーションオブジェクト
            for i in 1 ... 100 {
                print("[thread1] \(i)\n")
            }
        }
        queue.addOperation { () -> Void in          ←スレッド2としてのオペレーションオブジェクト
            for i in 1 ... 100 {
                print("[thread2] \(i)\n")
            }
```

```
            }
        }
        func applicationWillTerminate(_ aNotification: Notification) { }
}
```

練習問題

OperationQueue クラスのプロパティ maxConcurrentOperationCount を使って、オペレーションキューの最大処理数を 1 に指定するとどうなるか確かめる Mac アプリを作成してみよう。

10.2.2 Thread クラスによるマルチスレッド処理

スレッドを送り出す方法として **Thread** クラスを用いたスレッド法で、従来のマルチスレッド処理を実装する Mac アプリを作成してみよう。

Thread クラス (← NSObject + CVarArg, Equatable, Hashable)

▲ **init**()
　初期化された NSThread オブジェクトを返す。
▲ **init** (target: Any, selector: Selector, object: Any?)
　指定引数で初期化された NSThread オブジェクトを返す。
■ class func **detachNewThreadSelector**(Selector, toTarget: Any, with: Any?)
　指定されたセレクタを使って新しいスレッドを送り出し、開始する。
▽ func **start**()
　スレッドを非同期で開始する。

Thread クラスの型メソッド **detachNewThreadSelector**(Selector, toTarget: Any, with: Any?) は Thread クラスのオブジェクトを作らなくても、Thread クラスから直接に指定できる。このセレクタで指定されたスレッドが走ることになる。

```
Thread.detachNewThreadSelector(         ←型メソッドのためにThreadクラスから直接にメソッドを指定した
    #selector((AppDelegate.thread1)),   ←thread1のメッセージをターゲットに送るためセレクタ設定
    toTarget: self,         ←メッセージを受け取るターゲットオブジェクト設定で、selfはこのプログラム自身
    with: nil)              ←ターゲットに引き渡される単一引数で、nilは引き渡し引数なしとなる
func thread1() { for i in 1 ... 50 {  s += "[thread1]: \(i)\n" } }
                                                       ←スレッドを定義したメソッド
```

ここでは、スレッドの実行結果をコンソールに出力しないで、テキストビューに表示してみよう。つぎの図のようにアシスタントエディタを使ってインタフェースビルダーでスレッドの実行結果を表示するテキストビューとして Text View をドラッグ&ドロップする。

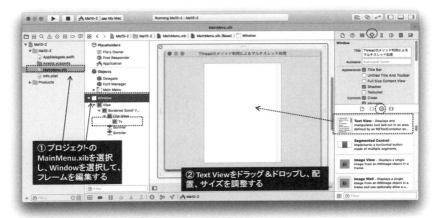

下の図のようにテキストビューを右ドラッグで Swift コードに Outlet 接続し、オブジェクト名は tv とする。詳細な設定や配置などは、ダウンロード用のサンプルファイルを参照されたい。

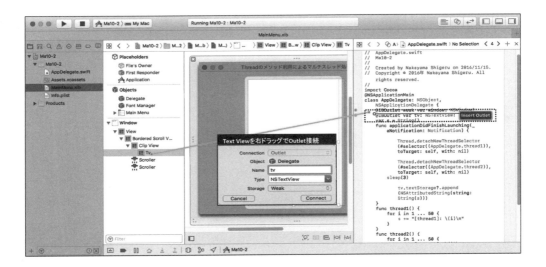

Mac アプリにある AppDelegate.swift のデフォルトのスケルトンコードに、つぎのようなコードを追加して、**Thread** クラスを用いたスレッド法で **detachNewThreadSelector**() メソッドを使って 2 つのスレッドを作成し、その 2 つのスレッドのマルチスレッド処理を実装する Mac アプリを作成してみよう。

第10章 マルチスレッド処理

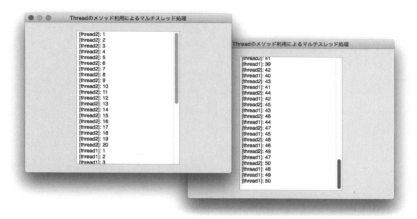

```
// Ma10-2 AppDelegate.swift   ThreadのdetachNewThreadSelectorメソッドを利用したマルチスレッド処理
import Cocoa
@NSApplicationMain
class AppDelegate: NSObject, NSApplicationDelegate {
    @IBOutlet weak var window: NSWindow!
    @IBOutlet var tv: NSTextView!
    var s = String()
    func applicationDidFinishLaunching(_ aNotification: Notification) {
        Thread.detachNewThreadSelector(#selector((AppDelegate.thread1)),
            toTarget: self, with: nil)
        Thread.detachNewThreadSelector(#selector((AppDelegate.thread2)),
            toTarget: self, with: nil)
        sleep(3)
        tv.textStorage?.append(NSAttributedString(string: String(s)))
    }
    func thread1() {
        for i in 1 ... 50 {
            s += "[thread1]: \(i)\n"
        }
    }
    func thread2() {
        for i in 1 ... 50 {
            s += "[thread2]: \(i)\n"
        }
    }
    func applicationWillTerminate(_ aNotification: Notification) { }
}
```

> **練習問題**

Thread クラスを用いたスレッド法で、スレッド数をもっと増やして、マルチスレッド処理を確かめる Mac アプリを作成してみよう。

■ 10.2.3　DispatchQueue クラスによる同期・非同期のキュー処理

ここでは GCD の考え方でタスクにキューを追加するディスパッチキュー法によるマルチスレッド処理の Mac アプリを作成してみよう。

ディスパッチキュー法は **DispatchQueue** クラスで実装する。この **DispatchQueue** クラスは macOS 10.12 より追加され、Swift 3 で使える新しいクラスである。

DispatchQueue クラス (← DispatchObject)

▲ convenience **init**(label: String, qos: DispatchQoS,
　　　attributes: DispatchQueue.Attributes,
　　　autoreleaseFrequency: DispatchQueue.AutoreleaseFrequency,
　　　target: DispatchQueue?)
　新しいディスパッチキューを指定引数で生成する。ラベル以外はデフォルトが使える。

▽ func **sync**(execute: () -> Void)
　ディスパッチキューの同期設定でタスクが完了するまで制御が戻らない。

▽ func **async**(group: DispatchGroup?, qos: DispatchQoS,
　　　flags: DispatchWorkItemFlags, execute: @escaping () -> Void)
　ディスパッチキューの非同期設定でタスクが完了しなくても制御がすぐに戻り、execute 以外はデフォルト設定がある。

● class var **main**: DispatchQueue
　1 つだけのシリアルのメインディスパッチキューを取得できる。

■ class func **global**(qos: DispatchQoS.QoSClass) -> DispatchQueue
　コンカレントのグローバルディスパッチキューを取得でき、引数はデフォルト設定がある。

DispatchQueue クラスのオブジェクト q を生成して、ディスパッチキュー法による同期・非同期処理を行ってみよう。

　　　　let q = **DispatchQueue**(label: "my.queue")　　←ディスパッチキューでシリアルキュー設定

DispatchQueue クラスのイニシャライザーとして、つぎのコンビニエンスイニシャライザーを使った。引数はラベル以外はデフォルト設定されているので、デフォルト設定を使うならラベルだけを指定

すればよい。

```
convenience init(label: String, qos: DispatchQoS = default,
    attributes: DispatchQueue.Attributes = default,
    autoreleaseFrequency: DispatchQueue.AutoreleaseFrequency = default,
    target: DispatchQueue? = default)
```

このラベルは、デバッグ用に作成したキューを特定するときのために使う。通常は逆DNS名（例：com.naka.myqueue）で指定することが推奨されているが、どのように付けてもよい。

また、上の指定では属性attributesの引数がないので、デフォルトはシリアルキュー設定となる。しかし、ディスパッチキューをコンカレントキューにしたいときには、他はデフォルトを使い、つぎのように属性attributesだけを .concurrent と指定する。

```
let q = DispatchQueue(label: "my.queue", attributes: .concurrent)
                                              ←コンカレントキュー設定
```

作成したディスパッチキューを同期処理するには、**DispatchQueue**クラスの**sync**(execute: () -> Void)メソッドを使い、クロージャでスレッド内容をブロックに中に指定する。

```
q.sync { ... }              ←ディスパッチキューの同期処理
```

ここで、DispatchQueueクラスのsync(execute: () -> Void)を使ったが、括弧内はクロージャで指定してもよい。この同期設定は、クロージャ内のタスクが完了するまで制御がシステムに戻らないことになる。

一方、ディスパッチキューでの非同期処理を行うには、**DispatchQueue**クラスの**async**(execute: () -> Void)メソッドを使い、クロージャを使って、スレッド内容をブロックに中に指定する。

```
q.async { ... }             ←ディスパッチキューの非同期処理
```

ここで、**DispatchQueue**クラスの**async**(execute: () -> Void)を使ったが、つぎのように定義されていた。

```
func async(group: DispatchGroup? = default, qos: DispatchQoS = default,
    flags: DispatchWorkItemFlags = default, execute work: @escaping () -> Void)
```

引数の中でデフォルトが指定されていて、それらのデフォルトを使う場合には引数を指定する必要はない。execute 引数だけデフォルト指定がないので、ここに非同期処理をしたいスレッド内容を指定する。

以上は、ユーザがラベルを付けることができる自ら作成したディスパッチキューで、いわば**カスタムキュー**である。**グローバルキュー**と呼ばれるシステムが生成していてバックグラウンドで動いているディスパッチキューがある。これはラベルを付けて特定する必要がなく、DispatchQueue オブジェクトを簡単に作成できる。

グローバルキューを作成するためには、**DispatchQueue** クラスの **global**(qos: DispatchQoS.QoSClass) メソッドを、つぎのように設定する。このグローバルキューで、コンカレントキューとして使用でき、カスタムキューと同じようにして同期・非同期処理ができる。

```
let gq = DispatchQueue.global()      ←グローバルキューでDispatchQueueオブジェクトの取得
gq.sync { ... }                       ←グローバルキューの同期処理
gq.async { ... }                      ←グローバルキューの非同期処理
```

global() メソッドに何も引数を付けなかったが、この型メソッドには、引数にデフォルト設定がある。デフォルトを使うときには特に指定する必要がない。

```
class func global(qos: DispatchQoS.QoSClass = default) -> DispatchQueue
```

グローバルキュー以外に、iOS アプリに使われている UI では**メインキュー**が使われている。**DispatchQueue** クラスのプロパティ **main** を使って、DispatchQueue オブジェクトを取得できる。シリアルキューとして使用されて、同期・非同期処理ができる。

```
let mq = DispatchQueue.main           ←メインキューでDispatchQueueオブジェクトの取得
mq.sync { ... }                       ←メインキューの同期処理
mq.async { ... }                      ←メインキューの非同期処理
```

OperationQueue クラスで実装したディスパッチキュー法を簡単に使える Mac アプリを作成してみよう。ここでは、2 つのディスパッチキューで非同期処理したので、つぎの図のようにマルチスレッド処理されている様子がみえる。

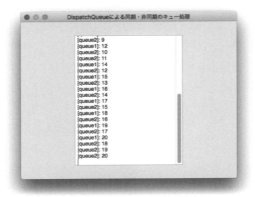

　前回のようにアシスタントエディタを使ってインタフェースビルダーでスレッドの実行結果を表示するテキストビューとして Text View をドラッグ＆ドロップする。そして、テキストビューを右ドラッグで Swift コードに Outlet 接続し、オブジェクト名は tv とする。詳細な設定や配置などは、ダウンロード用のサンプルファイルを参照されたい。

　Mac アプリにある AppDelegate.swift のデフォルトのスケルトンコードに、つぎのようなコードを追加して、ディスパッチキュー法で **DispatchQueue** クラスを用いてディスパッチキューオブジェクトを 2 つ作成し非同期処理する。その 2 つのスレッドのマルチスレッド処理を実装する Mac アプリを作成してみよう。

```
// Ma10-3 AppDelegate.swift  DispatchQueueクラスによる同期・非同期のキュー処理
import Cocoa
@NSApplicationMain
class AppDelegate: NSObject, NSApplicationDelegate {
    @IBOutlet weak var window: NSWindow!
    @IBOutlet var tv: NSTextView!
    var s = String()
    func applicationDidFinishLaunching(_ aNotification: Notification) {
        let q1 = DispatchQueue(label: "my.queue1")
        let q2 = DispatchQueue(label: "my.queue2")
        q1.async {                         ← q1.asyncは非同期処理    q1.syncは同期処理
            for i in 1 ... 20 {
                self.s += "[queue1]: \(i)\n"
            }
        }
        q2.async {                         ← q2.asyncは非同期処理    q2.syncは同期処理
            for i in 1 ... 20 {
                self.s += "[queue2]: \(i)\n"
            }
        }
```

```
            sleep(3)
            tv.textStorage?.append(NSAttributedString(string: String(s)))
        }
        func applicationWillTerminate(_ aNotification: Notification) { }
    }
```

> 練習問題

ディスパッチキュー法で非同期処理の async を指定したが、同期処理の sync を指定して、マルチスレッド処理がどうように変わるか確かめる Mac アプリを作成してみよう。

10.3 マルチスレッド処理のいろいろな実装例

■ 10.3.1 Thread クラスのイニシャライザーを用いたマルチスレッド処理

アプリ Ma10-2 では、**Thread** クラスを用いたスレッド法について説明したが、そのときは、Thread クラスの **detachNewThreadSelector**(Selector, toTarget: Any, with: Any?) メソッドでスレッドを作成した。

ここでは、**Thread** クラスのイニシャライザー **init**(target: Any, selector: Selector, object: Any?) を使って、同様なスレッドを実装してみよう。

Thread クラスのイニシャライザーを使うと、**Thread** クラスのオブジェクトの生成だけでできる。

```
    let t = Thread(                 ←ThreadクラスのイニシャライザーでThreadオブジェクト生成
        target: self,               ←メッセージを受け取るターゲット指定で、selfはこのプログラム自身
        selector: #selector(self.thread), ←ターゲットに送るメッセージをスレッドで指定する
        object: nil)                ←ターゲットに引き渡される単一引数で、nilは引き渡し引数なしとなる
    func thread() { ... }           ←スレッドを定義したメソッド
```

このスレッドをスタートするには、**Thread** クラスの **start**() メソッドを使う。

```
    t.start()                       ←Threadオブジェクトtのスレッドを開始する
```

ここでも、スレッドの実行結果をテキストビューに表示してみよう。アシスタントエディタを使ってインタフェースビルダーでスレッドの実行結果を表示するテキストビューとして Text View をドラッグ＆ドロップし、テキストビューを Outlet 接続し、オブジェクト名を tv とする。

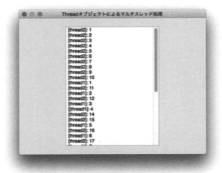

　MacアプリにあるAppDelegate.swiftのデフォルトのスケルトンコードに、つぎのようなコードを追加して、スレッド法で、Threadクラスのイニシャライザー init (target: Any, selector: Selector, object: Any?) を用いてスレッドオブジェクトを2つの作成し、その2つのスレッドのマルチスレッド処理を実装するMacアプリを作成してみよう。確かにコンカレント処理が行われているが、この場合スレッド2からスタートしており、ディスパッチキュー法のようにFIFO順になっていないのが、スレッド法で見てとれる。

```
// Ma10-4 AppDelegate.swift Threadクラスのイニシャライザーを用いたマルチスレッド処理
import Cocoa
@NSApplicationMain
class AppDelegate: NSObject, NSApplicationDelegate {
    @IBOutlet weak var window: NSWindow!
    @IBOutlet var tv: NSTextView!
    var s = String()
    func thread1(){
        for i in 1 ... 20 {
            self.s += "[thread1]: \(i)\n"
        }
    }
    func thread2() {
        for i in 1 ... 20 {
            self.s += "[thread2]: \(i)\n"
        }
    }
    func applicationDidFinishLaunching(_ aNotification: Notification) {
        let t1 = Thread(target: self, selector: #selector(self.thread1), object: nil)
        let t2 = Thread(target: self, selector: #selector(self.thread2), object: nil)
        t1.start()
        t2.start()
        sleep(3)
```

```
            tv.textStorage?.append(NSAttributedString(string: String(s)))
    }
    func applicationWillTerminate(_ aNotification: Notification) { }
}
```

> 練習問題

このThreadオブジェクトによるマルチスレッド処理で、スレッド数を増やすとどのように変わるか確かめるMacアプリを作成してみよう。

10.3.2　オペレーションキューのテキストビュー表示

オペレーションキュー法はアプリMa10-1で説明したが、ここではコンソール出力にマルチスレッド処理結果を、動作確認のために簡単に表示した。ここでも、オペレーションキュー法を使って、マルチスレッド処理結果をテキストビューに表示してみよう。

スレッドの実行結果をコンソールに出力しないで、テキストビューに表示するために、アシスタントエディタを使ってインタフェースビルダーでスレッドの実行結果を表示するテキストビューとしてText Viewをドラッグ&ドロップし、それをOutlet接続して、オブジェクト名としてtvとする。

MacアプリにあるAppDelegate.swiftのデフォルトのスケルトンコードに、つぎのようなコードを追加して、オペレーションキュー法で、オペレーションキューに2つのオペレーションオブジェクトを追加する。2つのスレッドの実行結果を文字列sに代入して、その文字列をまとめてテキストビューに表示するようにMacアプリを作成してみよう。

```
// Ma10-5 AppDelegate.swift  オペレーションキューのテキストビュー表示
import Cocoa
@NSApplicationMain
class AppDelegate: NSObject, NSApplicationDelegate {
    @IBOutlet weak var window: NSWindow!
```

```
    @IBOutlet var tv: NSTextView!
    var s = String()
    func applicationDidFinishLaunching(_ aNotification: Notification) {
        let queue = OperationQueue()
        queue.addOperation { () -> Void in
            for i in 1 ... 200 {
                self.s += "[thread1]: \(i)\n"
            }
        }
        queue.addOperation { () -> Void in
            for i in 1 ... 200 {
                self.s += "[thread2]: \(i)\n"
            }
        }
        sleep(4)
        tv.textStorage?.append(NSAttributedString(string: String(s)))
    }
    func applicationWillTerminate(_ aNotification: Notification) { }
}
```

練習問題

このオペレーションキュー法によるマルチスレッド処理で、キューをもっと増加させるとどのように変わるか確かめる Mac アプリを作成してみよう。

第11章
グラフィックスと数学関数

2Dグラフィックスとしてカスタムビューに**NSView**クラスを使い、いろいろな数学関数によるグラフや曲線を描いてみる。リサージュ図形、スライダーで波長を変える正弦波、正弦波の振幅として指数関数的な減衰を加えた減衰振動関数、モンテカルロ法により求める円周率、立体的な球を描くアプリを作成する。

さらに、SceneKitによる3Dグラフィックスとして、SceneKitフレームワークについて説明する。**SCNGeometry**クラスのサブクラスの組み込み幾何図形を使って、3Dトーラス、カメラ位置設定、3Dノードの組み合わせ、位置合わせと回転のアプリを作成する。また、3D万年筆や3Dシャーペン、数学関数によるボールのバウンドアプリも作成する。ゲームにはこのSceneKitフレームワークも使われており、物理シミュレーションにはもってこいである。

11.1 2Dグラフィックス

■ 11.1.1 カスタムビューサイズを変えて任意位置に点表示する

第5章ではカスタムビューに**NSBezierPath**クラスを使ってグラフィックスを表示したが、ここでは**NSView**クラスを使って、いろいろな数学関数によるグラフや曲線を描けるようにしてみよう。その基礎として、ウィンドウフレームに大きなカスタムビューを設定し、プログラムでカスタムビューのサイズを変えて、点として任意の場所に表示するようなMacアプリを作成してみよう。

つぎの図のように、アシスタントエディタを使ってインタフェースビルダーでカスタムビューのCustom Viewをドラッグ＆ドロップし配置とサイズを調整する。詳細な設定や配置などは、ダウンロード用のサンプルファイルを参照されたい。

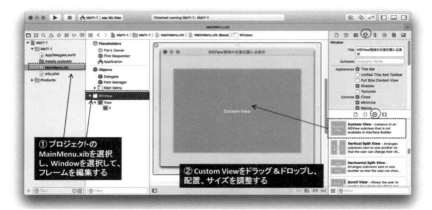

これでカスタムビューの準備はできたので、下の図のように、カスタムビューを右ドラッグでSwiftコードにOutlet接続し、そのカスタムビューのオブジェクト名はvとする。

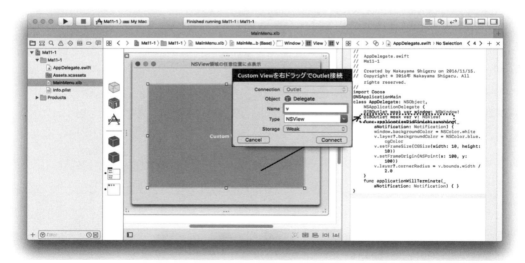

1.4.5項のmacOSでのウィンドウ座標系で説明したように、フレームの左下が原点(0, 0)で、学校の数学で習う座標系と同じであることに注意する。

　MacアプリにあるAppDelegate.swiftのデフォルトのスケルトンコードに、つぎのようなコードを追加して、インタフェースビルダーで設定されたカスタムビューのサイズをコードで変更して、任意の位置に青い点として配置表示してみよう。

```
// Ma11-1 AppDelegate.swift   カスタムビューサイズをコードで変更し任意の位置に青い点として配置表示
import Cocoa
@NSApplicationMain
class AppDelegate: NSObject, NSApplicationDelegate {
    @IBOutlet weak var window: NSWindow!
    @IBOutlet weak var v: NSView!          ←Outlet接続されたカスタムビューのオブジェクト設定
    func applicationDidFinishLaunching(_ aNotification: Notification) {
        window.backgroundColor = NSColor.white
        v.layer?.backgroundColor = NSColor.blue.cgColor ←カスタムビュー背景を青色に設定
        v.setFrameSize(CGSize(width: 10, height: 10))   ←サイズを10ピクセルの正方形領域に設定
        v.setFrameOrigin(NSPoint(x: 100, y: 100))       ←その原点を座標位置(100,100)に設定
        v.layer?.cornerRadius = v.bounds.width / 2.0    ←コーナー半径を幅の半分とし面取りを行う
    }
    func applicationWillTerminate(_ aNotification: Notification) { }
}
```

練習問題

　カスタムビューの表示位置をいろいろと変えるMacアプリを作成してみよう。

■11.1.2　はじめての数学関数によるグラフィックス

　ここでは、第5章でのやり方でカスタムビューに**NSBezierPath**クラスを使ったグラフィックスにする。**NSView**クラスのサブクラスを使い、数学関数やx、y軸のグラフィックスを描く。いろいろなグラフィックス表示に使えるようなMacアプリを作成してみよう。

つぎの図のように、アシスタントエディタを使ってインタフェースビルダーでカスタムビューの Custom View、グラフの x、y 軸の説明の Label をドラッグ＆ドロップし配置とサイズを調整する。詳細な設定や配置などは、ダウンロード用のサンプルファイルを参照されたい。

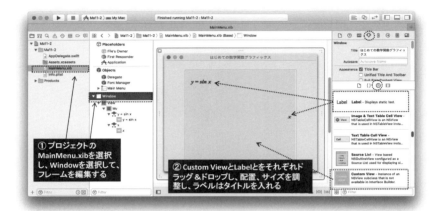

これでカスタムビューの準備はできたので、下の図のように、カスタムビューを右ドラッグで Swift コードに Outlet 接続し、そのカスタムビューのオブジェクト名は mv とする。

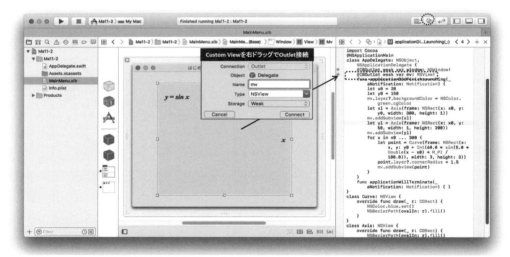

Mac アプリにある AppDelegate.swift のデフォルトのスケルトンコードに、つぎのようなコードを追加して、**NSView** クラスのサブクラスを使って、数学関数として sin 関数と x、y 軸を描くようにプログラムしてみよう。

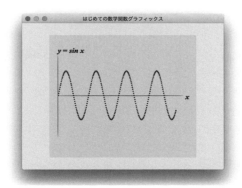

```swift
// Ma11-2 AppDelegate.swift　はじめての数学関数によるグラフィックス
import Cocoa
@NSApplicationMain
class AppDelegate: NSObject, NSApplicationDelegate {
    @IBOutlet weak var window: NSWindow!
    @IBOutlet weak var mv: NSView!          ←Outlet接続されたカスタムビューのオブジェクト設定
    func applicationDidFinishLaunching(_ aNotification: Notification) {
        let x0 = 20
        let y0 = 150
        mv.layer?.backgroundColor = NSColor.green.cgColor      ←カスタムビュー背景を緑色に設定
        let x1 = Axis(frame: NSRect(x: x0, y: y0, width: 300, height: 1))   ←x軸の設定
        mv.addSubview(x1)              ←カスタムビューにx軸の追加
        let y1 = Axis(frame: NSRect(x: x0, y: 50, width: 1, height: 200))   ←y軸の設定
        mv.addSubview(y1)              ←カスタムビューにy軸の追加
        for x in x0 ... 300 {
            let point = Curve(frame: NSRect(x: x, y: y0 +
                Int(60.0 * sin(5.0 * Double(x - x0) * M_PI / 180.0)),
                width: 3, height: 3))       ←sin関数点の設定
            point.layer?.cornerRadius = 1.5       ←点のコーナー半径を変えて、円に設定
            mv.addSubview(point)            ←カスタムビューにsin関数点を追加
        }
    }
    func applicationWillTerminate(_ aNotification: Notification) { }
}
class Curve: NSView {               ←sin関数用のNSViewのサブクラス設定
    override func draw(_ r: CGRect) {
        NSColor.blue.set()
        NSBezierPath(ovalIn: r).fill()
    }
}
class Axis: NSView {                ←軸用のNSViewのサブクラス設定
```

```
    override func draw(_ r: CGRect) {
        NSBezierPath(ovalIn: r).fill()
    }
}
```

練習問題

ここで用いた数学関数として、sin を cos に変えたり、周期や振幅を変えた Mac アプリを作成してみよう。

■ 11.1.3 リサージュ図形を描く

曲線も点の集合であり、数学でよく出てくる三角関数を用いて、波の曲線をピクセルで描いた。それを使えば、三角関数以外に指数関数、対数関数、平方根関数などの数学関数も同様に描ける。

三角関数の角度は、ラジアンで指定するので、度からラジアンへの変換は、

（ラジアン）＝ π ×（度）/180.0

でできる。円周率 π は、**M_PI** として定義されている。

Swift 言語で利用できる数学関数や数学定数には、Objective-C で利用できる関数と定数がある。ほとんどそのまま利用できる。つぎのように定義されていて、これからいろいろな Swift コード例で利用することになる。

算術関数

- **random() -> Int**
  呼び出しごとに同じ乱数を発生させる。例：random() % 10
- **arc4random() -> UInt**
  呼び出しごとに違う乱数を発生させる。例：arc4random() % 10
- **arc4random_uniform(_:UInt32) -> UInt32**
  一様乱数を発生させる。例：arc4random_uniform(10)
- **abs(i:Int) -> Int**
  整数値 i の絶対値の計算。例：abs(-7) -> 7
- **fabs(x: Double) -> Double**
  実数値 x の絶対値の計算。例：fabs(-2.3) -> 2.3
- **floor(x: Double) -> Double**
  小数点以下を切り捨て計算。例：floor(2.7) -> 2.0
- **ceil(x: Double) -> Double**

小数点以下を切り上げ計算。例：ceil(2.7) -> 3.0
- **pow(x: Double, y: Double) -> Double**
  x^y の計算。例：pow(2, 3) ->8.0
- **sqrt(x: Double) -> Double**
  平方根 $\sqrt{x}$ の計算。例：sqrt(25) -> 5.0
- **cbrt(x: Double) -> Double**
  三乗根 $\sqrt[3]{x}$ の計算。例：cbrt(125) -> 5.0

これらの三角関数や対数関数の計算も可能である。円周率やネイピア定数などが使える。

三角関数

- **cos(x: Double) -> Double**
  角度 x（ラディアン単位）の余弦の計算。
- **sin(x: Double) -> Double**
  角度 x（ラディアン単位）の正弦の計算。
- **tan(x: Double) -> Double**
  角度 x（ラディアン単位）の正接の計算。
- **asin(x: Double) -> Double**
  逆正弦 $\sin^{-1} x$ の値（x範囲：$-1.0 \sim 1.0$、結果：$-\pi/2 \sim \pi/2$）。
- **acos(x: Double) -> Double**
  逆余弦 $\cos^{-1} x$ の値（x範囲：$-1.0 \sim 1.0$、結果：$0.0 \sim \pi/2$）。
- **atan(x: Double) -> Double**
  逆正接 $\tan^{-1} x$ の値（結果：$-\pi/2 \sim \pi/2$）。
- **atan2(x: Double, y: Double) -> Double**
  逆正接 $\tan^{-1}(y/x)$ の値（結果は $-\pi/2 \sim \pi/2$）。

対数関数

- **log(x: Double) -> Double**
  $x (> 0)$ の自然対数 $\log_e x$ の計算。
- **log10(x: Double) -> Double**
  $x (> 0)$ の常用対数 $\log_{10} x$ の計算。

数学定数：`Double`

- **`M_PI`**
  円周率 π（3.141592）
- **`M_PI_2`**
  円周率の二分の一（π/2）
- **`M_PI_4`**
  円周率の四分の一（π/4）
- **`M_1_PI`**
  1/円周率（1/π）
- **`M_2_PI`**
  2/円周率（2/π）
- **`M_E`**
  ネイピア数 e（2.718281）
- **`M_LOG2E`**
  $\log_2 e$
- **`M_LOG10E`**
  $\log_{10} e$

たとえば、数学関数の応用としてのリサージュ曲線は、x と y 方向とにそれぞれ波の振動をしている点を組み合せたもので、2 つの波の位相をずらして周期を変えることによって、いろいろなリサージュ模様を描く。

$$x = \text{Width} \cdot \sin(i \cdot \theta)$$
$$y = \text{Height} \cdot \sin((i+1) \cdot \theta)$$

アシスタントエディタを使ってインタフェースビルダーでカスタムビューの Custom View をドラッグ＆ドロップし配置とサイズを調整する。カスタムビューを右ドラッグで Swift コードに Outlet 接続し、そのカスタムビューのオブジェクト名は mv とする。詳細な設定や配置などは、ダウンロード用のサンプルファイルを参照されたい。

Mac アプリにある `AppDelegate.swift` のデフォルトのスケルトンコードに、つぎのようなコードを追加して、NSView クラスのサブクラスを使って、リサージュ模様を描くようにプログラムしてみよう。

11.1 2Dグラフィックス

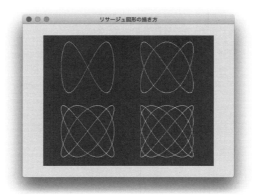

```
// Ma11-3 AppDelegate.swift   リサージュ図形を描く
import Cocoa
@NSApplicationMain
class AppDelegate: NSObject, NSApplicationDelegate {
    @IBOutlet weak var window: NSWindow!
    @IBOutlet weak var mv: NSView!          ←Outlet接続されたカスタムビューのオブジェクト設定
    func applicationDidFinishLaunching(_ aNotification: Notification) {
        mv.layer?.backgroundColor = NSColor.blue.cgColor    ←カスタムビュー背景を青色に設定
        paint()                                 ←グラフィックス関連の描画のためのユーザ関数の呼び出し
    }
    func paint() {                              ←グラフィックス関連の描画のためのユーザ関数の定義
        var i = 0.0                             ←リサージュの周期
        var x = 0.0, y = 0.0
        for y0 in stride(from: 230.0, through: 80.0, by: -150.0) {
            for x0 in stride(from: 100.0, through: 280.0, by: 180.0) {
                i += 1.0
                for j in stride(from: 0.0, through: 2 * M_PI,
                    by: M_PI / 500.0 / Double(i)) { ←角度
                    x = 60.0 * sin(i * j)           ←リサージュ図形のx成分
                    y = 60.0 * sin((i + 1) * j)     ←リサージュ図形のy成分
                    let v = PV(frame: CGRect(x: x0 + x, y: y0 - y,
                        width: 1, height: 1))
                    mv.addSubview(v)
                }
            }
        }
    }
    func applicationWillTerminate(_ aNotification: Notification) { }
}
class PV: NSView {
```

```
    var c = 0
    let cs = [NSColor.yellow, NSColor.black, NSColor.green,
              NSColor.blue, NSColor.cyan, NSColor.orange, NSColor.purple]
    override func draw(_ r: CGRect) {
        cs[c].set()                    ←配列要素番号cを変えて色選択できるように設定
        NSBezierPath(ovalIn: r).fill() ←stroke()にすればドロー描画
    }
}
```

練習問題

NSViewクラスのサブクラスPVで、色を変えるためのサブクラスをいちいち定義しなくてもよいように、塗り込みのフィル色を変えられるように定義している。そこで、PVクラスのオブジェクトvを用いて、緑色であればv.c = 2として、リサージュ図形の色を変えるMacアプリを作成してみよう。

11.1.4　スライダーで正弦波の波長変更

アプリMa11-2で、NSViewクラスのサブクラスを使って、sin関数の正弦波のグラフィックスが描けるようになったので、つぎの図のようにスライダーを追加して、この正弦波の波長を変えられるMacアプリを作成してみよう。

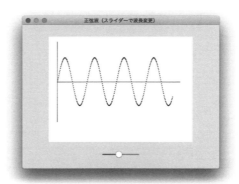

つぎの図のように、アシスタントエディタを使ってインタフェースビルダーでカスタムビューのCustom View、スライダーのHorizontal Sliderをドラッグ＆ドロップし配置とサイズを調整する。詳細な設定や配置などは、ダウンロード用のサンプルファイルを参照されたい。

11.1 2D グラフィックス

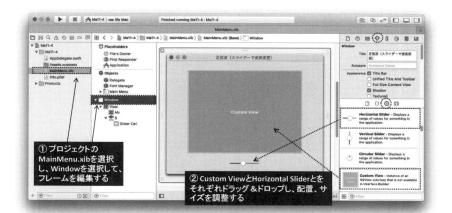

これでカスタムビューとスライダーの準備はできたので、下の図のように、カスタムビューとスライダーを右ドラッグで Swift コードに Outlet 接続し、そのカスタムビューのオブジェクト名はそれぞれ mv、s とする。また、スライダーを右ドラッグで Swift コードに Action 接続し、そのメソッド名を sl とし、引数の型は Any とする。

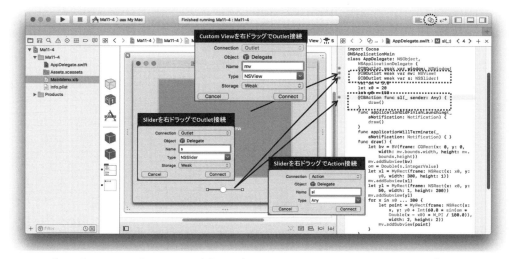

Mac アプリにある AppDelegate.swift のデフォルトのスケルトンコードに、つぎのようなコードを追加して、NSView クラスのサブクラスを使って正弦波を描き、スライダーを追加して、その正弦波の波長を変えられるようにプログラムしてみよう。

第 11 章 グラフィックスと数学関数

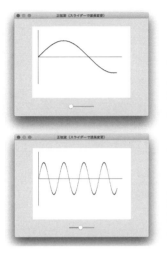
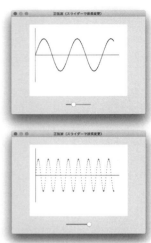

```
// Ma11-4 AppDelegate.swift   スライダーで正弦波の波長変更
import Cocoa
@NSApplicationMain
class AppDelegate: NSObject, NSApplicationDelegate {
    @IBOutlet weak var window: NSWindow!
    @IBOutlet weak var mv: NSView!           ←Outlet接続されたカスタムビューのオブジェクト設定
    @IBOutlet weak var s: NSSlider!          ←Outlet接続されたスライダーのオブジェクト設定
    var om = 5.0                             ←周期変数
    let x0 = 20
    let y0 = 150
    @IBAction func sl(_ sender: Any) {       ←Action接続されたスライダーのメソッド設定
        draw()                               ←グラフィックス関連の描画のためのユーザ関数の呼び出し
    }
    func applicationDidFinishLaunching(_ aNotification: Notification) {
        draw()                               ←グラフィックス関連の描画のためのユーザ関数の呼び出し
    }
    func applicationWillTerminate(_ aNotification: Notification) { }
    func draw() {                            ←グラフィックス関連の描画のためのユーザ関数の定義
        let bv = BV(frame: CGRect(x: 0, y: 0, width: mv.bounds.width,
            height: mv.bounds.height))
        mv.addSubview(bv)
        om = Double(s.integerValue)          ←周期をスライダー値から設定
        let xl = MyRect(frame: NSRect(x: x0, y: y0, width: 300, height: 1))
        mv.addSubview(xl)
        let yl = MyRect(frame: NSRect(x: x0, y: 50, width: 1, height: 200))
        mv.addSubview(yl)
        for x in x0 ... 300 {
```

```
                let point = MyRect(frame: NSRect(x: x, y: y0 +
                    Int(60.0 * sin(om * Double(x - x0) * M_PI / 180.0)),
                    width: 2, height: 2))     ←スライダー値からの周期を使った正弦波設定
                mv.addSubview(point)
            }
        }
    }
    class MyRect: NSView {
        override func draw(_ r: CGRect) {
            NSBezierPath(ovalIn: r).stroke()
        }
    }
    class BV: NSView {
        override func draw(_ r: CGRect) {
            NSColor.white.set()
            NSBezierPath(rect: r).fill()
        }
    }
```

練習問題

ここで用いた数学関数として sin を cos に変えたり、周期だけでなく振幅も変えられるように垂直スライダーを追加した Mac アプリを作成してみよう。

11.1.5 減衰振動関数のグラフィックス

ここでは、もう少し複雑な数学関数のグラフィックス表示に挑戦する。正弦波の振幅を指数関数的な減衰として加えた減衰振動関数のグラフィックスの Mac アプリを作成してみよう。

アシスタントエディタを使ってインタフェースビルダーでカスタムビューの Custom View、グラフの x、y 軸の説明の Label をドラッグ＆ドロップし配置とサイズを調整する。詳細な設定や配置などは、ダウンロード用のサンプルファイルを参照されたい。

これでカスタムビューの準備はできたので、カスタムビューを右ドラッグで Swift コードに Outlet 接続し、そのカスタムビューのオブジェクト名は mv とする。

Mac アプリにある AppDelegate.swift のデフォルトのスケルトンコードに、つぎのようなコードを追加して、NSView クラスのサブクラスを使って、正弦波の振幅を指数関数的な減衰として加えた減衰振動関数のグラフィックスを描くようにプログラムしてみよう。

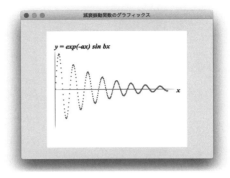

```
// Ma11-5 AppDelegate.swift  減衰振動関数のグラフィックス
import Cocoa
@NSApplicationMain
class AppDelegate: NSObject, NSApplicationDelegate {
    @IBOutlet weak var window: NSWindow!
    @IBOutlet weak var mv: NSView!            ←Outlet接続されたカスタムビューのオブジェクト設定
    func applicationDidFinishLaunching(_ aNotification: Notification) {
        let x0 = 20
        let y0 = 150
        mv.layer?.backgroundColor = NSColor.white.cgColor
        let xl = Axis(frame: NSRect(x: x0, y: y0, width: 300, height: 1))
        mv.addSubview(xl)
        let yl = Axis(frame: NSRect(x: x0, y: 50, width: 1, height: 200))
        mv.addSubview(yl)
        for x in x0 ... 300 {
            let point = Curve(frame: NSRect(x: x, y: y0 +
                Int(100.0 * exp(-0.01 * Double(x - x0)) *
                sin(10.0 * Double(x - x0) * M_PI / 180.0)),
                width: 3, height: 3))       ←指数関数の減衰を振幅に追加
            point.layer?.cornerRadius = 1.5
            mv.addSubview(point)
        }
    }
    func applicationWillTerminate(_ aNotification: Notification) { }
}
class Curve: NSView {
    override func draw(_ r: CGRect) {
        NSColor.red.set()
        NSBezierPath(ovalIn: r).fill()
    }
}
class Axis: NSView {
```

```
    override func draw(_ r: CGRect) {
        NSBezierPath(ovalIn: r).fill()
    }
}
```

練習問題

ここでは正弦波の減衰振動関数であったが、逆に正弦波の振幅を指数関数的に増幅させたグラフィックスの Mac アプリを作成してみよう。

11.1.6　モンテカルロ法により円周率を求める

Swift 言語の数学関数には、乱数の発生関数がある。この乱数は、**モンテカルロ法**と呼ばれる数値計算や面積計算に利用できる確率的な計算方法である。ここでは、乱数発生関数を用いて、つぎのような円周率を求める Mac アプリを作成してみよう。

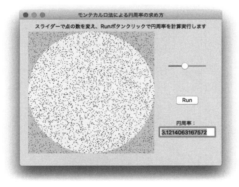

円周率を求める考え方として、まず、中心が (1, 1) で半径 1 の円と、それに外接する正方形を考える。円の方程式は次のようになる。

$$(x-1)^2+(y-1)^2=0$$

この面積は π である。この正方形の面積は 4 なので、正方形の内側で乱数を発生させると均等にこの正方形内で乱数が出てくることになる。そうすると、それぞれの場所に乱数が発生する比率は、面積比率と考えられるから、

（正方形内の乱数総数）：（円内の乱数総数）= 4：π

となる。そこで、円周率は、

π = 4 ×（円内の乱数総数）/（正方形内の乱数総数）

で与えられる。

つぎの図のように、アシスタントエディタを使ってインタフェースビルダーで円と正方形を表示するカスタムビューは Custom View、乱数の個数を変えるスライダーは Horizontal Slider、モンテカルロ法での計算実行ボタンは Push Button、計算した円周率の計算結果を表示するテキスト行は Text Field、説明用のラベルは Label をドラッグ＆ドロップし配置とサイズを調整する。詳細な設定や配置などは、ダウンロード用のサンプルファイルを参照されたい。

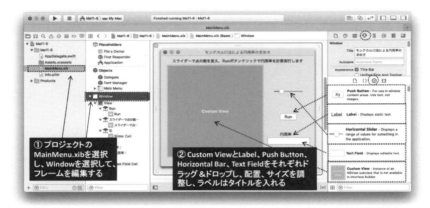

これでカスタムビューとスライダー、ボタン、テキスト行の準備はできたので、下の図のように、カスタムビューやスライダー、テキスト行は右ドラッグで Swift コードに Outlet 接続、またボタンとスライダーは右ドラッグで Swift コードに Action 接続しよう。Outlet 接続されたカスタムビューやスライダー、テキスト行のオブジェクト名は mv、s、tf とし、Action 接続されたスライダーとボタンのメソッド名は slider、run とし、引数の型は両方とも Any とする。

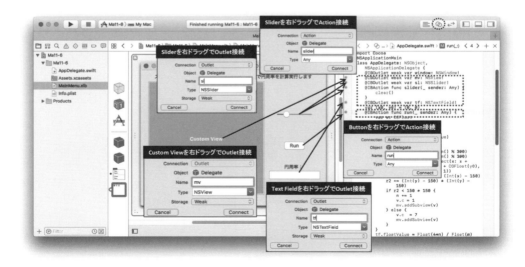

Macアプリにある`AppDelegate.swift`のデフォルトのスケルトンコードに、つぎのようなコードを追加して、モンテカルロ法で乱数発生関数を用いて、円周率を求めるプログラムを作成してみよう。

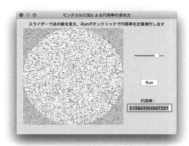

```
// Ma11-6 AppDelegate.swift   モンテカルロ法により円周率を求める
import Cocoa
@NSApplicationMain
class AppDelegate: NSObject, NSApplicationDelegate {
    @IBOutlet weak var window: NSWindow!
    @IBOutlet weak var mv: NSView!           ←Outlet接続されたカスタムビューのオブジェクト設定
    @IBOutlet weak var sl: NSSlider!         ←Outlet接続されたスライダーのオブジェクト設定
    @IBAction func slider(_ sender: Any) {   ←Action接続されたスライダーのメソッド設定
        clear()    ←描画されたカスタムビューの画面をリセットして元に戻すユーザ関数の呼び出し
    }
    @IBOutlet weak var tf: NSTextField!      ←Outlet接続されたテキスト行のオブジェクト設定
    var (x0, y0) = (0, 0)
    @IBAction func run(_ sender: Any) {      ←Action接続されたボタンのメソッド設定
        var x: CGFloat
        var y: CGFloat
        var r2: Int
        var n = 0                            ←円の中に乱数が発生する個数のカウント用
        let m = Int(sl.integerValue)         ←スライダー値を乱数の発生数に設定
        clear()
        for _ in 0 ... m {
            x = CGFloat(arc4random() % 300)  ←x座標での乱数(0〜299)
            y = CGFloat(arc4random() % 300)  ←y座標での乱数(0〜299)
            let v = PV(frame: CGRect(x: x + CGFloat(x0),
                y: y + CGFloat(y0), width: 1, height: 1))
            r2 = (Int(x) - 150) * (Int(x) - 150)
            r2 += (Int(y) - 150) * (Int(y) - 150)
            if r2 < 150 * 150 {
                n += 1                       ←円の中に乱数が発生すると、カウント用個数を増分する
                v.c = 1                      ←円の中に乱数が発生する乱数点の色を黒色にする
                mv.addSubview(v)             ←円の中に乱数点を描画する
```

```
            } else {
                v.c  = 7                    ←円外に乱数が発生する乱数点の色を赤色にする
                mv.addSubview(v)            ←円外に乱数点を描画する
            }
        }
        tf.floatValue = Float(4*n) / Float(m)    ←円周率を計算して、テキスト行に表示させる
    }
    func applicationDidFinishLaunching(_ aNotification: Notification) {
        clear()
    }
    func clear(){   ←描画されたカスタムビューの画面をリセットして元に戻すユーザ関数の定義
        let b = PV(frame: CGRect(x: 0, y: 0, width: mv.bounds.width,
            height: mv.bounds.height))
        b.c = 2
        mv.addSubview(b)
        let c = CV(frame: CGRect(x: 0, y: 0, width: mv.bounds.width,
            height: mv.bounds.height))
        mv.addSubview(c)
    }
    func applicationWillTerminate(_ aNotification: Notification) { }
}
class PV: NSView {                          ←正方形の描画用
    var c = 0
    let cs = [NSColor.yellow, NSColor.black, NSColor.green, NSColor.blue,
            NSColor.cyan, NSColor.orange, NSColor.purple, NSColor.red]
    override func draw(_ r: CGRect) {
        cs[c].set()
        NSBezierPath(rect: r).fill()   //stroke()
    }
}
class CV: NSView {                          ←円の描画用
    var c = 0
    let cs = [NSColor.yellow, NSColor.black, NSColor.green,
            NSColor.blue, NSColor.cyan, NSColor.orange,
            NSColor.purple, NSColor.red]
    override func draw(_ r: CGRect) {
        cs[c].set()
        NSBezierPath(ovalIn: r).fill()
    }
}
```

> **練習問題**

スライダーで乱数の発生数を変えて、円周率がどのように変わるか調べてみよう。また、円に発生する乱数の個数計算で、円上の乱数は含めていなかったが、含めた場合の円周率計算への影響も調べてみよう。

■ 11.1.7　立体的な球の描画

NSView クラスや **NSBezierPath** クラスを用いて、点はもちろんのこと、直線、曲線を描いてきたが、立体的な球を描く Mac アプリを作成してみよう。

図のように、アシスタントエディタを使ってインタフェースビルダーで立体球を表示するカスタムビューは Custom View、立体球の半径を変えるスライダーは Horizontal Slider、描画開始ボタンは Push Button、説明用のラベルは Label をドラッグ＆ドロップし配置とサイズを調整する。詳細な設定や配置などは、ダウンロード用のサンプルファイルを参照されたい。

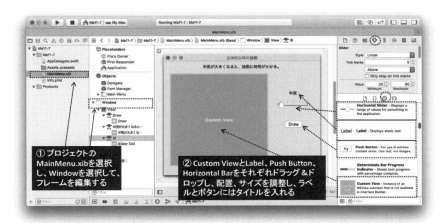

これでカスタムビューとスライダー、ボタンの準備はできたので、つぎの図のように、カスタムビューやスライダーは右ドラッグで Swift コードに Outlet 接続、またボタンとスライダーは右ドラッグで Swift コードに Action 接続しよう。Outlet 接続されたカスタムビューやスライダーのオブジェクト名は mv、s とし、Action 接続されたスライダーとボタンのメソッド名は slider、draw とし、引数の型は両方とも Any とする。

第 11 章 グラフィックスと数学関数

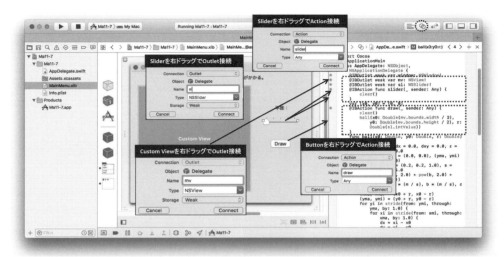

　ここでは、平方根やべき乗の数学関数を用いて、立体的な点描画を描くユーザ定義の `ball()` メソッドを作成し、スライダーで半径を変えられるようにしてみよう。

```
func ball(x0: Double, y0: Double, r: Double)  { … }
```

　立体球の中心座標は (x0,y0)、その半径は r とする。また、このメソッド内のローカル変数の光線ベクトル (a,b,c) を変えれば、光の方向などを変えることが可能である。ここで、立体的な球表面の濃淡は、基本的には球の法線ベクトル (dx,dy,z) と光線ベクトル (a,b,c) との**内積**として、

　　a*dx + b*dy + c*z

を計算しているだけである。

　Mac アプリにある `AppDelegate.swift` のデフォルトのスケルトンコードに、つぎのようなコードを追加して、立体的な球を描くようにプログラムを作成してみよう。ここでは、コードが長くなるので、タップルを使って行数を節約し、コンパクトに書いた。

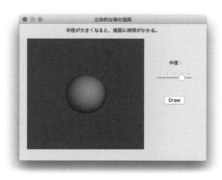

```swift
// Ma11-7 AppDelegate.swift  立体的な球の描画
import Cocoa
@NSApplicationMain
class AppDelegate: NSObject, NSApplicationDelegate {
    @IBOutlet weak var window: NSWindow!
    @IBOutlet weak var mv: NSView!        ←Outlet接続されたカスタムビューのオブジェクト設定
    @IBOutlet weak var sl: NSSlider!      ←Outlet接続されたスライダーのオブジェクト設定
    @IBAction func slider(_ sender: Any) {   ←Action接続されたスライダーのメソッド設定
        clear()
    }
    var (x0, y0) = (0, 0)
    @IBAction func draw(_ sender: Any) {   ←Action接続されたボタンのメソッド設定
        clear()
        ball(x0: Double(mv.bounds.width / 2),
            y0: Double(mv.bounds.height / 2), r: Double(sl.intValue))
    }
    func ball(x0: Double, y0: Double, r: Double)  {     ←立体的な球のユーザ関数の定義
        var dy = 0.0, dx = 0.0, dxy = 0.0, z = 0.0, bw = 0.0
        var (xma, xmi) = (0.0, 0.0), (yma, ymi) = (0.0, 0.0)
        var (a ,b, c) = (0.2, 0.2, 1.0), s = 1.0, m = 14.0   ←光線ベクトル(a ,b, c)の設定
        s = sqrt(pow(a, 2.0) + pow(b, 2.0) + pow(c, 2.0))
        (a, b, c) = (a * (m / s), b * (m / s), c * (m / s))
        (xma, xmi) = (x0 + r, x0 - r)
        (yma, ymi) = (y0 + r, y0 - r)
        for yi in stride(from: ymi, through: yma, by: 1.0) {
            for xi in stride(from: xmi, through: xma, by: 1.0) {
                dx = xi - x0
                dy = yi - y0
                dxy = sqrt(pow(dx,2.0) + pow(dy,2.0))
                if dxy <= r {
                    z = sqrt(r * r - pow(dxy,2.0))
                    bw = (dx * a + dy * b + z * c) / r / 18    ←法線と光線との内積計算
                    if bw < 0 { bw = 0 }   ←万が一内積が負なったときの担保
                    let v = PV(frame: CGRect(x: xi, y: yi, width: 2,
                        height: 2))
                    v.g = CGFloat(bw)      ←立体的な球のピクセル色を内積値で設定
                    mv.addSubview(v)
                }
            }
        }
    }
    func applicationDidFinishLaunching(_ aNotification: Notification) {
        clear()
```

```
            ball(x0: Double(mv.bounds.width / 2),
                y0: Double(mv.bounds.height / 2), r: Double(sl.intValue))
        }
        func clear(){
            let b = BV(frame: CGRect(x: 0, y: 0, width: mv.bounds.width,
                height: mv.bounds.height))
            mv.addSubview(b)
        }
        func applicationWillTerminate(_ aNotification: Notification) { }
}
class PV: NSView {                      ←立体球のピクセル描画
    var g = CGFloat(0.0)
    override func draw(_ r: CGRect) {
        NSColor(red: 0.0, green: g, blue: 0.0, alpha: 1.0).set()
                                        ←ピクセル色は緑の濃淡gで決まる
        NSBezierPath(rect: r).fill()
    }
}
class BV: NSView {                      ←カスタムビューの背景を青色で描く
    override func draw(_ r: CGRect) {
        NSColor.blue.set()
        NSBezierPath(rect: r).fill()
    }
}
```

練習問題

球の中心位置も移動できるようにスライダーを追加してMacアプリを作成してみよう。また、色や光線方向も変えて、陰影がどう変化するか確かめてみよう。

11.2 SceneKitによる3Dグラフィックス

11.2.1 3Dグラフィックスの経緯

SceneKitを用いたグラフィックスは、既にGameアプリケーションMa0-2で出てきた。SceneKitアプリサービスが使われていた。ここでは、SceneKitに使われている基本的な幾何図形について説明し、それを応用した3Dグラフィックスに挑戦してみよう。いろいろな工業製品のモデリングや研究装置の立体的な構造物、写真では出せない視覚的なモデル化などに応用できる。また、最近では、**VR**（Virtual Reality：仮想現実）や **AR**（Augmented Reality：拡張現実）が活用されてきているが、それらへの応

用も考えられる。

　従来の 3D グラフィックスでは、**VRML**（Virtual Reality Modeling Language：仮想現実設計言語）が比較的簡単で、インタラクティブな 3 次元的世界を記述するためのファイル形式により Web ブラウザで仮想現実的な世界が表現できた。VRML コードは、API（Application Program Interface）を使用しないで、構造化されたノード（node）を使っている。VRML ノードで幾何図形を作成しさえすれば、マウス対応になって 3 次元的にその幾何図形が見られる。VRML 2.0 はモジュール化され、54 のノードだけで構築できる。JavaScript や Java 言語などのスクリプト言語によって動的な VRML の開発が行える。また、VRML の後継として考えられたのが **X3D** 言語で、ノードではなく XML タグを使って記述する。

　Java 言語を使って 3D グラフィックスを実現するには **Java 3D** がある。これは、VRML で作成された 3D グラフィックスに似ているが、Java アプリケーションに 3D グラフィックスを付加することができ、Java アプリケーションを 3 次元化したり、仮想化できる。Java 3D は、OpenGL や Direct3D などの既存の 3 次元グラフィックスの標準的な低水準の API を参考にして、シーングラフを基礎とした技術である。

　シーングラフ（Scene Graph）とは、3 次元空間での幾何図形や属性、視点情報を含み、仮想宇宙を記述できるように構成されたベクトルベースでのグラフ構造を持っている。従来のグラフィックスでは、幾何図形をインタプリタのように一つ一つ逐次描画するのではなく、シーングラフにある幾何図形をコンパイルして一気に描画することになる。そのために、シーングラフを更新すれば、3D グラフィックスが更新されることになる。シーングラフを構成する幾何図形や属性、視点情報のオブジェクトはノード（Node クラス）と呼ばれ、木構造に配置され、ノードに基づいたシーングラフを形成することになる。

■ 11.2.2　SceneKit フレームワーク

　一方、Swift 言語における **SceneKit** フレームワークもシーンキットというようにシーングラフを実装している。SceneKit フレームワークは、https://developer.apple.com/reference/scenekit に詳しく掲載されている。

　SceneKit フレームワークでは、大木の幹に枝分かれして木の葉が付く木構造のように、シーングラフを描くための **SCNView** クラスを設定する。このシーンビュー **SCNView** のシーン **scene** に **SCNScene** クラスを設定して、シーングラフを描くことになる。

　シーングラフは木構造になっており、木の幹に当たるのが **SCNScene** クラスの **rootNode** である。この木の幹から枝が伸びていくが、この枝に当たるのが **SCNNode** クラスである。**SCNNode** クラスの枝を **SCNScene** クラスの **rootNode** の幹に、子ノードとして追加していくことになる。枝の **SCNNode** クラスには、シーンノードとしてカメラや照明、幾何図形、属性を持ったノードを設定して、ノードの階層が形成されている。

SCNNode クラスのカメラ camera には、SCNCamera クラスを設定し、シーンビューを見る視点を設定する。SCNNode クラスの照明 light には、SCNLight クラスを設定し、シーンビューに照明として点光源や平行光源などを設定する。SCNNode クラスの幾何図形 geometry には、SCNGeometry クラスの幾何図形を設定する。この幾何図形の表面材質などの質感の設定には、SCNMaterial クラスで拡散色 diffuse や鏡面色 specular、透明度 opacity などを設定する。

SCNGeometry クラスのサブクラスである直方体の SCNBox クラスや円錐の SCNCone クラス、円柱の SCNCylinder クラス、球の SCNSphere クラス、トーラスの SCNTorus クラス、パイプの SCNTube クラスなどが、幾何図形として木の葉となり追加される。

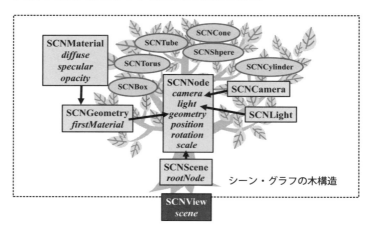

これが、シーングラフの木構造である。このシーングラフの木構造に使われている SceneKit フレームワークのクラスを機能別に書くと、つぎのようになる。

SceneKit フレームワーク

3D シーン構築

- **SCNScene**　3D シーンを形成する幾何図形や光線、カメラなどを持ったノード階層クラス。
- **SCNNode**　シーングラフの構成要素で位置や変形を表し、幾何図形や照明、カメラを設定。
- **SCNReferenceNode**　シーンファイルから読み込むためのシーングラフノードの参照ノード。
- **SCNCamera**　視点として使うためにノードに取り付けられるカメラ属性。
- **SCNLight**　シーンを照明するためにノードに取り付け可能な光源。
- **SCNMaterial**　描画時に幾何図形の外観を決める影などの属性を示す材質。
- **SCNMaterialProperty**　幾何図形の表面材質につける色やテクスチャのコンテナ。
- **SCNBoundingVolume**　幾何図形の位置とサイズを計測するための性質。

幾何図形操作

- **SCNGeometry**　材質を付けてシーンに表示できるモデルやメッシュの 3 次元形状。

- □ **SCNGeometrySource** 3次元幾何図形を定義するための頂点座標のコンテナ。
- □ **SCNGeometryElement** 3次元幾何図形を定義するための頂点接続指標のコンテナ。
- □ **SCNLevelOfDetail** 遠くの幾何図形は細かく描く必要はなく、距離で指定する詳細レベル。
- □ **SCNMorpher** 幾何図形のスムーズな変形を管理するモーフィングのクラス。

3D シーン表示

- □ **SCNView** 3D の SceneKit コンテンツを表示するためのビュー。
- □ **SCNLayer** SceneKit シーンを描くコアアニメーション層。
- □ **SCNRenderer** Metal や OpenGL の中で SceneKit シーンを表示するためのレンダー。
- □ **SCNSceneRenderer** SCNView や SCNLayer、SCNRenderer に共通なメソッドやプロパティ。
- □ **SCNSceneRendererDelegate** アニメーションループなどを行うデリゲート。
- □ **SCNHitTestResult** 指定点・線でのシーン要素があるかどうかの探索結果を示す。

3D コンテンツのアニメーション

- □ **SCNTransaction** シーングラフが一括更新されたかのトランザクション処理を定義する。
- □ **SCNAnimatable** シーンノードにアニメーションを設定するインタフェース。
- □ **SCNAnimationEvent** アニメーション再生中の指定時間に実行するクロージャ設定。
- □ **SCNAction** シーンノードの属性を変えるアニメーション設定。
- □ **SCNActionable** シーンノードに操作を行わせるメソッド設定。
- □ **SCNSkinner** アニメーション中のノードと骨格のアニメーションとの関係を管理する。

物理シミュレーション（以下クラス名のみ）

- □ SCNPhysicsWorld、SCNPhysicsBody、SCNPhysicsShape、SCNPhysicsContactDelegate、SCNPhysicsContact、SCNPhysicsField、SCNPhysicsBehavior、SCNPhysicsHingeJoint、SCNPhysicsSliderJoint、SCNPhysicsBallSocketJoint、SCNPhysicsVehicle、SCNPhysicsVehicleWheel

粒子系システム

- □ SCNParticleSystem、SCNParticlePropertyController

オーディオ再生

- □ SCNAudioSource、SCNAudioPlayer

制約

- □ SCNConstraint、SCNBillboardConstraint、SCNIKConstraint、SCNLookAtConstraint、SCNTransformConstraint

描画のカスタマイズ

- □ SCNShadable、SCNProgram、SCNProgramDelegate、SCNBufferStream、SCNTechnique、SCNTechniqueSupport、SCNNodeRendererDelegate

シーンコンテンツの入出力

- □ SCNSceneSource、SCNSceneExportDelegate

11.2.3 SCNGeometry クラスのサブクラスの組み込み幾何図形

SceneKit フレームワークにある **SCNGeometry** クラスには、つぎのようなサブクラスがあり、12 の組み込み幾何図形がある。

SCNGeometry クラスのサブクラスの組み込み幾何図形

- ☐ **SCNText**　　　3D に押し出し成型できるテキスト文字列の図形。
- ☐ **SCNShape**　　　3D に押し出し成型できる二次元パスの図形。
- ☐ **SCNBox**　　　直方体の図形で、辺や角を丸くできる。
- ☐ **SCNCapsule**　　薬のカプセルに似ていて両端が半球になった円柱の図形。
- ☐ **SCNCone**　　　円錐やその頂点をカットしたような錐台の図形。
- ☐ **SCNCylinder**　円柱の図形。
- ☐ **SCNFloor**　　　無限平面の図形で、その平面にシーンの反射を出せる。
- ☐ **SCNPlane**　　　幅と高さで指定できる片面の長方形の図形。
- ☐ **SCNPyramid**　　ピラミッド型の四角錐の図形。
- ☐ **SCNSphere**　　ボール状の球の図形。
- ☐ **SCNTorus**　　　ドーナツのような輪形状であるトーラスの図形。
- ☐ **SCNTube**　　　チューブやパイプのように中心軸に沿って円のホールのある円柱の図形。

シーングラフに、これらの幾何図形を描いていくことになる。主な幾何図形を描くと、図のようになる。幾何図形の色は、デフォルトの色である。

SCNBox(width: 3.0, height: 3.0, length: 3.0, chamferRadius: 0.4)

SCNSphere(radius: 3.0)

SCNCapsule(capRadius: 1.0, height: 6.0)

SCNCylinder(radius: 2.0, height: 4.0)

SCNPyramid(width: 4.0, height: 4.0, length: 5.0)

SCNCone(topRadius: 0.5, bottomRadius: 3.0, height: 3.0)

SCNTube(innerRadius: 1.0, outerRadius: 2.0, height: 4.0)

SCNTorus(ringRadius: 2.0, pipeRadius: 1.0)

シーングラフの座標は、つぎの図のように右手系である。右手をかざして、親指から人差し指、中指の順で、x、y、z軸となる（左手系では、z軸の向きが逆になる）。

このシーングラフに視点となるカメラや点光源などの照明を照らし、部屋のボヤッとした明るさの環境光を設定し、幾何図形を描く。この環境光とは、実際の部屋で照明装置を消しても、外部からボヤッとした光が入り込んでいて、部屋は真っ暗にならないような光である。

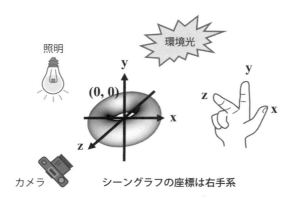

11.2.4　SceneKit によるはじめての 3D グラフィックス

それでは、はじめての SceneKit の幾何図形として、直方体の図形を描く **SCNBox** クラスを使って、下の図のように辺や角を丸くした立方体を描く Mac アプリを作成してみよう。

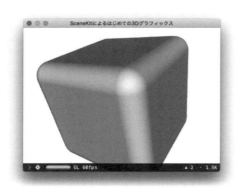

つぎの図のように、アシスタントエディタを使ってインタフェースビルダーで 3D グラフィックスを表示させるシーンビューは Scene Kit View をドラッグ＆ドロップし、配置とサイズを調整する。詳細な設定や配置などは、ダウンロード用のサンプルファイルを参照されたい。

第11章 グラフィックスと数学関数

これでシーンビューの準備はできたので、下の図のように、シーンビューは右ドラッグで Swift コードに Outlet 接続し、シーンビューのオブジェクト名は sv とする。

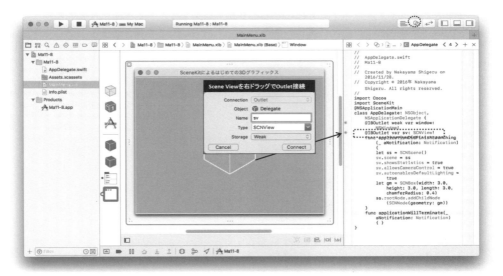

Mac アプリにある `AppDelegate.swift` のデフォルトのスケルトンコードに、つぎのようなコードを追加して、SceneKit のはじめての 3D グラフィックスとして、**SCNBox** クラスを使って、辺や角を丸くした立方体を描くようにプログラムしてみよう。

基本的には、シーングラフのためのビューにシーンを設定し、そのシーンのルートノードに幾何図形をノードに変換して子ノードとして追加している。後で設定するカメラや照明も同様で、シーンのルートノード（木の幹）にカメラや照明も幾何図形と同じようにノードに変換してから、それらを子ノード（小枝）として追加している。

```
@IBOutlet var sv: SCNView!              ←Outlet接続されたシーンビューのオブジェクト設定
let ss = SCNScene()                     ←シーンオブジェクト生成
sv.scene = ss                           ←シーンビューのシーンにシーンオブジェクトを設定する
let gm = SCNBox(                        ←直方体（ここでは立方体）の幾何図形
    width: 3.0,                         ←立方体の幅指定
    height: 3.0,                        ←立方体の高さ指定
    length: 3.0,                        ←立方体の長さ（奥行き）指定
    chamferRadius: 0.4)                 ←立方体の面取りの半径指定
ss.rootNode.addChildNode(               ←シーンのルートに立方体の幾何図形から変換されたノードを子ノードで追加
    SCNNode(geometry: gm))              ←立方体の幾何図形をノードに変換する
```

あとは、シーンビューに統計情報の表示、デフォルト照明、カメラ制御を設定する。これで、視点を変えることができ、マウスでドラッグして幾何図形を回転できる。

```
sv.showsStatistics = true               ←シーンビューに統計情報を表示する設定
sv.allowsCameraControl = true           ←シーンビューでカメラ制御を可能にする設定
sv.autoenablesDefaultLighting = true    ←デフォルト照明を設定
```

これらの設定を false にすると、シーンビューに統計情報が表示されなくなったり、デフォルト照明がなくなり見えなくなったり、カメラ制御で視点が変えられなくなる（つまり、マウスでドラッグしても幾何図形を回転できない）。

ここでは、シーンビューの設定や統計データが表示されるようにしたので、Mac アプリの左下のアイコンをクリックすると、ダイアログボックスが表れる。それぞれ確認してみよう。

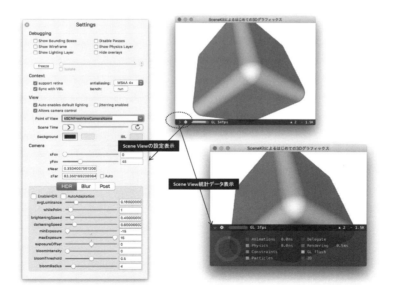

```
// Ma11-8 AppDelegate.swift  SceneKitによるはじめての3Dグラフィックス
import Cocoa
import SceneKit
@NSApplicationMain
class AppDelegate: NSObject, NSApplicationDelegate {
    @IBOutlet weak var window: NSWindow!
    @IBOutlet var sv: SCNView!                        ←Outlet接続されたシーンビューのオブジェクト設定
    func applicationDidFinishLaunching(_ aNotification: Notification) {
        let ss = SCNScene()                           ←シーンオブジェクト生成
        sv.scene = ss                                 ←シーンビューのシーンにシーンオブジェクトを設定する
        sv.showsStatistics = true                     ←シーンビューに統計情報を表示する設定
        sv.allowsCameraControl = true                 ←シーンビューでカメラ制御を可能にする設定
        sv.autoenablesDefaultLighting = true          ←デフォルト照明を設定
        let gm = SCNBox(width: 3.0, height: 3.0, length: 3.0,
            chamferRadius: 0.4)                       ←立方体の幾何図形
        ss.rootNode.addChildNode(SCNNode(geometry: gm)) ←シーンのルートに立方体ノードを子ノードで追加
    }
    func applicationWillTerminate(_ aNotification: Notification) { }
}
```

練習問題

アプリのシーンビューの設定アイコンで Settings ダイアログボックスを表示して、Background でシーンビュー背景色を変えてみよう。また、コードで変えるには、シーンビューの背景色を、sv.backgroundColor = NSColor.blue として青色に変えたり、他の色に変えてみよう。

11.2.5　SceneKit によるはじめての 3D トーラス

SCNBox クラスを使って立方体の図形を描いたが、ここでは、**SCNTorus** クラスを使って、図のようドーナツのような輪形状であるトーラスの図形を描く Mac アプリを作成してみよう。

11.2 SceneKit による 3D グラフィックス

前回と同様に、アシスタントエディタを使ってインタフェースビルダーで 3D グラフィックスを表示させるシーンビューは Scene Kit View をドラッグ＆ドロップし、配置とサイズを調整する。シーンビューは右ドラッグで Swift コードに Outlet 接続し、シーンビューのオブジェクト名は sv とする。詳細な設定や配置などは、ダウンロード用のサンプルファイルを参照されたい。

Mac アプリにある AppDelegate.swift のデフォルトのスケルトンコードに、つぎのようなコードを追加して、SceneKit のはじめての 3D トーラスとして、SCNTorus クラスを使って、トーラスを描くようにプログラムしてみよう。

```
let gm = SCNTorus(                    ←トーラスノード
    ringRadius: 2.0,                  ←リング中心からのパイプ中心までの距離としてリング半径指定
    pipeRadius: 1.0)                  ←パイプの半径指定
```

シーンビューの設定や統計データは、デフォルトでは表示されないので、この Mac アプリの下辺には何も表れない。また、シーンビューの背景色を青色にも変えてみよう。

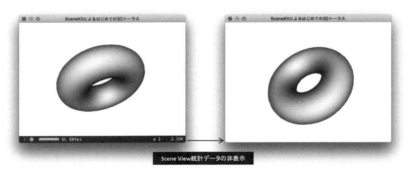

Scene View統計データの非表示

```
// Ma11-9 AppDelegate.swift SceneKitによるはじめての3Dトーラス
import Cocoa
import SceneKit
@NSApplicationMain
class AppDelegate: NSObject, NSApplicationDelegate {
    @IBOutlet weak var window: NSWindow!
    @IBOutlet var sv: SCNView!                 ←Outlet接続されたシーンビューのオブジェクト設定
    func applicationDidFinishLaunching(_ aNotification: Notification) {
        let ss = SCNScene()                    ←シーンオブジェクト生成
        sv.scene = ss                          ←シーンビューのシーンにシーンオブジェクトを設定する
        //sv.showsStatistics = true            ←ここではシーンビューに統計情報を設定しなかった
        sv.allowsCameraControl = true          ←シーンビューでカメラ制御を可能にする設定
        sv.autoenablesDefaultLighting = true   ←デフォルト照明を設定
        //sv.backgroundColor = NSColor.blue    ←シーンビューの背景色を青色に設定
```

```
            let gm = SCNTorus(ringRadius: 2.0, pipeRadius: 1.0)    ←トーラスの幾何図形
            ss.rootNode.addChildNode(SCNNode(geometry: gm))
                                        ←シーンのルートにトーラスノードを子ノードで追加
    }
    func applicationWillTerminate(_ aNotification: Notification) { }
}
```

練習問題

シーンビューの設定でそれぞれ false にすると、シーンビューに統計情報が表示されなくなったり、デフォルト照明がなくなり見えなくなったり、カメラ制御で視点が変えられないとマウスでドラッグして幾何図形を回転できなくなることを確かめてみよう。

11.2.6 SceneKit におけるカメラ位置設定

これまでのシーングラフでは、カメラの視点位置はデフォルトを使い、シーングラフが含まれる幾何図形の全体が見えるカメラ位置に自動的に計算されて設定されていた。ここでは、カメラ位置を任意に設定するために、**SCNCamera** クラスを使ってノードで設定してみよう。また、SceneKit の幾何図形として、チューブの図形を描く **SCNTube** クラスを使ってみよう。さらに、チューブの表面材質も変えて光沢を付けた Mac アプリを作成してみよう。

前回と同様に、アシスタントエディタを使ってインタフェースビルダーで 3D グラフィックスを表示させるシーンビューは Scene Kit View をドラッグ＆ドロップし、配置とサイズを調整する。シーンビューは右ドラッグで Swift コードに Outlet 接続し、シーンビューのオブジェクト名は sv とする。詳細な設定や配置などは、ダウンロード用のサンプルファイルを参照されたい。

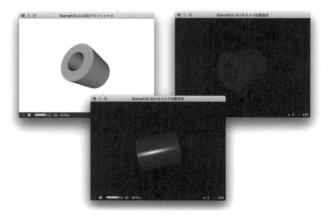

Mac アプリにある AppDelegate.swift のデフォルトのスケルトンコードに、つぎのようなコードを追加して、シーンビューにカメラを設定してみよう。ここでは、**SCNNode** クラスでシーン撮影用の

カメラノードのオブジェクト cn を生成し、そのカメラノードのカメラ cn.**camera** に **SCNCamera** クラスを使ってカメラを設定する。そして、そのカメラ位置 cn.**position** を **SCNVector3** クラスで 3D ベクトル座標値を使ってカメラ位置を決める。最後に、シーンのルートノード ss.**rootNode** にカメラノード cn を **addChildNode**(cn) メソッドで追加する。

```
let cn = SCNNode()                            ←シーン撮影用のカメラノード生成
cn.camera = SCNCamera()                       ←カメラノードにカメラを設定する
cn.position = SCNVector3(x: 0, y: 0, z: 10)   ←カメラ位置を3Dベクトルで設定する
ss.rootNode.addChildNode(cn)                  ←シーンのルートノードにカメラノードを追加する
```

つまり、シーンのルートノード（木の幹）に、カメラも幾何図形と同じようにノードに変換して、子ノード（小枝）として追加している。

シーンビューに表示したいチューブは、つぎのように表面材質を付けて設定する。

```
var sv: SCNView!                              ←Outlet接続されたシーンビューのオブジェクト設定
let ss = SCNScene()                           ←シーンオブジェクト生成
sv.scene = ss
let gm = SCNTube(                             ←チューブ管の幾何図形
    innerRadius: 1.0,                         ←管の内径指定
    outerRadius: 2.0,                         ←管の外径指定
    height: 4.0)                              ←管の高さ指定
gm.firstMaterial?.diffuse.contents = NSColor.blue     ←管表面の拡散色を青色に指定
gm.firstMaterial?.specular.contents = NSColor.white   ←管表面の鏡面色を白色に指定
ss.rootNode.addChildNode(SCNNode(geometry: gm))
```

ここでは、シーンビューの設定や統計データが表示されるようにしたので、Mac アプリの左下のアイコンをクリックすれば、ダイアログボックスが表れる。それぞれ確認してみよう。

```
//   Ma11-10 AppDelegate.swift SceneKitにおけるカメラ位置設定
import Cocoa
import SceneKit
@NSApplicationMain
class AppDelegate: NSObject, NSApplicationDelegate {
    @IBOutlet weak var window: NSWindow!
    @IBOutlet var sv: SCNView!                ←Outlet接続されたシーンビューのオブジェクト設定
    func applicationDidFinishLaunching(_ aNotification: Notification) {
        let ss = SCNScene()                   ←シーンオブジェクト生成
        let cn = SCNNode()                    ←シーン撮影用のカメラノード生成
        sv.scene = ss
        sv.showsStatistics = true
        sv.allowsCameraControl = true
```

```
            sv.autoenablesDefaultLighting = true
            sv.backgroundColor = NSColor.black
            cn.camera = SCNCamera()           ←カメラノードにカメラを設定する
            cn.position = SCNVector3(x: 0, y: 0, z: 10)   ←カメラ位置を3Dベクトルで設定する
            ss.rootNode.addChildNode(cn)      ←シーンのルートノードにカメラノードを追加する
            let gm = SCNTube(innerRadius: 1.0, outerRadius: 2.0, height: 4.0)
                                              ←チューブ管の幾何図形
            gm.firstMaterial?.diffuse.contents = NSColor.blue    ←管表面の拡散色を青色に指定
            gm.firstMaterial?.specular.contents = NSColor.white  ←管表面の鏡面色を白色に指定
            ss.rootNode.addChildNode(SCNNode(geometry: gm))
        }
        func applicationWillTerminate(_ aNotification: Notification) { }
}
```

練習問題

チューブのサイズやカメラ位置を変えてみよう。また、チューブの表面の拡散色や鏡面色の色も変えた Mac アプリを作成してみよう。

■ 11.2.7 SceneKit における 3D ノードの組み合わせ

これまで、SceneKit の幾何図形として、**SCNBox** クラスを使った直方体、**SCNTorus** クラスを使ったリング、**SCNTube** クラスを使ったチューブの管をそれぞれ単体の図形として描いてきた。ここでは、これらの幾何図形を組み合わせて、シーンノードのルートノードに 2 つの幾何図形の子ノードを追加した Mac アプリを作成してみよう。

前回と同様に、アシスタントエディタを使ってインタフェースビルダーで 3D グラフィックスを表示させるシーンビューは Scene Kit View をドラッグ＆ドロップし、配置とサイズを調整する。シーンビューは右ドラッグで Swift コードに Outlet 接続し、シーンビューのオブジェクト名は sv とする。詳細な設定や配置などは、ダウンロード用のサンプルファイルを参照されたい。

Macアプリにある AppDelegate.swift のデフォルトのスケルトンコードに、つぎのようなコードを追加して、**SCNTube** クラスを使ったチューブの管と **SCNTorus** クラスを使ったトーラスのリングを同時に追加するプログラムにしてみよう。ここでは、色設定以外に新しいコードは出てこないので、容易にプログラムできる。このようにシーンのルートノードに子ノードを追加するだけで、逐次幾何図形の描画指定を行っていないのがシーングラフの特徴である。

```swift
// Ma11-11 AppDelegate.swift SceneKitにおける3Dノードの組み合わせ
import Cocoa
import SceneKit
@NSApplicationMain
class AppDelegate: NSObject, NSApplicationDelegate {
    @IBOutlet weak var window: NSWindow!
    @IBOutlet var sv: SCNView!
    func applicationDidFinishLaunching(_ aNotification: Notification) {
        let ss = SCNScene()
        let cn = SCNNode()
        sv.scene = ss
        sv.showsStatistics = true
        sv.allowsCameraControl = true
        sv.autoenablesDefaultLighting = true
        sv.backgroundColor = NSColor.yellow
        cn.camera = SCNCamera()              ←カメラノードを設定
        cn.position = SCNVector3(x: 0, y: 0, z: 10)
        ss.rootNode.addChildNode(cn)         ←シーンのルートノードにカメラノードを追加
        let gm1 = SCNTorus(ringRadius: 2.0, pipeRadius: 1.0)    ←トーラスの幾何図形を設定
        gm1.firstMaterial?.diffuse.contents = NSColor.green
        gm1.firstMaterial?.specular.contents = NSColor.white
        ss.rootNode.addChildNode(SCNNode(geometry: gm1))  ←シーンのルートノードにトーラスノードを追加
        let gm2 = SCNTube(innerRadius: 1.0, outerRadius: 2.0, height: 6.0)
                                                          ←チューブの幾何図形を設定
        gm2.firstMaterial?.diffuse.contents = NSColor.red
        gm2.firstMaterial?.specular.contents = NSColor.white
        ss.rootNode.addChildNode(SCNNode(geometry: gm2))  ←シーンのルートノードにチューブノードを追加
    }
    func applicationWillTerminate(_ aNotification: Notification) { }
}
```

練習問題

SCNTube クラスのチューブと SCNTorus クラスのトーラスを同時に追加したが、別な幾何図形の組み合わせ、色も変えた Mac アプリを作成してみよう。

■11.2.8 3Dノードの位置合わせと回転

いろいろと組み合わせた幾何図形をシーンビューに表示できたが、それぞれの幾何図形の表示位置は、すべて原点 (0, 0) である。すべての幾何図形が、原点周りで重なって表示されている。ここでは、それぞれの幾何図形の表示位置をずらしたり、回転した Mac アプリを作成してみよう。

前回と同様に、アシスタントエディタを使ってインタフェースビルダーで 3D グラフィックスを表示させるシーンビューは Scene Kit View をドラッグ＆ドロップし、配置とサイズを調整する。シーンビューは右ドラッグで Swift コードに Outlet 接続し、シーンビューのオブジェクト名は sv とする。詳細な設定や配置などは、ダウンロード用のサンプルファイルを参照されたい。

Mac アプリにある AppDelegate.swift のデフォルトのスケルトンコードに、つぎのようなコードを追加して、**SCNTorus** クラスで 3 つリングがずれて回転してチェーンのようになっている Mac アプリを作成してみよう。

SCNTorus クラスで作成されたリングの幾何図形は 1 つだけ定義し、そのリングの幾何図形のノードを作成するときに、使い回して、リングノードをいくつでも生成できる。しかし、これらのリングノードは同じ形状・サイズ・位置で生成されるため、シーンビューに表示しても重なっていて 1 つのリングにしか見えない。

```
let gm = SCNTorus(ringRadius: 2.0, pipeRadius: 0.5)   ←トーラスの幾何図形オブジェクトgm
let gn1 = SCNNode(geometry: gm)    ←トーラスの幾何図形オブジェクトgmよりノード1を生成する
let gn2 = SCNNode(geometry: gm)    ←トーラスの幾何図形オブジェクトgmよりノード2を生成する
```

リングの幾何図形から生成されたリングノードの表示位置を、**SCNNode** クラスのプロパティ **position** に **SCNVector3** クラスで指定する。さらに、任意の回転軸の周りに任意の角度をプロパティ **rotation** に **SCNVector4** クラスで指定する。これで、リングは離れて、回転表示できることになる。

```
let gm = SCNTorus(ringRadius: 2.0, pipeRadius: 0.5)   ←トーラスの幾何図形
let gn = SCNNode(geometry: gm)       ←トーラスの幾何図形をノードに変換
gn.position = SCNVector3(x: 2.7, y: 0, z: 0)
                            ←トーラスノードの表示位置をx軸方向に移動させる
```

```
            gn.rotation = SCNVector4(x: 1, y: 0, z: 0,        ←トーラスノードをx軸の周りに
                       w: CGFloat(M_PI * 0.25))      ←回転角度(π/4)だけ回転座標させる設定
            ss.rootNode.addChildNode(gn)        ←シーンのルートノードにトーラスノードを追加
```

1つのトーラスの幾何図形オブジェクトから3つのトーラスノードを生成し、それぞれの位置と回転の設定を行って重ならないように表示してみよう。背景やトーラスの表面材質も変えて、つぎのようにプログラムしてみよう。

```
// Ma11-12 AppDelegate.swift 3Dノードの位置あわせと回転
import Cocoa
import SceneKit
@NSApplicationMain
class AppDelegate: NSObject, NSApplicationDelegate {
    @IBOutlet weak var window: NSWindow!
    @IBOutlet var sv: SCNView!
    func applicationDidFinishLaunching(_ aNotification: Notification) {
        let ss = SCNScene()
        let cn = SCNNode()
        sv.scene = ss
        sv.showsStatistics = true
        sv.allowsCameraControl = true
        sv.autoenablesDefaultLighting = true
        sv.backgroundColor = NSColor.blue
        cn.camera = SCNCamera()
        cn.position = SCNVector3(x: 0, y: 0, z: 10)
        ss.rootNode.addChildNode(cn)
        let gm = SCNTorus(ringRadius: 2.0, pipeRadius: 0.5)
        gm.firstMaterial?.diffuse.contents =
            NSColor(red: 1.0, green: 0.918, blue: 0.0, alpha: 1.0)
        gm.firstMaterial?.specular.contents = NSColor.white
        let gn1 = SCNNode(geometry: gm)
        ss.rootNode.addChildNode(gn1)
        let gn2 = SCNNode(geometry: gm)
        gn2.position = SCNVector3(x: 2.7, y: 0, z: 0)
        gn2.rotation = SCNVector4(x: 1, y: 0, z: 0,
            w: CGFloat(M_PI * 0.25))        ←ノードを回転軸(x軸)の周りを角度(π/4)で回転させる設定
        ss.rootNode.addChildNode(gn2)
        let gn3 = SCNNode(geometry: gm)
        gn3.position = SCNVector3(x: -2.7, y: 0, z: 0)
        gn3.rotation = SCNVector4(x: 1, y: 0, z: 0,
            w: CGFloat(M_PI * -0.25))       ←ノードを回転軸(x軸)の周りを角度(-π/4)で回転させる設定
        ss.rootNode.addChildNode(gn3)
    }
```

```
        func applicationWillTerminate(_ aNotification: Notification) { }
}
```

> 練習問題

3つのトーラスの幾何図形の位置をずらしたり回転させたが、別な幾何図形で重ならないように表示するMacアプリを作成してみよう。

11.2.9　3Dノードの数学関数により位置合わせ（3D Worm）

1つの幾何図形オブジェクトから3つのノードを生成し、それぞれ位置と回転を設定して、重ならないように表示できた。ここでは、その位置・回転の設定を数学関数を使って、図のように多数のノードを滑らかに表示し、螺旋状の虫のような3D WormのMacアプリを作成してみよう。

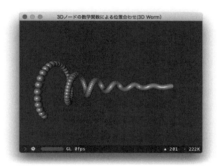

前回と同様に、アシスタントエディタを使ってインタフェースビルダーで3Dグラフィックスを表示させるシーンビューはScene Kit Viewをドラッグ＆ドロップし、配置とサイズを調整する。シーンビューは右ドラッグでSwiftコードにOutlet接続し、シーンビューのオブジェクト名はsvとする。詳細な設定や配置などは、ダウンロード用のサンプルファイルを参照されたい。

螺旋状の虫を描くために、**SCNSphere**クラスを使って1つのボールの幾何図形を定義し、そのボールの幾何図形をノードに変換し、for-inループで200個ほど螺旋状に配置する。幾何図形の位置は、x方向には線形でずらし、y、z方向は指数減衰関数で小さくし、三角関数で回転するようにする。

```
            let gm = SCNSphere(radius: 2.0)    ←ボールの幾何図形を定義
            for x in stride(from: CGFloat(-20.0), through: CGFloat(20.0),
                    by: CGFloat(0.2)) {
                let gn = SCNNode(geometry: gm)        ←ボールの幾何図形をノードに変換した
                gn.position = SCNVector3(x: x , y: exp(-x) * sin(x),
                    z: exp(-x) * cos(x))       ←ボール位置の設定
                ss.rootNode.addChildNode(gn)   ←シーンのルートノードにボールノードを子ノードとして追加した
            }
```

Macアプリにある AppDelegate.swift のデフォルトのスケルトンコードに、つぎのようなコードを追加して、螺旋状の虫のような 3D グラフィックスを表示させる。球を肌色（Ma3-10 アプリで RGB 値を求められる）に着色させて、幾何図形をフレームに合わせるようにカメラ位置を決めて、数学関数の係数を調整してプログラムしてみよう。1 つ幾何図形をもとに、for-in ループで多数のノードを生成したので、短いコードで効果的な 3D グラフィックスができたと思われる。

```
// Ma11-13 AppDelegate.swift 3Dノードの数学関数による位置あわせ（3D Worm）
import Cocoa
import SceneKit
@NSApplicationMain
class AppDelegate: NSObject, NSApplicationDelegate {
    @IBOutlet weak var window: NSWindow!
    @IBOutlet var sv: SCNView!
    func applicationDidFinishLaunching(_ aNotification: Notification) {
        let ss = SCNScene()
        let cn = SCNNode()
        sv.scene = ss
        sv.showsStatistics = true
        sv.allowsCameraControl = true
        sv.autoenablesDefaultLighting = true
        sv.backgroundColor = NSColor.blue
        cn.camera = SCNCamera()
        cn.position = SCNVector3(x: 0, y: 0, z: 100)
        ss.rootNode.addChildNode(cn)
        let gm = SCNSphere(radius: 2.0)
        gm.firstMaterial?.diffuse.contents =
            NSColor(red: 0.87, green: 0.72, blue: 0.2, alpha: 1.0)
        gm.firstMaterial?.specular.contents = NSColor.white
        for x in stride(from: CGFloat(-20.0), through: CGFloat(20.0),
                by: CGFloat(0.2)) {
            let gn = SCNNode(geometry: gm)
            gn.position = SCNVector3(x: x * 2.0,
                y: 20.0 * exp(-(x + 20.0) / 10.0) * sin(x),
```

```
                z: 20.0 * exp(-(x + 20.0 )  / 10.0) * cos(x) + 20.0)
            ss.rootNode.addChildNode(gn)
        }
    }
    func applicationWillTerminate(_ aNotification: Notification) { }
}
```

練習問題

別な数学関数を使ったり、異なった幾何図形を用いたり、乱数関数でランダムに幾何図形を表示する Mac アプリを作成してみよう。

■ 11.2.10　3D 万年筆

　数学関数を使って、1 つ幾何図形をもとに for-in ループで多数のノードを生成できると、短いコードで効果的な 3D グラフィックスができた。しかし、工業製品のデザインなどはそのようなことは例外的で、通例は多数の煩雑な幾何図形の組み合わせとなる。

　SceneKit の幾何図形を使って、アイデアしだいで時間さえあれば、この程度は簡単に作成できる 3D デザインに挑戦してみる。手元に昔購入したモンブランの万年筆があり、これを見ながら、ここはこの幾何図形、そこはこの幾何図形とイメージしながら試行錯誤で作成した。ここでは、基本的には球の **SCNSphere**、円柱の **SCNCylinder**、円錐の **SCNCone** の 3 つの幾何図形のクラスしか使っていない。

　つぎのようにあまり似ていないかもしれないが、工業デザインのための 3D 万年筆として、この程度は簡単に作れる事例を示したかった。試作段階の工業製品の模型を木や粘土などで実際に作らなくても、このように SceneKit フレームワークを使って、いろいろなモデル例を色も変えて容易に作成できる。プレゼンテーションには便利と思われる。

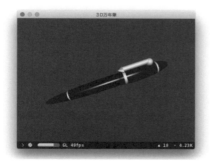 

　前回と同様に、アシスタントエディタを使ってインタフェースビルダーで 3D グラフィックスを表示させるシーンビューは Scene Kit View をドラッグ＆ドロップし、配置とサイズを調整する。シーンビューは右ドラッグで Swift コードに Outlet 接続し、シーンビューのオブジェクト名は sv とする。詳

細な設定や配置などは、ダウンロード用のサンプルファイルを参照されたい。

　Mac アプリにある AppDelegate.swift のデフォルトのスケルトンコードに、つぎのようなコードを追加して、3D 万年筆として、球の **SCNSphere**、円柱の **SCNCylinder**、円錐の **SCNCone** の 3 つの幾何図形のクラスだけを使って Mac アプリを作成してみよう。

```swift
// Ma11-14 AppDelegate.swift SceneKitによる3D万年筆
import Cocoa
import SceneKit
@NSApplicationMain
class AppDelegate: NSObject, NSApplicationDelegate {
    @IBOutlet weak var window: NSWindow!
    @IBOutlet var sv: SCNView!
    func applicationDidFinishLaunching(_ aNotification: Notification) {
        let ss = SCNScene()
        let cn = SCNNode()
        sv.scene = ss
        sv.showsStatistics = true
        sv.allowsCameraControl = true
        sv.autoenablesDefaultLighting = true
        sv.backgroundColor = NSColor.blue
        cn.camera = SCNCamera()
        cn.position = SCNVector3(x: 0, y: 0, z: 90)
        ss.rootNode.addChildNode(cn)
        let lb = SCNSphere(radius: 5.0)     ←球の幾何図形（本体）
        lb.firstMaterial?.diffuse.contents = NSColor.black
        lb.firstMaterial?.specular.contents = NSColor.white
        let lbn = SCNNode(geometry: lb)
        lbn.scale = SCNVector3(x: 1.0, y: 10.0, z: 1.0)      ←球をy方向に扁平させた
        ss.rootNode.addChildNode(lbn)
        let ub = SCNSphere(radius: 5.0)     ←球の幾何図形（キャップ）
        ub.firstMaterial?.diffuse.contents = NSColor.black
        ub.firstMaterial?.specular.contents = NSColor.white
        let ubn = SCNNode(geometry: ub)
        ubn.scale = SCNVector3(x: 1.2, y: 5.0, z: 1.2)       ←球をy方向に扁平させた
        ubn.position = SCNVector3(x: 0.0, y: 25.0, z: 0.0)
        ss.rootNode.addChildNode(ubn)
        let hk1 = SCNCylinder(radius: 2.0, height: 20.0)     ←円柱の幾何図形（フック）
        hk1.firstMaterial?.diffuse.contents = NSColor.yellow
        hk1.firstMaterial?.specular.contents = NSColor.white
        let hkn1 = SCNNode(geometry: hk1)
        hkn1.position = SCNVector3(x: 0.0, y: 25.0, z: 8.0)
        ss.rootNode.addChildNode(hkn1)
        let hk2 = SCNSphere(radius: 3.0)    ←球の幾何図形（フックの根本）
        hk2.firstMaterial?.diffuse.contents = NSColor.yellow
```

```
                hk2.firstMaterial?.specular.contents = NSColor.white
                let hkn2 = SCNNode(geometry: hk2)
                hkn2.position = SCNVector3(x: 0.0, y: 35.0, z: 7.0)
                ss.rootNode.addChildNode(hkn2)
                let hk3 = SCNCone(topRadius: 0.0, bottomRadius: 4.0, height: 4.0)
                                                                       ←円錐の幾何図形（フック先）
                hk3.firstMaterial?.diffuse.contents = NSColor.yellow
                hk3.firstMaterial?.specular.contents = NSColor.white
                let hkn3 = SCNNode(geometry: hk3)
                hkn3.scale = SCNVector3(x: 1.0, y: 1.0, z: 0.5)    ←フック先の円錐を扁平させた
                hkn3.position = SCNVector3(x: 0.0, y: 13.0, z: 8.0)
                hkn3.rotation = SCNVector4(x: 1.0, y: 0.0, z: 0.0, w: CGFloat(M_PI))
                ss.rootNode.addChildNode(hkn3)
                let rg1 =  SCNCylinder(radius: 5.6, height: 2.0)    ←円柱の幾何図形（黄色の縁取り）
                rg1.firstMaterial?.diffuse.contents = NSColor.yellow
                rg1.firstMaterial?.specular.contents = NSColor.white
                let rgn1 = SCNNode(geometry: rg1)
                rgn1.position = SCNVector3(x: 0.0, y: 15.0, z: 0.0)
                ss.rootNode.addChildNode(rgn1)
                let rg2 =  SCNCylinder(radius: 4.9, height: 1.0)    ←円柱の幾何図形（黄色の縁取り）
                rg2.firstMaterial?.diffuse.contents = NSColor.yellow
                rg2.firstMaterial?.specular.contents = NSColor.white
                let rgn2 = SCNNode(geometry: rg2)
                rgn2.position = SCNVector3(x: 0.0, y: 40.0, z: 0.0)
                ss.rootNode.addChildNode(rgn2)
                let rg3 =  SCNCylinder(radius: 4.1, height: 1.0)    ←円柱の幾何図形（黄色の縁取り）
                rg3.firstMaterial?.diffuse.contents = NSColor.yellow
                rg3.firstMaterial?.specular.contents = NSColor.white
                let rgn3 = SCNNode(geometry: rg3)
                rgn3.position = SCNVector3(x: 0.0, y: -30.0, z: 0.0)
                ss.rootNode.addChildNode(rgn3)
    }
    func applicationWillTerminate(_ aNotification: Notification) { }
}
```

練習問題

万年筆の形や色を変えて Mac アプリを作成してみよう。

■11.2.11　3D シャーペン

　3D デザインとして万年筆を作成したが、同様に手元にあったシャーペンにトライしてみた。シャーペンは、基本的には球の **SCNSphere**、円柱の **SCNCylinder**、円錐の **SCNCone**、直方体の **SCNBox** クラスの 4 つの幾何図形のクラスしか使っていない。しかし、プラスティックで透明な部分があり、透

明度を変えて作成した点が前回と異なる。特に、規則性はなく、実物を見ながら試行錯誤で作成した。3D シャーペンとして、図のように透明感のあるプラスティックホルダーを描いて Mac アプリを作成してみよう。

前回と同様に、アシスタントエディタを使ってインタフェースビルダーで 3D グラフィックスを表示させるシーンビューは Scene Kit View をドラッグ＆ドロップし、配置とサイズを調整する。シーンビューは右ドラッグで Swift コードに Outlet 接続し、シーンビューのオブジェクト名は sv とする。詳細な設定や配置などは、ダウンロード用のサンプルファイルを参照されたい。

Mac アプリにある AppDelegate.swift のデフォルトのスケルトンコードに、つぎのようなコードを追加して、3D シャーペンとして、透明感のあるプラスティックホルダーを設定してプログラムしてみよう。透明度は、ノードにプロパティ **opacity** を使って、次のように設定できる。

```
let lbn = SCNNode(geometry: lb)
lbn.opacity = 0.5     ←プロパティopacityを使って透明度(0.0～1.0)を変え、0.5で半透明となる
ss.rootNode.addChildNode(lbn)
```

```
// Ma11-15 AppDelegate.swift 3Dシャーペン
import Cocoa
import SceneKit
@NSApplicationMain
class AppDelegate: NSObject, NSApplicationDelegate {
    @IBOutlet weak var window: NSWindow!
    @IBOutlet var sv: SCNView!
    func applicationDidFinishLaunching(_ aNotification: Notification) {
        let ss = SCNScene()
        let cn = SCNNode()
        sv.scene = ss
        sv.showsStatistics = true
        sv.allowsCameraControl = true
        sv.autoenablesDefaultLighting = true
```

```
sv.backgroundColor = NSColor.blue
cn.camera = SCNCamera()
cn.position = SCNVector3(x: 0, y: 0, z: 20)
ss.rootNode.addChildNode(cn)
let lb = SCNCylinder(radius: 1.0, height: 10.0)  ←円柱の幾何図形（半透明のホルダー本体）
lb.firstMaterial?.diffuse.contents = NSColor.white
lb.firstMaterial?.specular.contents = NSColor.white
let lbn = SCNNode(geometry: lb)
lbn.opacity = 0.5                 ←プロパティopacityを使って透明度を変えている
ss.rootNode.addChildNode(lbn)
let ub = SCNCylinder(radius: 0.7, height: 12.0)  ←円柱の幾何図形（ホルダー内部）
ub.firstMaterial?.diffuse.contents = NSColor.green
ub.firstMaterial?.specular.contents = NSColor.white
let ubn = SCNNode(geometry: ub)
ubn.position = SCNVector3(x: 0.0, y: -1.0, z: 0.0)
ss.rootNode.addChildNode(ubn)
let hk1 = SCNCylinder(radius: 1.0, height: 0.5)  ←円柱の幾何図形（ホルダー上部）
hk1.firstMaterial?.diffuse.contents = NSColor.green
hk1.firstMaterial?.specular.contents = NSColor.white
let hkn1 = SCNNode(geometry: hk1)
hkn1.position = SCNVector3(x: 0.0, y: -6.0, z: 0.0)
ss.rootNode.addChildNode(hkn1)
let hk2 = SCNCylinder(radius: 1.0, height: 1.55)    ←円柱の幾何図形（トップの消しゴム）
hk2.firstMaterial?.diffuse.contents = NSColor.white
let hkn2 = SCNNode(geometry: hk2)
hkn2.opacity = 0.7                 ←プロパティopacityを使って透明度を変えている
hkn2.position = SCNVector3(x: 0.0, y: -7.0, z: 0.0)
ss.rootNode.addChildNode(hkn2)
let hk3 = SCNCylinder(radius: 0.65, height: 1.2)     ←円柱の幾何図形（トップの芯入れキャップ）
hk3.firstMaterial?.diffuse.contents = NSColor.blue
hk3.firstMaterial?.specular.contents = NSColor.white
let hkn3 = SCNNode(geometry: hk3)
hkn3.position = SCNVector3(x: 0.0, y: -7.0, z: 0.0)
ss.rootNode.addChildNode(hkn3)
let rg1 =  SCNCone(topRadius: 0.0, bottomRadius: 1.0,  height: 3.0)
                                              ←円錐の幾何図形（ペン先）
rg1.firstMaterial?.diffuse.contents = NSColor.yellow
rg1.firstMaterial?.specular.contents = NSColor.white
let rgn1 = SCNNode(geometry: rg1)
rgn1.position = SCNVector3(x: 0.0, y: 6.5, z: 0.0)
rgn1.opacity = 0.8                 ←プロパティopacityを使って透明度を変えている
ss.rootNode.addChildNode(rgn1)
let rg2 =  SCNCylinder(radius: 0.2, height: 3.5)     ←円柱の幾何図形（芯）
rg2.firstMaterial?.diffuse.contents = NSColor.black
rg2.firstMaterial?.specular.contents = NSColor.white
```

```
        let rgn2 = SCNNode(geometry: rg2)
        rgn2.position = SCNVector3(x: 0.0, y: 6.8, z: 0.0)
        ss.rootNode.addChildNode(rgn2)
        let rg3 =  SCNCylinder(radius: 1.2, height: 3.0)     ←円柱の幾何図形（ホルダー部分のゴム）
        rg3.firstMaterial?.diffuse.contents = NSColor.red
        rg3.firstMaterial?.specular.contents = NSColor.white
        let rgn3 = SCNNode(geometry: rg3)
        rgn3.position = SCNVector3(x: 0.0, y: 3.0, z: 0.0)
        ss.rootNode.addChildNode(rgn3)
        let rg4 =  SCNBox(width: 1.0, height: 0.5, length: 0.5,
            chamferRadius: 0.0)          ←直方体の幾何図形体
        rg4.firstMaterial?.diffuse.contents = NSColor.green    ←（フック元）
        rg4.firstMaterial?.specular.contents = NSColor.white
        let rgn4 = SCNNode(geometry: rg4)
        rgn4.position = SCNVector3(x: 0.0, y: -6.0, z: 1.15)
        ss.rootNode.addChildNode(rgn4)
        let rg5 =  SCNBox(width: 1.0, height: 3.5, length: 0.2,
            chamferRadius: 0.0)          ←直方体の幾何図形
        rg5.firstMaterial?.diffuse.contents = NSColor.green    ←（フック）
        rg5.firstMaterial?.specular.contents = NSColor.white
        let rgn5 = SCNNode(geometry: rg5)
        rgn5.position = SCNVector3(x: 0.0, y: -4.0, z: 1.3)
        ss.rootNode.addChildNode(rgn5)
        let rg6 =  SCNSphere(radius: 0.2)   ←球の幾何図形（フック留め）
        rg6.firstMaterial?.diffuse.contents = NSColor.green
        rg6.firstMaterial?.specular.contents = NSColor.white
        let rgn6 = SCNNode(geometry: rg6)
        rgn6.position = SCNVector3(x: 0.0, y: -3.0, z: 1.2)
        ss.rootNode.addChildNode(rgn6)
    }
    func applicationWillTerminate(_ aNotification: Notification) { }
}
```

練習問題

いろいろな部品の透明度を変えた Mac アプリを作成してみよう。

11.2.12　3D ノードの数学関数によるボールのバウンド

　最後に、SceneKit フレームワークを使った物理シミュレーションのような 3D グラフィックスの Mac アプリを作成してみよう。ここでは、数学関数によってボールが床の上でバウンドしていく様子を表す。アニメーションを入れるともっと効果的であるが、ここでは、つぎの図のようにタイムラプス撮影のような感じで作成する。

第 11 章　グラフィックスと数学関数

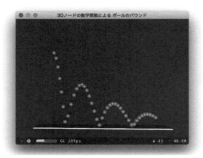 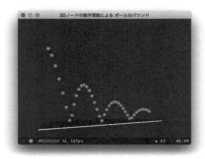

前回と同様に、アシスタントエディタを使ってインタフェースビルダーで 3D グラフィックスを表示させるシーンビューは Scene Kit View をドラッグ＆ドロップし、配置とサイズを調整する。シーンビューは右ドラッグで Swift コードに Outlet 接続し、シーンビューのオブジェクト名は sv とする。詳細な設定や配置などは、ダウンロード用のサンプルファイルを参照されたい。

Mac アプリにある AppDelegate.swift のデフォルトのスケルトンコードに、つぎのようなコードを追加して、物理シミュレーションとして、数学関数によってボールが床の上でバウンドしていくようにプログラムしてみよう。ここでは、特に新しいクラスはなく、今までの説明で十分作成可能で、数学関数のところだけ注意してほしい。

```swift
//   Ma11-16 AppDelegate.swift  3Dノードの数学関数によるボールのバウンド
import Cocoa
import SceneKit
@NSApplicationMain
class AppDelegate: NSObject, NSApplicationDelegate {
    @IBOutlet weak var window: NSWindow!
    @IBOutlet var sv: SCNView!
    func applicationDidFinishLaunching(_ aNotification: Notification) {
        let ss = SCNScene()
        let cn = SCNNode()
        sv.scene = ss
        sv.showsStatistics = true
        sv.allowsCameraControl = true
        sv.autoenablesDefaultLighting = true
        sv.backgroundColor = NSColor.blue
        cn.camera = SCNCamera()
        cn.position = SCNVector3(x: 0, y: 0, z: 100)
        ss.rootNode.addChildNode(cn)
        let gm = SCNSphere(radius: 2.0)
        gm.firstMaterial?.diffuse.contents = NSColor(red: 0.87,
            green: 0.72, blue: 0.2, alpha: 1.0)
        gm.firstMaterial?.specular.contents = NSColor.white
```

```
            for x in stride(from: CGFloat(0.0), through: CGFloat(40.0),
                by: CGFloat(1.0)) {
                let gn = SCNNode(geometry: gm)
                gn.position = SCNVector3(x: x * 2.0 - 40,
                    y: 60.0 * exp(-x / 20.0) * abs(cos(x / 4.0)) - 35.0,
                    z: 10.0)
                ss.rootNode.addChildNode(gn)
            }
            let pt = SCNBox(width: 100.0, height: 1.0, length: 10.0,
                chamferRadius: 0.1)
            let ptn = SCNNode(geometry: pt)
            ptn.position = SCNVector3(x: 0.0, y: -36.0, z: 10.0)
            ss.rootNode.addChildNode(ptn)
        }
        func applicationWillTerminate(_ aNotification: Notification) { }
}
```

練習問題

数学関数の減衰係数をスライダーで制御して、反発係数が変えられるようにすると、もっと物理シミュレーションらしい Mac アプリができあがる。

第12章

NSViewクラスでのマウス・キーボードのイベント処理

NSViewクラスはNSResponder抽象クラスのサブクラスになっているために、マウスやキーボードのイベント処理関連のメソッドが使える。そこで、この章では、マウスのドラッグ操作による簡単なコードでの線描画のアプリやマウスのダウン操作・ドラッグ操作でお絵かきアプリを作成する。また、マウスのクリック操作やドラッグ操作で点や画像が付きまとうアプリも作成する。

さらに、NSViewクラスでのキーボードのイベント処理として、キーボードから方向キーを入力して、フレームの描画領域に指定された方向に点を移動させるアプリも作成する。

12.1 NSViewクラスでのマウスイベント処理

■ 12.1.1　NSViewクラスとNSResponder抽象クラス

NSViewクラスは、**NSResponder**抽象クラスのサブクラスになっているために、イベント処理関連の能力を備えている。つぎのようなマウスやキーのイベント処理メソッドがある。

> NSViewクラス (← *NSResponder* + *NSDraggingDestination*、*NSTouchBarProvider* など)

▽　func **addSubview**(NSView)
　　ビューにサブビューとして追加する。
▽　func **draw**(NSRect)

指定長方形領域にビューの画像を描く。
- var **frame**: NSRect
  スーパービューの座標系での位置とサイズを持ったビューの長方形領域を取得する。
- var **bounds**: NSRect
  それ自身の座標系での位置とサイズを持ったビューの境界長方形領域を取得する。
- var **layer**: CALayer?
  ビューがバックストアとして使うコアアニメーション層を取得する。
- ▽ func **setNeedsDisplay**(NSRect)
  指定長方形領域を表示する必要があるとマークする。
- var **needsDisplay**: Bool
  表示前に再描画するかをブール値で指定する。
- func **convert**(NSRect, from: NSView?)
  別なビューの座標系からそのビューの座標系へ長方形領域を変換する。

NSResponder クラスは、AppKit フレームワークでイベント処理やコマンド処理を行うための基本となる（メソッドの中身のアルゴリズムが記述されていない）抽象クラスである。コアクラスとなる **NSApplication** クラスや **NSWindow** クラス、**NSView** クラスは、この **NSResponder** 抽象クラスのサブクラスになっている。レスポンダーモデルはイベントメッセージ、アクションメッセージ、レスポンダーチェーンの3つからできている。

NSResponder 抽象クラス（← *NSObject* + *NSCoding*、*NSTouchBarProvider* など）

- ▽ func **mouseDown**(with: NSEvent)
  左マウスボタンで押されたときにコールされる。
- ▽ func **mouseDragged**(with: NSEvent)
  左マウスボタンでマウスを動かしたときにコールされる。
- ▽ func **mouseUp**(with: NSEvent)
  左マウスボタンをリリースしたときにコールされる。
- ▽ func **mouseMoved**(with: NSEvent)
  マウスが動いたときにコールされる。
- ▽ func **mouseEntered**(with: NSEvent)
  マウスカーソルが指定長方形領域に入ったときにコールされる。
- ▽ func **mouseExited**(with: NSEvent)
  マウスカーソルが指定長方形領域を出たときにコールされる。
- ▽ func **keyDown**(with: NSEvent)

キーボードのキーが押されたときにコールされる。
- ▽ func **keyUp**(with: NSEvent)
  キーボードのキーがリリースされたときにコールされる。
- ○ var **acceptsFirstResponder**: Bool
  レスポンダーが最初のレスポンダー状態を受けるかどうかをブール値で指定する。
- ▽ func **becomeFirstResponder**()
  ウィンドウ内でまさに最初のレスポンダーになろうとしたときにコールされる。
- ▽ func **resignFirstResponder**()
  ウィンドウ内でまさに最初のレスポンダー状態を放棄しようとするときにコールされる。

ここで、メソッドの引数に使われている **NSEvent** クラスは、次のように定義されている。

NSEvent クラス（← NSObject + *NSCoding*、*NSCopying* など）

- ○ var **locationInWindow**: NSPoint
  関連ウィンドウの座標系での位置を取得する。
- ○ var **keyCode**: UInt16
  キーイベントで発生したキーボードの仮想キーコードを取得する。

12.1.2　NSView クラスでのはじめてのマウスのイベント処理

　NSView クラスを用いたはじめてのマウスのイベント処理として、マウスの左ボタンのダウン・アップするドラッグ操作でお絵かきをする Mac アプリを作成してみよう。

　アシスタントエディタを使ってインタフェースビルダーで描画領域として使うカスタムビューとして Custom View をドラッグ＆ドロップして配置させ、そのカスタムビューを右ドラッグで Swift コードに Outlet 接続し、オブジェクト名は mv とする。詳細な設定や配置などは、ダウンロード用のサンプルファイルを参照されたい。

第12章　NSViewクラスでのマウス・キーボードのイベント処理

　Macアプリにある AppDelegate.swift のデフォルトのスケルトンコードに、つぎのようなコードを追加して、**NSResponder** 抽象クラスの **mouseDown**(with: NSEvent) メソッドで描きたい線の始点を取得して、**NSBezierPath** クラスの開始点に移動する。**NSResponder** 抽象クラスの **mouseUp**(with: NSEvent) メソッドで描きたい線の終点を取得して、**NSBezierPath** クラスの終点までストローク線を描く。このとき、**NSView** クラスの **needsDisplay** プロパティで true に指定し、表示前に再描画することを有効にしておく。

　マウスのポインタ座標は、これらのメソッド引数の **NSEvent** クラスから取得する。そのとき、**NSView** の **convert**(NSRect, from: NSView?) メソッドで、ウィンドウ座標系からそのフレーム座標系へ長方形領域を変換する必要がある。この変換によって、フレームの原点を差し引けば、カスタムビュー領域の左下隅が原点 (0, 0) になり、**NSBezierPath** クラスで描画できる。ただし、フレームの原点 **frame.origin** は、原点 (0, 0) になり、frame.origin のコードはこの場合実質なくてもよいことになる。

　NSView クラスでのマウスのイベント処理として、マウスの左ボタンのダウン操作で線の開始点、アップ操作で線の終了点を取得し、**NSBezierPath** でストローク線を描く。マウスのドラッグ操作でお絵かきできるプログラムを作成してみよう。

```
// Ma12-1 AppDelegate.swift   NSViewクラスでのはじめてのマウスのイベント処理
import Cocoa
@NSApplicationMain
class AppDelegate: NSObject, NSApplicationDelegate {
    @IBOutlet weak var window: NSWindow!
    @IBOutlet weak var mv: NSView!          ←Outlet接続されたカスタムビューのオブジェクト設定
    func applicationDidFinishLaunching(_ aNotification: Notification) {
        mv.layer?.backgroundColor = NSColor.white.cgColor
        let v = DrawLine(frame: CGRect(x: 0, y: 0,
            width: mv.bounds.width, height: mv.bounds.height))
        mv.addSubview(v)
    }
    func applicationWillTerminate(_ aNotification: Notification) { }
}
class DrawLine: NSView {
    var l = NSBezierPath()
    override func mouseDown(with e: NSEvent) {     ←マウスのボタンダウン操作メソッドのオーバーライド設定
        var mp = convert(e.locationInWindow, from: nil)
        mp.x -= frame.origin.x         ←この場合フレームの原点は0.0となり、なくてもよい
        mp.y -= frame.origin.y         ←この場合フレームの原点は0.0となり、なくてもよい
        l.move(to: mp)
    }
    override func mouseUp(with e: NSEvent) {       ←マウスのボタンアップ操作メソッドのオーバーライド設定
        var mp = convert(e.locationInWindow, from: nil)
```

```
            mp.x -= frame.origin.x        ←この場合フレームの原点は0.0となり、なくてもよい
            mp.y -= frame.origin.y        ←この場合フレームの原点は0.0となり、なくてもよい
            l.line(to: mp)
            needsDisplay = true
        }
        override func draw(_ r: CGRect) {   ←描画メソッドのオーバーライド設定
            NSColor.blue.set()
            l.stroke()
        }
    }
```

練習問題

ストローク線の色を変えたり、カスタムビュー領域の背景色を変える Mac アプリを作成してみよう。

12.1.3 マウスのドラッグ操作による簡単なコードで線描画

ここでは、先ほどの練習問題の解答にもなるが、**frame.origin** のコードを省略し、プログラムを1行に簡略化する。カスタムビュー領域の背景色を変えて、ストローク線の幅も変えた、つぎのような Mac アプリを作成してみよう。

アシスタントエディタを使ってインタフェースビルダーで描画領域として使うカスタムビューとして Custom View をドラッグ＆ドロップして配置させ、そのカスタムビューを右ドラッグで Swift コードに Outlet 接続し、オブジェクト名は mv とする。詳細な設定や配置などは、ダウンロード用のサンプルファイルを参照されたい。

Mac アプリにある AppDelegate.swift のデフォルトのスケルトンコードに、つぎのようなコードを追加してプログラムしてみよう。ストローク線の幅は **NSBezierPath** のプロパティ **lineWidth** で 5 ピクセルにする。

```swift
// Ma12-2 AppDelegate.swift   マウスのドラッグ操作による簡単なコードで線描画
import Cocoa
@NSApplicationMain
class AppDelegate: NSObject, NSApplicationDelegate {
    @IBOutlet weak var window: NSWindow!
    @IBOutlet weak var mv: NSView!          ←Outlet接続されたカスタムビューのオブジェクト設定
    func applicationDidFinishLaunching(_ aNotification: Notification) {
        mv.layer?.backgroundColor = NSColor.yellow.cgColor
        let v = DrawLine(frame: CGRect(x: 0, y: 0,
            width: mv.bounds.width, height: mv.bounds.height))
        mv.addSubview(v)
    }
    func applicationWillTerminate(_ aNotification: Notification) { }
}
class DrawLine: NSView {
    var l = NSBezierPath()
    override func mouseDown(with e: NSEvent) {    ←マウスのボタンダウンメソッドのオーバーライド設定
        l.move(to: convert(e.locationInWindow, from: nil))
    }
    override func mouseUp(with e: NSEvent) {      ←マウスのボタンアップメソッドのオーバーライド設定
        l.line(to: convert(e.locationInWindow, from: nil))
        needsDisplay = true
    }
    override func draw(_ r: CGRect) {
        NSColor.blue.set()
        l.lineWidth = 5.0      ←NSBezierPathのプロパティlineWidthでストローク線の幅を5ピクセルにした
        l.stroke()
    }
}
```

練習問題

ストローク線のキャップ形状を **NSBezierPath** クラスのプロパティ **lineCapStyle** に **NSLineCapStyle** 列挙型で変える、Mac アプリを作成してみよう。

12.1.4 マウスのボタンダウン・ドラッグ操作でお絵かき

マウスボタンのダウン操作で点描、ドラッグ操作で曲線を描く、つぎのような Mac アプリを作成してみよう。

12.1 NSView クラスでのマウスイベント処理

アシスタントエディタを使ってインタフェースビルダーで描画領域として使うカスタムビューとして Custom View をドラッグ＆ドロップして配置させ、そのカスタムビューを右ドラッグで Swift コードに Outlet 接続し、オブジェクト名は mv とする。詳細な設定や配置などは、ダウンロード用のサンプルファイルを参照されたい。

Mac アプリにある AppDelegate.swift のデフォルトのスケルトンコードに、つぎのようなコードを追加して、マウスの左ボタンのダウン操作だけで点を描き、ドラッグ操作で自由曲線を描けるようにプログラムしてみよう。ドラッグ操作はゆっくりと動かすと繋がるが、速く動かすとメソッドの処理が追いつかず、とぎれとぎれになる。

```
// Ma12-3 AppDelegate.swift   マウスのボタンダウン・ドラッグ操作でお絵かき
import Cocoa
@NSApplicationMain
class AppDelegate: NSObject, NSApplicationDelegate {
    @IBOutlet weak var window: NSWindow!
    @IBOutlet weak var mv: NSView!         ←Outlet接続されたカスタムビュー領域のオブジェクト設定
    func applicationDidFinishLaunching(_ aNotification: Notification) {
        mv.layer?.backgroundColor = NSColor.green.cgColor
        let v = DrawLine(frame: CGRect(x: 0, y: 0,
            width: mv.bounds.width, height: mv.bounds.height))
        mv.addSubview(v)
    }
    func applicationWillTerminate(_ aNotification: Notification) { }
}
class DrawLine: NSView {
    var l = NSBezierPath()
    override func mouseDragged(with e: NSEvent) {   ←マウスのドラッグメソッドのオーバーライド設定
        var p = convert(e.locationInWindow, from: nil)
        let w = CGFloat(2.0)              ←点の枠幅の指定
        l.lineWidth = 2.0                 ←線幅の指定
        l.move(to: p)
        p.x += w; l.line(to: p)
```

```
            p.y += w; l.line(to: p)
            p.x -= w; l.line(to: p)
            p.y -= w; l.line(to: p)
            needsDisplay = true
        }
        override func mouseDown(with e: NSEvent) {     ←マウスのダウンメソッドのオーバーライド設定
            var p = convert(e.locationInWindow, from: nil)
            let w = CGFloat(2.0)                        ←点の枠幅の指定
            l.lineWidth = 2.0                           ←線幅の指定
            l.move(to: p)
            p.x += w; l.line(to: p)
            p.y += w; l.line(to: p)
            p.x -= w; l.line(to: p)
            p.y -= w; l.line(to: p)
            needsDisplay = true
        }
        override func draw(_ r: CGRect) {
            NSColor.blue.set()
            l.stroke()
        }
    }
```

練習問題

マウスで描く点の大きさをスライダーで変えられるようにしてみよう。また、ボタンやコンボボックスなどで色も選択できるようなお絵かきのMacアプリを作成してみよう。

12.1.5　マウスのクリック・ドラッグ操作で点が付きまとう

マウスのクリック操作で点が移動し、ドラッグ操作で点が付きまとう、つぎのようなMacアプリを作成してみよう。

12.1 NSViewクラスでのマウスイベント処理

ここでは、カスタムビューを使わないで、直接ウィンドウに描画する。つぎのように **NSWindow** クラスのプロパティ **contentView** を使って、ウィンドウのコンテンツビューを取得する。このコンテンツビューは、ウィンドウのビュー階層の中で最も上位のアクセス可能な NSView オブジェクトである。

NSWindow クラス (← NSResponder + *NSAccessibility* など)

- var **title**: String
  ウィンドウのタイトルバーにある文字列を指定する。
- var **backgroundColor**: NSColor!
  ウィンドウの背景色を指定する。
- var **contentView**: NSView?
  ウィンドウのコンテンツビューを NSView オブジェクトで取得する。

ウィンドウのコンテンツビューを NSView として取得し、そのコンテンツビューに NSView オブジェクトをサブビューとして追加する。今までは、ウィンドウにカスタムビューを追加し、カスタムビューに NSView オブジェクトをサブビューとして追加してきた。

```
let wcv = window.contentView!        ←ウィンドウのコンテンツビューとしてNSViewを取得できる
let v = NSView(frame: …)
wcv.addSubview(v)                    ←ウィンドウのコンテンツビューにNSViewオブジェクトの追加
```

Mac アプリにある AppDelegate.swift のデフォルトのスケルトンコードに、つぎのようなコードを追加して、マウスのクリック・ドラッグ操作で点移動させてみよう。**mouseDragged**(with: NSEvent) メソッドと **mouseDown**(with: NSEvent) メソッドを実装する。これらのメソッドでは、マウスポインタの座標値だけを取得し、**needsDisplay** = true によって再描画する。描画の **draw**() メソッドが呼び出され、その描画メソッドで座標値に基づいて点を描けば、点が移動しているようにみえる。

```
// Ma12-4 AppDelegate.swift   マウスのクリック・ドラッグ操作で点が付きまとう
import Cocoa
@NSApplicationMain
class AppDelegate: NSObject, NSApplicationDelegate {
    @IBOutlet weak var window: NSWindow!
    func applicationDidFinishLaunching(_ aNotification: Notification) {
        let wcv = window.contentView!       ←ウィンドウのコンテンツビューの取得
        window.backgroundColor = NSColor.yellow
        let pv = PV(frame: CGRect(x: 0, y: 0, width: wcv.bounds.width,
            height: wcv.bounds.height))
```

```
            wcv.addSubview(pv)                    ←ウィンドウのコンテンツビューにNSViewオブジェクトの追加
        }
        func applicationWillTerminate(_ aNotification: Notification) { }
    }
    class PV: NSView {
        var p = CGPoint()
        override func mouseDragged(with e: NSEvent) {    ←マウスのドラッグメソッドのオーバーライド設定
            p = convert(e.locationInWindow, from: nil)
            needsDisplay = true
        }
        override func mouseDown(with e: NSEvent) {       ←マウスのダウンメソッドのオーバーライド設定
            p = convert(e.locationInWindow, from: nil)
            needsDisplay = true
        }
        override func draw(_ r: CGRect) {
            NSColor.blue.set()
            NSBezierPath(ovalIn: CGRect(x: p.x - 5, y: p.y - 5, width: 10,
                height: 10)).fill()
        }
    }
```

練習問題

描画の **draw**() メソッドの内容を、ドラッグとダウンで異なる点の色やサイズに変えてみよう。また、マウスで描く点の大きさをスライダーで変えたり、コンボボックスなどで色も選択できるようなお絵かきの Mac アプリを作成してみよう。

12.2 NSView クラスでのキーボードのイベント処理

これまで **NSView** クラスでマウスのイベント処理を行ってきたが、**NSView** クラスではキーボードのイベント処理もできる。キーボードから方向キーを入力し、フレームの描画領域に指定された方向に点を移動させるようにしてみよう。

ここでもカスタムビューを使わないで、直接ウィンドウに描画した。同様にして **NSWindow** クラスのプロパティ **contentView** を使って、ウィンドウのコンテンツビューを **NSView** として取得する。そのコンテンツビューに NSView オブジェクトをサブビューとして追加する。

Mac アプリにある AppDelegate.swift のデフォルトのスケルトンコードに、つぎのようなコードを追加して、キーボードのキーのイベント処理を行ってみよう。**NSView** クラスにあるキーボードのキーダウン操作の **keyDown**(with theEvent: NSEvent) メソッドをオーバーライドする。押されたキーの仮想キーコード（キーボードの各物理キーに振り当てられた番号）情報は、引数のNSEvent オブジェクト theEvent に含まれている。**NSEvent** クラスのプロパティ **keyCode** を使って、押された矢印キーを仮想キーコードと照合して判別し、点を移動する方向を決める。つぎのようにキーボードでのキーダウン操作をオーバーライドする。

```
override func keyDown(with theEvent: NSEvent) {
    if theEvent.keyCode == 123 { … }    ←このキーコードは、左矢印方向のキーを示す
```

Mac キーコードには多くの種類があるが、図のような仮想キーコード番号を指定する。

NSResponder 抽象クラスのプロパティ **acceptsFirstResponder** を使って、レスポンダーが最初の状態を受け取る設定にする。つぎのように **becomeFirstResponder**() メソッドと **resignFirstResponder**() メソッドを設定する。

```swift
// Ma12-5 AppDelegate.swift   NSViewクラスでのキーボードのイベント処理
import Cocoa
@NSApplicationMain
class AppDelegate: NSObject, NSApplicationDelegate {
    @IBOutlet weak var window: NSWindow!
    func applicationDidFinishLaunching(_ aNotification: Notification) {
        let wcv = window.contentView!
        window.backgroundColor = NSColor.yellow
        let pv = PV(frame: CGRect(x: 0, y: 0, width: wcv.bounds.width,
            height: wcv.bounds.height))
        wcv.addSubview(pv)
    }
    func applicationWillTerminate(_ aNotification: Notification) { }
}
class PV: NSView {
    var p = CGPoint()
    var (x, y) = (240, 180)
    override func mouseDragged(with e: NSEvent) {             ←マウスのボタンダウン操作メソッドのオーバーライド設定
        p = convert(e.locationInWindow, from: nil)
        x = Int(p.x) - 5
        y = Int(p.y) - 5
        needsDisplay = true
    }
    override func mouseDown(with e: NSEvent) {     ←マウスのボタンダウン操作メソッドのオーバーライド設定
        p = convert(e.locationInWindow, from: nil)
        x = Int(p.x) - 5
        y = Int(p.y) - 5
        needsDisplay = true
    }
    override func keyDown(with theEvent: NSEvent) { ←キーボードのキーダウン操作のオーバーライド設定
        let md = 5
        if theEvent.keyCode == 123 {        x -= md }    ←このキーコードは左矢印方向のキーを示す
        else if theEvent.keyCode == 124 { x += md }      ←このキーコードは右矢印方向のキーを示す
        else if theEvent.keyCode == 125 { y -= md }      ←このキーコードは下矢印方向のキーを示す
        else if theEvent.keyCode == 126 { y += md }      ←このキーコードは上矢印方向のキーを示す
        else { x = 240; y = 180 }                        ←他のキーが押されると中央に戻るようにした
        needsDisplay = true
    }
    override func draw(_ r: CGRect) {
        NSColor.blue.set()
        NSBezierPath(ovalIn: CGRect(x: x, y: y, width: 10, height: 10)).fill()
    }
    override var acceptsFirstResponder: Bool { return true }
```

```
    override func becomeFirstResponder() -> Bool { return true }
    override func resignFirstResponder() -> Bool { return true }
}
```

> **練習問題**
>
> キーコードのイベント処理で、他の仮想キーコードを指定してみよう。ゲームなどでよく活用されているテンキーの数字キー1、3、7、9で斜め方向にも点が移動できるようなMacアプリを作成してみよう。

12.3 マウスのドラッグ・ダウン操作による画像移動

　先のアプリで点の移動ができたので、ここでは、つぎのようにマウス操作だけで点の代わりに小さなアイコン画像を移動させてみよう。ウィンドウに迷路の背景画面を設定し、パックマンのような画像を移動させることもできる。

　ここでも、カスタムビューを使わないで、直接ウィンドウに描画する。つぎの図のように、アイコン画像ファイルをプロジェクトに入れて、アシスタントエディタを使って使用するアイコン画像用にImage Viewをドラッグ＆ドロップして配置させ、コードで画像を指定するのではなく、Image Cellの画像として入れ込んだSNファイルをプルダウンメニュー項目から選択する。詳細な設定や配置などは、ダウンロード用のサンプルファイルを参照されたい。

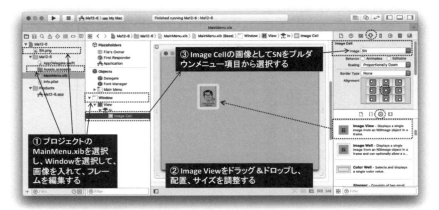

　これで画像ビューの準備はできたので、下の図のように、画像ビューは右ドラッグでSwiftコードにOutlet接続し、オブジェクト名はivとする。

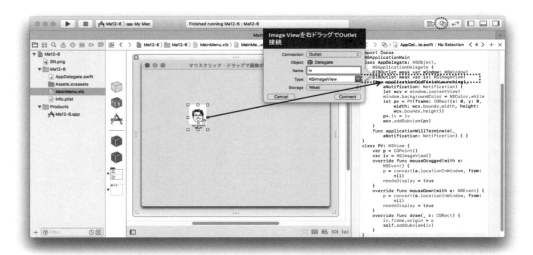

　MacアプリにあるAppDelegate.swiftのデフォルトのスケルトンコードに、つぎのようなコードを追加して、マウス操作だけで点の代わりに小さなアイコン画像を移動させるプログラムしてみよう。

```
// Ma12-6 AppDelegate.swift   マウスのドラッグ・ダウン操作による画像移動
import Cocoa
@NSApplicationMain
class AppDelegate: NSObject, NSApplicationDelegate {
    @IBOutlet weak var window: NSWindow!
    @IBOutlet weak var iv: NSImageView!      ←Outlet接続された画像ビューのオブジェクト設定
```

```swift
    func applicationDidFinishLaunching(_ aNotification: Notification) {
        let wcv = window.contentView!
        window.backgroundColor = NSColor.white
        let pv = PV(frame: CGRect(x: 0, y: 0, width: wcv.bounds.width,
            height: wcv.bounds.height))
        pv.iv = iv
        wcv.addSubview(pv)
    }
    func applicationWillTerminate(_ aNotification: Notification) { }
}
class PV: NSView {
    var p = CGPoint()
    var iv = NSImageView()
    override func mouseDragged(with e: NSEvent) {
                            ←マウスのボタンダウン操作メソッドのオーバーライド設定
        p = convert(e.locationInWindow, from: nil)
        needsDisplay = true
    }
    override func mouseDown(with e: NSEvent) {
                            ←マウスのボタンダウン操作メソッドのオーバーライド設定
        p = convert(e.locationInWindow, from: nil)
        needsDisplay = true
    }
    override func draw(_ r: CGRect) {
        iv.frame.origin = p          ←マウスで指定された位置に画像ビューのフレームの原点に設定した
        self.addSubview(iv)          ←その画像ビューを追加した
    }
}
```

練習問題

キーコードによるイベント処理を追加して、画像をキーでも移動できるようにした Mac アプリを作成してみよう。

第 13 章
ファイル入出力処理

Mac アプリで作成したエディタの文字列や計算アルゴリズムでのデータをファイルとして保存したいときがある。それらのデータを使って実験結果をまとめたり、グラフに利用できると便利である。この章では、ファイル入出力処理の基本を説明し、ファイル入出力処理の仕方やエディタアプリの作成について説明する。その応用例として、三角関数表を作成して、そのデータをファイルに保存したり読み込んだりする。さらに、Griewank 関数などの関数計算表、そのグラフ表示、データファイルの読み書きもできるアプリを作成する。パネル表示によるファイル処理として、**NSOpenPanel** クラスや **NSSavePanel** クラスによるパネルを使ったテキストファイルの読み込みと保存のアプリを作成する。また、パネルによる画像ファイルを読み込み、画像ビューに表示するアプリも紹介する。

13.1 ファイル入出力処理の基本

■ 13.1.1 はじめてのファイルへの読み書き

はじめてのファイルへの読み書きとして、あらかじめテキストビューに文字列を設定して、フレームにテキストビューとして表示する。テキストビューにあるテキスト内容を指定したファイル名で保存し、ただちにそのファイルを読み込み、テキストビューに表示する。つぎのような Mac アプリを作成してみよう。

第 13 章　ファイル入出力処理

　下の図のようにアシスタントエディタを使ってインタフェースビルダーでテキスト表示とファイルとのテキスト転送に使うテキストビューとして Text View をドラッグ＆ドロップして配置する。詳細な設定や配置などは、ダウンロード用のサンプルファイルを参照されたい。

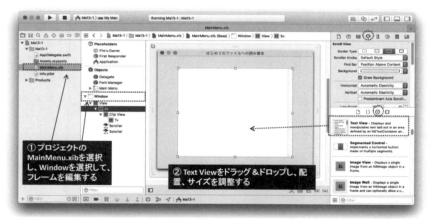

　つぎの図のように、テキストビューを右ドラッグで Swift コードに Outlet 接続し、オブジェクト名はtv とする。テキストビューは、Bordered Scroll View の中の Clip View にある。インタフェースビルダーでドラッグ＆ドロップしてもこの 3 つの区別が付きにくい。そこで、図のように、左にあるドキュメントアウトラインを表示させると、3 つの区別が明確になる。先ほど Tv（表示は先頭が大文字になる）と名前をつけたので、これを右ドラッグで Swift コードに Outlet 接続する。

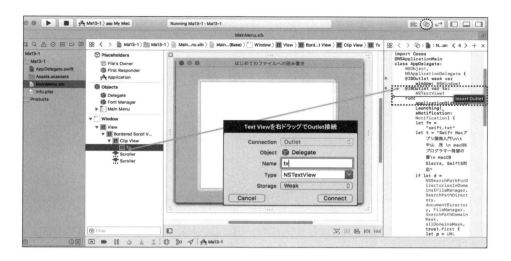

ファイルへのアクセスとして、Foundation フレームワークの関数で、つぎのようなドメインにあるディレクトリの探索パスリストを生成する関数を使用する。

```
func NSSearchPathForDirectoriesInDomains(
    _ directory: FileManager.SearchPathDirectory,
    _ domainMask: FileManager.SearchPathDomainMask,
    _ expandTilde: Bool) -> [String]
```

引数に使われている **FileManager** クラスには、ネスト（入れ子）で内部につぎのような列挙型や構造体が定義されている。**FileManager.SearchPathDirectory** 列挙型は、いろいろなディレクトリを特定する定数として使われる。

FileManager.SearchPathDirectory 列挙型（一部）

case **desktopDirectory**	デスクトップのディレクトリ
case **documentDirectory**	ドキュメントのディレクトリ
case **downloadsDirectory**	ユーザのダウンロードのディレクトリ
case **moviesDirectory**	ユーザのムービーのディレクトリ（~/Movies）
case **musicDirectory**	ユーザのミュージックのディレクトリ（~/Music）
case **picturesDirectory**	ユーザのピクチャのディレクトリ（~/Pictures）

FileManager.SearchPathDomainMask 構造体には、**FileManager.SearchPathDirectory** 列挙型で指定された場所を特定するための探索パスドメイン定数が定義されている。

FileManager.SearchPathDomainMask 構造体（一部）

- static var **allDomainsMask**: FileManager.SearchPathDomainMask
  全ドメインを示す。
- static var **networkDomainMask**: FileManager.SearchPathDomainMask
  ローカルネットワークで利用できる場所を示す（/Network）。
- static var **systemDomainMask**: FileManager.SearchPathDomainMask
  Apple によって提供されたシステムドメイン（/System）で、変更不可。

つぎのように全ドメイン中のドキュメントディレクトリの探索パスリストを取得する。文字列配列 [String] で返されるので、その最初の配列要素を **Array** クラスのプロパティ **first** で取得する。

```
let d = NSSearchPathForDirectoriesInDomains(
    FileManager.SearchPathDirectory.documentDirectory,
    FileManager.SearchPathDomainMask.allDomainsMask,
    true).first      ←expandTildeがtrueなら、~や~userで開始される成分はフルパス値に変換される
```

文字列配列 [String] の配列要素値をプロパティ **first** で参照したが、オプショナルとして取得され、配列が空のときは nil が返される。

つぎのような **URL** 構造体を使って、ファイルシステムのコンテンツを調べたり、変更できる。ドキュメントディレクトリへのパスにファイル名を追加してみよう。

URL 構造体 (← *CustomStringConvertible*、*EquatableNSObject* など)

- ▲ **init**(fileURLWithPath: String)
  パス付きのローカルファイルやディレクトリを参照して、新しいファイル URL を生成する。
- ▽ func **appendPathComponent**(String)
  URL に指定された文字列のパス成分を追加する。

URL 構造体は、ディスクにあるローカルファイルへのパスやリモートサーバにあるリソースの場所を含んだ型である。ここではテキストビューとファイルとのやり取りをしたいので、つぎのようにディスクにあるローカルファイルパスを取得し、ファイル名を追加する。

```
let fn = "swift.txt"                ←保存ファイル名は固定でここで指定した
let p = URL(fileURLWithPath: d).appendingPathComponent(fn)
                                    ←ディレクトリ付きファイルパス取得
```

これで、ディレクトリ付きファイルのフルパス p を取得できる。文字列をファイルフルパス p に、**NSString** クラスの **write** メソッドで書き込む。

```
let t = "Swift Macアプリ開発入門 … "        ←ファイルに保存する文字列をあらかじめ準備した
t.write(to: p, atomically: false, encoding: String.Encoding.utf8)
                                              ←文字列をファイルへ書き込む
```

NSString クラスには、つぎのようなイニシャライザーや **write** メソッドが定義されている。

NSString クラス (←NSObject + Hashable、NSCopying など)

▲ **init**(contentsOf: URL, encoding: UInt)
  指定 URL から指定エンコーディングでデータを読み込み、NSString オブジェクトで返す。
▽ func **write**(to: URL, atomically: Bool, encoding: UInt)
  文字列を指定 URL に指定エンコーディングで書き込む。atomically が false なら直接 URL に書き込むが、true なら一時ファイルを使って完了してから URL に書き込むトランズアクション処理を行うので、大きなファイルでは安全である。

保存されたファイルの URL からデータを取り出すには、**NSString** クラスのイニシャライザーを使う。つぎのように、ファイルの文字列が NSString オブジェクトとして取得できる。

```
let s = try NSString(contentsOf: p,
    encoding: String.Encoding.utf8.rawValue)    ←ファイル読み込み
```

ファイルから取得した NSString オブジェクトを、String にキャストして、テキストビューのストレージに追加する。そのファイル内容がテキストビューに表示される。

```
@IBOutlet var tv: NSTextView!           ←Outlet接続されたテキストビューのオブジェクト設定
tv.textStorage?.append(NSAttributedString(string: String(s)))  ←テキスト領域へ追加
```

AppDelegate.swift のデフォルトのスケルトンコードに、つぎのようなコードを追加して、例外処理設定をして、テキストビューとファイルとで文字列の書き込みと読み込みを同時に行うプログラムを作成してみよう。

最初はテキストビューには何も表示されず、ファイル名とそれに書き込むテキストだけを指定して、ファイルをドキュメントフォルダ（日本語では「書類」フォルダ）に保存している。「書類」フォルダの swift.txt ファイルが生成されていることを確かめてみよう。ファイルを保存後、ファイルの内容

を読み込み、コンソール出力とテキストビューとに表示している。

```
// Ma13-1 AppDelegate.swift  はじめてのファイルへの読み書き
import Cocoa
@NSApplicationMain
class AppDelegate: NSObject, NSApplicationDelegate {
    @IBOutlet weak var window: NSWindow!
    @IBOutlet var tv: NSTextView!       ←Outlet接続されたテキストビューのオブジェクト設定
    func applicationDidFinishLaunching(_ aNotification: Notification) {
        let fn = "swift.txt"            ←保存ファイル名は固定でここで指定した
        let t = "Swift Macアプリ開発入門\n\t 中山 茂 \n macOSプログラマー待望の書\n
            macOS Sierra,Swift3対応"    ←テキストビューに入れる文字列をあらかじめ準備
        if let d = NSSearchPathForDirectoriesInDomains(
            FileManager.SearchPathDirectory.documentDirectory,
            FileManager.SearchPathDomainMask.allDomainsMask, true).first {
          let p = URL(fileURLWithPath: d).appendingPathComponent(fn)
          do {
              try t.write(to: p, atomically: false,
                  encoding: String.Encoding.utf8)          ←ファイルへ書き込む
          } catch { }
          do {
            let s = try NSString(contentsOf: p,
                encoding: String.Encoding.utf8.rawValue)   ←ファイル読み込み
            Swift.print(s)              ←読み込みファイルをコンソール出力に表示
            tv.textStorage?.append(
                NSAttributedString(string: String(s)))     ←テキスト領域へ追加
          } catch { }
        }
    }
    func applicationWillTerminate(_ aNotification: Notification) { }
}
```

練習問題

保存先のディレクトリを変えて、Macアプリを作成してみよう。

13.1.2 Swiftでエディタを作成する

ここでは、Swiftでエディタを作成してみよう。エディタとしての単純な機能は、つぎのように編集領域があり、任意のファイル名を付けてファイル保存できたり、指定した既存ファイルの読み込みができることである。

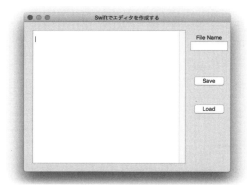

　下の図のように、アシスタントエディタを使ってインタフェースビルダーでエディタ領域を表示させるテキストビューは Text View、ファイル名の指定にはテキスト行の Text Field、保存・読込のボタンは Push Button をドラッグ&ドロップし配置とサイズを調整する。ボタンの詳細なタイトル設定や配置などは、ダウンロード用のサンプルファイルを参照されたい。

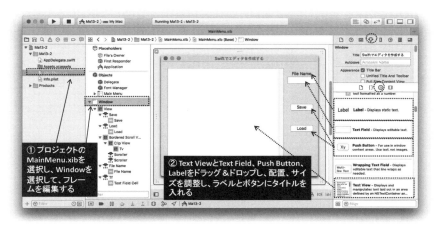

　これでテキストビューとテキスト行、ボタンの準備はできたので、つぎの図のように、テキストビューとテキスト行は右ドラッグで Swift コードに Outlet 接続、また 2 つのボタンは右ドラッグで Swift コードに Action 接続しよう。Outlet 接続されたテキストビューとテキスト行は tv、tf とし、Action 接続されたボタンのメソッド名は save、load とし、引数の型は両方とも Any とする。

　前回の Mac アプリ Ma13-1 と同様に、テキストビューは、Bordered Scroll View の中の Clip View の中にある。インタフェースビルダーでのドラッグ&ドロップしてもこの 3 つの区別が付きにくいので、左にあるドキュメントアウトラインから Tv を右ドラッグで Swift コードに Outlet 接続する。

第13章 ファイル入出力処理

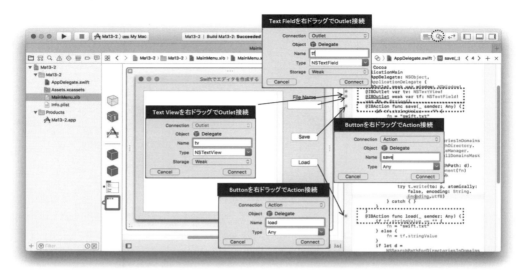

　AppDelegate.swift のデフォルトのスケルトンコードに、つぎのようなコードを追加して、Swift でエディタを作成してみよう。テキスト行に何も入力されないで書き込みや読み込みが行われたら、ファイル名のデフォルトとして "swift.txt" が使われる設定にしている。

```
// Ma13-2 AppDelegate.swift   Swiftでエディタを作成する
import Cocoa
@NSApplicationMain
class AppDelegate: NSObject, NSApplicationDelegate {
    @IBOutlet weak var window: NSWindow!
    @IBOutlet var tv: NSTextView!          ←Outlet接続されたテキストビューのオブジェクト設定
    @IBOutlet weak var tf: NSTextField!    ←Outlet接続されたテキスト行のオブジェクト設定
    var fn = String()                       ←ファイル名用の変数
    @IBAction func save(_ sender: Any) {   ←Action接続された保存ボタンのメソッド設定
        if tf.stringValue == "" {
            fn = "swift.txt"                ←ファイル名のデフォルト名
        } else {
            fn = tf.stringValue             ←テキスト行で指定されたファイル名
        }
        if let d = NSSearchPathForDirectoriesInDomains(
            FileManager.SearchPathDirectory.documentDirectory,
            FileManager.SearchPathDomainMask.allDomainsMask, true).first {
            let p = URL(fileURLWithPath: d).appendingPathComponent(fn)
            do {
                let t = tv.string!
                try t.write(to: p, atomically: false,
```

```
                    encoding: String.Encoding.utf8)    ←ファイルへの書き込み
            } catch { }
        }
    }
    @IBAction func load(_ sender: Any) {    ←Action接続された読み込みボタンのメソッド設定
        if tf.stringValue == "" {
            fn = "swift.txt"                ←ファイル名のデフォルト名
        } else {
            fn = tf.stringValue             ←テキスト行で指定されたファイル名
        }
        if let d = NSSearchPathForDirectoriesInDomains(
            FileManager.SearchPathDirectory.documentDirectory,
            FileManager.SearchPathDomainMask.allDomainsMask, true).first {
            let p = URL(fileURLWithPath: d).appendingPathComponent(fn)
            do {                            ←ファイルからの読み込み
                let s = try NSString(contentsOf: p,
                    encoding: String.Encoding.utf8.rawValue)
                Swift.print(s)              ←コンソール出力への書き込み
                tv.textStorage?.append(
                    NSAttributedString(string: String(s)))    ←テキストビューへの追加
            } catch { }
        }
    }
    func applicationDidFinishLaunching(_ aNotification: Notification) { }
    func applicationWillTerminate(_ aNotification: Notification) { }
}
```

練習問題

図のように、ファイル名 "t1.txt" として保存された場合に、確かに書類ディレクトリに生成されていることを確認してみよう。

■13.1.3　三角関数表の作成とデータのセーブ・ロード

ここでは、つぎのように、テキストビューに、角度（ラジアン）を与えて、sin関数の値を計算する三角関数表を作成し、それらのデータをファイル名で保存したり、読み込んだりできるようなMacアプリを作成してみよう。

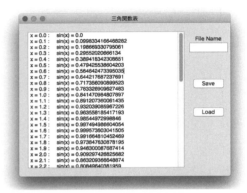

アプリMa13-2のように、アシスタントエディタを使ってインタフェースビルダーでエディタ領域を表示させるテキストビューはText View、ファイル名の指定にはテキスト行のText Field、保存・読込ボタンはPush Buttonをドラッグ＆ドロップし配置とサイズを調整する。ボタンの詳細なタイトル設定や配置などは、ダウンロード用のサンプルファイルを参照されたい。

テキストビューとテキスト行は右ドラッグでSwiftコードにOutlet接続、また2つのボタンは右ドラッグでSwiftコードにAction接続しよう。Outlet接続されたテキストビューとテキスト行はtv、tfとし、Action接続されたボタンのメソッド名はsave、loadとし、引数の型は両方ともAnyとする。

AppDelegate.swiftのデフォルトのスケルトンコードに、つぎのようなコードを追加して、テキストビューに三角関数表を作成し、それらのデータをファイル名で保存したり、読み込んだりできるようにプログラムしてみよう。

```
// Ma13-3 AppDelegate.swift　三角関数表を作成しデータのセーブ・ロード
import Cocoa
@NSApplicationMain
class AppDelegate: NSObject, NSApplicationDelegate {
    @IBOutlet weak var window: NSWindow!
    @IBOutlet var tv: NSTextView!           ←Outlet接続されたテキストビューのオブジェクト設定
    @IBOutlet weak var tf: NSTextField!     ←Outlet接続されたテキスト行のオブジェクト設定
    @IBAction func save(_ sender: Any) {    ←Action接続された保存ボタンのメソッド設定
        if tf.stringValue == "" { fn = "swift.txt" }
            else { fn = tf.stringValue }
        if let d = NSSearchPathForDirectoriesInDomains(
            FileManager.SearchPathDirectory.documentDirectory,
```

```
                FileManager.SearchPathDomainMask.allDomainsMask, true).first {
                let p = URL(fileURLWithPath: d).appendingPathComponent(fn)
                do {
                    t = tv.string!
                    try t.write(to: p, atomically: false,
                        encoding: String.Encoding.utf8)          ←ファイルへ書き込み
                } catch { }
            }
        }
        @IBAction func load(_ sender: Any) {    ←Action接続された読み込みボタンのメソッド設定
            if tf.stringValue == "" { fn = "swift.txt" }
                else { fn = tf.stringValue }
            if let d = NSSearchPathForDirectoriesInDomains(
                FileManager.SearchPathDirectory.documentDirectory,
                FileManager.SearchPathDomainMask.allDomainsMask, true).first {
                let p = URL(fileURLWithPath: d).appendingPathComponent(fn)
                do {                            ←ファイルからの読み込み
                    let s = try NSString(contentsOf: p,
                        encoding: String.Encoding.utf8.rawValue)
                    Swift.print(s)              ←コンソール出力への表示
                    tv.textStorage?.append(
                        NSAttributedString(string: String(s)))  ←テキストビューへの表示
                } catch { }
            }
        }
        var fn = String()                       ←データ保存のファイル名
        var t = String()                        ←三角関数表の文字列データ
        func applicationDidFinishLaunching(_ aNotification: Notification) {
            for x in stride(from: 0.0, to: 6.0, by: 0.1) {
                t += "x = \(x) :\t sin(x) = \(sin(x))\n"   ←三角関数表の作成
            }
            tv.textStorage?.append(NSAttributedString(string: String(t)))
                                                ←テキストビューに三角関数表の表示
        }
        func applicationWillTerminate(_ aNotification: Notification) { }
    }
```

練習問題

sin 関数以外の別な数学関数で表を作成する Mac アプリを作成してみよう。

13.2 データ・グラフ表示とファイルの読み書き

■ 13.2.1 三角関数計算表とグラフ表示、データファイルの読み書き

　sin 関数の値を計算する三角関数表を作成し、それらのデータをファイル名で保存したり、読み込んだりできるようにしたが、ここでは、つぎのようにその三角関数表に関連する sin 関数のグラフも表示できるような Mac アプリを作成してみよう。

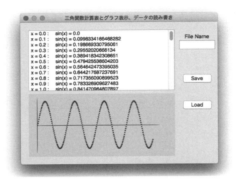

　下の図のように、アシスタントエディタを使ってインタフェースビルダーでエディタ領域を表示させるテキストビューは Text View、グラフを表示させるには Custom View、ファイル名の指定にはテキスト行の Text Field、保存・読込のボタンは Push Button をドラッグ＆ドロップし配置とサイズを調整する。ボタンの詳細なタイトル設定や配置などは、ダウンロード用のサンプルファイルを参照されたい。

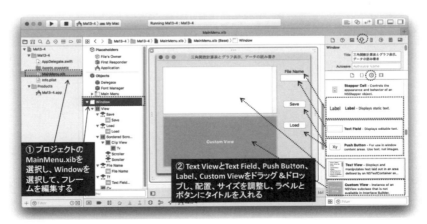

　これでテキストビューとカスタムビュー、テキスト行、ボタンの準備はできたので、つぎの図のように、テキストビューとカスタムビュー、テキスト行は右ドラッグで Swift コードに Outlet 接続、また 2 つのボタンは右ドラッグで Swift コードに Action 接続しよう。Outlet 接続されたテキストビュー

とカスタムビュー、テキスト行は tv、cv、tf とし、Action 接続されたボタンのメソッド名は save、load とし、引数の型は両方とも Any とする。この図ではカスタムビューの Outlet 接続だけを示した。

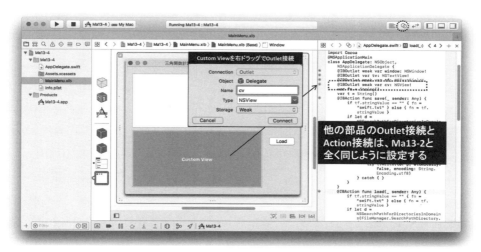

AppDelegate.swift のデフォルトのスケルトンコードに、つぎのようなコードを追加して、Swift で三角関数表とグラフを表示する Mac アプリを作成してみよう。テキスト行に何も入力されないで書き込みや読み込みが行われると、ファイル名のデフォルトとして "swift.txt" を使うようにする。

```
// Ma13-4 AppDelegate.swif   三角関数計算表とグラフ表示、データファイルの読み書き
import Cocoa
@NSApplicationMain
class AppDelegate: NSObject, NSApplicationDelegate {
    @IBOutlet weak var window: NSWindow!
    @IBOutlet var tv: NSTextView!        ←Outlet接続されたテキストビューのオブジェクト設定
    @IBOutlet weak var tf: NSTextField!  ←Outlet接続されたテキスト行のオブジェクト設定
    @IBOutlet weak var cv: NSView!       ←Outlet接続されたカスタムビューのオブジェクト設定
    var fn = String()
    var t = String()
    @IBAction func save(_ sender: Any) {  ←Action接続された保存ボタンのメソッド設定
        if tf.stringValue == "" { fn = "swift.txt" }
            else { fn = tf.stringValue }
        if let d = NSSearchPathForDirectoriesInDomains(
            FileManager.SearchPathDirectory.documentDirectory,
            FileManager.SearchPathDomainMask.allDomainsMask, true).first {
              let p = URL(fileURLWithPath: d).appendingPathComponent(fn)
              do {
                  t = tv.string!
                  try t.write(to: p, atomically: false,
                      encoding: String.Encoding.utf8)    ←ファイルへの書き込み
```

```swift
            } catch { }
        }
    }
    @IBAction func load(_ sender: Any) {   ←Action接続された読み込みボタンのメソッド設定
        if tf.stringValue == "" { fn = "swift.txt" }
            else { fn = tf.stringValue }
        if let d = NSSearchPathForDirectoriesInDomains(
            FileManager.SearchPathDirectory.documentDirectory,
            FileManager.SearchPathDomainMask.allDomainsMask,
            true).first {
            let p = URL(fileURLWithPath: d).appendingPathComponent(fn)
            do {                                ←ファイルからの読み込み
                let s = try NSString(contentsOf: p,
                    encoding: String.Encoding.utf8.rawValue)
                Swift.print(s)
                tv.textStorage?.append(NSAttributedString(string: String(s)))
                                                       ←テキストビューへの表示
            } catch { }
        }
    }
    func applicationDidFinishLaunching(
            _ aNotification: Notification) {
        for x in stride(from: 0.0, to: 6.0, by: 0.1) {
            t += "x = \(x) :\t sin(x) = \(sin(x))\n"
        }
        tv.textStorage?.append(
            NSAttributedString(string: String(t)))
        let x0 = 20
        let y0 = 80
        cv.layer?.backgroundColor = NSColor.green.cgColor
        let xl = Axis(frame: NSRect(x: x0, y: y0, width: 300, height: 1))
                                                       ←x軸の設定
        cv.addSubview(xl)
        let yl = Axis(frame: NSRect(x: x0, y: 10, width: 1, height: 140))
                                                       ←y軸の設定
        cv.addSubview(yl)
        for x in x0 ... 300 {                          ←sin関数のグラフ表示
            let point = Curve(frame: NSRect(x: x, y: y0 +
                Int(60.0 * sin(5.0 * Double(x - x0) * M_PI / 180.0)),
                    width: 3, height: 3))
            point.layer?.cornerRadius = 1.5
            cv.addSubview(point)
        }
    }
    func applicationWillTerminate(_ aNotification: Notification) { }
}
```

```
class Curve: NSView {
    override func draw(_ r: CGRect) {
        NSColor.blue.set()
        NSBezierPath(ovalIn: r).fill()    //stroke()
    }
}
class Axis: NSView {
    override func draw(_ r: CGRect) {
        NSBezierPath(ovalIn: r).fill()    //stroke()
    }
}
```

練習問題

sin 関数以外の別な数学関数で表を作成する Mac アプリを作成してみよう。

13.2.2　Griewank 関数計算表とグラフ表示、データファイルの読み書き

　sin 関数の代わりに、遺伝的アルゴリズムなどの探索問題によく利用される、多くの局所解がすり鉢上に配置されている大谷構造を持つ多峰性関数の Griewank 関数に変える。アプリ Ma13-4 と同じようにして、つぎのような Mac アプリを作成してみよう。変更点は数学関数だけで、sin 関数を 1 次元の Griewank 関数に変えるだけである。

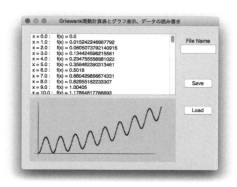

```
//  Ma13-5 AppDelegate.swift   Griewank関数計算表とグラフ表示、データファイルの読み書き
import Cocoa
@NSApplicationMain
class AppDelegate: NSObject, NSApplicationDelegate {
    @IBOutlet weak var window: NSWindow!
    @IBOutlet var tv: NSTextView!
    @IBOutlet weak var tf: NSTextField!
```

```swift
    @IBOutlet weak var cv: NSView!
    var fn = String()
    @IBAction func save(_ sender: Any) {
        if tf.stringValue == "" { fn = "swift.txt" }
            else { fn = tf.stringValue }
        if let d = NSSearchPathForDirectoriesInDomains(
            FileManager.SearchPathDirectory.documentDirectory,
            FileManager.SearchPathDomainMask.allDomainsMask, true).first {
            let p = URL(fileURLWithPath: d).appendingPathComponent(fn)
            do {
                let t = tv.string!
                try t.write(to: p, atomically: false,
                    encoding: String.Encoding.utf8)
            } catch { }
        }
    }
    @IBAction func load(_ sender: Any) {
        if tf.stringValue == "" { fn = "swift.txt" }
            else { fn = tf.stringValue }
        if let d = NSSearchPathForDirectoriesInDomains(
            FileManager.SearchPathDirectory.documentDirectory,
            FileManager.SearchPathDomainMask.allDomainsMask, true).first {
            let p = URL(fileURLWithPath: d).appendingPathComponent(fn)
            do {
                let s = try NSString(contentsOf: p,
                    encoding: String.Encoding.utf8.rawValue)
                Swift.print(s)
                tv.textStorage?.append(
                    NSAttributedString(string: String(s)))
            } catch { }
        }
    }
    func applicationDidFinishLaunching(_ aNotification: Notification) {
        let (x0, y0) = (20, 20)
        cv.layer?.backgroundColor = NSColor.green.cgColor
        let xl = Axis(frame: NSRect(x: x0 - 10, y: y0, width: 300,
            height: 1))
        cv.addSubview(xl)
        let yl = Axis(frame: NSRect(x: x0, y: 10, width: 1, height: 140))
        cv.addSubview(yl)
        var point = Curve()
        point.layer?.cornerRadius = 1.5
        for x in stride(from: 0.0, to: 300.0, by: 1.0) {
            let t = "x = \(x) :\t f(x) = \(griewank(x))\n"
            tv.textStorage?.append(NSAttributedString(string: String(t)))
            point = Curve(frame: NSRect(x: x0 + Int(x), y: y0 +
```

```
                Int( 20.0 * griewank(x)), width: 3, height: 3) )
            cv.addSubview(point)
        }
    }
    func griewank(_ x: Double) -> Double {        ←1次元のGriewank関数の定義
        return (1.0 / 20000) * pow(x, 2.0) -
            cos(10.0 * x * M_PI / 180.0) + 1.0
    }
    func applicationWillTerminate(_ aNotification: Notification) { }
}
class Curve: NSView {
    override func draw(_ r: CGRect) {
        NSColor.blue.set()
        NSBezierPath(ovalIn: r).fill()    //stroke()
    }
}
class Axis: NSView {
    override func draw(_ r: CGRect) {
        NSBezierPath(ovalIn: r).fill()
    }
}
```

> **練習問題**

多峰性関数には Griewank 関数以外にも、Rastrigin 関数や Alpine 関数がある。これらのグラフを表示する Mac アプリを作成してみよう。

13.3 パネル表示によるファイル処理

■ 13.3.1 パネル表示によるテキストファイルの読込と保存

Cocoa のユーザインタフェースでよく使われる Open パネルのダイアログボックスを、Mac アプリから呼び出すには、**NSOpenPanel** クラスを使う。ディレクトリの選択やファイルの選択を一覧表のパネルを見ながらできるので、非常に便利になる。

> **NSOpenPanel クラス (← NSSavePanel)**

○ var **canChooseFiles**: Bool
　パネルで開くためのファイルの選択可能性をブール値で指定する。

- ○ var **canChooseDirectories**: Bool
  パネルで開くためのディレクトリの選択可能性をブール値で指定する。
- ○ var **allowsMultipleSelection**: Bool
  パネルで同時に開く複数ファイル・ディレクトリの選択可能性をブール値で指定する。

この Open パネルの **NSOpenPanel** クラスは、保存用の **NSSavePanel** クラスのサブクラスである。

NSSavePanel クラス (← NSPanel)

- ○ var **url**: URL?
  パネルで示されたファイルの絶対パス名を URL で取得する。
- ○ var **allowedFileTypes**: [String]?
  パネルで選択できるファイル拡張子を文字列配列で指定する。
- ○ var **title**: String!
  パネルのタイトルを指定する。
- ○ var **prompt**: String!
  デフォルトボタンのプロンプトのタイトルを指定する。
- ▽ func **runModal**() -> Int
  パネルをモーダル表示し、押されたボタンで整数値を返す。

アプリ Ma13-2 のように、アシスタントエディタを使ってインタフェースビルダーでエディタ領域を表示させるテキストビューは Text View、保存・読込のボタンは Push Button をドラッグ＆ドロップし配置とサイズを調整する。Open パネルを使用するので、ファイル名の指定のためのテキスト行の Text Field は不要となる。ボタンの詳細なタイトル設定や配置などは、ダウンロード用のサンプルファイルを参照されたい。

テキストビューは右ドラッグで Swift コードに Outlet 接続、また 2 つのボタンは右ドラッグで Swift コードに Action 接続しよう。Outlet 接続されたテキストビューとテキスト行は tv とし、Action 接続されたボタンのメソッド名は save、load とし、引数の型は両方とも Any とする。

AppDelegate.swift のデフォルトのスケルトンコードに、つぎのようなコードを追加して、Cocoa のユーザインタフェースでよく使われる Open パネルを Load ボタンで表示させて、ファイルをパネルから選択できるようにしてみよう。ここでは、ファイル拡張子を txt に限定したので、それ以外のファイルは灰色表示で選択できないことを示す。また、Save ボタンが押されると、保存用パネルのダイアログボックスが開かれて、ディレクトリを選び、保存ファイルを任意に設定できるようにする。オープン用と保存用のパネルが使えると、よりファイルの入出力処理が豊かになる。

13.3 パネル表示によるファイル処理

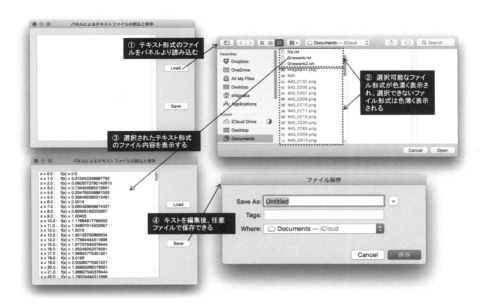

```
// Ma13-6 AppDelegate.swift  パネル表示によるテキストファイルの読込と保存
import Cocoa
@NSApplicationMain
class AppDelegate: NSObject, NSApplicationDelegate {
    @IBOutlet weak var window: NSWindow!
    @IBOutlet var tv: NSTextView!              ←Outlet接続されたテキストビューのオブジェクト設定
    @IBAction func load(_ sender: Any) {        ←Action接続された読み込みボタンのメソッド設定
        let op = NSOpenPanel()                  ←オープンパネルのオブジェクト設定
        op.canChooseFiles = true                ←ファイル選択を可能とする設定
        op.canChooseDirectories = true          ←ディレクトリ選択を可能とする設定
        op.allowsMultipleSelection = false      ←複数ファイル選択を許可する設定
        op.allowedFileTypes = ["txt"]           ←選択できるテキストファイル拡張子を指定する設定
        if op.runModal() == NSModalResponseOK { ←ユーザがパネルで応答したとき
            let u = op.url                      ←パネルで指定されたファイルURLの取得
            if u != nil {                       ←パネルで指定されたファイルURLが空でなければ実行
                do {
                    let s = try String(contentsOf: u!,
                        encoding: String.Encoding.utf8)
                    print (s)
                    self.tv.textStorage?.append(
                        NSAttributedString(string: String(s)))
                } catch { }
            }
        } else { return }
    }
```

```
@IBAction func save(_ sender: AnyObject) {     ←Action接続された保存ボタンのメソッド設定
    let sp = NSSavePanel()                     ←保存パネルのオブジェクト設定
    sp.title = "ファイル保存"                    ←保存パネルのタイトル設定
    sp.prompt = "保存"                          ←保存パネルのプロンプトボタンのタイトル設定
    if sp.runModal() == NSModalResponseOK {    ←ユーザがパネルで応答したとき
        let u = sp.url                         ←パネルで指定されたファイルURLの取得
        if u != nil {                          ←パネルで指定されたファイルURLが空でなければ実行
            do {
                try tv.string!.write(to: u!, atomically: false,
                    encoding: String.Encoding.utf8)
            } catch { }
        }
    } else { return }
}
func applicationDidFinishLaunching(_ aNotification: Notification) { }
func applicationWillTerminate(_ aNotification: Notification) { }
}
```

練習問題

OpenパネルでNSOpenPanelクラスのプロパティのブール値をいろいろと変えてどうなるか、確かめるMacアプリを作成してみよう。

13.3.2　NSOpenPanel表示よる画像ファイルオープン

最後に、Openパネルのダイアログボックスを使って、画像ファイルを選択して、画像ビューに表示するMacアプリを作成してみよう。

図のように、アシスタントエディタを使ってインタフェースビルダーで読み込み画像を表示させる画像ビューはImage View、オープンボタンはPush Buttonをドラッグ＆ドロップし配置とサイズを調整する。ボタンの詳細なタイトル設定や配置などは、ダウンロード用のサンプルファイルを参照されたい。

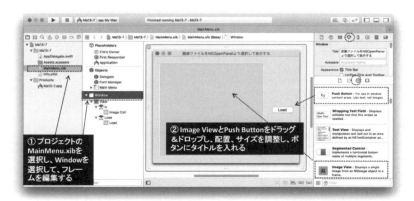

図のように、画像ビューは右ドラッグで Swift コードに Outlet 接続、またボタンは右ドラッグで Swift コードに Action 接続しよう。Outlet 接続されたテキストビューとテキスト行は iv とし、Action 接続されたボタンのメソッド名は load とし、引数の型は Any とする。

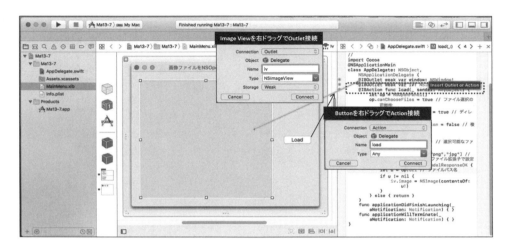

AppDelegate.swift のデフォルトのスケルトンコードに、つぎのようなコードを追加して、Cocoa のユーザインタフェースでよく使われる Open パネルを Load ボタンで表示させて、画像ファイルをパネルから選択できるようにプログラムしてみよう。ここでは、ファイル拡張子を png と jpg に限定したので、それ以外のファイルは Open パネルでは灰色表示で選択できないことを示している。また、画像ビューに表示後、別な画像を再度選択すると、画像ビューには新しい画像が表示される。

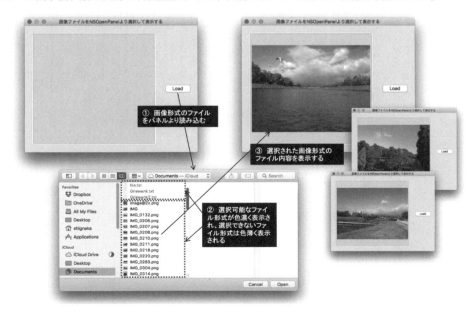

```
//   Ma13-7 AppDelegate.swift   画像ファイルをNSOpenPanelより選択して表示する
import Cocoa
@NSApplicationMain
class AppDelegate: NSObject, NSApplicationDelegate {
    @IBOutlet weak var window: NSWindow!
    @IBOutlet weak var iv: NSImageView!          ←Outlet接続された画像ビューのオブジェクト設定
    @IBAction func load(_ sender: Any) {         ←Action接続されたボタンのメソッド設定
        let op = NSOpenPanel()
        op.canChooseFiles = true           ←ファイル選択を可能とする設定
        op.canChooseDirectories = true     ←ディレクトリ選択を可能とする設定
        op.allowsMultipleSelection = false        ←複数ファイルを許可する設定
        op.allowedFileTypes = ["png","jpg"]       ←選択できる画像ファイル拡張子を指定する設定
        if op.runModal() == NSModalResponseOK {   ←ユーザがパネルで応答したとき
            let u = op.url                 ←ファイルURLの取得
            if u != nil {                  ←ファイルURLがあるときだけの処理
                iv.image = NSImage(contentsOf: u!)
                                           ←ファイルURLから取得した画像を画像ビューに設定する
            }
        } else { return }
    }
    func applicationDidFinishLaunching(_ aNotification: Notification) { }
    func applicationWillTerminate(_ aNotification: Notification) { }
}
```

練習問題

Openパネルで選択できるファイルの拡張子を文字列配列で示すのではなく、**op.allowedFileTypes = NSImage.imageTypes**()のようにして画像ファイルに設定できることを確かめてみよう。ここで、**NSImage**クラスの型メソッド**imageTypes**()は、登録NSImageRepオブジェクトによる画像タイプを指定するUTI文字列配列を返す。

第14章
ジェスチャー認識処理

第12章では、**NSView** クラスを用いたマウスやキーボードのイベント処理を行ったが、この章では、**NSGestureRecognizer** クラスを用いたジェスチャー認識のイベント処理を行ってみよう。一部、タッチパッドが必要となり、マウスだけではジェスチャー認識できないアプリもある。

ジェスチャー認識のアプリとして、クリック操作でスライドショーするアプリや長押し操作でビューの色が変わるアプリ、クリック・ドラッグ操作でのお絵かきアプリなどを作成する。また、ジェスチャー認識による画像・文字操作として、クリック操作による画像移動アプリ、ドラッグ操作で画像回転するアプリ、指の回転操作で画像が回転するアプリ、ピンチ操作で画像を拡大・縮小するアプリ、タッチ操作によるアルファベット教育アプリを紹介する。

これらのジェスチャー認識アプリは、インタフェースビルダーでオブジェクトライブラリからジェスチャー認識オブジェクトをドラッグ＆ドロップして簡単に作成できるアプリであるが、最後に、オブジェクトライブラリを使わないで、**NSGestureRecognizer** クラスそのものを使ってジェスチャー認識を実装するアプリを紹介する。

14.1 ジェスチャー認識でのターゲット・アクション方式によるイベント処理

14.1.1 Macアプリでのタッチ操作

iOSアプリではマウスはなく手によるジェスチャー認識となるが、Macアプリでもマウスやタッチパッドで同じようなジェスチャー認識ができる。Macアプリにおけるマウスやタッチパッドで利用できるジェスチャー認識には、つぎのようなタッチ操作がある。iOSアプリでのタッチ操作には、これ以外に、スワイプがあったが、Macアプリではスワイプはない。

タッチ操作

- クリック（タップ）　　　　　　指で画面を軽く（回数不問）たたくこと。
- パン（ドラッグ）　　　　　　　指で押したままで指を移動すること。
- 長押し（タッチ＆ホールド）　　指で押してじっとしていること。
- 拡大（ピンチイン／アウト）　　2本指の間隔を狭めたり広げること。
- 回転　　　　　　　　　　　　　2本指で押したまま回転させること。

AppKitフレームワークには、このタッチ操作に関連したクラスとして**NSGestureRecognizer**クラスがある。**NSGestureRecognizer**クラスは、すべてのジェスチャーの共通動作を定義した抽象基本クラスであるため直接には使えないので、**NSGestureRecognizer**クラスのサブクラスを使ってタッチ操作を実装することになる。これらのサブクラスに対応したタッチ操作でジェスチャー認識すれば、タッチ操作を感知でき、ターゲット・アクション方式でイベント処理できる。iOSアプリの**UIGestureRecognizer**クラスとは異なり、スワイプに関するクラスはない。

NSGestureRecognizerクラスのサブクラス（←NSObject + *CVarArg*, *Equatable*, *Hashable*など）

- **NSClickGestureRecognizer**　　　　　　　　クリック（タップ）
- **NSMagnificationGestureRecognizer**　　　拡大（ピンチイン／アウト）
- **NSPanGestureRecognizer**　　　　　　　　　パン（ドラッグ）
- **NSPressGestureRecognizer**　　　　　　　　長押し（タッチ＆ホールド）
- **NSRotationGestureRecognizer**　　　　　　回転

ここでは今のところこれらのクラスは使わないで、インタフェースビルダーを使ったタッチ操作の実装について説明する。最後に、インタフェースビルダーを使わないで、これらのクラスだけを使ってタッチ操作を実装する方法も説明する。

■ 14.1.2　はじめてのジェスチャー認識

はじめてのジェスチャー認識の Mac アプリとして、マウスクリックでスライドショーする Mac アプリを作成してみよう。第 12 章でマウス操作のイベント処理は、**NSView** クラスのマウス関連メソッドを実装して行ったが、ここではライブラリペインからジェスチャー操作をドラッグ＆ドロップして実装する。非常に簡単なコードで、つぎのようなジェスチャー認識の Mac アプリを作成できる。

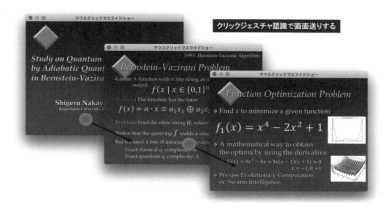

下の図のように、アシスタントエディタを使ってインタフェースビルダーでスライドショーを表示させる画像ビューは Image View、ページ送りのジェスチャー認識は Click Gesture Recognizer をドラッグ＆ドロップし配置とサイズを調整する。スライドショーのための画像は必要数だけ入れておく。詳細な設定や配置などは、ダウンロード用のサンプルファイルを参照されたい。

これで画像ビューとジェスチャー認識の準備はできたので、つぎの図のように、画像ビューは右ドラッグで Swift コードに Outlet 接続、またジェスチャー認識は右ドラッグで Swift コードに Action 接続しよう。ここで、ジェスチャー認識の選択は、編集領域の左にあるドキュメントアウトラインを表示し、ここから Action 接続するとよい。Outlet 接続された画像ビューは iv とし、Action 接続されたジェ

スチャー認識のメソッド名は next とし、引数の型は Any とする。

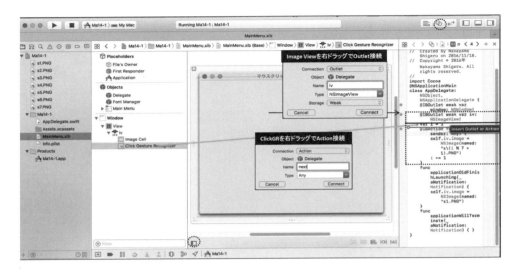

Mac アプリにある `AppDelegate.swift` のデフォルトのスケルトンコードに、つぎのようなコードを追加して、Custom View のプロパティ変数を設定してみよう。

```
// Ma14-1 AppDelegate.swift   はじめてのジェスチャー認識（マウスクリックでスライドショー）
import Cocoa
@NSApplicationMain
class AppDelegate: NSObject, NSApplicationDelegate {
    @IBOutlet weak var window: NSWindow!
    @IBOutlet weak var iv: NSImageView!      ←Outlet接続された画像ビューのオブジェクト設定
    var i = 1                                ←スライド番号に使用
    @IBAction func next(_ sender: Any) {     ←Action接続されたジェスチャー認識のメソッド設定
        self.iv.image = NSImage(named: "s\(i % 7 + 1).PNG")  ←クリックされると次の画像が表示される
        i += 1                               ←スライド番号を増分させる
    }
    func applicationDidFinishLaunching(_ aNotification: Notification) {
        self.iv.image = NSImage(named: "s1.PNG") ←最初のスライドを表示する
    }
    func applicationWillTerminate(_ aNotification: Notification) { }
}
```

練習問題

ジェスチャー認識でパン（ドラッグ）も追加し、スライドを後戻りさせる機能も入れた Mac アプリを作成してみよう。

14.2 いろいろなジェスチャー認識アプリ

14.2.1 長押しのジェスチャー認識で色が変わる

いろいろなジェスチャー認識アプリを作成してみよう。ここでは、長押しのジェスチャー認識で色が変わる、Macアプリを作成してみよう。

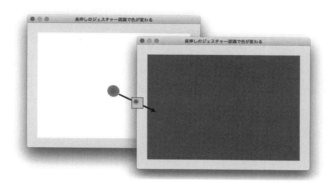

下の図のように、アシスタントエディタを使ってインタフェースビルダーで色を表示するためカスタムビューはCustom View、色を変える長押しのジェスチャー認識はPress Gesture Recognizerをドラッグ＆ドロップし、配置とサイズを調整する。詳細な設定や配置などは、ダウンロード用のサンプルファイルを参照されたい。

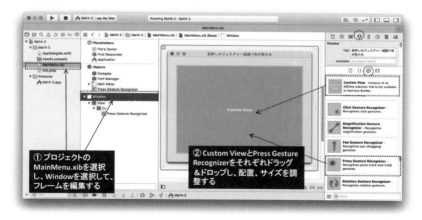

これでカスタムビューの準備はできたので、つぎの図のように、カスタムビューは右ドラッグでSwiftコードにOutlet接続、またジェスチャー認識は右ドラッグでSwiftコードにAction接続しよう。ここで、ジェスチャー認識の選択は、編集領域の左にあるドキュメントアウトラインを表示し、ここからAction接続するとよい。Outlet接続された画像ビューはcvとし、Action接続されたジェスチャー

認識のメソッド名はpressとし、引数の型はNSPressGestureRecognizerとする。

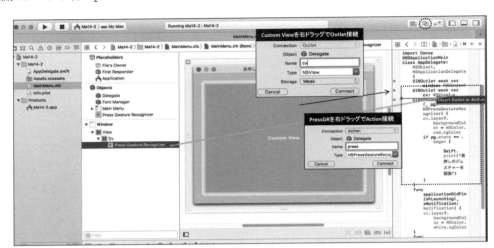

　長押しのジェスチャー認識としてPress Gesture Recognizerを指定したが、この長押し操作の処理メソッドpressの引数には、NSPressGestureRecognizerを指定する。このクラスのスーパークラスは、つぎのような**NSGestureRecognizer**クラスである。

NSGestureRecognizerクラス（←NSObject + CVarArg, Equatable, Hashable, NSCoding）

- ○ var **state**: NSGestureRecognizerState
  ジェスチャー認識の現在の状態をNSGestureRecognizerState列挙型で取得する。
- ▽ func **location**(in: NSView?) -> NSPoint
  タッチ操作が行われた座標位置をNSPointで取得する。
- ○ var **isEnabled**: Bool
  ジェスチャー認識がイベント処理できるかをブール値で指定する。
- ○ var **target**: AnyObject?
  アクションメソッドが実装されているオブジェクトを指定する。
- ○ var **action**: Selector?
  ジェスチャー認識されたときコールされるアクションメソッドをセレクタで指定する。

　ここでは、**NSGestureRecognizer**クラスのプロパティ**state**を使って、ジェスチャーが現在どのように認識されようとしているかの状況を調べる。この**state**プロパティの戻り値は**NSGestureRecognizerState**列挙型で、メンバーによってつぎのようなジェスチャーを認識している状態となっている。

NSGestureRecognizerState 列挙型

possible	ジェスチャーをまだ認識していないがタッチを評価中の可能性（デフォルト）。
began	ジェスチャーと認識されるタッチを受け取った。
changed	ジェスチャーに変わった認識されるタッチを受け取った。
ended	ジェスチャーの終了と認識されるタッチを受け取った。
cancelled	ジェスチャーがキャンセルされたと認識されるタッチを受け取った。
failed	ジェスチャー認識できないマルチタッチを受け取った。

長押しされると、**press(_ pg: NSPressGestureRecognizer)** メソッドをコールするように指定した。引数から、そのジェスチャーが現在どのように認識されようとしているかの状況をプロパティ **state** で取り出し、**NSGestureRecognizerState** 列挙型のメンバーで調べる。

```
@IBAction func press(_ pg: NSPressGestureRecognizer) {
                                        ←Action接続された長押し操作のメソッド設定
    if pg.state == .began { … }   ←ジェスチャーの開始と認識されるタッチを受け取った
    if pg.state == .ended { … }   ←ジェスチャーの終了と認識されるタッチを受け取った
}
```

MacアプリにあるAppDelegate.swiftのデフォルトのスケルトンコードに、つぎのようなコードを追加して、長押しのジェスチャー認識で色が変わるMacアプリを作成してみよう。ここで、特にプロパティ **state** と **NSGestureRecognizerState** 列挙型のメンバーを使わなくても色は変わるが、タッチ操作のアクションメソッドの引数の使い方の練習のために設定している。これにより、長押しのタッチ操作のたびに、コンソール出力に「長押しのジェスチャーを認識」が表示される。

```
//  Ma14-2 AppDelegate.swift  長押しのジェスチャー認識で色が変わる
import Cocoa
@NSApplicationMain
class AppDelegate: NSObject, NSApplicationDelegate {
    @IBOutlet weak var window: NSWindow!
    @IBOutlet weak var cv: NSView!      ←Outlet接続されたカスタムビューのオブジェクト設定
    @IBAction func press(_ pg: NSPressGestureRecognizer) {
                                        ←Action接続された長押し操作のメソッド設定
        cv.layer?.backgroundColor = NSColor.red.cgColor  ←カスタムビューの背景色が赤色に変わる
        if pg.state == .began {         ←ジェスチャーと認識されるタッチを受け取った
            Swift.print("長押しのジェスチャーを認識")  ←コンソール出力に長押しのジェスチャーを認識を表示
        }
    }
```

```
    func applicationDidFinishLaunching(_ aNotification: Notification) {
        cv.layer?.backgroundColor = NSColor.white.cgColor  ←カスタムビューの初期背景色は白色に設定
    }
    func applicationWillTerminate(_ aNotification: Notification) { }
}
```

練習問題

タッチ操作のアクションメソッドの引数の使い方として、**NSGestureRecognizerState** 列挙型の他のメンバーを使って、長押しのタッチ操作のいろいろな状態を取り出す Mac アプリを作成してみよう。

14.2.2　お絵かき Mac アプリの作成（クリックとドラッグ対応）

つぎのジェスチャー認識アプリとして、クリックすれば青い点を描き、ドラッグすれば赤い自由曲線を描くようなお絵かき Mac アプリを作成してみよう。

つぎの図のように、アシスタントエディタを使ってインタフェースビルダーでお絵かきのためのカスタムビューは Custom View、クリックで青い点を描くジェスチャー認識は Click Gesture Recognizer、ドラッグすれば赤い自由曲線を描くジェスチャー認識は Pan Gesture Recognizer をドラッグ＆ドロップし、配置とサイズを調整する。詳細な設定や配置などは、ダウンロード用のサンプルファイルを参照されたい。

14.2 いろいろなジェスチャー認識アプリ

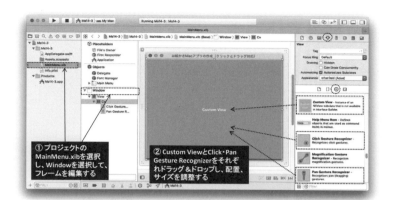

これでカスタムビューの準備はできたので、つぎの図のように、カスタムビューは右ドラッグでSwift コードに Outlet 接続、またジェスチャー認識は右ドラッグで Swift コードに Action 接続しよう。ここで、ジェスチャー認識の選択は、編集領域の左にあるドキュメントアウトラインを表示し、ここから Action 接続するとよい。Outlet 接続されたカスタムビューは cv とし、Action 接続されたジェスチャー認識のメソッド名は click、pan とし、引数の型はそれぞれ NSClickGestureRecognizer、NSPanGestureRecognizer とする。

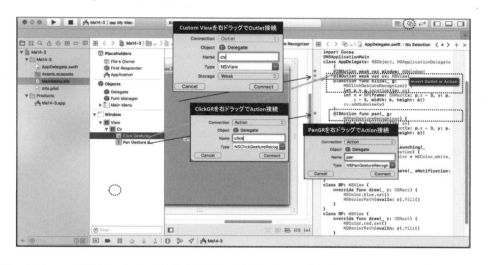

ジェスチャー認識のイベント発生位置の検出は、**NSClickGestureRecognizer** クラスと **NSPanGestureRecognizer** クラスのスーパークラスであった **NSGestureRecognizer** クラスのメソッド func **location**(in: NSView?) -> NSPoint を使い、タッチ操作が行われた座標位置を **NSPoint** で取得する。

クリックされると click(_ g: NSClickGestureRecognizer) メソッドをコールするように指定したので、引数からそのジェスチャージェスチャーが行われた座標位置を **NSPoint** で取得する。その

クリック位置に点座標を設定し、カスタムビューのクリック位置に点をサブビューとして追加すれば、点が描画される。ドラッグ操作も同じように実装できる。

```
@IBAction func click(_ g: NSClickGestureRecognizer) {
                              ←Action接続されたクリック操作のメソッド設定
    let p = g.location(in: cv)    ←ジェスチャーが行われた座標位置をNSPointで取得する
    let v = BP(frame: CGRect(x: p.x - 3, y: p.y - 3,
        width: 6, height: 6))     ←クリック位置に点座標設定
    cv.addSubview(v)              ←カスタムビューのクリック位置に点をサブビューとして追加し描画する
}
```

MacアプリにあるAppDelegate.swiftのデフォルトのスケルトンコードに、つぎのようなコードを追加して、クリックすれば青い点を描き、ドラッグすれば赤い自由曲線を描くようなお絵かきMacアプリをプログラムしてみよう。

```
// Ma14-3 AppDelegate.swift   お絵かきMacアプリの作成（クリックとドラッグ対応）
import Cocoa
@NSApplicationMain
class AppDelegate: NSObject, NSApplicationDelegate {
    @IBOutlet weak var window: NSWindow!
    @IBOutlet weak var cv: NSView!
    @IBAction func click(_ g: NSClickGestureRecognizer) {
        let p = g.location(in: cv)
        let v = BP(frame: CGRect(x: p.x - 3, y: p.y - 3, width: 6,
            height: 6))
        cv.addSubview(v)
    }
    @IBAction func pan(_ g: NSPanGestureRecognizer) {
        let p = g.location(in: cv)
        let v = RP(frame: CGRect(x: p.x - 3, y: p.y - 3, width: 6,
            height: 6))
        cv.addSubview(v)
    }
    func applicationDidFinishLaunching(_ aNotification: Notification) {
        cv.layer?.backgroundColor = NSColor.white.cgColor
    }
    func applicationWillTerminate(_ aNotification: Notification) { }
}
class BP: NSView {
    override func draw(_ r: CGRect) {
        NSColor.blue.set()
        NSBezierPath(ovalIn: r).fill()
```

```
    }
}
class RP: NSView {
    override func draw(_ r: CGRect) {
        NSColor.red.set()
        NSBezierPath(ovalIn: r).fill()
    }
}
```

> 練習問題

タッチ操作で他のジェスチャー認識を追加して、消しゴムを作ったり、スプレー描画する Mac アプリを作成してみよう。

14.3 ジェスチャー認識による画像・文字操作

■ 14.3.1 タップ操作のクリックによる画像移動

お絵かきアプリでタップ操作でのタップ座標位置が取得でき、そこに点を表示した。そこで、クリック操作で画像を任意の場所に移動するアプリを作成してみよう。クリック座標位置を取得して、その座標を画像の表示位置に利用すれば、クリック操作で画像を移動できる。

つぎの図のように、アシスタントエディタを使ってインタフェースビルダーで画像表示のためのカスタムビューは Custom View、クリックで青い点を描くジェスチャー認識は Click Gesture Recognizer、移動する画像ビューは Image View をドラッグ＆ドロップし、配置とサイズを調整する。移動する画像ファイルはプロジェクトに入れておくと、画像ビューにその画像を指定できる。詳細な設定や配置など

は、ダウンロード用のサンプルファイルを参照されたい。

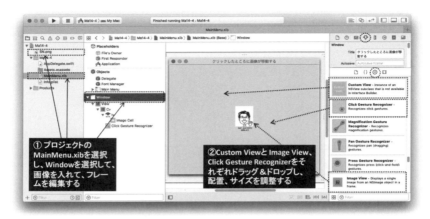

　これでカスタムビューと画像ビューの準備はできたので、下の図のように、カスタムビューと画像ビューは右ドラッグで Swift コードに Outlet 接続、またジェスチャー認識は右ドラッグで Swift コードに Action 接続しよう。ここで、ジェスチャー認識の選択は、編集領域の左にあるドキュメントアウトラインを表示し、ここから Action 接続するとよい。Outlet 接続されたカスタムビューと画像ビューは cv、iv とし、Action 接続されたジェスチャー認識のメソッド名は click とし、引数の型はそれぞれ NSClickGestureRecognizer とする。

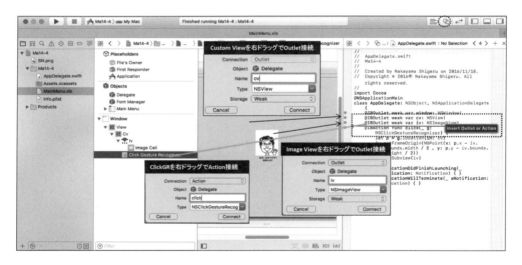

　Mac アプリにある AppDelegate.swift のデフォルトのスケルトンコードに、つぎのようなコードを追加し、クリックすればアイコン画像がその位置に移動するようにプログラムしてみよう。ここで、ジェスチャー認識のイベント発生位置の検出は、アプリ Ma14-3 と同様にして、**NSGestureRecognizer** クラスのメソッド func **location**(in: NSView?) -> NSPoint を使う。

```
// Ma14-4 AppDelegate.swift   タップ操作のクリックによる画像移動
import Cocoa
@NSApplicationMain
class AppDelegate: NSObject, NSApplicationDelegate {
    @IBOutlet weak var window: NSWindow!
    @IBOutlet weak var cv: NSView!
    @IBOutlet weak var iv: NSImageView!
    @IBAction func click(_ g: NSClickGestureRecognizer) {
                                        ←Action接続されたクリック操作のメソッド設定
        let p = g.location(in: cv)      ←ジェスチャーが行われた座標位置をNSPointで取得する
        iv.setFrameOrigin(NSPoint(x: p.x - iv.bounds.width / 2,
            y: p.y - iv.bounds.height / 2))
                                        ←クリック位置に画像サイズの半分を差し引きフレーム原点に設定
        cv.addSubview(iv)   ←カスタムビューのクリック位置に画像をサブビューとして追加し描画する
    }
    func applicationDidFinishLaunching(_ aNotification: Notification) { }
    func applicationWillTerminate(_ aNotification: Notification) { }
}
```

練習問題

ジェスチャー認識のイベント発生位置の検出として、クリック操作以外にドラッグ操作も追加して、ドラッグするとアイコン画像が追従してくるような Mac アプリを作成してみよう。

14.3.2　ドラッグで画像回転、クリックで逆転指定

画像のジェスチャー認識アプリとして画像の移動ができたので、つぎに、ドラッグすれば画像が回転し、クリックすれば逆に回転させてみる。ドラッグで時計回り、クリックで反時計回りに画像を回転する Mac アプリを作成してみよう。

第14章 ジェスチャー認識処理

　つぎの図のように、アシスタントエディタを使ってインタフェースビルダーで画像を描くためのカスタムビューはCustom View、回転させる画像はImage View、ドラッグすればその画像を回転させるジェスチャー認識はPan Gesture Recognizer、クリックで逆回転指定させるジェスチャー認識はClick Gesture Recognizerをドラッグ＆ドロップし、配置とサイズを調整する。画像ビューには画像ファイルを指定しておくこと。詳細な設定や配置などは、ダウンロード用のサンプルファイルを参照されたい。

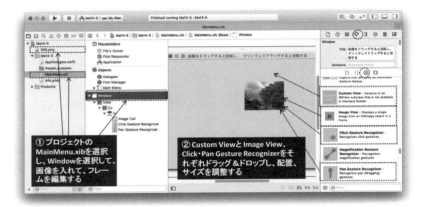

　これでカスタムビューと画像ビューの準備はできたので、下の図のように、カスタムビューと画像ビューは右ドラッグでSwiftコードにOutlet接続、またジェスチャー認識は右ドラッグでSwiftコードにAction接続しよう。ここで、ジェスチャー認識の選択は、編集領域の左にあるドキュメントアウトラインを表示し、ここからAction接続するとよい。Outlet接続されたカスタムビューと画像ビューはcv、ivとし、Action接続されたジェスチャー認識のメソッド名はpan、clickとし、引数の型はそれぞれNSPanGestureRecognizer、NSClickGestureRecognizerとする。

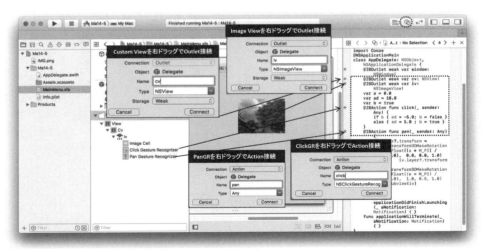

　NSGestureRecognizerクラスのジェスチャー認識関連クラスはここでは使用しないで、つぎの

Qaurtz フレームワークの **CATransform3DMakeRotation** 関数を使って、画像ビューを回転させている。

```
func CATransform3DMakeRotation(_ angle: CGFloat,           ←回転角度を指定する
      _ x: CGFloat, _ y: CGFloat, _ z: CGFloat) -> CATransform3D   ←回転軸(x,y,z)を指定する
```

クリックメソッドで回転角度（ここでは5°）と符号を決め、ドラッグメソッドをコールする度に z 軸周りに回転角度を累積させる。

Mac アプリにある AppDelegate.swift のデフォルトのスケルトンコードに、つぎのようなコードを追加して、ドラッグすれば画像が回転し、クリックすれば逆に回転させて、時計回り・反時計回りに画像を回転するようにプログラムしてみよう。

```
// Ma14-5 AppDelegate.swift   ドラッグで画像回転、クリックで逆転指定
import Cocoa
@NSApplicationMain
class AppDelegate: NSObject, NSApplicationDelegate {
    @IBOutlet weak var window: NSWindow!
    @IBOutlet weak var cv: NSView!          ←Outlet接続されたカスタムビューのオブジェクト設定
    @IBOutlet weak var iv: NSImageView!     ←Outlet接続された画像ビューのオブジェクト設定
    var a = 0.0                              ←累積された回転角度
    var ad = 10.0                            ←初期回転角度
    var b = true                             ←回転の向きをブール値で示すフラグ
    @IBAction func click(_ sender: Any) {   ←Action接続されたクリック操作のメソッド設定
        if b { ad = -5.0; b = false }
        else { ad = 5.0 ; b = true }
    }
    @IBAction func pan(_ sender: Any) {     ←Action接続されたドラッグ操作のメソッド設定
        iv.layer?.transform =
            CATransform3DMakeRotation(CGFloat((a * M_PI) / 180.0), 0.0, 0.0, 1.0)
        cv.addSubview(iv)
        a += ad                              ←ドラッグ操作ごとに回転角度を累積させる
    }
    func applicationDidFinishLaunching(_ aNotification: Notification) { }
    func applicationWillTerminate(_ aNotification: Notification) { }
}
```

練習問題

回転軸を (0.5, 0.5, 1.0) のように変えると、画像ビューがどのように回転するか確かめる Mac アプリを作成してみよう。

14.3.3 指の回転操作で画像が回転する

ドラッグ操作で画像を回転できたが、MacBook などではタッチパッドが使えるので、親指と人差し指でタッチパッド画面にタッチし、捻るようなツイストする形で回転できると面白いアプリができる。この回転操作を用いた方が、先ほどのアプリのように回転方向をコードで指定する必要がなく、さらに回転がスムーズである。回転操作で画像を左回転や右回転させる Mac アプリを作成してみよう。

下の図のように、アシスタントエディタを使ってインタフェースビルダーで画像を描くためのカスタムビューは Custom View、回転させる画像は Image View、画像を回転させるジェスチャー認識は Rotation Gesture Recognizer をドラッグ＆ドロップし、配置とサイズを調整する。画像ビューには画像ファイルを指定しておくこと。詳細な設定や配置などは、ダウンロード用のサンプルファイルを参照されたい。

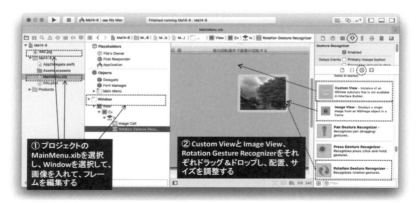

これでカスタムビューと画像ビューの準備はできたので、つぎの図のように、カスタムビューと画像ビューは右ドラッグで Swift コードに Outlet 接続、またジェスチャー認識は右ドラッグで Swift コードに Action 接続しよう。ここで、ジェスチャー認識の選択は、編集領域の左にあるドキュメントアウトラインを表示し、ここから Action 接続するとよい。Outlet 接続されたカスタムビューと画像ビューは cv、iv とし、Action 接続されたジェスチャー認識のメソッド名は rotation とし、引数の型は

NSRotationGestureRecognizer とする。

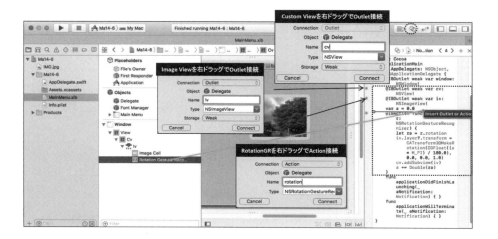

回転操作のメソッドの引数に使われた **NSRotationGestureRecognizer** クラスは、指の回転操作でどの向きにどれだけの角度がツイストされたかを取得できるプロパティがある。これを先の Qaurtz フレームワークの **CATransform3DMakeRotation** 関数の角度に指定する。

NSRotationGestureRecognizer クラス（← NSGestureRecognizer + *CVarArg* など）

○ var **rotation**: CGFloat
  ジェスチャーの回転角度をラジアンで取得する。
○ var **rotationInDegrees**: CGFloat
  ジェスチャーの回転角度を度で取得する。

Mac アプリにある AppDelegate.swift のデフォルトのスケルトンコードに、つぎのようなコードを追加して、タッチパッドのある MacBook など親指と人差し指を使ってタッチパッド画面で捻るようにツイストする形の回転操作で、画像を左回転や右回転させるようにプログラムしてみよう。

```
// Ma14-6 AppDelegate.swift   指の回転操作で画像が回転する
import Cocoa
@NSApplicationMain
class AppDelegate: NSObject, NSApplicationDelegate {
    @IBOutlet weak var window: NSWindow!
    @IBOutlet weak var cv: NSView!         ←Outlet接続されたカスタムビューのオブジェクト設定
    @IBOutlet weak var iv: NSImageView!    ←Outlet接続された画像ビューのオブジェクト設定
    var a = 0.0                             ←累積された回転角度
```

```
    @IBAction func rotation(_ r: NSRotationGestureRecognizer) {
                                        ←Action接続された回転操作のメソッド設定
        let ra = r.rotation             ←回転操作による回転角度の取得
        iv.layer?.transform = CATransform3DMakeRotation(CGFloat(a), 0.0, 0.0, 1.0)
        cv.addSubview(iv)
        a += Double(ra)                 ←回転操作ごとに回転角度を累積させる
    }
    func applicationDidFinishLaunching(_ aNotification: Notification) { }
    func applicationWillTerminate(_ aNotification: Notification) { }
}
```

練習問題

CATransform3DMakeRotation 関数の回転角度の指定でラジアンを使用したが、ここで、**NSRotationGestureRecognizer** クラスには **rotationInDegrees** プロパティがあり、回転操作による角度が度でも取得できる。このプロパティを使った Mac アプリを作成してみよう。

■ 14.3.4　タッチ操作のピンチで画像の拡大・縮小

画像操作の最後として、写真アプリでよく見られるようなピンチ操作で画像を拡大したり縮小したりする Mac アプリを作成してみよう。ここでも、タッチパッドが必要になる。

図のように、アシスタントエディタを使ってインタフェースビルダーで画像を描くためのカスタムビューは Custom View、回転させる画像は Image View、画像をピンチ操作で拡大・縮小させるジェスチャー認識は Magnification Gesture Recognizer をドラッグ＆ドロップし、配置とサイズを調整する。画像ビューには画像ファイルを指定しておくこと。詳細な設定や配置などは、ダウンロード用のサンプルファイルを参照されたい。

14.3 ジェスチャー認識による画像・文字操作

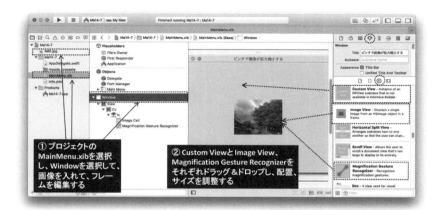

これでカスタムビューと画像ビューの準備はできたので、図のように、カスタムビューと画像ビューは右ドラッグでSwiftコードにOutlet接続、またジェスチャー認識は右ドラッグでSwiftコードにAction接続しよう。ここで、ジェスチャー認識の選択は、編集領域の左にあるドキュメントアウトラインを表示し、ここからAction接続するとよい。Outlet接続されたカスタムビューと画像ビューは cv、iv とし、Action接続されたジェスチャー認識のメソッド名は pinch とし、引数の型は NSMagnificationGestureRecognizer とする。

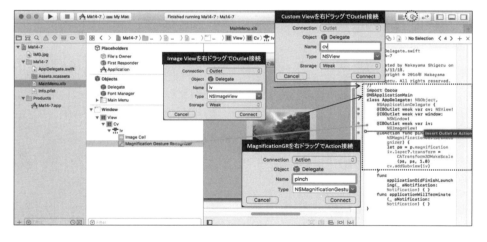

ピンチ操作のメソッドの引数に使われた **NSMagnificationGestureRecognizer** クラスは、指のピンチ操作で行われた拡大・縮小量を取得するプロパティがある。

NSMagnificationGestureRecognizer クラス（← NSGestureRecognizer + CVarArg など）

○ var **magnification**: CGFloat
　ピンチ操作で行われた拡大・縮小量を取得する。

このプロパティを Qaurtz フレームワークの **CATransform3DMakeScale** 関数のスケールに指定すれば、画像ビューの拡大・縮小に利用できる。引数には、3 軸方向の倍率を指定する。平面なので、z 軸方向は不変で 1.0 でもよい。

```
func CATransform3DMakeScale(_ sx: CGFloat, _ sy: CGFloat, _ sz: CGFloat)
    -> CATransform3D
```

Mac アプリにある AppDelegate.swift のデフォルトのスケルトンコードに、つぎのようなコードを追加して、MacBook などのタッチパッド画面で親指と人差し指を使ってピンチ操作で画像を拡大したり縮小したりするようにプログラムしてみよう。

```
// Ma14-7 AppDelegate.swift  タッチ操作のピンチで画像の拡大・縮小
import Cocoa
@NSApplicationMain
class AppDelegate: NSObject, NSApplicationDelegate {
    @IBOutlet weak var cv: NSView!
    @IBOutlet weak var window: NSWindow!
    @IBOutlet weak var iv: NSImageView!     ←Outlet接続された画像ビューのオブジェクト設定
    @IBAction func pinch(_ p: NSMagnificationGestureRecognizer) {
                                            ←Action接続されたピンチメソッド設定
        let ps = p.magnification            ←ピンチ操作で行われた拡大・縮小量を取得する
        iv.layer?.transform = CATransform3DMakeScale(ps, ps, 1.0)
                                            ←拡大・縮小量をx,y軸に設定した
        cv.addSubview(iv)
    }
    func applicationDidFinishLaunching(_ aNotification: Notification) { }
    func applicationWillTerminate(_ aNotification: Notification) { }
}
```

練習問題

CATransform3DMakeScale 関数のスケールで、拡大・縮小量を x、y 軸の両方に指定したが、1 軸方向だけを指定した Mac アプリを作成してみよう。

■14.3.5　3つのタッチ操作によるアルファベット教育アプリ

第 8 章のアプリ Ma8-5 で紹介した数字教育アプリであるが、ボタンクリック操作によるアプリ教材として作成した。ここでは、ボタンクリック操作をジェスチャー認識に切り替えて、ジェスチャー認識によって表示内容が変化する Mac アプリを作成してみよう。

　下の図のように、アシスタントエディタを使ってインタフェースビルダーでアルファベットを表示させるラベルは Label、乱数選択や次の問題への進行、リセット用のジェスチャー認識のためには Click Gesture Recognizer、Pan Gesture Recognizer、Press Gesture Recognizer をラベルへドラッグ＆ドロップし配置とサイズを調整する。ラベルとジェスチャー認識の詳細な設定や配置などは、ダウンロード用のサンプルファイルを参照されたい。

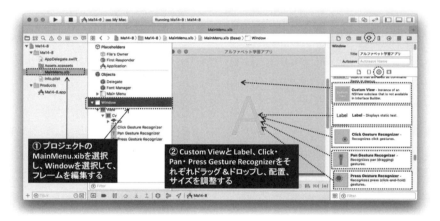

　これでラベルとジェスチャー認識の準備はできたので、つぎの図のように、ラベルは右ドラッグで Swift コードに Outlet 接続、また 3 つのジェスチャー認識は右ドラッグで Swift コードに Action 接続しよう。ここで、3 つのジェスチャー認識はラベルに重なっているので、編集領域の左側にあるドキュメントアウトラインを表示させるとよい。このドキュメントアウトラインには、ウィンドウフレームにドラッグ＆ドロップした NS 部品がすべて表示されるので、ここから右ドラッグで Swift コードに Outlet 接続や Action 接続ができる。Outlet 接続されたラベルは `lb` とし、Action 接続されたジェスチャー認識のメソッド名は Click Gesture Recognizer に対しては `click`、Pan Gesture Recognizer に対しては `drag`、Press Gesture Recognizer に対しては `longpress` とし、引数の型はすべて `Any` とする。

第14章 ジェスチャー認識処理

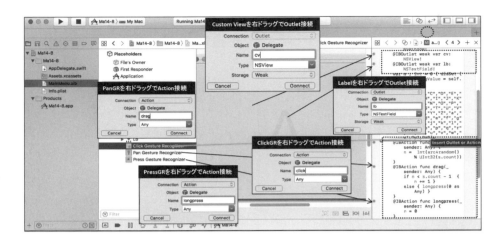

MacアプリにあるAppDelegate.swiftのデフォルトのスケルトンコードに、つぎのように前回と同様なコードを使って、ジェスチャー認識を設定してみよう。ジェスチャー認識のクラスを使う必要は一切なく、インタフェースビルダーを用いると、そのクラスの知識が一切なくても、クラスがプログラムにも現れず、ジェスチャー認識が動作するところが凄い。

クリック操作により乱数でアルファベットの1文字が表示され、ドラッグ操作でアルファベット順につぎの文字が表示され、長押し操作でリセットされてAに戻るような教育Macアプリを、つぎのようにプログラムしてみよう。

```
// Ma14-8 AppDelegate.swift  3つのタッチ操作によるアルファベット教育アプリ
import Cocoa
@NSApplicationMain
class AppDelegate: NSObject, NSApplicationDelegate {
    @IBOutlet weak var window: NSWindow!
    @IBOutlet weak var cv: NSView!        ←Outlet接続されたカスタムビューのオブジェクト設定
    @IBOutlet weak var lb: NSTextField!   ←Outlet接続されたラベルのオブジェクト設定
    var n : Int = 0 { didSet { lb.stringValue = self.s[n] } }
    var s = ["A","B","C","D","E","F","G","H","I","J","K","L","M","N",
             "O","P","Q","R","S","T","U","V","W","X","Y","Z","a","b",
             "c","d","e","f","g","h","i","j","k","l","m","n","o","p",
             "q","r","s","t","u","v","w","x","y","z"]
    @IBAction func click(_ sender: Any) {         ←Action接続されたクリック操作のメソッド設定
        n = Int(arc4random() % UInt32(s.count))  ←配列要素数までの乱数を発生した
}
    @IBAction func drag(_ sender: Any) {    ←Action接続されたドラッグ操作のメソッド設定
        if n < s.count - 1 { n += 1 }       ←数字nをメソッドが呼ばれる度に配列要素までnを増分
        else { longpress(0 as Any) }        ←配列要素以上になると長押しメソッドを呼び出した
```

```
        }
        @IBAction func longpress(_ sender: Any) { n = 0 }
                                        ←Action接続された長押しメソッド設定でn=0とした
        func applicationDidFinishLaunching(_ aNotification: Notification) {
            window.backgroundColor = NSColor.blue
            lb.stringValue = s[n]
        }
        func applicationWillTerminate(_ aNotification: Notification) {
}
```

練習問題

ここでの Mac アプリを、第 8 章で作成した他の教育アプリに適用して、表示文字を変えてみる Mac アプリを作成してみよう。

14.4 NSGestureRecognizer クラスによるジェスチャー認識の実装

これまで、インタフェースビルダーのライブラリペインから、ジェスチャー認識オブジェクトをドラッグ＆ドロップして実装してきたが、ここではライブラリペインのジェスチャー認識オブジェクトは一切使わないで、コードだけでジェスチャー認識を実装する、手書きアプリを作成してみよう。

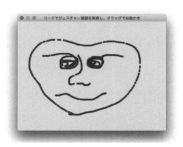

つぎの図のように、アシスタントエディタを使ってインタフェースビルダーで手書き領域に使うカスタムビューとして Custom View をドラッグ＆ドロップし配置とサイズを調整する。詳細な設定や配置などは、ダウンロード用のサンプルファイルを参照されたい。ここでは、ライブラリペインからドラッグ＆ドロップしたジェスチャー認識のオブジェクトは使わない。

第 14 章 ジェスチャー認識処理

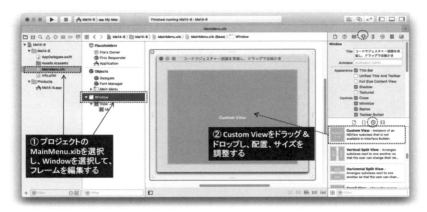

これで手書き領域のカスタムビューの準備はできたので、下の図のように、カスタムビューは右ドラッグで Swift コードに Outlet 接続し、そのオブジェクト名は mv とする。

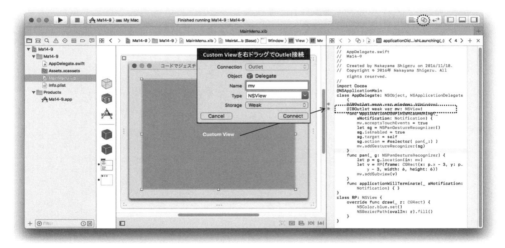

ここでの手書きアプリのジェスチャー認識としてはドラッグ操作だけを設定したいので、**NSPanGestureRecognizer** クラスのオブジェクトを生成する。スーパークラスの **NSPanGestureRecognizer** クラスには、ジェスチャー認識をイベント処理できるかをブール値で指定するプロパティ **isEnabled**、アクションメソッドが実装されているオブジェクトを指定するプロパティ **target**、ジェスチャー認識されたときコールされるアクションメソッドをセレクタで指定するプロパティ action がある。

これらのプロパティを使ってドラッグ操作のジェスチャー認識を設定する。タッチ操作に関連したジェスチャーを NSView のビューに認識させる必要がある。そのためには、**NSView** クラスのジェスチャー認識を管理するメソッドを使って、ジェスチャー認識の種類を指定する。

14.4 NSGestureRecognizerクラスによるジェスチャー認識の実装

NSViewクラス（←NSResponder + CVarArg, Equatable, Hashableなど）

▽ func **addGestureRecognizer**(NSGestureRecognizer)
指定されたジェスチャーをビューに認識させる。
▽ func **removeGestureRecognizer**(NSGestureRecognizer)
指定されたジェスチャー認識をビューから解除する。

基本的には、

NSViewオブジェクト.addGestureRecognizer(ジェスチャー認識オブジェクト)

で、つぎのようなコードとなる。

```
@IBOutlet weak var mv: NSView!              ←Outlet接続されたカスタムビューのオブジェクト設定
let sg = NSPanGestureRecognizer()           ←ジェスチャー認識させたいドラッグ操作を定義する
mv.addGestureRecognizer(sg)                 ←NSViewオブジェクトに指定ジェスチャー認識を追加する
```

MacアプリにあるAppDelegate.swiftのデフォルトのスケルトンコードに、つぎのようなコードを追加して、**NSGestureRecognizer**クラスによるジェスチャー認識を実装し、手書きアプリをプログラムしてみよう。

```
// Ma14-9 AppDelegate.swift  NSGestureRecognizerクラスによるジェスチャー認識の実装
import Cocoa
@NSApplicationMain
class AppDelegate: NSObject, NSApplicationDelegate {
    @IBOutlet weak var window: NSWindow!
    @IBOutlet weak var mv: NSView!          ←Outlet接続されたカスタムビューのオブジェクト設定
    func applicationDidFinishLaunching(_ aNotification: Notification) {
        let sg = NSPanGestureRecognizer()
        sg.isEnabled = true    ←ジェスチャー認識がイベント処理できるかをブール値で指定、trueは許可する
        sg.target = self       ←アクションメソッドが実装されているオブジェクトを指定、selfはこのコードとなる
        sg.action = #selector( pan(_:) )  ←ジェスチャー認識時コールされるアクションメソッドを指定する
        mv.addGestureRecognizer(sg)
    }
    func pan(_ g: NSPanGestureRecognizer) {    ←ドラッグ認識時にコールされるアクションメソッドの定義
        let p = g.location(in: mv)
        let v = RP(frame: CGRect(x: p.x - 3, y: p.y - 3, width: 6, height: 6))
        mv.addSubview(v)
    }
    func applicationWillTerminate(_ aNotification: Notification) { }
```

```
}
class RP: NSView {
    override func draw(_ r: CGRect) {
        NSColor.blue.set()
        NSBezierPath(ovalIn: r).fill()
    }
}
```

> 練習問題

　この手書きアプリに、タッチ操作の他のジェスチャー認識を追加したMacアプリを作成してみよう。

第 15 章
ストーリーボードによる Mac アプリ作成

これまでの Mac アプリは、ストーリーボードを使わないで、アプリケーションデリゲートが持っている `NSWindow` クラスに `NSView` クラスを追加する形で `AppDelegate.swift` のプログラムをカスタマイズしてきた。

しかしこの章では、ストーリーボードを使用し、`NSViewController` クラスを使ったルートビュー制御の `ViewController.swift` プログラムをカスタマイズし、Show 接続や Modal 接続、Popover 接続、Show 接続などのアクションセグウェイ接続で、別なビュー制御へビュー画面推移するアプリを作成してみよう。特に、セグウェイ接続のタイプの違いが分かるアプリをいくつか作成する。ルートビュー制御から Popover 接続ビュー制御へのデータ転送、Modal 接続されたマップビュー表示、Show 接続された教育用 Mac アプリ、Show 接続されたデイトピッカー表示、Sheet 接続された画像ビュー表示アプリなどを作成する。

最後に、ストーリーボードを使わないで、`NSWindowController` クラスを使ったウィンドウ制御を行う方法について説明する。

15.1 ストーリーボードによる Mac アプリ作成

15.1.1 はじめてのストーリーボードによる Mac アプリ作成

ストーリーボードを使用して Cocoa Application を作成するには、つぎの図のように新規プロジェクトでプロジェクト名を入れてから、Use Storyboards をチェックするだけでよい。この章では、他のオ

プションは選択しないで、Macアプリを作成していくことになる。

プロジェクトで自動生成されたMain.stroyboardを選択すると、編集画面に、下の図のようなウィンドウ制御シーンとそれに接続されたビュー制御シーンが現れる。ウィンドウ制御シーンの左にある矢印は、Macアプリの入り口となるエントリポイントを示す。つまり、ストーリーボードを使用したMacアプリは、このエントリポイントから始まり、ウィンドウ制御シーンに入り、ビュー制御シーンに流れていくことが視覚的に理解できる。このビュー制御シーンに、これまでやってきたように、オブジェクトライブラリから画像ビューやラベルをドラッグ＆ドロップして配置すれば、従来のようにMacアプリが作成できる。

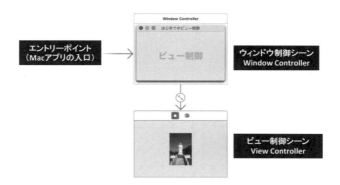

ウィンドウのタイトルを設定してみよう。つぎの図のように、プロジェクトのMain.stroyboardを選択し、ウィンドウ制御を選択して、インスペクタペインでウィンドウのタイトルを編集する。図のように、ドキュメントアウトラインや編集領域のウィンドウのタイトルも、すべて自動的に変わる。

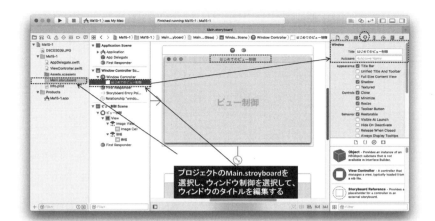

下の図のように、プロジェクトの Main.stroyboard を選択し、ビュー制御（ここでもウィンドウ制御と同様にビュー制御のタイトルを変更する）を選択して、ビュー制御領域を編集する。ここでは、このビュー制御領域に、オブジェクトライブラリから画像表示のための画像ビューとして Image View を、画像説明用のラベルとして Label をそれぞれドラッグ＆ドロップし、配置、サイズを調整する。ラベルはタイトル（ここでは秦の始皇帝の命を受けて不老長寿の薬を鹿児島に探しに来た「徐福」）を入れる。詳細な設定や配置などは、ダウンロード用のサンプルファイルを参照されたい。

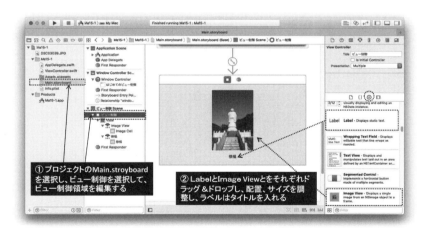

つぎの図のようにプロジェクトの Main.stroyboard を選択し、表示したい画像ファイル（ここでは鹿児島にある「徐福」像の写真）を入れておく。ビュー制御で画像ビュー Image View をクリックすれば、インスペクタペインに Image View が現れて、Image のプルダウンメニューに画像ファイル名が表示されるので、それを選択する。画像ビューに画像ファイル名をプログラムでも指定できるが、ここでは、はじめてのストーリーボードによる Mac アプリ作成ということで、コード入力なしでやってみる。

第15章 ストーリーボードによる Mac アプリ作成

これで、ストーリーボードによる Mac アプリ作成は完了したので、あとは Run ボタンをクリックすれば、Mac アプリが完成する。

ここでは、コード入力は一切していないが、デフォルトで生成される Swift コードは、つぎのような 2 つのコード AppDelegate.swift と ViewController.swift である。

1.4.1 項の Mac アプリの MVC 構造 I でも説明したように、この AppDelegate.swift は、オペレーティングシステムとモデル、ビューとのやり取りを行うアプリケーションデリゲートであった。また、ViewController.swift は、NSViewController クラスのサブクラスになっていて、ビュー制御シーンを構築するためのコードである。本章では、AppDelegate.swift は主にデフォルトのままで変更しないで、ViewController.swift のコードをカスタマイズして Mac アプリを作成していくことになる。

このように **AppDelegate クラス**は、アプリの起動・終了のアプリケーションイベントハンドラを定義した **NSApplicationDelegate** プロトコルを組み込み、クラス階層のルートクラスである **NSObject** クラスをスーパークラスとして継承している。そのために、**AppDelegate** クラスは**アプリケーションデリゲート**と呼ばれる。**NSApplicationDelegate** プロトコルで定義されたメソッドを実

装し、いろいろなイベント処理に対応したアプリの起動・終了を管理することになる。

```swift
//   Ma15-1 AppDelegate.swift   はじめてのストーリーボードによるMacアプリ作成（デフォルトコード）
import Cocoa
@NSApplicationMain
class AppDelegate: NSObject, NSApplicationDelegate {
    func applicationDidFinishLaunching(_ aNotification: Notification) { }
    func applicationWillTerminate(_ aNotification: Notification) { }
}
```

ViewController クラスは、**AppDelegate** クラスとは継承関係はないが、**AppDelegate** クラスから呼ばれるビューで、起動時の画面やビュー制御を行うコントローラクラスである。アプリのビュー制御に関する各種のメソッドが既に定義された **NSViewController** クラスのサブクラスになっている。おんぶにだっこ方式で **NSViewController** クラスのすべてのメソッドを利用でき、変更したいメソッドだけをオーバーライドして **ViewController** クラスで上書きする。**ViewController** クラスの中に、NS 部品や新しいメソッドを追加してプログラムすることになる。

```swift
//   Ma15-1 ViewController.swift   はじめてのストーリーボードによるMacアプリ作成（デフォルトコード）
import Cocoa
class ViewController: NSViewController {
    override func viewDidLoad() {              ←ビュー制御が開始したときに読み込まれるメソッド
        super.viewDidLoad()
    }
    override var representedObject: Any? {     ←モデルへの参照が持て、データの引き渡しに利用できる
        didSet { }
    }
}
```

練習問題

オブジェクトライブラリから、ビュー制御シーンに他のオブジェクトを入れた Mac アプリを作成してみよう。

15.1.2　ビュー制御でコード追加による Web ブラウザ表示

先ほどの練習問題の解答のひとつとなるが、オブジェクトライブラリから、ビュー制御シーンに Web ビューである WebKit View を入れた Web ブラウザ表示の Mac アプリを作成してみよう。ここでは、Web ブラウザに表示する URL の IP アドレスの設定が必要になる。ビュー制御の ViewController.swift にコードを追加して、つぎのように Apple のホームページにアクセスし、

その中を Web サーフしていろいろな Web ページを表示させる。

ウィンドウのタイトルを設定してみよう。下の図のように、プロジェクトの Main.stroyboard を選択し、ウィンドウ制御を選択して、インスペクタペインでウィンドウのタイトルを編集する。図のようにドキュメントアウトラインや編集領域のウィンドウのタイトルも、すべて自動的にそのタイトルに変わる。

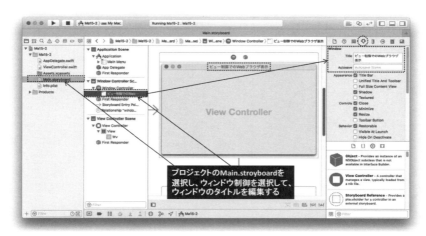

つぎの図のように、プロジェクトの Main.stroyboard を選択し、ビュー制御シーンを選択して、ビュー制御領域を編集する。ここでは、このビュー制御領域に、オブジェクトライブラリから Web ビューとして WebKit View をドラッグ＆ドロップし、配置、サイズを調整する。詳細な設定や配置などは、ダウンロード用のサンプルファイルを参照されたい。

15.1 ストーリーボードによる Mac アプリ作成

これで Web ビューの準備はできたので、下の図のように、Web ビューを右ドラッグで Swift コードに Outlet 接続し、Web ブラウザのオブジェクト名は wv とする。

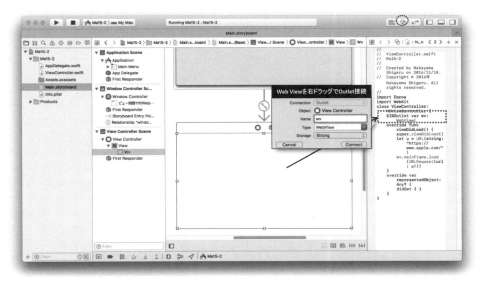

Mac アプリにある AppDelegate.swift はデフォルトのままで、ViewController.swift のスケルトンコードに、つぎのようなコードを追加して、Apple のホームページを表示する Web ブラウザの Mac アプリを作成してみよう。

```
//   Ma15-2 ViewController.swift   ビュー制御でコード追加によるWebブラウザ表示
import Cocoa
import WebKit
```

```
class ViewController: NSViewController {
    @IBOutlet var wv: WebView!                          ←Outlet接続されたWebビューのオブジェクト設定
    override func viewDidLoad() {
        super.viewDidLoad()
        let u = URL(string: "https://www.apple.com/")   ←AppleのホームページのURLを取得する
        wv.mainFrame.load(URLRequest(url: u!))          ←Webビューのメインフレームに指定URLを読み込む
    }
    override var representedObject: Any? { didSet { } }
}
```

> **練習問題**
>
> このWebビューに、URLのIPアドレスを変えて、別なWebページを表示するMacアプリを作成してみよう。

15.1.3　ビュー制御でコード追加によるマップ表示

　ビュー制御シーンにWebビューであるWebKit Viewを入れたWebブラウザ表示アプリができたが、つぎのようなマップビューでマップ表示するMacアプリを作成してみよう。ここでも、マップビューをフレームに表示するには、ビュー制御の`ViewController.swift`にコードを追加する必要がある。

　ウィンドウのタイトルを設定してみよう。つぎの図のように、プロジェクトのMain.stroyboardを選択し、ウィンドウ制御を選択して、インスペクタペインでウィンドウのタイトルを編集する。図のようにドキュメントアウトラインや編集領域のウィンドウのタイトルもすべて自動的にそのタイトルに変わる。

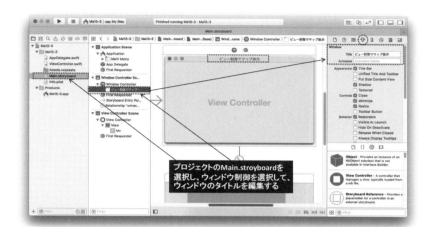

下の図のように、プロジェクトのMain.stroyboardを選択し、ビュー制御（ここでもウィンドウ制御と同様にビュー制御のタイトルを変更した）を選択して、ビュー制御領域を編集する。ここでは、このビュー制御領域に、オブジェクトライブラリからマップ表示のためのマップビューとしてMapKit Map Viewをドラッグ＆ドロップし、配置、サイズを調整する。インスペクタペインでMapKit Map Viewのタイプとして、プルダウンメニューから標準や衛星、混合のハイブリッドが選択できる。詳細な設定や配置などは、ダウンロード用のサンプルファイルを参照されたい。

これでマップビューの準備はできたので、つぎの図のように、マップビューを右ドラッグでSwiftコードにOutlet接続し、Webブラウザのオブジェクト名はmvとする。

第 15 章 ストーリーボードによる Mac アプリ作成

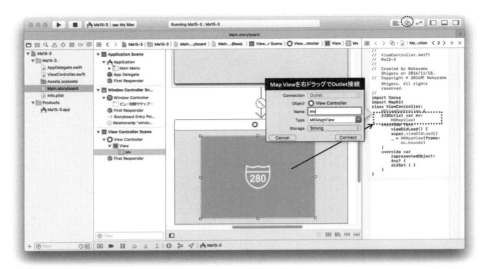

　Mac アプリにある AppDelegate.swift はデフォルトのままで、ViewController.swift のスケルトンコードに、アプリ Ma4-3 を参考にし、つぎのようなコードを追加して、マップビューを表示する Mac アプリを作成してみよう。

```
// Ma15-3 ViewController.swift   ビュー制御でコード追加によるマップ表示
import Cocoa
import MapKit
class ViewController: NSViewController {
    @IBOutlet var mv: MKMapView!            ←Outlet接続されたマップビューのオブジェクト設定
    override func viewDidLoad() {
        super.viewDidLoad()
        _ = MKMapView(frame: mv.bounds)     ←マップビューをフレームに表示する
    }
    override var representedObject: Any? { didSet { } }
}
```

練習問題

　アプリ Ma4-4 を参考にして、マップの標準・衛星の表示切り替えをコードで指定する Mac アプリを作成してみよう。

15.2 ストーリーボードにおけるセグウェイ接続

15.2.1 画面遷移のアクションセグウェイ接続

ビュー画面中のボタンをクリックすると別なビュー画面が表示される、ビュー制御間の画面遷移は、アクションセグウェイ接続として、つぎの5つのスタイルがある。

画面遷移のアクションセグウェイ接続

- **Show** 　　非モーダル表示のダイアログボックスで閉じなくても先に進める。
- **Popover** 　ポップアップウィンドウで、吹き出し状に表示される。
- **Custom** 　カスタムのダイアログボックスで、ユーザ定義する。
- **Modal** 　　モーダル表示のダイアログボックスで、閉じない限り先に進めない。
- **Sheet** 　　シートウィンドウでウィンドウの中でプルダウン状に表示される。

これらの View Controller 間の画面遷移のアクションセグウェイ接続は、ストーリーボードでは、図のような記号で示されて、接続スタイルを識別できる。

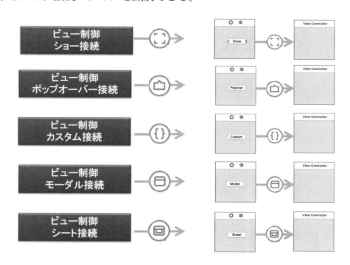

つぎの図のように最初のビュー制御画面を**ルートビュー制御**画面と呼ぶ。これに5つのボタンを作成し、ビュー制御をオブジェクトライブラリからドラッグ＆ドロップで5つのビュー制御画面を追加する。ボタンから別なビュー制御に右ドラッグでアクション接続すると、プルダウンメニューが現れる。それぞれのセグウェイ接続スタイルを選択して、そのスタイルでの接続を行う。

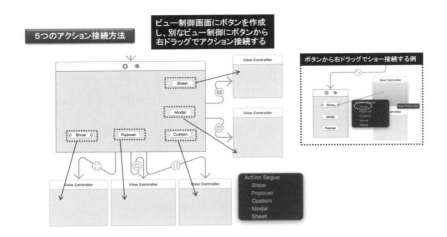

■ 15.2.2　はじめてのボタンクリックによるアクションセグウェイ接続

　実際にストーリーボードを使って、ボタンクリックによるアクションセグウェイ接続を行う Mac アプリを作成してみよう。ここでは、下の図のような3つのアクションセグウェイ接続を試す。**Show 接続**は非モーダル表示で、ボタンをクリックしていくつでも表示でき、つぎに他の動作に進める。**Popover 接続**はポップオーバーで、画面にひょこっと現れる感じで吹き出し状に表示される。Popover ボタンを再度クリックすると、閉じる。**Modal 接続**はモーダル表示で、この画面を閉じない限りつぎの動作に進めない。ウィンドウの左上の×印をクリックしてダイアログボックスを閉じることができ、つぎに進める。

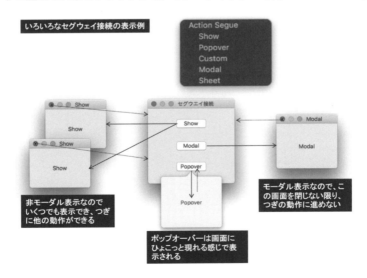

　つぎの図のように、アシスタントエディタを使ってインタフェースビルダーでルートビュー制御か

ら別なビュー制御を呼び出すためのボタンとして Push Button をドラッグ＆ドロップし、それぞれのボタンに Show、Modal、Popover などのタイトルを設定する。つぎに、ボタンクリックで呼び出される別なビュー制御として View Controller を追加して、そのビュー制御画面に説明用のラベルとして Label をドラッグ＆ドロップし、Show、Modal、Popover などのタイトルを設定する。**ルートビュー制御にあるボタンを右ドラッグでそれぞれのビュー制御へセグウェイ接続する**と、プルダウンメニューで Show、Modal、Popover などが現れる。希望のセグウェイ接続を選択する。接続スタイルに応じて、ビュー制御間においてセグウェイ接続マークで結線される。詳細な設定や配置などは、ダウンロード用のサンプルファイルを参照されたい。

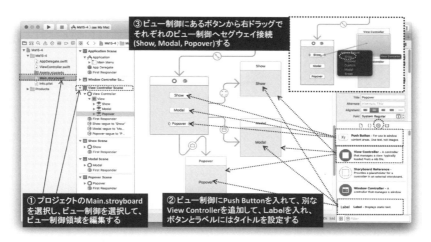

下の図のように各ビュー制御にタイトルと多重表示などの設定を行う。ビュー制御画面のタイトルバーにある左アイコンをマウスでクリックすれば、ビュー制御のタイトルが表示される。

ビュー制御でのセグウェイ接続の確認方法として、つぎの図のように、ドキュメントアウトラインの

ルートビュー制御のセグウェイ接続形態（たとえば、「Show segue to Show」）をマウスでクリックすると、セグウェイ接続関係にあるボタンとセグウェイ接続線がハイライト表示され、確認できる。

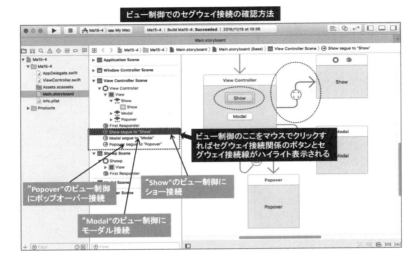

以上で設定が終了である。`AppDelegate.swift` や `ViewController.swift` のコードはデフォルトのままで何も変更は加える必要はない。

この Mac アプリを実行すると、ルートビュー制御にある 3 つのボタンのどれかをクリックすると、それにセグウェイ接続されたダイアログボックスが表示される。ここでは、3 つのセグウェイ接続スタイルの違いを確かめよう。

Show 接続は非モーダル表示なので、ボタンクリック操作でいくつでも表示でき、さらに別の動作に進める。しかし、Modal 接続はモーダル表示なので、この画面を閉じない限りつぎには一切進めない。そのため、モーダル表示のウィンドウの左上の×印をクリックしてダイアログボックスを閉じて、つぎに進む。一方、Popover 接続のポップオーバーは、画面に吹き出し状にひょこっと現れる感じで表示される。

■ 15.2.3　ボタンによる Show 接続の画像ダイアログボックス表示

ボタンクリックによるアクションセグウェイ接続を行うアプリを作成し、ラベルのあるダイアログボックスが表示できた。ここでは、つぎの図のように、ボタンがクリックされると、Show 接続された画像が含まれたダイアログボックスが表示されるような Mac アプリを作成してみよう。Show 接続の画像ダイアログボックスは非モーダル表示なので、制御がすぐに戻り、このダイアログボックスを閉じなくても他の作業ができる。そのために、Show ボタンを再度クリックすれば、また画像のあるダイアログボックスが表示される。ダイアログボックスを閉じるには、そのウィンドウの左上の×印をクリックする。

15.2 ストーリーボードにおけるセグウェイ接続

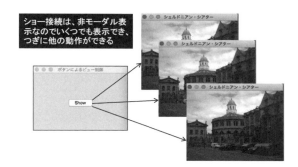

下の図のように、アシスタントエディタを使ってインタフェースビルダーでルートビュー制御から別なビュー制御を呼び出すためのボタンとして Push Button をドラッグ＆ドロップし、ボタンに Show のタイトルを設定する。つぎに、ボタンクリックで呼び出される別なビュー制御として View Controller を追加して、そのビュー制御画面に画像ビューのための Image View をドラッグ＆ドロップして、タイトルを設定する。**ルートビュー制御にあるボタンを右ドラッグでそれぞれのビュー制御へセグウェイ接続する**と、プルダウンメニューで Show、Modal、Popover などが現れるので、Show 接続を選択する。画像ファイルはプロジェクトに入れておき、ビュー制御に設定した画像ビューのインスペクタペインで表示したい画像を設定しておく。詳細な設定や配置などは、ダウンロード用のサンプルファイルを参照されたい。

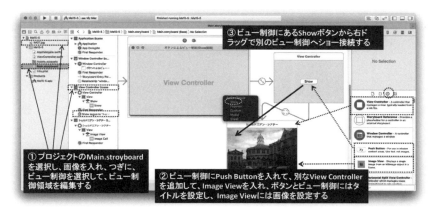

以上で設定が終了である。AppDelegate.swift や ViewController.swift のコードはデフォルトのままで何も変更は加える必要はない。

この Mac アプリを実行すると、ルートビュー制御にあるボタンをクリックすると、それにセグウェイ接続された画像のあるダイアログボックスが表示される。Show 接続は非モーダル表示なので、ボタンクリック操作で画像ダイアログボックスがいくつでも表示でき、さらに別な動作に進める。閉じるには、そのウィンドウの左上の×印をクリックする。

15.3 ビュー制御画面間のデータ転送

15.3.1 ルートビュー制御から Popover 接続ビュー制御へのデータ転送

ボタンクリックによって Show 接続された画像ダイアログボックスが表示されるアプリを作成したが、ここでは、つぎのようにボタンクリックによって Popover 接続されたポップアップウィンドウを表示する。ルートビュー制御に設定されたテキスト行の文字列を Popover 接続のビュー制御へデータ転送してみる。つまり、ルートビュー制御にあるテキスト行に文字を入れて、Popover ボタンをクリックすると、その文字が大きくポップオーバーで表示される。ポップオーバー画面を閉じるには、Popover 接続ビュー制御に設定した「閉じる」ボタンをクリックする。

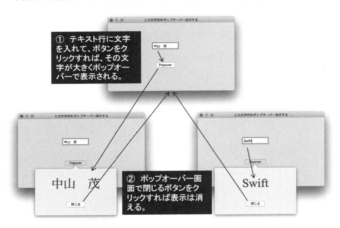

つぎの図のように、アシスタントエディタを使ってインタフェースビルダーでルートビュー制御からポップオーバーのビュー制御を呼び出すためのボタンとして Push Button、文字列入力のためのテキスト行として Text Field をドラッグ＆ドロップし、ボタンタイトルに Popover と設定する。ボタンクリックで呼び出されるポップオーバーの別なビュー制御として View Controller をドラッグ＆ドロップして、そのビュー制御画面にラベルのための Label、ポップオーバーウィンドウを閉じるためのボタンをドラッグ＆ドロップして、タイトルを設定する。

ルートビュー制御にある Popover ボタンを右ドラッグで Popover のビュー制御へセグウェイ接続すると、プルダウンメニューで Show、Modal、Popover などが現れるので、Popover 接続を選択する。詳細な設定や配置などは、ダウンロード用のサンプルファイルを参照されたい。

15.3 ビュー制御画面間のデータ転送

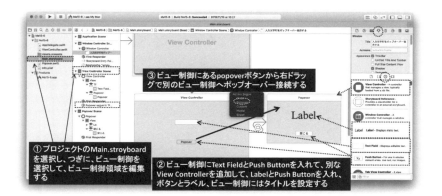

これでルートビュー制御画面とPopover接続ビュー制御画面の準備はできたので、下の図のようにルートビュー制御のテキスト行を右ドラッグでViewController.swiftのSwiftコードにOutlet接続し、テキスト行のオブジェクト名をmpとする。

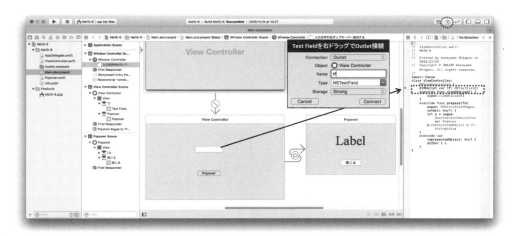

Popover接続されたビュー制御での専用のプログラムを作成するために、プロジェクトに新しいSwiftコードを追加する。つぎの図のようにXcodeフレームの左下の＋をクリックするとポップアップが現れる。ここでCocoa Classの新しいファイルを作りたいのでFileを選択する。新しいファイルのためのテンプレート選択のダイアログボックスが現れる。図のようにmacOSを選択し、Cocoa Classを作成するために、Cocoa Classを選択し、Nextでつぎに進む。

新しい Cocoa Class のファイルなので名前などを設定する必要がある。下の図のように、Cocoa Class 名を **Popover** として、**NSViewController** のサブクラスに設定する。インタフェースビルダーは作成しないので、**XIB のチェックボックスは選択しない**。言語は当然 Swift を選択し、Next でつぎに進む。新しい Swift コードは、Class 名で設定された名前から **Popover.swift** となる。ファイルの保存先を Ma15-6 のフォルダに指定して保存する。

つぎの図のように、新しい Swift コードとして生成されたファイル Popover.swift にビュー制御のラベルを Outlet 接続し、そのラベルのオブジェクト名を lb とする。「閉じる」ボタンも Popover.swift に Action 接続を行い、メソッド名は close とし、引数の型は Any とする。Popover ボタンは既に、ポップオーバービュー制御にポップオーバーのセグウェイ接続がされているので、ここでは処理する必要はない。

15.3 ビュー制御画面間のデータ転送

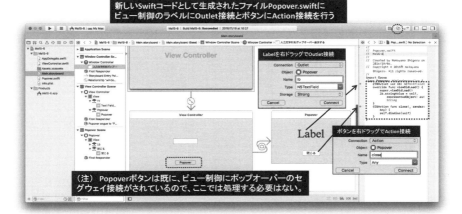

ルートビュー制御のテキスト行の文字列を Popover 接続ビュー制御のラベルへデータ転送するには、**NSViewController** クラスのプロパティ **representedObject** である代理オブジェクトを使う。

NSViewController クラス（← NSResponder + *NSSeguePerforming* など）

- ▽ func **viewDidLoad**()
  ビュー制御のビューがメモリ中の呼び込まれた後にコールされる。
- ▽ func **dismiss**(Any?)
  ビューイベントに応答する。
- ○ var **representedObject**: Any?
  レシーバーの主ビューに表示される値のオブジェクト。

NSViewController クラスは、つぎのセグウェイ接続を仲介するためのプロトコルである ***NSSeguePerforming*** を組み込んでいる。指定のセグウェイ接続がまさに実行されようとしたときにコールされる prepare() メソッドを利用できる。

NSSeguePerforming プロトコル（← *NSObjectProtocol*）

- ○ optional func **prepare**(for segue: NSStoryboardSegue, sender: Any?)
  指定のセグウェイ接続がまさに実行されようとしたときにコールされる。

prepare(for segue: NSStoryboardSegue, sender: Any?) メソッドの引数に使われている **NSStoryboardSegue** クラスのプロパティ **destinationController** を使うと、ストーリーボードセグウェイのための終端のビュー制御を取得できる。

第15章 ストーリーボードによるMacアプリ作成

NSStoryboardSegue クラス（← NSObject + *CVarArg, Equatable, Hashable*）

○ var **sourceController**: Any
ストーリーボードセグウェイのための開始端のビュー制御かウィンドウ制御。

○ var **destinationController**: Any
ストーリーボードセグウェイのための終端のビュー制御かウィンドウ制御。

AppDelegate.swiftはデフォルトのまま使用し、ViewController.swiftのスケルトンコードには、つぎのようなコードを追加して、ルートビュー制御のテキスト行の文字列をPopover接続ビュー制御のラベルへデータ転送するプログラムにしてみよう。

```swift
// Ma15-6 ViewController.swift   ルートビュー制御からPopover接続ビュー制御へのデータ転送
import Cocoa
class ViewController: NSViewController {
    @IBOutlet var tf: NSTextField!            ←Outlet接続されたテキスト行のオブジェクト設定
    override func viewDidLoad() { super.viewDidLoad() }
    override func prepare(for segue: NSStoryboardSegue, sender: Any?) {
                                              ←セグウェイ実行時にコールされる
        let p = segue.destinationController as! Popover
                                              ←セグウェイ接続されたPopover接続のビュー制御
        p.representedObject = tf.stringValue  ←テキスト行の文字列を代理オブジェクトに設定
    }
    override var representedObject: Any? { didSet { } }
}
```

Popover接続のビュー制御Popover.swiftには、つぎのようにプログラムして、代理オブジェクトからの文字列を取得し、ラベルの文字列値に設定する。

```swift
// Ma15-6 Popover.swift   Popover接続のビュー制御コード
import Cocoa
class Popover: NSViewController {
    @IBOutlet var lb: NSTextField!            ←Outlet接続されたラベルのオブジェクト設定
    override func viewDidLoad() {
        super.viewDidLoad()                   ←代理オブジェクトからの文字列をラベルへ設定
        lb.stringValue = self.representedObject! as! String
    }
    @IBAction func close(_ sender: Any) {    ←Action接続された「閉じる」ボタンのメソッド設定
        self.dismiss(self)                    ←ビュー制御画面を閉じる設定
    }
}
```

これで、ルートビュー制御から Popover 接続ビューへデータ転送ができる。

15.3.2　ルートビュー制御から Modal 接続されたマップビュー表示

ルートビュー制御から Popover 接続のビュー制御へデータを転送して表示できたが、ここでは、ルートビュー制御から Modal 接続のビュー制御をマップビューで表示してみよう。

図のように、アシスタントエディタを使ってインタフェースビルダーでルートビュー制御に Push Button を入れる。さらに、別な View Controller を追加して、このビュー制御に MapKit Map View を入れる。ボタンとビュー制御にはタイトルを設定する。そして、**ルートビュー制御にあるマップのモーダル表示ボタンから右ドラッグで別のビュー制御へ Modal 接続する**。ボタンの詳細なタイトル設定や配置などは、ダウンロード用のサンプルファイルを参照されたい。

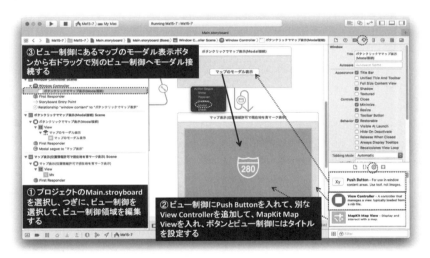

Modal 接続されたビュー制御での専用のプログラムを作成するために、プロジェクトに新しい Swift コードを追加する。先のアプリ Ma15-6 と同様に新しい Swift コードを作成し、ファイル名を **Map.swift** とする。Xcode フレームの左下の＋をクリックすると、ポップアップが現れる。ここで Cocoa Class の新しいファイルを作りたいので File を選択する。新しいファイルのためのテンプレート選択のポップオーバーが現れる。macOS を選択し、Cocoa Class を作成するために、Cocoa Class を選択し、Next でつぎに進む。Cocoa Class 名を「Map」として、**NSViewController** のサブクラスに設定する。インタフェースビルダーは作成しないので XIB は選択しない。言語は当然 Swift を選択し、Next でつぎに進む。新しい Swift コードは、Class 名で設定された名前から Map.swift となり、ファイルの保存先を Ma15-7 のフォルダに指定して保存する。

つぎの図のように、新しい Swift コードとして生成した Map.swift コードにビュー制御のマップビューから Outlet 接続を行い、マップビューのオブジェクト名を mv とする。

　AppDelegate.swift と ViewController.swift のコードはデフォルトのまま使用する。Map.swift のスケルトンコードには、つぎのようなコードを追加して、Modal 接続されたビュー制御にマップビューを表示するプログラムにしてみよう。

```
// Ma15-7 Map.swift   ルートビュー制御からModal接続されたマップビュー表示
import Cocoa
import MapKit
class Map: NSViewController {
    @IBOutlet var mv: MKMapView!         ←Outlet接続されたマップビューのオブジェクト設定
    override func viewDidLoad() {
        super.viewDidLoad()
        _ = MKMapView(frame: mv.bounds)    ←フレームにマップビューを設定
    }
    override var representedObject: Any? { didSet { } }
}
```

　つぎの図のような Mac アプリが作成される。ルートビュー制御には「マップのモーダル表示」ボタンが表示され、このボタンをクリックすると、マップはモーダル表示される。マップが表示されるがモーダルなので、マップを閉じない限りつぎの処理に入っていけない。

　MapKit Map View 設定で、User Location をオンにしておくと Mac アプリを開いたときに位置情報利用の許可画面が出てくる。許可ボタンをクリックすると、マップ上に現在位置として青い丸マークで表示される。

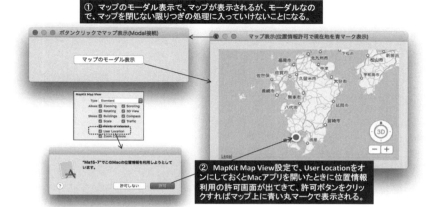

15.3.3　ルートビュー制御から Show 接続された教育用 Mac アプリ

ここでは、ルートビュー制御から Show 接続のビュー制御において、第 8 章で作成した教育用 Mac アプリ Ma8-1 を表示してみよう。これができれば、第 14 章までに作成してきたほとんどの Mac アプリは、同様な方法でルートビュー制御からセグウェイ接続して呼び出せる。

下の図のように、アシスタントエディタを使ってインタフェースビルダーでルートビュー制御に Push Button を入れよう。さらに、別な View Controller を追加して、教育用アプリ Ma8-1 と同様にこのビュー制御に Label と Push Button を入れる。ボタンとビュー制御にはタイトルを設定する。そして、**ルートビュー制御にある「数学教育アプリ」ボタンから右ドラッグで別のビュー制御へ Show 接続する**。ボタンの詳細なタイトル設定や配置などは、ダウンロード用のサンプルファイルを参照されたい。

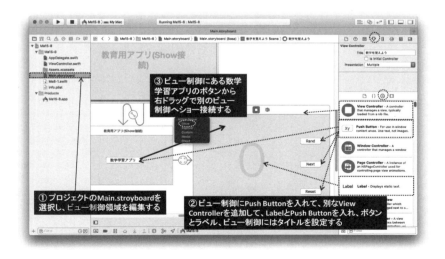

第15章 ストーリーボードによるMacアプリ作成

　Show 接続されたビュー制御での専用の教育用アプリのプログラムを作成するために、プロジェクトに新しい Swift コードを追加する。先のアプリ Ma15-6 での新しい Swift コード作成と同様にして作成し、ファイル名を Ma8-1.swift とする。その Cocoa Class 作成の詳細は、Ma15-6 での説明を参照されたい。

　図のように、新しい Cocoa Class の Swift コードとして生成した Ma8-1.swift コードに、ビュー制御の教育用アプリ画面からラベルは右ドラッグで Outlet 接続、また3つのボタンは右ドラッグで Action 接続しよう。Outlet 接続されたラベルは lb とし、Action 接続されたボタンのメソッド名は rand、next、reset とし、引数の型はすべて Any とする。

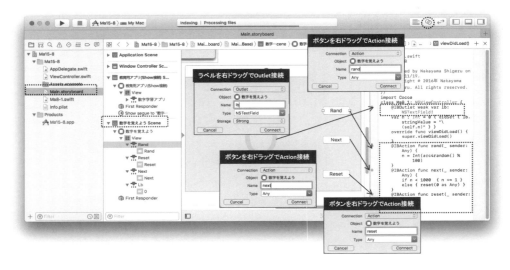

　AppDelegate.swift と ViewController.swift のコードはデフォルトのまま使用する。つぎの Ma15-8 のプロジェクトの中の Ma8-1.swift のスケルトンコードには、第8章の Ma8-1 のアプリを参考にして、つぎのようなコードを追加する。第8章の Ma8-1.swift コードはアプリケーションデリゲートとして作成したが、そのほとんどのコードは、ここでの NSViewController のサブクラスとしてそのまま再利用できる。

```
// Ma15-8  Ma8-1.swift   ルートビュー制御からShow接続された教育用Macアプリ
import Cocoa
class Ma8_1: NSViewController {
    @IBOutlet weak var lb: NSTextField!
    var n : Int = 0 { didSet { lb.stringValue = "\(self.n)" } }
    override func viewDidLoad() { super.viewDidLoad() }
    @IBAction func rand(_ sender: Any) { n = Int(arc4random() % 100) }
    @IBAction func next(_ sender: Any) {
        if n < 1000  { n += 1 }
```

```
            else { reset(0 as Any) }
    }
    @IBAction func reset(_ sender: Any) { n = 0 }
}
```

　第8章で作成したMacアプリをルートビュー制御からShow接続で呼び出す例で、図のように、Macアプリを呼び出すボタンを生成し、Show接続で教育用アプリを表示させている。モーダルでないので、ボタンをクリックすればいくつでも表示できる。

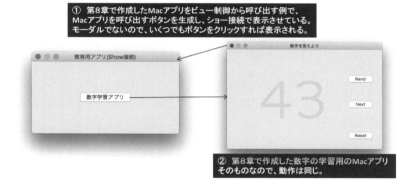

練習問題

　第8章で作成した別なMacアプリを、このようなルートビュー制御からShow接続で呼び出すMacアプリを作成してみよう。

■ 15.3.4　ルートビュー制御からShow接続されたデイトピッカー表示

　ルートビュー制御からShow接続のビュー制御で、これまでに作成していないデイトピッカーを表示してみよう。ここでは、ルートビュー制御に2つのボタンを準備し、時刻表示のデイトピッカーとカレンダー表示のデイトピッカーをShow接続で表示させる。

　つぎの図のように、アシスタントエディタを使ってインタフェースビルダーでルートビュー制御に2つのPush Buttonを入れる。さらに、別な2つのView Controllerを追加して、これらのビュー制御にDate Pickerを入れる。ボタンとデイトピッカー、ビュー制御にはタイトルを設定する。そして、**ルートビュー制御にあるそれぞれのボタンから右ドラッグで別のビュー制御へShow接続する**。ボタンの詳細なタイトル設定や配置などは、ダウンロード用のサンプルファイルを参照されたい。

第15章　ストーリーボードによる Mac アプリ作成

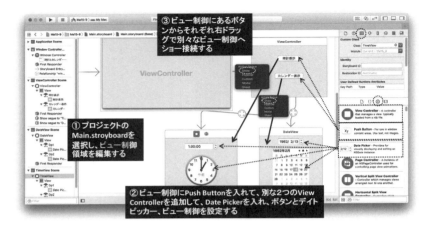

インスペクタペインでのデイトピッカーの設定項目には、つぎのようにスタイルや選択、要素を設定する。デイトピッカーの設定項目の組み合わせに応じて、アナログ時計表示やデジタル時計表示、日付表示やカレンダー表示ができる。

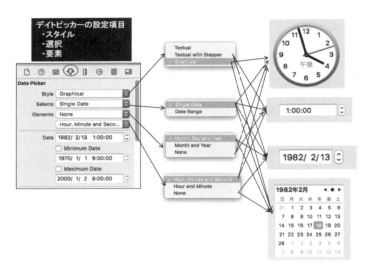

Show 接続されたビュー制御でのデイトピッカーに現在の時刻や現在の日付を設定できるようなプログラムを作成するために、プロジェクトに新しい Swift コードを追加する。先のアプリ Ma15-6 での新しい Swift コード作成と同様にして作成し、ここでは2つのファイル名を TimeView.swift と DateView.swift とする。その Cocoa Class 作成の詳細は、Ma15-6 での説明を参照されたい。

つぎの図のように、新しい Cocoa Class の Swift コードとして生成した DateView.swift コードに、ビュー制御のデイトピッカー（カレンダー）から右ドラッグで Swift コードに Outlet 接続し、そのオ

ブジェクト名は dp1、dp2 とし、Action 接続されたボタンのメソッド名は rand、next、reset とし、引数の型はすべて Any とする。TimeView.swift も同様に設定する。

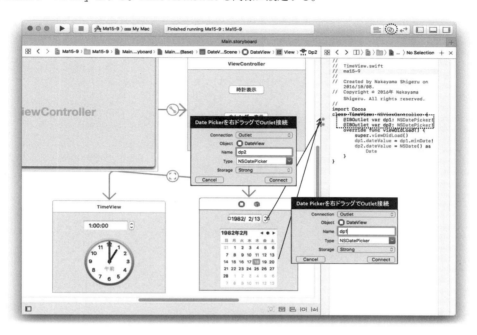

AppDelegate.swift と ViewController.swift のコードはデフォルトのまま使用する。TimeView.swift と DateView.swift とのスケルトンコードには、つぎのようなコードを追加する。

```
// Ma15-9 TimeView.swift   ルートビュー制御からShow接続されたデイトピッカー（時計）表示
import Cocoa
class TimeView: NSViewController {
    @IBOutlet var dp1: NSDatePicker!         ←Outlet接続されたデイトピッカーのオブジェクト設定
    @IBOutlet var dp2: NSDatePicker!         ←Outlet接続されたデイトピッカーのオブジェクト設定
    override func viewDidLoad() {
        super.viewDidLoad()
        dp1.dateValue = dp1.minDate!          ←デイトピッカーで設定された最小のデイト値に設定する
        dp2.dateValue = NSDate() as Date      ←現在の時刻を取得し、それをデイト値に設定する
    }
}
```

```
// Ma15-9 DateView.swift   ルートビュー制御からShow接続されたデイトピッカー（カレンダー）表示
import Cocoa
class DateView: NSViewController {
```

```
    @IBOutlet var dp1: NSDatePicker!        ←Outlet接続されたデイトピッカーのオブジェクト設定
    @IBOutlet var dp2: NSDatePicker!        ←Outlet接続されたデイトピッカーのオブジェクト設定
    override func viewDidLoad() {
        super.viewDidLoad()
        dp1.dateValue = NSDate() as Date    ←現在の日時を取得し、それをデイト値に設定する
        dp2.dateValue = dp2.maxDate!        ←デイトピッカーで設定された最小のデイト値に設定する
    }
}
```

　ルートビュー制御から2つのShow接続でのデイトピッカーを呼び出す例で、図のように、ダイアログボックスを呼び出す2つのボタンを生成し、Show接続で時刻とカレンダーを表示させている。モーダルでないので、ボタンをクリックすればいくつでも表示され、そのまま表示させて他の仕事ができる。macOSに標準でインストールされている時計やカレンダーアプリは、このように非モーダルで作成されていることが分かる。

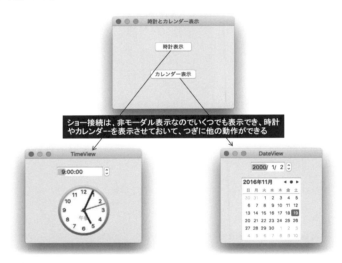

15.3.5　ルートビュー制御からSheet接続された画像ビュー表示

　最後にSheet接続のビュー制御を作成してみよう。ここでのビュー制御画面には画像ビューと閉じるボタンを表示する。Sheet接続のビュー制御画面には終了ボタンがないので、プログラムで作成する必要がある。

　つぎの図のように、アシスタントエディタを使ってインタフェースビルダーでルートビュー制御にPush Buttonを入れる。別なView Controllerを追加して、このビュー制御にImage ViewとPush Buttonを入れる。ボタンとビュー制御にはタイトルを設定する。ルートビュー制御にある「画像をSheet表示」ボタンから右ドラッグで別のビュー制御へSheet接続する。画像ファイルはプロジェクト

に入れておき、画像ビューにその画像ファイルを指定しておけば、コードで指定する必要はない。ボタンの詳細なタイトル設定や配置などは、ダウンロード用のサンプルファイルを参照されたい。

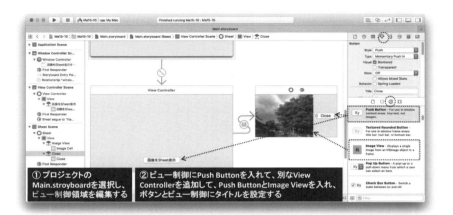

Sheet 接続されたビュー制御での専用のプログラムを作成するために、プロジェクトに新しい Swift コードを追加する。先のアプリ Ma15-6 で新しい Swift コード作成と同様にして作成し、ファイル名を Sheet.swift とする。その Cocoa Class 作成の詳細は、Ma15-6 での説明を参照されたい。

下の図のように、新しい Cocoa Class の Swift コードとして生成した Sheet.swift コードに、ビュー制御画面からボタンは右ドラッグで Action 接続し、ボタンのメソッド名は close とし、引数の型は Any とする。

AppDelegate.swift と ViewController.swift のコードはデフォルトのまま使用する。Sheet.swift のスケルトンコードに、Action 接続された Close ボタンのメソッド設定のコードを追加する。

```
//  Ma15-10  Sheet.swift   ルートビュー制御からSheet接続された画像ビュー表示
import Cocoa
```

```
class Sheet: NSViewController {
    override func viewDidLoad() { super.viewDidLoad() }
    @IBAction func close(_ sender: Any) {  ←Action接続されたCloseボタンのメソッド設定
        self.dismiss(self)
    }
}
```

そうすれば、つぎのような Mac アプリが完成する。ルートビュー制御での「画像の Sheet 表示」ボタンをクリックすると、シートがプルダウンで現れる。シート内の Close ボタンで閉じる。シートには終了ボタンがないために、Close ボタンが必要となる。

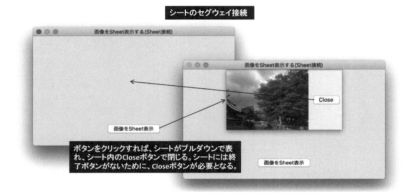

15.4 ストーリーボードを使わないでウィンドウ制御表示

15.4.1 ストーリーボードを使わないで別ウィンドウ制御表示

この章では、これまでストーリーボードを使って、ルートビュー制御から Show 接続や Modal 接続、Popover 接続、Sheet 接続で別なビュー制御を表示してきた。ここでは、ストリーボードを使わないでウィンドウ制御を表示してみよう。つぎの図のように、「ウィンドウ表示」ボタンをクリックすると、別ウィンドウ制御が現れる。そこでプログラムが動作していて、「閉じる」ボタンをクリックすると、別ウィンドウ制御は閉じる。

15.4 ストーリーボードを使わないでウィンドウ制御表示

新しいプロジェクトを開くときに、下の図のように、ストーリーボードを指定しないで、すべてオフにしてオプションを選択しない。

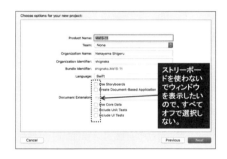

つぎの図のようにアシスタントエディタを使ってインタフェースビルダーでウィンドウ制御を呼び出すボタンとして Push Button をドラッグ＆ドロップし、配置・サイズを調整し、ボタンに「ウィンドウ表示」タイトルを入れる。

ストーリーボードを使わなかったので、ViewController.swift は作成されず、従来のように

473

AppDelegate.swift のコードしかない。つぎの図のように、作成した「ウィンドウ表示」ボタンを右ドラッグで AppDelegate.swift のコードに Action 接続し、ボタンのメソッド名は open とし、引数の型は NSButton とする。詳細な設定や配置などは、ダウンロード用のサンプルファイルを参照されたい。

新しいウィンドウ制御での専用のプログラムを作成するために、プロジェクトに新しい Swift コードを追加する。下の図のように Xcode フレームの左下の＋をクリックすると、ポップアップが現れる。ここで Cocoa Class の新しいファイルを作りたいので、File を選択する。新しいファイルのためのテンプレート選択のダイアログボックスが現れる。macOS を選択し、Cocoa Class を作成するために、Cocoa Class を選択し、Next でつぎに進む。

新しい Cocoa Class のファイルなので名前などを設定する必要がある。つぎの図のように、ウィンドウ制御を作りたいので、今回は Cocoa Class 名を MyWindow として、**NSWindowController** の

サブクラスに設定する。、今回はインタフェースビルダーを作成するので **XIB のチェックボックスにはチェックを入れて選択**する。言語は Swift を選択し、Next でつぎに進む。新しい Swift コードは、Class 名で設定された名前から MyWindow.swift となり、ファイルの保存先を Ma15-11 のフォルダに指定して保存する。

下の図のように、プロジェクトの中に新しく生成されたファイル MyWindow.swift と MyWindow.xib ができていることを確かめる。MainMenu.xib は既に先ほどボタンを追加したので、ここでは、MyWindow.xib を選択し、Window を選択して、ウィンドウフレームを編集する。これが新しく生成された別のウィンドウ制御画面で、カスタムビューとボタンを入れる。そのウィンドウ制御画面にカスタムビューとして Custom View、ボタンとして Push Button をドラッグ＆ドロップし、配置、サイズを調整し、ボタンにタイトル「閉じる」を入れる。

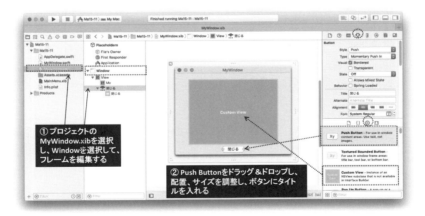

これまで MainMenu.xib と AppDelegate.swift で行ってきた方法で、つぎの図のようにプロジェクト中の MyWindow.xib と MyWindow.swift を左右に表示し、カスタムビューを Outlet 接続して、そのカスタムビューのオブジェクト名を mv とする。ボタンを Action 接続して、ボタンのメソッド名を

closeとし、引数の型はAnyとする。詳細な設定や配置などは、ダウンロード用のサンプルファイルを参照されたい。

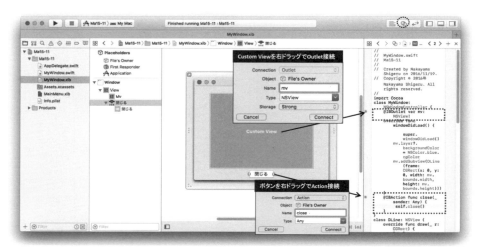

AppDelegate.swiftのデフォルトのスケルトンコードに、つぎのようなコードを追加して、別ウィンドウ制御を呼び出してみよう。

```
// Ma15-11 AppDelegate.swift   ストーリーボードを使わないで別ウィンドウ制御表示
import Cocoa
@NSApplicationMain
class AppDelegate: NSObject, NSApplicationDelegate {
    @IBOutlet weak var window: NSWindow!
    let mw = MyWindow(windowNibName: "MyWindow") ←指定nibファイルのウィンドウ制御を初期化する設定
    @IBAction func open(_ b: NSButton) {         ←Action接続された「ウィンドウ表示」ボタンのメソッド設定
        mw.showWindow(b)                          ←ウィンドウ制御を表示させる
    }
    func applicationDidFinishLaunching(_ aNotification: Notification) {
        window.backgroundColor = NSColor.yellow
    }
    func applicationWillTerminate(_ aNotification: Notification) { }
}
```

ここでは、**NSWindowController**クラスを使ってウィンドウ制御を操作した。このクラスは、つぎのように定義されている。ここで作成したMyWindowクラスは、この**NSWindowController**クラスのサブクラスになっているので、つぎのイニシャライザーやメソッドが使える。

15.4 ストーリーボードを使わないでウィンドウ制御表示

NSWindowController クラス（← NSResponder + *NSSeguePerforming* など）

▲ **init**(windowNibName: String)
指定された nib ファイルでウィンドウ制御を初期化するイニシャライザー。

▽ func **showWindow**(Any?)
ウィンドウを表示する。

▽ func **close**()
ウィンドウがロードされていればそのウィンドウを閉じる。

▽ func **windowDidLoad**()
ウィンドウが呼び込まれた直後に呼び出されるメソッド。

最後に、ウィンドウ制御の MyWindow.swift のデフォルトのスケルトンコードに、つぎのようなコードを追加して、別ウィンドウ制御を作成する。ここでは、アプリ Ma5-2 の NSBezierPath によるダイヤモンド模様と全く同じコードを入れて、カスタムビューに線画を表示しているので、「ウィンドウ表示」のボタンクリックで線画の別ウィンドウが表示されることになる。

```
// Ma15-11 MyWindow.swift   ウィンドウ制御でグラフィックス表示
import Cocoa
class MyWindow: NSWindowController {
    @IBOutlet var mv: NSView!              ←Outlet接続されたカスタムビューのオブジェクト設定
    override func windowDidLoad() {        ←ウィンドウが呼び込まれた直後に呼び出されるメソッド
        super.windowDidLoad()
        mv.layer?.backgroundColor = NSColor.blue.cgColor
        mv.addSubview(DLine(frame: CGRect(x: 0, y: 0, width: mv.bounds.width,
            height: mv.bounds.height)))    ←カスタムビューにダイヤモンド模様の表示
    }
    @IBAction func close(_ sender: Any) {  ←Action接続された「閉じる」ボタンのメソッド設定
        self.close()                       ←このウィンドウ制御を閉じる
    }
}
class DLine: NSView {         ←アプリMa5-2のNSBezierPathによるダイヤモンド模様と全く同じコードが使える
    override func draw(_ r: CGRect) {
        let l = NSBezierPath()
        let h = Double(r.height) / 2.0 - 20.0
        let xc = Double(r.width) / 2.0
        let yc = Double(r.height) / 2.0
        let n = 8
        for i in 0 ... 14 {
            for j in 0 ... 15 {
                let x1 = h * cos(Double(i) * M_PI / Double(n))
                let y1 = h * sin(Double(i) * M_PI / Double(n))
```

```
                let x2 = h * cos(Double(j) * M_PI / Double(n))
                let y2 = h * sin(Double(j) * M_PI / Double(n))
                l.move(to: NSPoint(x: xc + x1, y: yc - y1))
                l.line(to: NSPoint(x: xc + x2, y: yc - y2))
            }
        }
        NSColor.yellow.set()
        l.stroke()
    }
```

> 練習問題

ここでのカスタムビューには、アプリ Ma5-2 の NSBezierPath によるダイヤモンド模様と全く同じコードが使えたので、第 5 章で説明した別な線描画に変えたウィンドウ制御を表示する Mac アプリを作成してみよう。

■15.4.2 ストーリーボードを使わないで 2 つのウィンドウ制御表示

ストーリーボードを使わないでウィンドウ制御が表示できたので、ここでは、それを拡張して 2 つのウィンドウ制御を表示してみよう。

図のように、「ウィンドウ 1 の表示」ボタンと「ウィンドウ 2 の表示」ボタンを表示し、クリックするとそれぞれ別のウィンドウ制御が現れて、画像ビューが表示される。「閉じる」ボタンをクリックすると、ウィンドウ制御を閉じる。

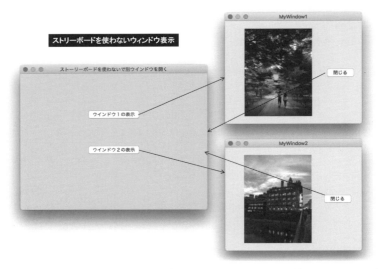

新しいプロジェクトを開くときに、前回と同様にストーリーボードを使用しないで、すべてオプションをオフして選択しない。

15.4 ストーリーボードを使わないでウィンドウ制御表示

つぎの図のようにアシスタントエディタを使ってインタフェースビルダーでウィンドウ制御を呼び出す2つのボタンとしてPush Buttonをドラッグ&ドロップし、配置・サイズを調整し、ボタンに「ウィンドウ1の表示」と「ウィンドウ2の表示」のタイトルを入れる。2つのボタンのイベント処理を1つのアクションメソッドで処理したいので、ボタンのタグ番号として、ウィンドウ1の表示ボタンタグ番号を0、ウィンドウ2の表示ボタンのタグ番号を1と設定する。

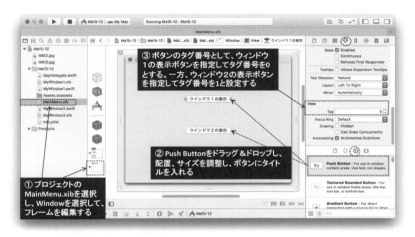

ストーリーボードを使わなかったので、`ViewController.swift`は作成されず、従来のように`AppDelegate.swift`のコードしかない。下の図のように、作成した「ウィンドウ1の表示」ボタンと「ウィンドウ2の表示」ボタンを別々に右ドラッグでAppDelegate.swiftのコードにAction接続し、ボタンのメソッド名は`open`とし、引数の型は`NSButton`とする。詳細な設定や配置などは、ダウンロード用のサンプルファイルを参照されたい。

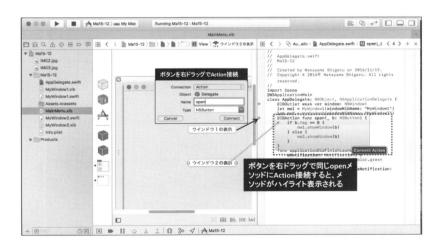

つぎの図のように 1 つのアクションメソッド open() とインタフェースビルダーの 2 つのボタンとの Action 接続関係を確認したいときには、そのメソッドの前の◎をクリックする。インタフェースビルダーで Action 接続関係にあるボタンがハイライト表示されて、確認できる。

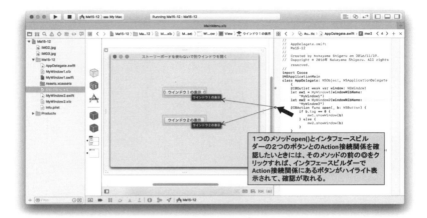

新しいウィンドウ制御用に 2 つのプログラムを作成するために、プロジェクトに新しい Swift コードを追加する。下の図のように Xcode フレームの左下の＋をクリックすると、ポップアップダイアログボックスが現れる。Cocoa Class の新しいファイルを作りたいので、File を選択する。新しいファイルのためのテンプレート選択のダイアログボックスが現れる。図のように macOS を選択し、Cocoa Class を作成するために、Cocoa Class を選択し、Next でつぎに進む。

新しい Cocoa Class のファイルなので名前などを設定する。つぎの図のように、ウィンドウ制御を作りたいので、今回は Cocoa Class 名を MyWindow1 として、**NSWindowController** のサブクラスに設定する。今回もインタフェースビルダーを作成するので、**XIB のチェックボックスにはチェックを入れて選択**する。言語は Swift を選択し、Next でつぎに進む。新しい Swift コードは、Class 名で設定さ

れた名前から MyWindow1.swift となり、ファイルの保存先を Ma15-12 のフォルダに指定して保存する。同様に、つぎの図のように Cocoa Class 名を MyWindow2 としてもう 1 つのウィンドウ制御を作成する。

つぎの図のように、プロジェクトの中に新しく生成されたファイルとして、

ウィンドウ制御 1 用のコード：MyWindow1.swift と MyWindow1.xib

ウィンドウ制御 2 用のコード：MyWindow2.swift と MyWindow2.xib

ができていることを確かめる。MainMenu.xib は既に先ほど 2 つのボタンを追加したので、ここでは、MyWindow1.xib を選択し、Window を選択して、ウィンドウフレームを編集する。これが、新しく生成された別なウィンドウ制御 1 画面で、画像ビューとボタンを入れる。そのウィンドウ制御画面に画像ビューとして Image View、ボタンとして Push Button をドラッグ＆ドロップし、配置、サイズを調整し、ボタンにタイトル「閉じる」を入れる。この画像ビューに表示したい画像ファイルもプロジェクトに入れておき、インスペクタペインで画像ビューに入れる画像ファイル名を指定しておくと、コードで指定する必要はない。同じことを、MyWindow2.xib にも行う。

第 15 章　ストーリーボードによる Mac アプリ作成

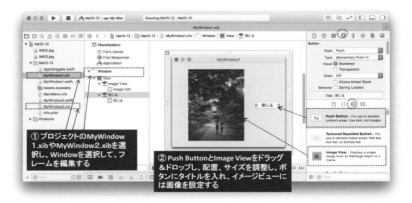

① プロジェクトのMyWindow1.xibやMyWindow2.xibを選択し、Windowを選択して、フレームを編集する

② Push ButtonとImage Viewをドラッグ＆ドロップし、配置、サイズを調整し、ボタンにタイトルを入れ、イメージビューには画像を設定する

　つぎの図のようにプロジェクト中の MyWindow1.xib と MyWindow1.swift を左右に表示し、「閉じる」ボタンを Action 接続して、ボタンのメソッド名を close とし、引数の型は NSButton とする。MyWindow2.xib と MyWindow2.swift についても同様に設定する。それぞれの画像ビューには、入れ込んだ画像ファイルを指定しておく。詳細な設定や配置などは、ダウンロード用のサンプルファイルを参照されたい。

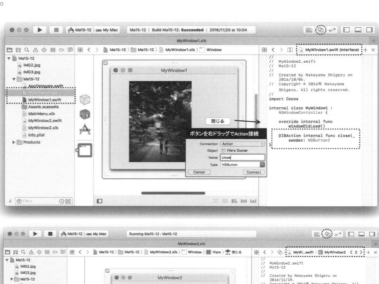

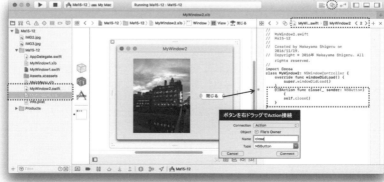

AppDelegate.swift のデフォルトのスケルトンコードに、つぎのようなコードを追加して、2つの別々なウィンドウ制御を呼び出してみよう。

```swift
// Ma15-12 AppDelegate.swift   ストーリーボードを使わないで2つのウィンドウ制御表示
import Cocoa
@NSApplicationMain
class AppDelegate: NSObject, NSApplicationDelegate {
    @IBOutlet weak var window: NSWindow!
    let mw1 = MyWindow1(windowNibName: "MyWindow1")
                                          ←指定nibファイルのウィンドウ制御1を初期化する設定
    let mw2 = MyWindow2(windowNibName: "MyWindow2")
                                          ←指定nibファイルのウィンドウ制御2を初期化する設定
    @IBAction func open(_ b: NSButton) {  ←Action接続された2つのボタンのメソッド設定
        if b.tag == 0 {                   ←ボタンのタグ番号でどちらのボタンが押されたか識別する
            mw1.showWindow(b)             ←タグ番号0ならウィンドウ制御1を表示させる
        } else {
            mw2.showWindow(b)             ←タグ番号0以外ならウィンドウ制御2を表示させる
        }
    }
    func applicationDidFinishLaunching(_ aNotification: Notification) {
        window.backgroundColor = NSColor.green
    }
    func applicationWillTerminate(_ aNotification: Notification) { }
}
```

　最後に、ウィンドウ制御1のMyWindow1.swiftとウィンドウ制御2のMyWindow2.swiftのデフォルトのスケルトンコードに、つぎのようなコードを追加して、別ウィンドウ制御を作成する。ここでの画像表示はインタフェースビルダーで行ったので、ボタン処理だけコードを追加する。

```swift
// Ma15-12 MyWindow1.swift   ウィンドウ制御1で画像ビュー表示
import Cocoa
class MyWindow1: NSWindowController {
    override func windowDidLoad() {       ←ウィンドウが呼び込まれた直後に呼び出されるメソッド
        super.windowDidLoad()
    }
    @IBAction func close(_ sender: NSButton) {  ←Action接続された「閉じる」ボタンのメソッド設定
        self.close()                      ←このウィンドウ制御を閉じる
    }
}
```

```
//   Ma15-12 MyWindow2.swift   ウィンドウ制御2で画像ビュー表示
import Cocoa
class MyWindow2: NSWindowController {
    override func windowDidLoad() {           ←ウィンドウが呼び込まれた直後に呼び出されるメソッド
        super.windowDidLoad()
    }
    @IBAction func close(_ sender: NSButton) {    ←Action接続された「閉じる」ボタンのメソッド設定
        self.close()                              ←このウィンドウ制御を閉じる
    }
}
```

以上で、ストーリーボードを使わないで、2つのウィンドウ制御表示ができる Mac アプリが作成できた。

練習問題

ここでのウィンドウ制御には画像ビューを表示したが、SceneKit などのシーンビューを入れた Mac アプリを作成してみよう。

索引

■ 数字

- 2D グラフィックス 331
- 3D グラフィックス 352, 357
- 3D コンテンツのアニメーション 355
- 3D シーン構築 354
- 3D シーン表示 355
- 3D シャーペン 372
- 3D トーラス 360
- 3D ノードの位置合わせ 366
- 3D ノードの回転 366
- 3D ノードの組み合わせ 364
- 3D 万年筆 370

■ A

- abs( ) 336
- acos( ) 337
- Action 逆接続 51
- Action 接続 45, 47
- addAnnotation( ) 132
- addArc( ) 194
- addEllipse( ) 194
- addGestureRecognizer( ) 441
- addLine( ) 194
- addOperation( ) 318
- addRect( ) 194
- addSubview( ) 379
- AppDelegate.swift 21
- AppDelegate クラス 20, 22
- appendPathComponent( ) 398
- AppKit クラス 31
- AppKit リファレンス 26
- AR 352
- arc4random( ) 336
- arc4random_uniform( ) 336
- asin( ) 337
- async( ) 323
- atan( ) 337
- atan2( ) 337
- ATS 138
- audioPlayerDecodeErrorDidOccur( ) 130
- audioPlayerDidFinishPlaying( ) 130
- AVAudioPlayerDelegate プロトコル 130
- AVAudioPlayer クラス 124

■ B

- becomeFirstResponder( ) 381
- beginPath( ) 194
- Blur 効果 289

■ C

- CABasicAnimation クラス 58
- cbrt( ) 337
- ceil( ) 336
- CGContext クラス 194, 308
- CGLineCap 列挙型 199
- CGLineJoin 列挙型 206
- CIBumpDistortion フィルタ 300
- CIColorMonochrome フィルタ 288
- CIColorPosterize フィルタ 283
- CIFilter クラス 276
- CIGaussianBlur フィルタ 290
- CIImage クラス 275
- CILanczosScaleTransform フィルタ 294
- CIPerspectiveTransform フィルタ 292
- CISepiaTone フィルタ 280
- CLLocationCoordinate2DMake 関数 150

CLLocationCoordinate2D 構造体 150
close( ) 477
closePath( ) 194
Cocoa フレームワーク 3
colorAt( ) 303
Connections インスペクタ 50
CoreImage フレームワーク 273
CoreLocation データ型 150
cos( ) 337
current( ) 194
curve( ) 170

D

dataTask( ) 156
detachNewThreadSelector( ) 320
dismiss( ) 461
DispatchQueue クラス 323
draw( ) 309, 379
drawPath( ) 195

F

fabs( ) 336
FileManager.SearchPathDirectory 列挙型 397
FileManager.SearchPathDomainMask 構造体 398
fill( ) 170
fillPath( ) 195
floor( ) 336

G

GCD 315
global( ) 323
Griewank 関数 409

H

HTML ビュー 146

I

Image View 36

init( ) 124, 156, 170, 171, 309, 320,
323, 398, 399, 477
init?( ) 157, 275, 276, 303, 308, 309

J

Java 3D 353

K

keyDown( ) 380
keyUp( ) 381

L

line( ) 170
location( ) 422
log( ) 337
log10( ) 337

M

MainMenu.xib 22
makeImage( ) 309
MapKit フレームワーク 132
max-min 法 241
MKCoordinateRegion 構造体 150
MKCoordinateSpanMake 関数 150
MKCoordinateSpan 構造体 150
MKMapType 列挙型 136
MKMapView クラス 132
MKPointAnnotation クラス 152
MKShape クラス 152
Modal 接続 454, 463
mouseDown( ) 380
mouseDragged( ) 380
mouseEntered( ) 380
mouseExited( ) 380
mouseMoved( ) 380
mouseUp( ) 380
move( ) 170, 194
MVC 構造 19

索引

N

NSBezierPath クラス	170
NSBitmapImageRep クラス	303
NSColorWell クラス	120
NSColor クラス	195, 303
NSComboBox クラス	92
NSEvent クラス	381
NSGestureRecognizerState 列挙型	423
NSGestureRecognizer クラス	418, 422, 439
NSGraphicsContext クラス	194
NSImage クラス	309
NSMagnificationGestureRecognizer クラス	435
NSObject クラス	276
NSOpenPanel クラス	411
NSPoint 構造体	171
NSRange 構造体	157
NSResponder 抽象クラス	380
NSRotationGestureRecognizer クラス	433
NSSavePanel クラス	412
NSSeguePerforming プロトコル	461
NSSlider クラス	100
NSStoryboardSegue クラス	462
NSString クラス	157, 399
NSURL クラス	156
NSViewController クラス	20, 461
NSView クラス	379, 441
NSWindowController クラス	477
NSWindow クラス	387
NSWindwController クラス	20
NS 部品	87

O

OpenURL for カーリル	164
Open パネル	411, 414
OperationQueue クラス	318
Outlet 逆接続	51
Outlet 接続	45, 46

P

pause()	124
play()	124
Popover 接続	454, 458
pow()	337
prepare()	461

Q

Quartz2D 描画環境	194

R

random()	336
range()	157
removeAnnotation()	132
removeGestureRecognizer()	441
resignFirstResponder()	381
RGB カラーバー	118
runModal()	412

S

SceneKit フレームワーク	352, 354
SCNBox クラス	357
SCNCamera クラス	362
SCNGeometry クラス	356
SCNSphere クラス	368
SCNTorus クラス	360
SCNTube クラス	362
setColor()	303
setDefaults()	276
setFill()	195
setLineCap()	195
setLineDash()	170, 195
setLineJoin()	195
setLineWidth()	194
setNeedsDisplay()	380
setRegion()	132
setShadow()	195
setStroke()	195

setValue( )	276
showWindow( )	477
Show 接続	454, 465
sin( )	337
sqrt( )	337
start( )	320
stop( )	124
stroke( )	170
strokePath( )	195
sync( )	323

■ T

tan( )	337
Thread クラス	320

■ U

URLSession クラス	156
URL 構造体 ( )	398

■ V

viewDidLoad( )	461
VR	352
VRML	353

■ W

WebView クラス	139
Web ビュー	140
Web ブラウザ	138
Wiki	166
windowDidLoad( )	477
write( )	399

■ X

X3D	353
Xcode	4, 8

■ Z

Z ソート法	241
Z バッファ法	241

■ あ

アクションセグウェイ接続	453
アステロイド模様	176
アトラクター	233
アプリケーションデリゲート	20, 22
アラート	74, 76
イベント処理	48
隠線処理	241
インタフェースビルダー	25, 31
ウィンドウ座標系	27
ウィンドウ制御	20, 472, 478
エーレンシュタイン錯視	215
エディタ	400
円	195, 211
円弧	217
円周率	345
お絵かき	381, 384, 424
オーディオ	123
オーディオ再生	355
オブジェクト設定	45
オペレーションキュー法	317, 329

■ か

カーリル	162
ガウシアン分布	289
カオス	233
拡大・縮小	294, 434
拡張現実	352
カスタムキュー	325
画像	36, 61, 63, 65
画像移動	391, 427
画像回転	429, 432
仮想現実	352
仮想現実設計言語	353
画像ビュー	470
画像フィルタ	273, 276

カメラ位置	362	数学定数	338
カレンダー表示	467	図形	68
キーボードイベント処理	388	ストーリーボード	31, 443
幾何図形操作	354	スライダー	100, 103, 106
キュー	315	スライドショー	419
球	349	スレッド	315
球体模様	180	スレッド安全	317
教育用アプリ	249	スレッド法	317, 320, 327
組み込み幾何図形	356	制御	20
グラディエーション	95	正弦波	340
グラフィックス	169	セピア調フィルタ	279, 284
グラフィックスコンテキスト	193	線	383
グラフ表示	406		
クリック	424	■ た	
クロージャ	316	対数関数	337
グローバルキュー	325	ダイヤモンド模様	174
傾斜画像	292	楕円	217
弦	217	タスク	315
減衰振動関数	343	タッチ操作	418
コンカレントキュー	316	タップ操作	427
コンピュータグラフィックス	307	単色化フィルタ	287
コンボボックス	90	チューブ	362
		直線	198
■ さ		直方体	357
サイズ変更	312	ディスク・傘模様	185
三角関数	337	ディスパッチキュー法	317, 323
三角関数表	404	デイトピッカー	467
三角形	204	テキスト	41
算術関数	336	デッドロック	317
シーングラフ	353	デルブーフ錯視	222
シーンコンテンツの入出力	355	点	331, 386
ジェスチャー認識	259, 418, 439	統括的キュー派遣環境	315
シェルピンスキーの三角形	226	同期処理	316
四角形	211	トーラス模様	178
時刻表示	467	ドラッグ	424
自己相似	226		
シリアルキュー	316	■ な	
数学関数	333	内積	350

長押し 421

■ は

背景色 52
バタフライ効果 233
バンプ処理 299
ヒストグラム分布 301
ピタゴラスの木 229
非同期処理 316
ビュー 20
ビュー制御 20, 447
描画のカスタマイズ 355
ピン注釈 152
ファイゲンバウム方程式 239
ファイル入出力 395
ファイル読み書き 395
物理シミュレーション 355
フライング・ディスク模様 183
フラクタル 225
プレッツェル模様 188
プロセス 315
分離モデル構造 20
並行実行 316
並列実行 316
ベジェ曲線 169
棒グラフ 115
ボールのバウンド 375
ぼかし 289
ポスタリゼーション 282
ボタン 38, 54, 87
ポップアップボタン 83
ポンゾ錯視 209

■ ま

マーチン・フラクタル 244
マウスイベント処理 379
マップ 132, 135, 450
マップ位置 150

マルチスレッド 315
ミューラー・リヤー錯視 202
メイ方程式 239
メソッド設定 45
メッシュ描画 178
メニュー 80
文字列検索ロボット 155
モデル 20
モンテカルロ法 345

■ ら

ラベル 34
リサージュ図形 110, 336
粒子系システム 355
ルートビュー制御 458, 463, 465
レスラー・アトラクター 236
レスラー方程式 237
連続実行 316
ローレンツのアトラクター 234
ローレンツ方程式 234
ロジスティック写像 233

■ 著者プロフィール

中山　茂（なかやま・しげる）

京都生まれ。京都大学大学院工学研究科博士課程修了後、上智大学、英国 Reading 大学、京都工芸繊維大学、兵庫教育大学、英国 Oxford 大学、鹿児島大学を経て、2014 年に定年退職。京都大学工学博士。鹿児島大学名誉教授。

著書：『HotJava 入門』『HTML と JavaScript』（以上、工学図書）、『Turbo C、Turbo C++ グラフィックスプログラミング入門』『Java 2 グラフィックスプログラミング入門』『Fortress 言語』『量子アルゴリズム』（以上、技報堂出版）、『Swift 言語入門』『Swift アプリ開発入門』『Swift Apple Watch アプリ開発入門』『クラウド量子計算入門』（以上、カットシステム）など。

次世代 iOS、macOS プログラマーのための
Swift　Mac アプリ開発入門

2017 年 3 月 10 日　初版第 1 刷発行

著　者　　中山　茂
発行人　　石塚　勝敏
発　行　　株式会社 カットシステム
　　　　　〒 169-0073 東京都新宿区百人町 4-9-7　新宿ユーエストビル 8F
　　　　　TEL（03）5348-3850　　FAX（03）5348-3851
　　　　　URL　http://www.cutt.co.jp/
　　　　　振替　00130-6-17174
印　刷　　シナノ書籍印刷 株式会社

本書に関するご意見、ご質問は小社出版部宛まで文書か、sales@cutt.co.jp 宛に e-mail でお送りください。電話によるお問い合わせはご遠慮ください。また、本書の内容を超えるご質問にはお答えできませんので、あらかじめご了承ください。

■ 本書の内容の一部あるいは全部を無断で複写複製（コピー・電子入力）することは、法律で認められた場合を除き、著作者および出版者の権利の侵害になりますので、その場合はあらかじめ小社あてに許諾をお求めください。

Cover design　Y.Yamaguchi　　© 2017 中山 茂
Printed in Japan　ISBN978-4-87783-396-1

144 アプリ一覧

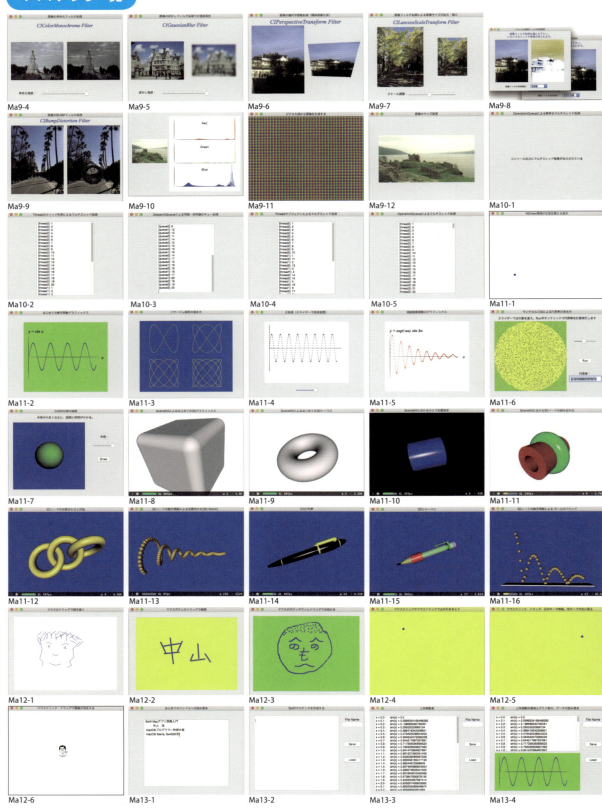